Fin d'une série de documents en couleur

8R
24919

ŒUVRES
PHILOSOPHIQUES
DE
M. FRERET.

ŒUVRES
PHILOSOPHIQUES
DE
M. FRERET.

A LONDRES.

M. DCC. LXXVI.

ŒUVRES
PHILOSOPHIQUES
DE
M. FRERET.

PREMIERE PARTIE.

Examen critique des Apologistes de la Religion Chrétienne.

INTRODUCTION.

EXPERIENCE nous apprend qu'un moyen presque infaillible de nuire aux meilleures causes, est de les soutenir par des suppositions douteuses, & des a____ents équivoques. Le plus grand ____bre des hommes conclut que les preuves victorieuses manquent, dès qu'on en apporte de foibles. T__ est le caractere de la plupart des Lecteurs;

A

un paralogifme qu'ils auront remarqué dans un Ouvrage, les occupe tout entiers ; & les empêche de donner leur attention aux arguments les plus évidents. Cette découverte eft pour eux un triomphe ; la fupériorité qu'ils croyent acquérir fur un Auteur, leur infpire du mépris pour le refte de fon Ouvrage.

C'eft un défaut dont les bons efprits fe garantiffent ; ils diftinguent une caufe de celui qui la foutient : mais comme rien n'eft fi petit que le nombre des Sages, on ne fauroit être trop fcrupuleux fur le choix des preuves que l'on employe, fur-tout dans les Ouvrages de Religion. *Ce n'eft que par la vérité qu'il faut combattre pour la vérité*, dit excellemment Grotius (1) ; & c'eft avec raifon que M. l'Abbé Houtteville a remarqué que quiconque écrit fur les matieres de Religion, doit n'employer jamais que les preuves qui tranchent & qui décident par le fond même ; & que celles qui font foibles & conteftables, à plus forte raifon celles qui font défectueufes, doivent être foigneufement évitées, parce qu'ici tout ce qui ne fert pas devient nuifible (2).

Ce n'eft que parce qu'on n'a pas toujours obfervé cette regle, que le nombre des incrédules eft prodigieufement augmenté ; & c'eft pour le diminuer, qu'on fe propofe, dans cet Ouvrage, de faire voir le foible de plufieurs preuves dont fe fervent communément les Apologiftes du Chriftianifme. Peutêtre engagera-t-on par-là quelque nouvel Ecrivain à traiter ces matieres avec affez d'exactitude pour qu'il ne refte plus de reffource à l'incrédulité.

---

(1) *De veritate relig. Chrift.* Rom. l. c. 2.
(2) Préface de la Religion Chrétienne prouvée par les faits. p. 186.

CHAPITRE PREMIER.

Les Apologistes Chrétiens ne se sont pas assez attachés à prouver l'authenticité des Evangiles, quoiqu'on puisse y objecter des difficultés considérables qui méritent d'être éclaircies.

CE sont les Evangiles qui fournissent la preuve la plus complete de la vérité du Christianisme ; on ne sauroit donc mettre dans une trop grande évidence l'authenticité de ces Ouvrages, puisque delà dépend le jugement que nous devons porter de la sincérité de ceux qui les ont composés.

Cette question si essentielle semble avoir été trop négligée par les Apologistes Chrétiens ; ils l'ont plutôt supposée qu'ils ne l'ont traitée exactement. Ce n'est pas qu'elle soit sans difficultés ; il y en a deux entr'autres qui semblent faites pour arrêter les meilleurs esprits. On va les mettre ici dans tout leur jour ; peut-être rendra-t-on par-là service à la vérité ; c'est du moins le but qu'on se propose.

Chacun sait que dès le premier siecle de l'Eglise, les Disciples de Jesus-Christ se partagerent en différentes sectes, qui, quoiqu'opposées de sentiments, se réunissoient toutes à se dire Chrétiennes. Elles se croyoient toutes également intéressées à la gloire de leur Législateur. Plusieurs chefs de ces différents partis avoient vu Jesus-Christ. Or parmi ces témoins si anciens, il y en avoit plusieurs qui faisoient profession de regarder comme fausse la doctrine que l'on trouve enseignée dans les Evangiles qui nous restent présentement ; & les traditions qu'ils ont laissées après eux, sont entierement contraires à ce que nous lisons dans nos Livres sacrés : c'est ce qu'on va justifier par le détail suivant.

Les Gnostiques (1), qui sont si anciens que les Peres ont cru que S. Paul les avoit connus, s'accordoient tous à nier ce que dit S. Jean, que *le Verbe s'est fait chair*. Ils prétendoient que le Verbe de Dieu & le Christ avoient paru sur la terre sans s'incarner, sans naître de la Vierge, sans avoir de corps qu'en apparence, sans souffrir réellement, & par conséquent sans ressusciter.

Cérinthe (2) étoit dans les mêmes idées : il soutenoit qu'il étoit impossible que Jesus-Christ fût né d'une Vierge ; il ne doutoit pas que S. Joseph ne fût son pere : il nioit la résurrection de Jesus-Christ, qu'il prétendoit ne devoir ressusciter qu'avec les autres hommes.

La créance la plus commune des Ebionites étoit que Jesus Christ avoit Joseph pour vrai pere. Symmaque, qui embrassa cette secte (3), écrivit contre la généalogie que S. Mathieu donne à Jesus-Christ. Basilide (4) disoit que Jesus ne s'étoit point incarné ; qu'il s'étoit seulement couvert de l'apparence d'un homme ; que dans le temps de la passion, il avoit pris la figure de Simon le Cyérénéen, & lui avoit donné la sienne ; qu'ainsi les Juifs n'avoient crucifié que Simon ; que le Christ, qui les regardoit, se moquoit d'eux sans qu'ils le vissent, & qu'il étoit ensuite remonté dans le Ciel, vers son Pere, sans avoir été connu ni des Anges, ni des hommes.

---

(1) Tillemont. *T. II. p. 5.*
(2) S. Irénée. *L. 1. c. 26. n. 1. pp. 11.* S. Epiphanes. *Hom. 28. p. 110.*
(3) Tillemont. *tom. IV. p. 108.*
(4) Tillemont. *tom. II. p. 221.* Epiphanes *Hom. 24. pp. 70 & 71.* Théodoret. *Hæreticorum fabularum*, *L. I. p. 193.*

Examen critique, &c.

Les Carpocratiens croyoient que Jesus-Christ étoit né de Joseph, & qu'il étoit semblable aux autres hommes (1); quelques-uns même d'entr'eux ne craignoient point de dire qu'ils l'égaloient, & même qu'ils le surpassoient : ils n'admettoient point la résurrection de la chair.

Les Caïnistes (2), conformes en cela à plusieurs de ces premiers Sectaires, parloient de la loi de Moïse avec le dernier mépris : ils assuroient qu'elle avoit pour principe une mauvaise intelligence. Ils ne croyoient donc pas que Jesus-Christ fût venu pour l'accomplir.

Marcion (3) enseignoit que nos Evangiles étoient remplis de faussetés, & prétendoit être plus véridique que ceux qui nous ont laissé par écrit l'histoire de Jesus-Christ. *Semetipsum esse veraciorem quàm sunt hi qui tradiderunt Evangelium Apostoli, suasit discipulis suis ; non Evangelium sed Evangelii particulam tradens eis.* C'est ainsi qu'en parle S. Irénée, *tom. I. p.* 306.

Les Aloges (4), Théodote & les Théodotiens rejettoient avec mépris l'Evangile de Saint Jean; ils en parloient comme d'un Ouvrage de mensonge.

L'Evangile des Valentiniens étoit tout différent de ceux que nous avons présentement. *Ut nec Evangelium quidem sit apud eos sine blasphemiá*, dit S. Irénée, *liv. III. p.* 192. *c.* 11. Enfin, ces anciens Chrétiens soutenoient que ces Evangiles auroient dû souvent

---

(1) Tillemont, *tom. II. p.* 257. Irénée. *liv. I. c.* 25. *p.* 103. Théodoret. *Histoire, p.* 196. Epiphanes. *Hom.* 27 *pp.* 102, 103, 104.
(2) Tillemont. *tom. II. p.* 47.
(3) S. Epiphanes. *Hom.* 42. *p.* 309.
(4) Tillemont. *tom. II. p.* 438. Epiph. *Hom.* 34. *p.* 462 & 463. *n.* 51. *p.* 424.

être corrigés, *se esse emendatores Apostolorum*. C'est ainsi que le même S. Irénée parle d'eux, *liv. II. p. 174.*

Voilà donc un grand nombre des premiers Chrétiens qui déclarent que ce qui est dans nos Evangiles est contraire à la vérité historique, & qui combattent, entr'autres articles, ces deux points capitaux de la foi catholique, que Jesus-Christ est né par une autre voie que le reste des hommes, & qu'il est ressuscité. Il faut remarquer que ces témoins qui déposent contre la créance reçue présentement avoient été, ou contemporains des Apôtres, comme les Gnostiques, les Ebionites & Cérinthe, ou prétendoient tenir l'histoire de Jesus Christ de ceux qui avoient été à portée d'en être parfaitement instruits. Basilide (1) avoit eu pour maître Glaucia, disciple & interprete de S. Pierre ; Valentin avoit été élevé par Théodat, disciple de S. Paul.

Une autre difficulté très-considérable contre nos Evangiles, c'est que les plus anciens Peres de la secte dominante ne paroissent pas avoir connu les quatre Evangiles qui nous restent, tandis qu'ils citent fréquemment, & avec une entiere confiance, des livres apocryphes comme faisant autorité.

On est obligé d'entrer ici dans des discussions peu agréables ; mais nous espérons qu'on pardonnera la sécheresse de cet examen en faveur de l'importance de la matiere. Il est constant, & personne n'en doute, que les Peres apostoliques ont eu connoissance des livres apocryphes. L'auteur de l'épître de Barnabé, allegue, de l'aveu même du P. Menard, diverses paroles de Jesus Christ (2) qui ne sont point dans

---

(1) Clément d'Alexandrie. *Liv. VII.* p. 764.
(2) Menard. *Chap. IV.* p. 59. *Ch. VII.* p. 24.

l'Evangile : ce qui donne lieu de croire qu'elles font tirées de quelques-uns de ces Ouvrages qui n'ont pas été jugés dignes d'être conservés à la postérité.

Clément, le disciple des Apôtres (1), cite dans ses deux lettres un passage d'une écriture différente des nôtres, & qui, selon M. Castelier, doit être de quelque Auteur apocryphe. Ce que nous avons de la seconde Epître de S. Clément, finit par ce passage d'un Evangile que Clément d'Alexandrie nous apprend être celui des Egyptiens : le voici. (2)

Quelqu'un interrogea le Seigneur pour lui demander quand son Royaume viendroit. Il répondit :
„ Lorsque deux ne feront qu'un, lorsque ce qui sera
„ dehors ressemblera à ce qui sera dedans ; lorsqu'il
„ n'y aura ni mâle ni femelle ".

Jules Cassien, Auteur du second siecle, cite ces mêmes paroles, & nous apprend que ce fut Salomé qui faisoit cette demande (3).

Ignace rapporte (4), dans l'épitre aux Smyrnéens, un discours de Jesus-Christ dont nos Evangiles ne font aucune mention. Lorsqu'il vient à ceux qui étoient avec Pierre, il leur dit : *Touchez-moi, & voyez que je ne suis point un esprit.* Ils le toucherent, & ils crurent aussi-tôt, *ayant été convaincus par sa propre chair.*

Eusebe (5) cite l'endroit d'Ignace où se trouve cette citation ; mais il ne savoit pas dans quel Evangile ce disciple des Apôtres avoit pris les discours

---

(1) Clément. *N°*. 23. *p.* 160.
(2) Clément. *N°*. 12. *p.* 188.
(3) Clément. *Stromat. Liv. III. p.* 435.
(4) Clément d'Alexandrie, *No*. 3. *p.* 35.
(5) Eusebe, Histoire ecclef. *Liv. III p.* 37.

de Jefus-Chrift. S. Jérôme (1), plus inftruit, nous apprend qu'il fe trouvoit dans l'Evangile *felon les Hébreux*, Ouvrage très-fameux dans ces premiers temps, & qui a été connu d'Hégéfippe & de Pappius, difciples de S. Jean (2).

Jufqu'à Juftin, on ne trouve que des livres Apocryphes cités ; depuis Juftin jufqu'à Clément d'Alexandrie, les Peres employent l'autorité des livres fuppofés, & de ceux qui paffent maintenant pour canoniques : enfin ces derniers l'emportent, & éclipfent totalement les autres : ce n'eft pas qu'il ne fe foit encore trouvé des Auteurs qui dans la fuite des temps ont encore eu confiance aux premiers.

C'eft une chofe digne de grande attention, que quoique les premiers Peres faffent fréquemment ufage des faux Evangiles, jamais il ne nous parlent de ceux qui nous reftent. Matthieu, Marc, Luc & Jean ne font cités ni dans Barnabé, ni dans Clément, ni dans Saint Ignace, ni enfin dans aucun des écrivains des premiers fiecles. Il eft vrai, que Victor de Capoue allegue quelques paffages de Polycarpe, (3) où il eft parlé des quatre Evangéliftes ; mais on convient que ces fragments font faux & indignes de celui auquel ils font attribués (4). Saint Juftin eft le premier de ceux qui nous reftent, qui ait eu connaiffance des quatre Evangéliftes que nous avons entre les mains.

Ce que l'on avance ici eft un fait dont il eft aifé de fe convaincre par la lecture des Peres apoftoliques ; ce qui fait voir combien il faut fe dé-

---

(1) *De Scriptoribus ecclefiafticis.*
(2) Eufebe., *Hift. ecclef. L. III. c. 39. Tome IV. c. 22.*
(3) Caftelier. *P.* 203.
(4) Tillemont. *Tom. II. n.* 5, *p.* 635.

fier de la bonne foi ou de la critique des Apologistes de la Religion chrétienne. Il semble, en les lisant, que les premiers Peres ont rempli leurs écrits de citations de nos Evangélistes. *Saint Mathieu*, dit Abadie (1), *a été cité par Clément, Evêque de Rome, disciple & contemporain des Apôtres. Barnabas le cite dans son Epitre. Ignace & Polycarpe le reçoivent. Les mêmes Peres, qui rendent témoignage à Mathieu, le rendent aussi à Marc.* Qui ne s'imagineroit, après ce ton décisif, que les Peres apostoliques parlent souvent de nos Evangiles ? cependant il est certain que leurs noms ne se trouvent dans aucuns de ces premiers écrivains ; & il est étonnant que l'Evêque de Londres ait osé avancer dans sa troisieme lettre pastorale, p. 19, que Clément, le disciple des Apôtres, a cité l'Evangile de Saint Mathieu, l'a nommé, puisque rien n'est plus faux.

La confiance avec laquelle parlent les défenseurs de la Religion chrétienne, vient sans doute de ce que les Peres du premier siecle alleguent quelquefois des passages qui sont assez conformes à ce que nous lisons dans nos Evangiles ; mais il ne s'ensuit pas qu'ils les ayent connus, & il y a plutôt lieu de croire qu'ils sont tirés des livres apocryphes dans lesquels il y avoit plusieurs des sentences qui se trouvent dans les Evangiles qui nous restent.

Il est même incertain si la plupart des axiômes de Jesus-Christ répétés par les premiers Peres, sont tirés de quelques livres, ou si ce sont des sentences de Jesus-Christ qui se sont retenues de vive voix, & qui ont été transmises aux disciples par le canal de la tradition. Mais supposons que ces paroles de Jesus-Christ ayent été prises dans quel-

---

(1) Abadie. *Tom. II. Sat.* 2. c. 5.

que Evangile; or n'a aucune raison de décider que ce soit dans les nôtres, plutôt que dans ceux que nous avons perdus. Les plus anciens Peres, comme on l'a déja remarqué, lisoient & alléguoient fréquemment les livres apocryphes; or il est constant qu'il y avoit dans ces Ouvrages de mensonges, plusieurs choses conformes à ce que nous lisons dans nos Evangiles, & mêmes en propres termes.

C'est ce qu'il est facile de démontrer par le cinquieme chapitre de la seconde Epitre de Clément, p. 185, où on lit les paroles suivantes: *Ait enim Dominus; eritis sicut agni in medio luporum: Respondens autem Petrus, & dixit: si ergo lupi agnos discerperint? Dixit Jesus Petro; ne timeant agni post mortem tuam lupos; & vos nolite timere qui occidunt vos, & posteà nihil possunt vobis facere; sed timete eum qui postquàm mortui fueritis habet potestatem animæ & corporis, & mittere in gehennam.*

Le Seigneur dit : ,, Vous ferez comme des agneaux ,, au milieu des loups : " Pierre répondant, lui dit : " Si ,, les loups mettent les agneaux en pieces ? " Jesus dit à Pierre : " les agneaux ne doivent pas craindre les ,, loups après leur mort; ne craignez point ceux qui ,, ne peuvent que vous tuer, & qui après votre mort ,, ne peuvent vous faire aucun mal; mais craignez ,, celui qui après votre mort peut envoyer votre ame ,, & votre corps dans la géhenne ".

Tout le monde convient que ces paroles sont tirées de quelques livres apocryphes; il est constant que cette conversation de Jesus-Christ & de S. Pierre n'est point dans nos Evangiles. Le sens s'y trouve cependant: *Ecce ego mitto vos sicut oves in medio luporum.* Math. c. 10. v. 16. *Ecce ego mitto vos sicut agnos inter lupos.* Luc. c. 10. v. 3. *Nolite timere eos qui occidunt corpus, animam autem non possunt occidere, sed potius timete eum qui potest animam & corpus perdere in gehennam.* Math. c. 10. v. 28. *Dico autem vobis amicis meis : ne terreamini ab his qui occidunt corpus , & poſt hæc non habent amplius quod faciant. Oſtendam autem vobis quem timeatis : timete eum qui, poſtquàm occiderit , habet poteſtatem mittere in gehennam ; ita dico vobis : hunc timete.* Luc. c. 12 v 45.

Quoique le cinquieme chapitre de la ſeconde Epitre de Clément ait beaucoup de rapport avec quelques endroits des Evangiles de S. Mathieu & de S. Luc, il eſt cependant conſtant qu'il n'en eſt pas tiré ; de même, quoique Barnabé & Polycarpe employent quelques termes ſemblables à ceux des Evangiles, on ne peut pas prouver qu'il les ayent connus : car quelque reſſemblance qu'il y ait entre les textes de ces Peres & les Evangiles, il n'y en a pas davantage qu'entre la converſation de S. Pierre avec Jeſus-Chriſt qui eſt dans Clément, & qui n'eſt certainement pas tirée des Evangiles, & les paſſages paralleles de Saint Luc que nous avons rapportés.

On peut faire la même réflexion à l'occaſion du huitieme chapitre de la ſeconde Epitre du même Clément ; il cite ce diſcours de Jeſus d'après un Evangéliſte qu'il ne nomme pas. *Ait quippe Dominus, in Evangelio : ſi parvum non ſervatis, quis vobis magnum dabit ? dico enim vobis, qui fidelis eſt in minimo, & in majori fidelis erit.*

Le Seigneur a dit dans l'Evangile, ,, ſi vous ne ,, conſervez pas bien un petit dépôt, qui eſt-ce qui ,, vous en confiera un conſidérable ? Je vous dis : celui ,, qui eſt fidele dans une petite choſe, le ſera dans ,, une grande." Ces dernieres paroles ſe trouvent dans S. Luc, chap. 16. v. 10. *Qui fidelis erit in minimo, & in majori fidelis erit.*

Cependant ce n'eſt pas cet Evangéliſte que S. Clément avoit en vue, puiſque le commencement de la citation ne s'y trouve point, & qu'elle doit avoir été tirée en propres termes de quelque Evangile.

La conformité de quelques paſſages des anciens

Peres avec des textes de l'Evangile, ne prouve donc pas que ces premiers Auteurs l'ayent voulu citer lorfqu'ils écrivoient; il feroit bien furprenant qu'ils euffent connu nos Evangéliftes, fans en avoir jamais parlé. Le filence dont le favant Dodwell, (fur Saint Irénée, p. 67) eft convenu, dépofe d'autant plus contre l'ancienneté des Evangiles qui nous reftent, que ces Peres en ont connu & cité d'autres que le mépris des fiecles fuivants a fait difparoître.

Les Apologiftes chrétiens n'ont pas affez approfondi cette queftion de critique d'où dépend la vérité du chriftianifme. Ils fe font imaginés avoir fuffifamment prouvé l'authenticité des Evangiles, en tâchant de faire voir qu'il n'eft pas poffible de fuppofer des livres de cette nature.

C'eft le grand argument de Ditton, d'Abadie, & de l'Abbé Houtteville; ce qu'ils difent, pourroit faire quelque impreffion fur ceux qui ne fauroient pas que plufieurs Evangiles ont été fuppofés dans le premier fiecle : mais comme on ne peut pas douter de ce fait, il en réfulte qu'il n'étoit pas difficile de tromper les premiers Chrétiens, & de leur donner des romans pour des livres hiftoriques.

Examinons les preuves de la prétendue impoffibilité de ces fortes de fuppofitions. ,, Tous les partis & ,, toutes les fectes (felon Ditton, *p.* 245) en ont ap- ,, pellé à nos livres facrés dans leurs difputes, & les ont ,, reconnus pour regle de foi; ils n'ont jamais été ac- ,, cufés ni de fuppofition ni de falfification. " Si cela eft vrai dans les derniers fiecles, cela n'eft aucunement exact par rapport aux premiers, qui méritent une toute autre confidération.

Les Chrétiens, dont la doctrine contredifoit ouvertement nos Evangiles, appelloient-ils à ces Evangiles dans leurs difputes? & ces contradictions ne doivent-elles pas être regardées comme une accufation de faux contre les livres facrés qui nous reftent? On ne sauroit trop le répéter ; l'histoire des faux Evangiles démontre l'illusion & les sophismes de la prétendue impossibilité de la supposition des nôtres.

Les raisons que M. Abadie employe pour prouver l'authenticité des livres du nouveau testament, prouvent également celle des livres apocryphes. » Ceux qui supposent un livre humain, dit-il, *tom.* » *II. sect. 2. c.* 1. ont ordinairement tout le temps qu'ils » veulent ; mais ici l'imagination humaine ne trouve » point de temps pendant lequel elle se puisse figurer » que le nouveau testament a été supposé. Si nous » montons de siecle en siecle, nous trouverons que les » Chrétiens ont toujours eu cette écriture devant les » yeux, & nous la voyons citée dans les anciens » Peres, qui la regardent comme divine. "

Ce raisonnement renferme une fausseté manifeste, & est contredit par une vérité de fait qui ne peut être contestée par aucun homme habile. La fausseté est que les premiers Peres ayent connu & cité nos Evangiles. La vérité de fait, est que dans le premier siecle on supposa quantité de faux ouvrages, qui furent reçus long-temps comme véritables, & cités avec honneur par les Peres apostoliques. Dès qu'il est constant qu'il y a eu, dès les premiers siecles, des Evangiles supposés & reçus avec respect, il est donc possible qu'on suppose de pareils ouvrages.

» Il n'est pas possible, continue M. Abadie, de » supposer des livres humains, parce qu'ordinaire- » ment personne n'y prend intérêt, ou n'y en prend » qu'un fort médiocre ; mais il auroit été difficile de » supposer des livres qui obligent de courir au mar- » tyre, tels que sont ceux qui composent le nouveau » testament : si un homme qui prête de l'argent, » cherche si bien ses sûretés, que doit faire une » personne, ou plutôt que doivent faire une infinité » de personnes qui renoncent à toutes choses pour » l'Evangile ?

Ce n'est guere connoître l'homme, ni l'esprit de parti, que de raisonner de cette façon; l'expérience nous apprend que les hommes agissent avec beaucoup plus de prudence dans les affaires temporelles que dans les spirituelles. Ils se déterminent ordinairement dans la premiere après avoir examiné par eux-mêmes, au-lieu que dans les autres ils sont menés, ou par la prévention, ou par la séduction. Il y a une réponse bien simple à cette déclamation.

Les faux Evangiles, qui furent reçus dès le premier siecle, n'étoient composés que dans le dessein de faire triompher la Religion de Jesus-Christ, & d'engager les hommes à lui tout sacrifier. Nous voyons tous les jours que ceux qui sont prévenus, reçoivent ordinairement tout ce qu'ils s'imaginent être favorable à la cause qu'ils ont épousée : voilà pourquoi les premiers Chrétiens se laissoient tromper toutes les fois que quelques fourbes vouloient prendre la peine de les séduire.

„ Il s'est trouvé des gens, ajoute encore Abadie,
„ qui ont supposé des livres humains; mais il n'y
„ en a point qui ayent voulu mourir pour soutenir
„ leurs fictions. Or ici on ne peut soupçonner d'a-
„ voir supposé l'écriture du nouveau testament, que
„ des gens qui sont morts pour défendre la Religion
„ chrétienne, & par conséquent pour confirmer
„ la vérité des faits de l'Ecriture qui fonde le chris-
„ tianisme ".

Il semble, à entendre parler Abadie, que tous les premiers Chrétiens soient morts pour défendre la Religion chrétienne. Je lui accorde que le plus grand nombre étoit disposé à mourir pour Jesus-Christ, & je demande qui sont ceux qui dans le premier siecle ont supposé de faux livres en faveur du christianisme? On ne contestera pas apparemment que ce sont les Chrétiens : si tous ceux qui professoient le christianisme, étoient dans la résolution de mourir pour leur foi, il faut donc supposer qu'il y a eu des faussaires disposés à mourir pour défendre la gloire de leurs fictions, & qui n'étoient pas retenus par la mort de leur secte lorsqu'il s'agissoit de faire valoir leur cause : ils croyoient pour lors pouvoir employer le mensonge ; & c'est ce qui décide entre contre Grotius & contre Abadie, qu'il pouvoit se faire que parmi les premiers prédicateurs du christianisme il y en ait eu qui ayent voulu en imposer à leur siecle.

L'Abbé Houtteville, *L. I. c. 7*, n'est pas plus solide, & ce n'est pas sans raison que son critique lui reproche d'avoir mal prouvé l'authenticité des Evangiles. La grande raison de cet Apologiste, est qu'il ne vient point dans l'esprit humain, s'il n'est dans un délire qui le trouble, d'arranger des visions, de dire à ceux qui les écoutent : *Voilà ce que vous avez vu ; voilà ce qui s'est fait dans vos murailles, & ce que vous ne sauriez contredire.* Ce raisonnement, qui pouveroit plus pour la sincérité des premiers témoins de la vie de Jesus-Christ que pour l'authenticité des écrits du nouveau testament, ne conclut ni pour l'un ni pour l'autre, & on ne peut l'employer sans ignorer entiérement l'histoire des imposteurs. Les faux Evangiles, presque aussi anciens que Jesus-Christ, & qui ont séduit plusieurs de leurs lecteurs, prouvent qu'il n'est point impossible de tromper ses contemporains, même sur des faits qui semblent avoir été publics.

,, Si l'on dit que cette hardiesse n'est pas sans exem-
,, ples, continue M. Houteville, que l'on en cite un,
,, aussi-tôt je me rends ". Il y a apparence qu'il eût tenu un autre langage, s'il eût écrit depuis les Vampires & les merveilles attribuées à M. Paris.

Il se prévaut encore de ce que les Juifs n'ont pas réclamé contre les faux Evangiles ; mais leur incrédulité n'est-elle pas une réclamation authentique ?

Par cette même raison, on feroit valoir les livres apocryphes. Il y a plus: l'Auteur des actes des Apôtres, c 28. v. 22., nous apprend que l'on contredisoit par-tout la nouvelle secte des Chrétiens : *Nam de sectâ hâc notum est nobis quod ubique ei contradicitur* : C'est-à-dire, que par-tout on s'inscrivoit en faux contre les œuvres miraculeuses sur lesquelles se fondoient les défenseurs de la Religion nouvelle ; & l'auteur ancien du dialogue avec Triphon, assure que les Juifs envoyerent par-tout pour déclarer qu'il ne falloit point ajouter foi aux merveilles que les Chrétiens attribuoient à Jesus-Christ.

CHAPITRE II.

Histoire *des suppositions d'ouvrages faits dans les premiers siecles de l'Eglise.*

Pour mieux faire sentir la facilité qu'il y a de séduire les hommes en leur donnant des Ouvrages supposés pour des véritables, nous allons faire une légere histoire des suppositions qui furent faites dans les premiers temps de l'Eglise ; on y trouvera des preuves éclatantes de la fourberie des auteurs & de la crédulité des peuples.

Le nom de Jesus-Christ même n'a pas été respecté des imposteurs : les payens, les hérétiques & les catholiques lui ont attribué de faux Ouvrages. Les payens, pour rendre odieux l'Auteur de la Religion chrétienne, ont prétendu qu'il avoit fait des livres de magie (1), qu'il avoit adressés à S. Pierre & à S. Paul.
Les

---

(1) August. *de consensu Evangelii. Liv. I. part. 2. ch. 10.* Tom. III. pag. 8.

Les conſtitutions apoſtoliques nous apprennent que Siméon & Cléobius firent (1) paroître pluſieurs ouvrages ſous le nom de Jeſus-Chriſt & de ſes Apôtres. Saint Léon dit, dans ſon trente-troiſieme Sermon, que les Manichéens avoient quantité de livres ſuppoſés ſous le nom des Apôtres de Jeſus-Chriſt, qui étoient remplis du venin de leurs erreurs. On trouve dans une lettre de Saint Auguſtin à Céreſe, quelques paroles (2) d'une hymne fort obſcure que les Priſcilianiſtes avoient dans leurs livres apocryphes, & qu'ils ſoutenoient être celle que Jeſus-Chriſt dit après la Cene.

Euſebe nous a donné (3) ſous le nom de Jeſus-Chriſt une lettre au Roi Abgare, qu'il aſſure être tirée des archives publiques de la ville d'Edeſſe, où il prétend qu'elle étoit en Syriaque. L'autorité d'Euſebe n'en a impoſé qu'aux critiques médiocres. Peut-on croire qu'un monument ſi précieux pour les Chrétiens, eût échappé à la connoiſſance des Peres des trois premiers ſiecles, & eût été mis par le Pape Gélaſe au rang des livres apocryphes? Quant au prétendu argument tiré de archives de la ville d'Edeſſe, M. Dupin obſerve ſenſément, qu'il eſt fort ſujet à caution dans les hiſtoires de cette nature.

L'Epitre de la Vierge aux habitants de Meſſine, que l'on montre dans cette ville, confirme l'obſervation de M. Dupin. Elle eſt datée de Jéruſalem l'an 42. Quoique ce ſoit une fiction des plus inſoutenables qu'on ait jamais inventées, il y a cependant eu un Jéſuite nommé Inchofer, qui a fait un grand Ouvrage pour prouver qu'elle a été vérita-

---

(1) *Liv. I. ch.* 16.
(2) Tillemont. *Ch. II. p.* 494.
(3) Hiſtoire eccleſ. *Liv. I. ch.* 13.

blement écrite par la Vierge. On en a une d'elle, écrite aux Florentins, qui est de la même valeur. Il n'y a plus personne qui prenne la défense de celle qu'on prétendoit (1) qu'elle avoit écrite à S. Ignace, Evêque d'Antioche, & de la réponse de ce Saint. Il y a eu divers actes faux de la passion de Jésus-Christ. Les payens en supposoient, pour déshonorer le Législateur des Chrétiens. Ce fut vers le commencement du 4º. siecle, (2) que Maximin les fit publier de tous côtés dans les villes & même dans les bourgades : il ordonna qu'on les feroit apprendre par cœur dans les écoles de grammaire ; de sorte que les enfants n'avoient autre chose dans la bouche. Ils étoient faits avec si peu d'exactitude, qu'on les trouvoit remplis de fautes de chronologie (3).

Les Quarto-décimants avoient des actes particuliers touchant la mort de Jésus-Christ (4). Ils étoient persuadés qu'ils étoient authentiques ; mais ils étoient les seuls qui les reçussent.

S. Justin paroît avoir eu connoissance de quelques actes qui regardoient Jésus-Christ, (5) & que nous n'avons plus ; mais comme il avoit peu de critiques, & qu'il écrivit dans un temps où il paroissoit tous les jours de fausses pieces, son autorité ne suffit pas pour nous faire croire qu'ils fussent plus légitimes que les autres.

Tertulien (6), qui n'étoit pas moins crédule, prétend que Pilate envoya à l'Empereur Tibere un procès verbal de la vie & de la mort de Jésus-Christ ;

---

(1) Tillemont. *Tom. I. p.* 70.
(2) Eusebe. *Hist. ecclés. L. IX. c.* 7.
(3) Ibid. *Hist. ecclés. Liv. I. ch.* 12.
(4) Epiphane. *Sect.* 50. *pag.* 420.
(5) Apologie. *pag.* 76.
(6) Apologie. *Nº.* 5.

ce qui fit une telle impreſſion ſur ce Prince, qu'il pria le Sénat de décerner les honneurs divins à Jeſus-Chriſt. Mais les Magiſtrats, dit-il, n'eurent point pour Tibere la complaiſance qu'il auroit ſouhaitée, parce qu'ils avoient trouvé mauvais qu'on ne ſe fût pas adreſſé directement à eux.

Ce récit fournit l'occaſion à quelques fauſſaires de compoſer des relations ſous le nom de Pilate (1). Une lecture ſuperficielle ſuffit pour nous en faire connoître l'impoſture. Il n'y a point d'écrivain ſenſé qui ne les regarde à préſent comme les Ouvrages de gens qui ont voulu tromper leur ſiecle.

Grégoire de Tours s'imaginoit avoir les actes des miracles de la mort & de la réſurrection de Jeſus-Chriſt, tels que Pilate les avoit envoyés à l'Empereur; mais ce qu'il en cite, prouve (ſelon M. de Tillemont) que ces prétendus actes de Pilate ne méritoient que du mépris, & avoient été fabriqués depuis peu.

Quoique pluſieurs Auteurs (2) ayent admis le récit de Tertulien, & qu'ils s'en ſoient même ſervis comme d'un argument très-favorable à la Religion *chrétienne*, Van-Dale (3) l'a rejetté néanmoins comme une fable; & ce n'eſt pas ſans raiſon: car il y a deux grandes difficultés contre cette hiſtoire.

La premiere eſt tirée du caractere impérieux de Tibere, & de la baſſeſſe du Sénat de ce temps. Tacite nous apprend qu'il étoit ſi ſervilement ſoumis à ce Prin-

---

(1) Pierre de Blois, p. 480. Tillemont, *tom. I. n.* 29. *p.* 516. Fabricius, *Biblio. græca. tom. XIII. pag.* 477.

(2) Euſebe. *Hiſt. eccl. L. II. c.* 2. *chroniq. part. de orbis concordiâ. Liv. I. c.* 12. Abadie. *ſect.* 2. *ch. I. & II.* Tillemont. *tom. I. pag.* 142. Houtteville. *pag.* 169.

(3) *De irâ dei & interitu.* ch. 2.

ce, qu'il ne fongeoit qu'à prévenir tous fes caprices (1).

Secondement, Tertulien fuppofe qu'il y eu pour lors une perfécution ; ce qui ne paroît pas s'accorder avec l'hiftoire. Enfin, cette piece, fi favorable au chriftianifme, n'a pas été connue des premiers Apologiftes chrétiens. Ils n'en firent point ufage lorfqu'ils tâcherent d'engager les Empereurs à leur accorder leur protection ; elle doit donc être fufpecte dès-lors, fuivant cette regle de critique : tout fait qui eft très-favorable à une caufe, & qui n'a point été employé par fes défenfeurs, lorfqu'ils étoient à portée d'en connoître la vérité, doit être regardé comme incertain, dès qu'il n'a pour garants que des Auteurs qui ont écrit deux fiecles après le temps où l'on fuppofe que le fait s'eft paffé ; fur-tout fi l'on ne fe faifoit aucun fcrupule de fuppofer des Ouvrages, & d'inventer des fables pour foutenir fa caufe. Eufebe rapporte cette même hiftoire ; mais comme il ne fait que copier Tertullien, il n'ajoute point une nouvelle autorité à ce récit.

C'eft au fujet de la vie de Jefus-Chrift, que les fauffaires ont le plus exercé leurs talents : à peine fut-il crucifié, que les Chrétiens inonderent le public d'hiftoires dans lefquelles ils n'avoient d'autre but (2) que d'infpirer de l'admiration pour le légiflateur, & d'autorifer leurs fentiments particuliers, fans fe mettre en peine de confulter la vraifemblance. S. Luc nous apprend que plufieurs Auteurs affez peu inftruits avoient entrepris de faire la vie de Jefus-Chrift, & il nous fait entendre qu'il n'étoit point content des écrits qui avoient paru jufqu'alors fur ce

---

(1) Tacite. *Annales. Liv. III. ch.* 66.
(2) Blondel, *des Sybilles. Liv. I. c.* 7. Cottelier, *judicium de S. Irenei & Clementis epiftolis. Tom. I. pag.* 180.

sujet, quoique cependant on convienne que son Evangile n'a été publié (1) qu'après ceux de S. Mathieu & de S. Marc.

S. Ambroise, Bede, Théophylacte, & presque tous les interpretes de S. Luc, assurent que cet Evangéliste n'a entrepris son Ouvrage que pour arrêter le progrès des faux Evangiles qui avoient déja un très-grand cours. Le nombre en étoit si grand, que S. Jérôme appréhendoit que la simple énumération n'augmentât trop la préface de ses commentaires sur S. Mathieu (2): *enumerare longissimum est.* Il ne nous reste presque plus que les titres de ces Ouvrages apocryphes, & sans doute que plusieurs nous ont échappé par la suite des temps. On en trouve cependant encore une trentaine dans les divers Auteurs qui en ont parlé.

Origene (3), S. Ambroise, S. Jérôme, Bede & Théophylacte font mention d'un Evangile attribué aux douze Apôtres en commun. Il n'y a presque aucun d'eux dont le nom n'ait servi de masque à quelque faussaire. Le décret de Galan parle des Evangiles de S. André (4), de S. Barnabé, de S. Barthelemi, de S. Thadée, de S. Mathias, de S. Pierre & de S. Jacques le mineur. On en a encore un de cet Apôtre, sous le titre de *proto-Evangile*. Eustache en cite une longue histoire, qui contient le détail (5) de la naissance miraculeuse de la Vierge Marie, son

---

(1) Tillement. *Tom. II. art. S. Luc. p.* 133.
(2) *Præfat. incogn. super Mathæum.* Tom. IV. pag. 1.
(3) Origene sur S. Luc. *tom. I. pag.* 134.
(4) *Voyez* aussi Origene & Bede, *sur S. Luc.* Eusebe. *Hist. eccles. L. III.* ch. 25. *L. VI.* ch. 8 & 12. Jérôme, prol. sur S. Mathieu. *Tom. IV. pag.* 1. Théodoret. *Fab. Liv. III. pag.* 319.
(5) Eustachius, *pag. 69 & 70. sur l'Hexameron.*

mariage avec Joseph, & la mort de Zacharie tué par les ordres d'Hérode.

On découvrit en Espagne, sur la fin du 17ᵉ. siecle, dix-huit livres parmi lesquels (1) il y en avoit un sous le titre *d'histoire Evangélique*, dont S. Jacques le majeur passoit pour être l'Auteur : cet Evangile, ainsi que tous les autres livres qui l'accompagnoient, fut condamné comme apocryphe l'an 1682, par le Pape Innocent XI.

Les Caïnites avoient un Evangile sous le nom de Judas, dont S. Epiphane cite quelques passages. (2).

Les Manichéens en avoient un sous le nom de S. Thomas (3). M. Cotelier a donné au public une partie d'un livre qui a pour titre *l'enfance & les miracles de Jesus-Christ*, attribué à l'Apôtre S. Thomas (4).

On a encore quelques Ouvrages sous le nom de S. Jean Evangéliste, sur (5) la descente de la croix & sur la mort de la Vierge. Ils sont dans le 453ᵉ. des Manuscrits de la bibliotheque de Colbert, qui appartient à présent au Roi de France.

S. Epiphane cite (6) quelques passages de l'Evangile de S. Philippe, dont les Gnostiques se servoient : nous en avons encore un attribué à Nicodeme ; il

―――――――――――――――――――

(1) François Barius, *sur la chronique de Lucius d'Exter.* *pag.* 57.
(2) Tillemont, *Liv. II. pag.* 47. Epiph. *Hom.* 38. *p.* 277. Théodoret. *Liv. I. p.* 206.
(3) Origene, Gélase, Eusebe, *Hist. eccles. Tom. III. ch.* 55. Cyrille. *pag.* 107.
(4) Cotelier, sur les constitutions apostoliques, *Liv. VI. ch.* 16.
(5) Oudin. *tom. I. ch.* 7.
(6) Epiph. *pag.* 95.

a pour titre *Evangile de la passion & de la résurrection du Christ*. Celui de l'enfance subsiste aussi. Il se trouve condamné dans le décret de Gélase, aussi-bien qu'un autre livre qui est intitulé, *liber de nativitate Salvatoris & Mariâ obstetrice.*.

Il y a deux Evangiles qui ont été en grande vénération dans l'antiquité, & qui ont eu le plus de succès après les canoniques. Le premier est celui des Egyptiens. On le croit plus ancien que celui de S. Luc (1). Il en est fait mention dans la 2ᵉ. Epître de S. Clément, dans Clément d'Alexandrie, dans Origene, & dans d'autres Peres de ce temps-là (2). Il faisoit regle de foi chez les Sabelliens.

L'Evangile *selon les Hébreux* se trouve aussi très-fréquemment cité (3); il est quelquefois appellé *Evangiles des Nazaréens & des Ebionites*. Il avoit quelque rapport avec celui de S. Mathieu; ce qui a fait croire à S. Epiphane (4) que c'étoit le même : mais il s'est trompé; car S. Jérôme, qui les a traduits tout deux, cite (5) quelque chose de l'Evangile des Nazaréens qui ne se trouve pas dans S. Mathieu.

Toutes les anciennes sectes avoient chacune un Evangile particulier; Appelle en avoit fait un dont S. Jérôme parle. Les Marcionites s'en servoient. Basilide & Cérinthe (6) en avoient aussi composé. Les Ebionites, les Encratites, les Gnostiques, les Manichéens, le Senconiens, les Valentiniens, avoient chacun le

---

(1) Epiphane. *Hom.* 62. *p.* 514.
(2) Euseb. *Hist. eccl.* ch. 25.
(3) Origene, *const. eccl.* Epiph. *hæres* 20. Eusebe. *Hist. eccl. Liv. III.* ch. 27.
(4) Epiph. *Hom.* 29. *pag.* 124.
(5) *De scriptoribus eccl.* sur le ch. 22 de S. Mathieu, *Tom. IV. p.* 47. Les Pelag. *Tom. IV. pag.* 53.
(6) Epiphane & Origene.

leur. Celui de Gnoſtiques s'appelloit *l'Evangile de la perfection* (1). Celui des Senconiens avoit pour titre *le livre de quatre coins du monde* (2). Les Valentiniens nommoient le leur, *Evangile de la vérité* (3). Les Manichéens en avoient un ſous le titre d'*Evangile vivant* (4). On conſerve dans la Bibliotheque d'Oxford l'Evangile de Lucien; Grabe en cite quelques fragments dans ſes notes ſur S. Irénée. Ils paroiſſent aſſez conformes à quelques endroits de l'Evangile de l'enfance.

Les fauſſes Apocalypſes furent à la mode auſſi bien que les faux Evangiles. Il étoit commun dans les premiers ſiecles, de vouloir paſſer pour homme inſpiré; c'eſt ce qui a donné naiſſance à toutes les fauſſes révélations. On a attribué une Apocalypſe à S. Pierre (5), & une autre à S. Paul. Cette derniere contenoit la révélation de ce que S. Paul avoit vu dans le Ciel lorſqu'il y fut tranſporté. On en a encore une de S. Jean, bien différente de celle qui eſt dans les livres canoniques; elle eſt dans la bibliotheque de l'Empereur.

Le décret de Gélaſe fait mention des Apocalypſes de S. Thomas & de S. Etienne. L'héréſiarque Cérinthe en avoit fait une : on en trouva auſſi une en Eſpagne parmi les livres qui furent découverts l'an 1595.

S. Jérôme nous apprend (6) qu'on avoit fait des révélations ſous le nom des Patriarches & des Pro-

---

(1) Epiph. *Hom.* 26. p. 83.
(2) *Præfatio Arabica ad concilium Nicenum.*
(3) Irénée. *Liv. III. ch.* 21. *N.* 9. *p.* 192.
(4) Thimothée, *de iis qui ad Eccleſiam accedunt.*
(5) *V.* Leclerc. *Hiſt. eccleſ. pag.* 477.
(6) Contre Vigilance.

phètes. Il eſt fait mention dans S. Epiphane des apocalypſes d'Adam, d'Abraham & de Moïſe; Syncelle & Cédrenus citent cette derniere. Les Priſcillianiſtes en avoient une (1) qu'ils attribuoient à Elie.

On peut mettre au nombre des fauſſes Apocalypſes le 4ᵉ. livre d'Eſdras, qui n'eſt rempli que de viſions; ainſi que le paſteur d'Hermas, & le Teſtament des douze Patriarches, qui a été autrefois cité avec reſpect, & qui eſt préſentement regardé de tout le monde comme l'ouvrage d'un impoſteur. Il y a peu d'Apôtres auxquels on n'ait attribué quelques faux livres. Outre l'Evangile & l'Apocalypſe qui ont paru ſous le nom de St. Pierre, on lui a encore donné des actes (2), un livre de *la prédiction* & un autre du *jugement*. On croit que ces ouvrages ſont du ſecond ſiecle.

M. Cotelier a fait imprimer, après ſes récognitions, une prétendue lettre de S. Pierre à S. Jacques, pour le prier de ne communiquer aux Gentils, ni à aucun de ceux qu'il ne connoîtroit pas à fond, le livre de ſes prédictions. Cette lettre eſt ſuivie d'un écrit, qui a pour titre, *Conteſtatio pro iis qui librum accipiunt*. On y trouve l'hiſtoire de ce qu'on prétend que S. Jacques fit en conſéquence de la lettre qu'il avoit reçue de S. Pierre. Il y a eu deux Apocalypſes ſous le nom de S. Paul. Les Caïnites en avoient fait une, dont S. Epiphane parle avec horreur (3). Il y en avoit une autre, que Sozomene paroit eſtimer (4).

---

(1) Tillemont. *Tom. VIII. pag.* 4.
(2) Clément d'Alexandrie. *Liv. I. pag.* 357. *Liv. VI. pag.* 635. Origene, 13 ſur S. Jean Euſeb. *Hiſt. eccleſ. Liv. III. ch.* 3 *Liv. VI. ch.* 14. S. Jérôme. *De ſcriptoribus eccleſiaſticis.* Rufin. *De Symbolo Apoſtolorum.*
(3) Epiphane. *Liv. XXVIII. pag.* 277.
(4) Sozomene. *Liv. VII. ch.* 19.

Un mot équivoque, dans l'Epître aux Coloſſiens, a fait croire à quelques-uns que S. Paul avoit écrit à l'Egliſe de Laodicée; il n'en a pas fallu davantage pour engager un fauſſaire à faire une lettre de S. Paul aux Laodicéens : & il y a long-temps que cette ſuppoſition eſt faite; car les Marcionites admettoient une Epître de S. Paul à l'Egliſe de Laodicée (1). On lui a ſuppoſé une troiſieme lettre à ceux de Theſſalonique (2), une troiſieme lettre aux Corinthiens, une ſeconde aux Epheſiens, un livre des actes de ſes voyages, des lettres à Séneque, auxquelles on a joint les réponſes de ce Philoſophe. Il y avoit auſſi une prédication de S. Paul qui avoit été faite par les diſciples de Siméon.

Les Encratites, les Manichéens, les Priſcillianiſtes & les Apoſtoliques avoient des actes ſous le nom de S. André (3). Les Ebionites ont ſuppoſé quelques écrits à S. Jean (4); on lui a attribué un livre de ſes voyages, qui eſt cité dans le ſeptieme concile. Les Manichéens & les Priſcilianiſtes avoient des actes de cet Apôtre ſur leſquels ils établiſſoient leur doctrine.

On a ſuppoſé à S. Thomas des voyages & des actes que les Encratites admettoient (5). Le décret de Gélaſe nous apprend qu'on avoit fait des actes ſous le nom de S. Philippe. Il y avoit des traduc-

---

(1) S. Jérôme, *de Scriptoribus eccleſiaſticis*. Epiph. *Hom.* 42. *pag.* 309.
(2) S. Jérôme, *ibidem*.
(3) Euſebe. *Hiſt. eccleſ. Liv. III. ch.* 25. Tillemont. *Tom. VIII. pag.* 314.
(4) Epiphane. *Hom.* 41. *pag.* 506. Tillemont, *tom. VIII. pag.* 494.
(5) Tillemont. *Tom. I. p.* 360. Epiph. *p.* 400. Lettre dans S. Léon. *ch. V. pag.* 232.

tions attribuées à S. Mathias, dont S. Clément d'Alexandrie cite quelques passages (1).

L'Epître de S. Barnabé, plus autorisée que toutes ces pieces, n'est cependant pas regardée universellement comme authentique; plusieurs personnes (2) très-habiles la croyent supposée. On trouve, dit M. de Tillemont, dans cette lettre, plusieurs choses qui paroissent assez difficiles à accorder avec l'estime que nous devons avoir pour S. Barnabé; car l'Auteur y cite plusieurs passages qui ne se trouvent point dans les écritures. Il dit que tous les Syriens, les Arabes & tous les Prêtres des idoles pratiquent la circoncision; que toutes choses seront terminées en l'espace de six mille ans; que Jesus-Christ est monté aux cieux le dimanche (3). Si cette Epître n'est pas de celui dont elle porte le nom, on ne peut pas au moins douter qu'elle ne soit très-ancienne, puisqu'elle est citée comme authentique par les Peres les plus éloignés.

Il y a des actes de S. Barnabé, sous le nom de Jean-Marc son cousin. M. de Tillemont décide que c'est un Ouvrage supposé, plein de fables & d'impertinences (4).

On attribue aux Apôtres assemblés un symbole & un concile qu'on dit avoir été tenu à Antioche, où on a encore neuf canons qui sont regardés par les gens habiles comme l'Ouvrage de l'imposture. (5).

Nous avons plusieurs liturgies sous le nom de S. Pierre, de S. Jacques, de S. Mathieu, & de S. Marc;

---

(1) *Liv. II. pag.* 380. *Liv. VII. pag.* 748.
(2) Mainard, Cotelier, Le-Moine, le Pere Alexandre, Casimir, Oudin.
(3) Tillemont. *Tom. I. pag.* 569.
(4) Tillemont. *Tom. II. pag.* 101.
(5) Pagi, *à l'an* 56. *N.* 3.

mais les Moines même conviennent qu'elles font fup‑
pofées (1).

Parmi les livres qui furent trouvés en Efpagne,
l'an 1595, il y en avoit un fous le titre *de miffâ Apof‑
tolorum*, que l'on attribuoit à S. Jacques. Il n'a
pas fait fortune.

Les fauffaires n'ont pas moins abufé du nom des
Difciples que de celui des Apôtres. Il n'eft pas dou‑
teux que les livres de Denys l'Aréopagite ne foient
fuppofés. On les trouve cités pour la premiere fois
dans le fixieme fiecle. Les Orientaux lui donnent
une liturgie (2) que les Occidentaux méprifent, parce
qu'ils ne la croyent pas de ce faint. Clément d'A‑
lexandrie eft celui dont on a davantage profané
le nom. Eufebe regarde fa feconde lettre comme in‑
certaine. S. Jérôme & Photius la rejettent entière‑
ment. On a cinq autres lettres de ce Pere, qui ont
encore moins d'autorité. Clément mande dans la pre‑
miere la mort de S. Pierre à S. Jacques, Evêque de
Jérufalem; cependant ce dernier étoit mort plufieurs
années avant S. Pierre. Ruffin a pourtant cru que
cette lettre méritoit la peine qu'il la traduifît. Les
récognitions qui portent le nom de S. Clément, con‑
tiennent les actions de S. Pierre, fes entretiens avec
Simon le magicien, & comment Clément reconnut
fon pere & fes freres; ce qui a fait donner à ce
livre le nom *de recognition*. On l'appelle auffi *le voyage*
ou *l'itinéraire de S. Pierre* ou *de S. Clément*. Elles font
préfentement rejettées de tout le monde (3), &
on convient que c'eft un Ouvrage qui n'eft d'au‑
cun prix & d'aucune utilité. Elles font cependant fort
anciennes, puifqu'Origene les cite. On prétend qu'il

---

(1) Le Pere Alexandre.
(2) Tillemont. *Tom. II. pag.* 123.
(3) *Idem. ibidem. pag.* 163.

y en a eu plusieurs éditions différentes. M. Cotelier croit que les dix-neuf entretiens qu'il a donnés sous le nom de *Clementius*, pourroient bien être de la seconde édition. Il y avoit, sous le nom de Clément, une dispute de S. Pierre & d'Appion, qu'Eusebe & S. Jérôme ont cru supposée (1). L'Ouvrage le plus fameux de ceux qui ont été attribués à Clément, est celui des constitutions apostoliques, que quelques-uns croyent être la même chose que ce que S. Athanase & Eusebe appellent *la doctrine des Apôtres*. On y fait parler presque tous les Apôtres même. Il y a cependant quelques endroits dont la composition est attribuée à Clément. Les Ethiopiens les respectent comme un livre canonique. S. Epiphane convient (2) qu'on doutoit de l'Auteur de *l'authenticité des Constitutions apostoliques* ; néanmoins il les reçoit comme légitimes. Il en cite quelques passages qui sont contraires à ce que nous lisons aujourd'hui (3) ; ce qui nous apprend que, quoiqu'elles soient l'Ouvrage d'un fourbe, elles ont été corrompues par un second faussaire. Les constitutions finissent par les 85 canons célebres depuis long-temps sous le titre de *canons des Apôtres* ; mais ils leur sont bien postérieurs, puisqu'il n'est pas douteux qu'on y trouve plusieurs choses qui n'étoient pas encore en usage du temps des Apôtres & de S. Clément.

Nous n'entrerons point ici dans la question de l'authenticité des sept Epîtres de S. Ignace. Il suffit que nous remarquions premièrement que les huit à Marie de Carsobole, celle à l'Eglise de Tarse, celle aux Phillippiens, celle au Diacre Héron, les deux

---

(1) Eusebe. *Hist. ecclés. Tom. III.* ch. 38.
(2) Epiphane. *Tom. VII.* pag. 822.
(3) *Voyez* les notes du Pere Petau.

à la Vierge & à S. Jean, font fauſſement attribuées à S. Ignace; voilà ſur quoi il n'y a plus de conteſtation.

Secondement, que celles qui ſont regardées comme étant de S. Ignace, par le plus grand nombre des critiques, ſont rejettées par de très-habiles gens, ſur des fondemens très-graves. Elles avoient tellement été altérées il y a pluſieurs ſiecles, qu'il n'étoit pas poſſible de reconnoitre ce qui y avoit été ajouté. Baronius a tiré de deux manuſcrits de la bibliotheque du Vatican une priere de Héron, diſciple d'Ignace, à ce Saint; mais elle ne vaut pas mieux que la lettre d'Ignace à Héron.

On trouve dans Victor de Capoue (1) quelques paſſages de Polycarpe, que les critiques habiles conviennent ne pouvoir pas être de ce Saint. On a encore un grand nombre de faux Ouvrages ſous le nom des diſciples des Apôtres; tels ſont *l'Abdias*, *l'hiſtoire de la mort de S. Jean*, écrite par un prétendu Euripe, qui ſe qualifie le ſecond diſciple de ce Saint (2); *l'hiſtoire des combats de S. Pierre & de S. Paul contre Simon le magicien*, par Marcel, diſciple de S. Pierre (3); *l'hiſtoire des Juifs*, par Egéſippe; *les Ouvrages d'Erodius*, ſucceſſeur de S. Pierre dans le ſiege d'Antioche; l'écrit *ſur la mort de S. Pierre & de S. Paul*; les lettres de S. Martial aux Bourdelois; *la vie de S. Jean*, par Procharus; *la chaîne des quatre Evangéliſtes*; le livre de Méliton ſur *la mort de la Vierge*.

Ce fut au commencement du ſecond ſiecle de l'Egliſe, ſous l'Empire de Marc-Aurele, que *les livres des Sybilles* que nous avons préſentement, fu-

---

(1) Tillemont. *Tom. II. N°. 4. ſur Polycarpe, pag.* 635.
(2) Tillemont. *Tom. I. p.* 493.
(3) *Id. ibid. p.* 538.

rent produits dans le monde. Les gens habiles (1) conviennent qu'ils ont été composés par des Chrétiens. L'imposture est trop sensible pour pouvoir échapper à un homme éclairé qui voudra y apporter quelqu'attention. Beulchenius & Nehringius en Allemagne (2), le Chevalier Floyd en Angleterre (3), que l'on a vus depuis peu entreprendre la défense de ces Ouvrages décriés, au-lieu de rétablir leur autorité, n'ont fait que déshonorer leur critique. A peine les livres Sibylliens parurent-ils, que Justin les cita dans un discours adressé à Marc-Aurele & à Lucius Verus; depuis ce temps, les Chrétiens en employent l'autorité avec la même confiance que si elle ne pouvoit pas être révoquée en doute. Théophile, Clément d'Alexandrie, Lactance & Augustin mettent, les preuves qu'ils en tirent, à peu-près dans la même classe que celles que fournissent les livres de l'Ecriture. L'Empereur Constantin les cite avec une hardiesse extrême dans un célebre discours (4). Il convient à la vérité » que quelques personnes dou-
» toient que l'acrostiche qu'il allegue, fût l'ouvrage
» d'un Chrétien; à quoi il répond, que la vérité
» est si évidente, qu'il n'est pas possible de l'obscur-
» cir. On a fait, ajoute-t-il, une supputation si
» exacte des années, qu'il ne reste aucune raison
» d'imaginer que ce poëme ait été composé depuis
» l'avénement & la condamnation du Sauveur, tout
» le monde demeurant d'accord que Ciceron l'a
» vu, l'a traduit en latin, & l'a inséré dans ses Ou-
» vrages. »

---

(1) Fabricius. *Bibliot. Græca*. L. I. c. 35. n°. 15.
(2) Fabr. *Delectus argumentorum*. ch. I. p. 33.
(3) Mem. litt. de la Grande-Bretagne. *Tom. IX. pag.* 172.
(4) *Ad sanctorum cœtum*. cap. *XVIII*.

Il y a grande apparence que Lactance a eu part à ce discours ; car on trouve dans les Ouvrages de cet Orateur (1) les mêmes faits que ceux que Constantin avance devant les Peres de Nicée sur l'article des Sibylles.

Il falloit bien compter sur l'ignorance de ses Lecteurs, pour avancer de si étranges choses. Il est vrai que Cicéron cite un acrostiche dans le second livre de *la divination* ; mais il est entièrement différent de celui dont l'Empereur se sert pour prouver la vérité de la Religion chrétienne. Celui dont Cicéron fait mention, avoit été supposé par quelque flatteur de César, pour persuader aux Romains que le seul moyen de rendre l'Etat florissant étoit de reconnoître cet Empereur pour Roi ; & pour venir à bout de son dessein, il avoit produit une prédiction de la Sibylle, qui déclaroit que les Romains ne seroient point heureux tant qu'ils n'auroient point de Roi. Il faut rendre justice à quelques Chrétiens. Origene (2) nous apprend qu'il y en avoit qui ne vouloient pas qu'on se servît de l'argument tiré des Sibylles : ils appelloient même Sibyllistes, ceux qui s'en servoient ; ce qui a fait tant d'impression sur Origene, qu'il n'a pas eu recours à leur autorité. Il ne vouloit pas donner de prise à son adversaire, qui accusoit les Chrétiens d'avoir corrompu les Ouvrages des Sibylles (3). On remarque cette même retenue dans Tertullien, dans S. Cyprien, dans Minutius Felix.

Les livres de cette Prophétesse ont donné beau jeu à l'imposture ; car il est certain que les payens, & les Chrétiens des premiers siecles, d'après eux & les

Orientaux

---

(1) Lactance. *Liv. IV. ch.* 15. *pag.* 400.
(2) Origene contre Celse. *pag.* 272.
(3) *Id. ibid. pag.* 308.

Orientaux (1), ont supposé dans plusieurs occasions, des prophéties qu'ils ont attribuées aux Sibylles.

Les premiers hérétiques ne le cédoient en rien à la secte dominante dans la hardiesse des suppositions ; ils ne s'appliquoient qu'à fabriquer de faux Ouvrages en faveur de leurs systêmes.

Les Ebionites avoient supposé des livres à S. Mathieu, à S. Jacques, & aux autres Apôtres. Epiphane nous en a conservé des fragments. Les Gnostiques avoient des révélations sous le nom d'Adam (2), un Evangile d'Eve, plusieurs traités sous le nom de Seth. Ils en appelloient un *Novie*, du nom imaginaire qu'ils donnoient à la femme de Noé ; un autre étoit intitulé *l'accouchement de Marie, des interrogations de Marie*, qu'ils distinguoient en grandes & petites.

Les Séthiens avoient de plus les livres de Seth, une apocalypse sous le nom d'Abraham, & une autre attribuée à Moïse (3). Agrippa Castor, très-ancien Auteur, accusa Basilide, d'avoir fait un livre sous le nom de Barcoph (4) ; il avoit fait aussi la prophétie de Barsabas. Ses disciples se servoient d'une prétendue prophétie de Cham.

Les sectateurs de Prodicus avoient des livres secrets sous le nom de *Zoroastre*. Ils contenoient les révélations & les autres mysteres de la Réligion. Plotin & Porphyre (5) ont écrit pour faire voir que ces Ouvrages avoient été supposés par les Gnostiques.

---

(1) *Fabricii Bibliot. Græca.* ch. 31. N°. 12.
(2) Epiph. *Hom.* 26. *pag.* 84 & 89. Tillemont. *Tom. II.* pag. 52.
(3) Irénée. liv. I. ch. 34 Epiphan. *Hær.* 34.
(4) Eusebe. *Hist. Ecclef.* Liv. IV. ch. 7.
(5) Vie de Plotin par Porphyre dans Fabricius, *Biblioth. Græca.* tom. IV. ch. 262. p. 105 & 106. Prideaux. *Hist. des Juifs. Tom. I. pag.* 416.

S. Irénée reprochoit aux Marcossiens d'avoir fait une infinité de faux livres dont il cite des fragments (1).

Les Archontiques se fondoient sur un livre qu'ils appelloient *le ravissement d'Isaïe*, & sur sept Ouvrages des sept enfants du Patriarche Seth (2).

Les Elcésaïtes produisoient un livre (3) qu'ils prétendoient être tombé du Ciel; ils assuroient que quinconque croiroit ce qui y est contenu, recevroit la rémission de ses péchés.

Les Nicolaïtes (4) avoient des livres sous le nom de *Jaldabaoth*, qui, selon eux, étoit le premier fils de Jarbelon. Il y avoit des choses si obscenes dans ces Ouvrages de ténebres, que la pudeur ne permet pas de les transcrire dans notre langue, quoiqu'Epiphane ait cru pouvoir les insérer dans ses livres (5). S. Léon nous apprend que les Manichéens avoient plusieurs Ouvrages qu'ils attribuoient aux Apôtres & à Jesus-Christ même. Ils leur faisoient détruire toute la loi ancienne (6) dans celui qu'ils appelloient *la mémoire des Apôtres*; les Priscillianistes l'admettoient aussi. Orose en cite quelque chose. On croit que les Manichéens avoient inventé quelques prophéties qui prédisoient la venue de Jesus-Christ de la maniere que leur secte la soutenoit.

Le plus fameux faussaire qu'ayent eu les héréti-

---

(1) Irénée. *L. I. c.* 20. *N°.* 1. *pag.* 9.
(2) Tillemont. *tom. II. pag.* 295. Epiph. *Hom.* 40. *pag.* 291.
(3) Eusebe. *Hist. Eccles. Liv. V. ch.* 38. Théodoret, *Hæretic. fab. Lib. II. pag.* 222.
(4) Epiphane. *Hom.* 27. *pag.* 78.
(5) Epiphane. *Hom.* 27. *pag.* 89.
(6) S. Léon. *pag.* 232. Tillemont. *tom. IV. pag.* 400. *tom. VIII. pag.* 494.

ques, s'appelloit Luceius (1). C'est celui qui a fait presque tous les faux actes attribués aux Apôtres, qui étoient remplis de miracles. Les Montanistes, les Manichéens & les Priscillianistes, recevoient ses écrits avec admiration. Ces derniers se fondoient sur quantité d'autres faux Ouvrages; & le cours qu'ils leur donnoient, faisoit qu'on n'entendoit plus parler en Espagne (2) que des livres de l'*Ascension d'Isaïe*, de l'*Apocalypse d'Elie*, d'*Ormagilde*, de *Barbilon*, d'*Abraxas*, de *Balzama*, du *trésor de Manichée*, du ridicule *Lacciboras*, & de tous ces autres noms qu'ils se vantoient de tirer de l'hébreu, & qu'ils inventoient à plaisir pour donner de l'effroi & de l'admiration aux ignorants.

La licence des hérétiques alla à un tel excès, qu'il y en eut qui corrompirent les Ouvrages même des Auteurs vivants. Denys de Corinthe se plaignoit de ce qu'on falsifioit ses lettres (3), soit en retranchant des passages, soit en y ajoutant des choses auxquelles il n'avoit jamais pensé. La même chose est arrivée à Origene (4). Un hérétique publia une conférence où il faisoit tenir à ce Docteur des discours très-opposés à ses sentiments; elle fut répandue par toute l'Eglise.

Ce fut apparemment entre le temps d'Origene & celui d'Eusebe, qu'on inséra dans l'histoire de Joseph ce fameux passage où il rend un témoignage si avantageux à J. C; car Origene n'en n'a pas eu connoissance: cependant il se trouve dans les livres d'Eusebe (5). Il suffit d'avoir une légere teinture de la

---

(1) Tillemont. *tom. II. pag.* 446. Photius, 114. *extrait.*
(2) Tillemont. *Tom. VIII. pag.* 499.
(3) Eusebe. *Hist. ecclef. Liv. IV.* ch. 23.
(4) Tillemont, vie d'Origene. *Tom. III.* art. 16. *pag.* 528.
(5) Démonstration. *Liv. III. pag.* 174.

critique, pour sentir l'évidence de la supposition ; mais quand bien même ou la prévention ou le défaut de lumiere ne permettroient pas de prêter toute l'attention nécessaire pour entrer dans les raisons que les vrais Savants en ont apportées, il me semble qu'il suffit que ce passage soit contesté par un grand nombre d'habiles Chrétiens, pour ne point l'apporter en preuve. On décrédite une cause, quand on l'appuye sur des motifs douteux.

Sans entrer dans cette question, qui a été épuisée, je me contenterai d'observer que tout le monde convenant que les écrits de Joseph ont été falsifiés, soit par les Chrétiens, soit par les Juifs, il est beaucoup plus naturel de croire que les Chrétiens y ont touché, que d'imaginer que les Juifs en ayent retranché le témoignage qui regarde Jesus-Christ. On sait que les Chrétiens se permettoient toutes sortes de licences de ce genre, & il seroit difficile que les Juifs eussent pu supprimer un passage si favorable aux Chrétiens, sans que ceux-ci en eussent eu la moindre connoissance ; quelques-uns ont cru que c'étoit Eusebe lui-même qui avoit inséré dans Joseph l'addition où il étoit parlé de Jesus-Christ. Cette opinion, qui n'a point de fondement, a été réfutée par M. de Valsis (1).

Le célebre Blondel étoit persuadé que l'endroit de Joseph dans lequel il est fait mention de Jean-Baptiste, ne pouvait pas être de l'historien Juif. » Le » précurseur de Jesus-Christ, dit-il, y est trop loué ; » il est aisé de s'appercevoir que les paroles, qui » contiennent son éloge, sont une piece ajoutée au » texte de l'Auteur ».

---

(1) Sur le 11e. chapitre du second liv. de l'hist. eccles. d'Eusebe.

Examen critique, &c.

Si ce Savant critique, qui avoit un discernement si fin, ne se trompe pas dans cette occasion, il n'est pas difficile de deviner de quelle main part cette addition.

Le zele des Chrétiens ne s'est pas borné à faire parler Joseph comme eux ; il y en eut qui trouverent dans Philon que les Juifs étoient punis d'avoir méprisé & maltraité Jesus-Christ. (1).

Si on vouloit détailler ici tous les faux actes de martyrs, on tomberoit dans des longueurs immenses ; nous remarquerons seulement qu'il y en a très-peu d'authentiques. On en fabriqua de faux, même dans les premiers siecles.

Gélase condamne comme apocryphe, un livre sous le titre *des actes de S. Paul & de Ste. Thecle* (3). Ce pourroit bien être l'Ouvrage qui fut fait du vivant de S. Jean sous le nom de S. Paul, & qui fut cause de la dégradation de son Auteur.

On a encore les actes (2) du martyre de S. André, dont le texte porte qu'ils ont été écrits par les Prêtres & les Diacres d'Achaïe, témoins oculaires de ce qu'ils rapportent, & adressés à toutes les Eglises du monde. Mais ceux mêmes qui paroissent être les plus disposés à les admettre, demeurent d'accord qu'ils portent plusieurs caracteres de fausseté. Les vrais actes se connoissent à un style simple & éloigné de toute affectation : on n'y trouve pas ces faits prodigieux inventés par les faussaires pour plaire ou pour séduire, & qui trahissent ordinairement la vérité. En voici un exemple.

S. Clément, disciple des Apôtres, est mort mar-

___

(1) Pierre de Blois *contrà perfid. Jud. ch.* 24.
(2) Jérôme, *de scriptoribus ecclesiasticis.* Tertul. *de Bapt.* Tillemont. *Tom. II. pag.* 60.
(3) Tillemont. *Tom. I. n.* 2. sur St. André. *pag.* 589.

C iij

tyr selon ces actes, & sa passion fut accompagnée de miracles éclatants; mais ces miracles ayant été inconnus à S. Irénée, à Eusebe & à S. Jérôme (1), qui ne paroissent pas même avoir su que ce saint fût mort matyr, c'est une preuve que l'Auteur des actes a plus cherché le merveilleux que la vérité.

Sur la fin du 5ᵉ. siecle, le Pape Gélase (2) crut devoir remédier aux désordres qui avoient été causés dans l'Eglise par les faussaires; il publia un décret dans lequel il condamne un grand nombre de livres supposés: mais les précautions de ce Pape n'anéantirent pas l'esprit d'imposture, qui est de tous les partis & de tous les siecles.

---

(1) Tillemont. *tom. II. n. 12. pag.* 605.
(2) Pagi. *ann.* 494. *n.* 3.

CHAPITRE III.

Y a-t-il eu des informations chez les Juifs & chez les Payens pour s'assurer de la vérité des miracles de Jesus-Christ? Ce que l'on en doit conclure? si le plus grand nombre des Apôtres est mort martyr?

SI l'on en croit les apologistes chrétiens, dès que les Apôtres prêcherent la Religion Chrétienne, on les arrêta, on les mit à la torture, pour arracher d'eux par la force des tourments la vérité de l'histoire de Jesus-Christ. Eusebe, & après lui Pascal & Abadie ont fait beaucoup valoir cet argument (1).

---

(1) Démonstration évangélique. *Liv.* 3. *Ch.* 3. *p.* 112.

„ Pourquoi veut-on se tromper soi-même ? dit
„ ce dernier, t. II. c. 5. On sait que quand on donne
„ la question à un criminel, on lui fait confesser son
„ crime. Les tourments arrachent l'aveu des actions
„ les plus secretes, & c'est un moyen presque infail-
„ lible de découvrir la vérité, que la justice humaine
„ met assez souvent en usage. Comment se pourroit-
„ il donc que tant d'imposteurs interrogés, & solli-
„ tés par le fer & le feu de se dédire, persévérassent
„ si constamment dans une fausse déposition ? car ce
„ n'est pas éprouver un supplice, mais toutes sortes de
„ supplices : ce n'est pas en un seul lieu qu'on les
„ presse par les tourments de se rétracter, mais dans
„ presque tous les endroits où ils prêchent : ce n'est pas
„ dans un seul moment, mais dans tous les moments
„ de leur vie qu'ils se trouvent exposés à cette per-
„ sécution : ils n'ont pas une seule partie ; ils ont pour
„ adversaires les Juifs & les Payens, les Magistrats,
„ les Rois, les Pontifes, & le peuple. On ne les at-
„ taque pas seulement par les souffrances, on les cou-
„ vre encore d'opprobres. Cependant aucun ne se dé-
„ dit ; séparés ou confrontés, ils déposent unanime-
„ ment que Jesus-Christ est ressuscité & qu'ils l'ont
„ vu relevé du tombeau. Si c'est de cette maniere
„ qu'on défend l'imposture, qu'on nous apprenne
„ de quel air on soutient la vérité ”

Ce raisonnement seroit très-fort, s'il n'étoit pas
fondé sur une supposition directement contraire à
l'histoire. C'est dans les actes des Apôtres que les
Chrétiens doivent chercher la connoissance de ce
qui se passa immédiatement après la mort de Jesus-
Christ : on n'y voit rien qui ait rapport à ces prétendus examens des miracles de Jesus-Christ ; nous
y voyons seulement que les premiers Chrétiens étoient
regardés avec horreur ; & la raison qui les rendoit odieux, c'est qu'ils donnoient atteinte à l'ancienne
Religion, & que les nouveautés qu'ils prêchoient

excitoient de grands troubles. C'étoient-là les griefs que les Juifs d'Afie apportoient contre S. Paul. *Hic est homo qui adversus populum & legem & locum hunc ubique dicens insuper & Gentiles induxit in templum & violavit sanctum locum istum. Act. C. 21. vs. 28* La haine monta à un tel excès, qu'on les accufa des crimes le plus exécrables (1), d'athéifme, d'incefte, de manger de la chair humaine, & de méprifer les puiffances. Leurs domestiques (2) même dépoferent contre eux. Ces accufations, quoique nullement fondées, avoient trouvé créance par-tout. Il fuffifoit d'être Chrétien, pour être réputé indigne de vivre. L'aveu de cette Religion emportoit avec foi celui de tous les crimes. Ce n'étoit pas feulement le peuple qui donnoit dans ces fureurs; la contagion avoit gagné jufqu'aux plus excellents génies de ces temps-là. Perfonne n'ignore jufqu'où alloit le mépris de Tacite pour cette fecte nouvelle. ,, C'étoit, dit-il,
,, en parlant des Chrétiens (3), des gens haïs par
,, leurs infamies. Le peuple les apelloit Chrétiens, à
,, caufe de Chrift leur auteur, qui fut puni du der-
,, nier fupplice fous le regne de Tibere, par Ponce-
,, Pilate, Gouverneur de la Judée; mais cette per-
,, nicieufe fecte, après avoir été réprimée pour
,, quelque temps, fe multiplia de nouveau, non feule-
,, ment dans le lieu de fa naiffance, mais dans Rome
,, même, qui eft comme le rendez-vous & comme
,, l'égoût de toutes les ordures du monde. On fe
,, faifit donc d'abord de ceux qui s'avouoient de cette
,, Religion, & par leur confeffion on en décou-

---

(1) Athénagore, *p.* 4. Juftin Apolog. *p.* 55. Dialogue avec Triphon. *p.* 337. Théophile à Antholique, *T. III. p.* 119. Minutius Felix. *p.* 86.
(2) Eufebe, *hift. Ecclef. L.* 5. *C.* 1.
(3) Tacite annal. *L.* 15.

,, vrit une infinité qui ne furent pas tant convain-
,, cus du crime dont on les accufoit, qui étoit d'a-
,, voir mis le feu à Rome, que de la haine du
,, genre humain. On infulta même à leur mort en
,, les couvrant de peaux de bêtes fauvages, &
,, en les faifant dévorer par les chiens, ou en les
,, attachant à une croix, & en les brûlant pour
,, fervir de feux & de lumieres pendant la nuit.
,, Quoique ces miférables ne fuffent pas innocents,
,, & euffent mérité la mort, on ne laiffoit pas
,, néanmoins d'en avoir compaffion, parce que le
,, Prince ne ne les faifoit pas tant mourir pour l'u-
,, tilité publique, que pour fatisfaire fa cruauté par-
,, ticuliere."

Suétone enchérit encore fur Tacite dans fa haine contre le Chriftianifme, puifqu'il loue Néron de l'averfion qu'il avoit contre les Chrétiens.

La fameufe lettre de Pline le jeune, nous apprend que le fimple aveu du Chriftianifme paffoit pour un crime capital. ,, Voici, dit-il à Trajan,
,, la conduite que j'ai tenue à l'égard de ceux qui
,, m'ont été déférés : je les ai interrogés pour fa-
,, voir s'ils étoient effectivement Chrétiens ; quand
,, ils l'ont avoué, je leur ai fait deux ou trois fois
,, la même queftion, en les menaçant même de la
,, mort. Ceux qui ont perfifté dans leur aveu, je
,, les ai fait mener au fupplice, ne doutant pas
,, que quand le Chriftianifme ne les eût pas rendus
,, criminels, leur obftination & leur opiniâtreté in-
,, vincibles ne méritaffent d'être punies."

Le même Pline fit tourmenter deux femmes qui étoient très-zélées pour cette nouvelle Religion. L'objet de cette queftion n'étoit que de favoir ce qui fe paffoit dans les affemblées des Chrétiens, & fi c'étoit avec raifon qu'on les accufoit de diverfes chofes abominables. Il paroît, par les plus anciens actes des Martyrs, que deux motifs principaux faisoient condamner les Chrétiens à la mort. Premiérement, parce qu'il refusoient de sacrifier aux idoles (1), ce qui étoit regardé comme apostasie ; la seconde raison qui les rendoit odieux aux Magistrats & aux peuples, c'est qu'ils s'opiniâtroient à ne vouloir pas jurer par la fortune des Empereurs (2). On concluoit de-là qu'ils manquoient d'attachement pour les Princes. C'est ce qui est exprimé dans le jugement de mort que Saturnin, Proconsul d'Afrique, rendit contre Spérat & les autres martyrs de Carthage appellés *Scillitains*, l'an 207 (3).

On n'a aucune preuve que les miracles de Jesus-Christ ayent été examinés par les Juifs & par les Gentils. Jérusalem & Rome n'y faisoient pas plus d'attention, que Paris n'en feroit à des merveilles qu'on prétendroit aujourd'hui s'opérer dans les Cévennes.

J'ose même dire qu'insister sur ces informations, c'est nuire à la cause du christianisme. Le critique de M. l'Abbé Houteville l'a fort bien prouvé. ,, Mal-
,, gré les informations, dit-il (4), la plus grande
,, partie de l'univers n'a pas cru en Jesus-Christ ; &
,, à l'exception d'une petite poignée de Chrétiens,
,, les faits des Evangile furent long-temps à ne trou-
,, ver que des incrédules ''.

Il faut donc que l'univers, qu'on nous dépeint si attentif, si intéressé à la découverte de la vérité de ce faits, ne les ait pas cru vrais. Pourquoi, si l'on excepte un petit nombre d'hommes, tous détestent-ils Jesus-Christ, tous le regardent-ils comme

---

(1) Voyez le martyre de Ste. Symphorose. Tillemont. *Tom. II. p.* 243. Celui de Polycarpe. Tillemont. *Tom. II. pag.* 338.
(2) Tillemont. *Tom. II. p.* 339.
(3) Tillemont. *Tom. III. p.* 134.
(4) Lettre 4.

un séducteur ! La philosophie se rit de ses sectateurs, & la Cour les persécute. Est-il possible que si les faits qu'on lui attribue eussent été bien constatés & bien approfondis, on en eût fait si peu de cas ?

Malgré l'éclat de tous les miracles que les Chrétiens attribuent à Jesus-Christ, les Apôtres ne se sont suivre que d'une vile populace, toujours facile à séduire. Les personnes distinguées par leur rang & par leur esprit, reçoivent avec un souverain mépris cette nouvelle Religion : elle est contredite par-tout dans sa naissance (1), *ubique ei contradicitur*. Les Auteurs les plus célebres de ces temps-là, qui ont occasion de dire quelque chose des Chrétiens, n'en parlent que comme d'une troupe de fanatiques. Plus on suppose les miracles de Jesus-Christ intéressants & publics, plus on donne de force au refus de les croire. Car enfin tous ceux qui ne se déclarent point pour la nouvelle Religion, sont autant de témoins qui déposent qu'il ne faut ajouter aucune foi à tout ce qu'on dit en sa faveur; & si Eusebe a eu raison de réfuter l'histoire (2) de la résurrection d'une fille, opérée dans Rome par Apolonius de Thyane, parce qu'un fait de cette nature n'auroit pu échapper à la connoissance de l'Empereur & des Seigneurs Romains; & si la force de la vérité a obligé un célebre Auteur à nier (3) le miracle de la main rendue par la Vierge à Jean Damascene, pour cette raison que si la ville de Damas en eût été témoin, elle eût abjuré le Mahométisme, à plus forte raison pourrions-nous tirer un argument invincible contre les miracles éclatants de Jesus-Christ & des Apôtres, de l'incrédulité des Juifs : d'autant

---

(1) Act. *ch.* 28. v. 22.
(2) Eusebe contre Hésiod. *ch.* 30 & 35.
(3) Julien. *Voyez* Bayle, *art.* Damascene.

plus que les Chrétiens ne commencerent à l'emporter par le nombre, que lorsque l'on n'étoit plus à portée d'examiner les faits sur lesquels étoit fondée la mission de Jesus-Christ. M. Ditton, qui a senti que si la résurrection de Jesus-Christ a souffert des difficultés considérables chez les Juifs, il étoit natururel que nous fissions attention à leurs objections, a prétendu prouver (1) qu'ils furent convaincus que Jesus-Christ étoit vraiment ressuscité. Mais est-il bien probable qu'ils se fussent tous occupés à persécuter avec tant d'acharnement le christianisme, s'ils eussent vu clairement que l'Auteur de cette Religion étoit envoyé de Dieu ? On n'imagine pas aisément que les hommes veuillent se perdre de propos délibéré, & osent résister à la voix de Dieu, lorsqu'elle leur est manifestée. Qu'on suppose que quelque scélérat puisse être coupable d'une si grande impiété, du moins on se persuadera difficilement qu'une nation entiere & un grand tribunal ayent été capables d'un aveuglement si prodigieux. Si l'on a pu dire des Juifs, que jamais ils n'eussent crucifié Jesus-Christ s'ils l'eussent connu pour le Fils de Dieu, on peut dire avec autant de vérité qu'ils ne l'auroient point persécuté après sa mort, s'ils eussent eu des preuves réelles de sa mission céleste.

Une autre illusion des Apologistes Chrétiens, est de vouloir insinuer que presque tous les Apôtres sont morts au milieu des supplices, & en rendant témoignage de la vérité des miracles & de la résurrction de Jesus-Christ. Cependant rien n'est plus faux; & les plus habiles critiques conviennent présentement qu'on ignore de quel genre de mort ont péri les Apôtres, & qu'on ne sait d'eux que ce qu'en apprennent les actes des Apôtres & quelques Auteurs approu-

---

(1) Ditton. *pag.* 304.

vés, dont très-peu sont parvenus jusqu'à nous.

Quo mortis genere excesserint Apostoli, dit le pere Dom Thierri Ruinart (1), *plane nobis ignotum est, si nonnulla excipias quæ vel in probatis autoribus, quorum ex eâ ætate paucissimi ad nos usque pervenerun, referuntur.* Héracléon (2), auteur ecclésiastique du second siecle, assure que Mathieu, Thomas, Philippe, & plusieurs autres Apôtres sont morts de leur mort naturelle. On ne sait rien du détail de la mort de Mathias, de Barnabé, de Jude, de Simon, de Barthelemi, de Jean l'Evangéliste. Tout ce qu'on en dit, n'est fondé que sur des Ouvrages qui méritent peu de créance.

---

(1) *Acta sincera.* pag. 1. *Admonit. Martyr. sancti Jacobi.*
(2) Clément d'Alexandrie. *Str. Liv. IV.*

CHAPITRE IV.

Si les aveux des Juifs, des Payens & des Mahométans prouvent que Jesus-Christ ait fait des miracles ?

LEs Apologistes Chrétiens ont beaucoup insisté sur ce que les ennemis même de Jesus-Christ avoient été forcés d'avouer, qu'il avoit opéré un grand nombre de prodiges. Il est vrai que Celse (1) suppose que Jesus-Christ a pu faire par science magique, des choses qui paroissent au-dessus des for-

---

(1) *Pag.* 7 & 30 dans Origene. *Voyez* Lactance. *Liv.* 5. *ch.* 3. *pag.* 463.

ces humaines ; Julien ne nie pas qu'il ait guéri des boiteux & des aveugles (1). Les Mahométans & & les Talmudistes (2) n'ont pas contesté les miracles qu'on lui attribue.

Mais ces aveux ne sont pas aussi décisifs que se l'imaginent ceux qui sont accoutumés à recevoir sans examen toutes les preuves qu'ils croyent favorables à leur cause; car de même que les aveux des Peres ne prouvent pas la réalité des miracles du paganisme, ceux des ennemis de la Religion Chrétienne ne concluent rien en faveur de ceux de Jesus-Christ.

C'étoit un principe reconnu de tous les partis, qu'un homme par le secours des esprits pouvoit faire des choses surnaturelles ; les Philosophes de ces temps-là en étoient aussi persuadés, que le peuple l'est présentement que ceux qu'il appelle *sorciers* peuvent dominer sur la nature.

C'est par cette raison qu'ils ne faisoient aucune difficulté de faire un aveu dont ils ne croyoient point qu'on pût tirer aucun avantage ; ils ne pensoient pas que ces miracles décidassent plus en faveur de Jesus-Christ, que ceux de Pythagore & d'Apollonius pour ces hommes célebres. Aussi ces aveux sont-ils faits sans examen, & il faut les regarder comme les propositions que les Théologiens & les Philosophes accordent, parce qu'ils ne veulent pas prendre la peine de les contester, persuadés qu'elles ne décident rien pour le fond de la dispute. Il paroît très-clairement, par un passage de Celse, que c'étoit-là ce qu'il pensoit. En parlant des miracles de Jesus-Christ, il n'entreprend point de les discuter,

---

(1) Dans St. Cyrille. *Liv.* 6. *pag.* 191.
(2) *Voyez* le Toldos Jesu.

parce qu'on ne dit rien de lui , ,, (ce font fes ter-
,, mes) (1) qui foit au-deffus de ces faifeurs de
,, tours qui operent des chofes merveilleufes: ils
,, chaffent les démons ; ils guériffent les maladies,
,, ils évoquent les ames des héros ; ils font paroître
,, tout d'un coup des repas magnifiques, & des
,, figures d'animaux qui femblent fe mouvoir, tandis
,, qu'elles reftent dans l'inaction ,,.
Quoique les miracles de Jefus-Chrift foient avoués
par les Talmudiftes, gens peu inftruits de l'Hiftoire,
& peu verfés dans l'art de raifonner, il paroît certain que les Juifs des premiers fiecles n'en convenoient pas. Nous lifons dans les actes des Apôtres,
que la Religion Chrétienne ne trouva que des con-
tradicteurs dans fon origine. L'Auteur du dialogue avec
Triphon, affure qu'à peine Jefus-Chrift étoit mort, que
les Juifs députerent par-tout pour avertir de fe pré-
cautionner contre les récits de fes Difciples ; par
conféquent ils feignoient, du moins dans ces temps-
là, de les regarder comme des menteurs.

---

(1) Dans Origene. *pag.* 93.

CHAPITRE V.

De l'empire que les Chrétiens se sont attribué sur les démons. Toutes les Sectes se sont imaginé avoir la même prérogative. Ce prétendu pouvoir ne seroit-il pas un des effets de l'imagination, de la fourberie, ou de la superstition de ceux qui ont cru qu'il y avoit des mots efficaces ?

UN des plus communs arguments des premiers défenseurs de la Religion Chrétienne, étoit tiré des exorcismes. Ceux qui peuvent commander aux démons, sont avoués du Ciel; or ces esprits malins sont obligés de nous obéir, lorsque nous leur parlons au nom de Jesus-Christ. Cette raison se trouve employée dans presque tous les écrits qui parurent pendant que le paganisme subsista. Nous voyons dans S. Justin, que les Exorcistes Chrétiens étoient répandus par-tout l'Empire Romain, & ils se vantoient de chasser les démons des corps obsédés, avec tant de puissance, que ceux qui étoient guéris se faisoient Chrétiens, si l'on en croit S. Irénée (1).

Octave ajoute dans Minutius Felix, que les esprits malins, pressés par ceux qui les exorcisoient, étoient obligés de convenir qu'ils cherchoient à tromper les hommes (2). ,, Le plus grand nombre d'entre vous, ,, dit-il, fait que les démons se rendent justice à eux-,, mêmes. Sérapis & toutes les fausses divinités que ,, vous adorez, vaincues par la douleur, avouent
,, ce

---

(1) S. Irénée. *Liv. II. ch. 32. N°. 4. p. 156.*
(2) Minutius Felix. *pag. 252.*

,, ce qu'elles font. Vous en êtes témoins vous-mê-
,, mes; les foupçonneriez-vous d'être capables de fe
,, déshonorer par un menfonge ? Croyez-les donc
,, lorfqu'elles affurent qu'elles ne font que des dé-
,, mons. Ils ne peuvent plus refter dans les corps,
,, lorfqu'on les conjure par le feul vrai Dieu. Ils en
,, fortent bientôt fuivant la foi du patient, ou la vo-
,, lonté de celui de qui dépend la guérifon, & ils ne
,, manquent pas après cela de fuir les Chrétiens qu'ils
,, avoient coutume d'infulter par votre miniftere dans
,, les affemblées publiques. "

Il pourroit bien y avoir de l'exagération dans ce
difcours, ou il falloit que les Payens foupçonnaffent
de l'intelligence entre les exorciftes & exorcifés,
puifqu'ils ne fe rendoient pas à cette preuve.

Tertullien parle encore avec plus d'affurance (1).
,, Qu'on faffe, dit-il, venir quelqu'un qui foit tour-
,, menté par le démon; le premier Chrétien le for-
,, cera d'avouer qu'il n'eft qu'un efprit immonde.
,, Faites mourir les Chrétiens, s'ils ne tirent par cet
,, aveu des démons. Peut-il y avoir une preuve plus
,, complette ? Vos Dieux font foumis aux Chrétiens;
,, nous les obligeons malgré eux de fortir des corps. "

Origene affure que telle eft l'efficace du nom de
Jefus-Chrift, que quelquefois même les méchants, en
le prononçant, chaffent les démons (2).

S. Cyprien (3) triomphe auffi, lorfqu'il parle fur
ce fujet ,, Si vous vouliez les entendre, dit-il à
,, Démétrius, lorfque nous les conjurons, & que
,, par les fouets fpirituels nous les chaffons des corps,

---

(1) Apolog. ch. 23. De fpectaculis. ch. 19. Ad fcapu-
lam. N. 4.

(2) Origene. p. 7. 20. 133. 261. 262. 334.

(3) S. Cyprien ad Demetrium. pag. 133. Voyez auffi le
livre à Donat. pag. 3.

D

„ que nous obligeons de fe plaindre & d'avouer qu'ils
„ doivent être jugés, venez en être témoins, &
„ vous verrez que nous ne difons rien que de
„ vrai."

Lactance (1) parle à-peu-près dans les mêmes termes, mais il ajoute des faits fi peu vraifemblables, qu'ils diminuent extrêmemenr la foi que l'on pourroit avoir à tout ce qu'il a dit jufqu'alors pour faire voir la fupériorité de Jefus-Chrift fur les autres divinités. Il avance (2), comme un fait certain, „ que ceux qui ont le pouvoir d'exorcifer,
„ peuvent bien faire venir des enfers Jupiter, Nep-
„ tune, Vulcain, Mercure, Appollon & Saturne;
„ mais Jefus-Chrift, dit-il, n'obéira jamais à leur
„ évocation". *Si quis ftudet altius imquirere, congreget eos quibus peritia eft ab inferis ciere animas, evocet Jovem, Neptunum, Apollinem, patremque omnium Saturnum, refpondebunt ab inferis omnes, & interrogati, loquentur de fe ac fatebuntur; poft hæc evocet Chriftum, non aderit, non apparebit.*

Il en rend cette raifon, que Jefus-Curift n'a été que deux jours aux enfers, *quià non amplius biduo apud inferos fut.* Et comme s'il n'y avoit rien à répliquer, il finit par cette demande : „ Peut-on une preu-
„ ve plus complette? *quid hâc probatione certius efferri
„ poteft* "? Enfin Arnobe (3), Julius Firmicus Maternus (4), Eufebe (5), Grégoire de Nazianze (6), Cy-

---

(1) Lactance. *Liv. II. ch.* 15. *Liv. IV. chap.* 27. *Liv. V. ch.* 21.
(2) Lactance. *Liv. IV. ch.* 27.
(3) Arnobe p. 27.
(4) *De err. prof. relig.* p. 29 & 30.
(5) Demonft. Evang. *Liv. III.* p. 132. cont. Hierocl. ch. 4.
(6) Nº. 1. p. 3. Nº. 3. p. 76 & 77.

rille de Jérusalem (1), S. Jérôme (2), Cyrille d'Alexandrie, (3), Zachée (4), & l'Auteur de la dispute de Gregentius avec Herban triomphent de ce pouvoir d'exorciser, qu'ils regardent comme une preuve incontestable de la divinité de la Religion Chrétienne. Jean Pic de la Mirandole l'a fait valoir dans les derniers siecles. Il en est moins question dans les Ouvrages faits depuis, & je ne connois que le Pere Baltus (5), entre les Auteurs modernes, qui parle du pouvoir de chasser les démons, comme d'une des preuves les plus frappantes de la vérité de la Religion.

On ne voit pas que cet argument ait fait aucune impression sur les Payens : & comment en eût-il fait, puisqu'ils avoient aussi des exorcistes, auxquels ils croyoient que les démons obéissoient ? Plutarque en parle (6), & il nous apprend que ceux qui se mêloient de ce métier, ordonnoient comme un remede excellent, de lire les *lettres Ephésiennes* : c'étoient des mots barbares ; Clément d'Alexandrie en rapporte quelques-uns ; on peut les voir dans Hesychius.

Lucien plaisante de ce pouvoir d'exorciser dans son *Philophende*. Il se pourroit fort bien que dans le passage que nous allons citer, il eût en vue les Chrétiens ; quoi qu'il en soit, il suppose dans plusieurs autres endroits de cet Ouvrage que les Payens avoient recours aux exorcismes ,, Tout

---

(1) Cath. ch. IV. sect. 13. p. 58.
(2) Epist. 44. ad Marcellum. t. IV. p. 55.
(3) Contre Julien. Tom. VI. p. 201.
(4) Spicilege. Tom. X. p. 7.
(5) Réponse à l'Histoire des Oracles. 3e. partie, p. 314.
(6) Simpos. 7. Liv. V. Question.

„ le monde, dit-il, connoit ce Syrien de la
„ Paleſtine, qui, pour de l'argent, délivre les lu-
„ natiques & les poſſédés; car tandis qu'ils ſont cou-
„ chés par terre, qu'ils roulent les yeux, & qu'ils
„ écument, il interroge le démon, qui lui répond
„ en grec, ou en un autre langue, ſans que le pa-
„ tient remue les levres, juſqu'à ce que le démon
„ ſoit contraint de ſortir par la force de ſes conju-
„ rations & de ſes menaces, & j'en ai vu ſortir un
„ qui étoit tout noir & tout enfumé ".

Lucius badine encore les exorciſtes dans une de ſes épigrammes, lorſqu'il dit, qu'ils chaſſoient moins les démons par la vertu de leurs paroles que par la puanteur de leur haleine.

Il y a eu de fameux exorciſtes chez les Payens, entre autres Appollonius (1), Porphyre, & Iſidore (2). Damaſius rapporte que ce dernier chaſſa un démon du corps de ſa femme, en lui parlant du Dieu des Hébreux, que ce diable avoua qu'il reſpectoit comme les autres divinités.

Les Peres n'ont point conteſté ce pouvoir d'exorciſer dans les payens. Juſtin (3) en convient, mais il prétend que les Chrétiens avoient chaſſé des démons contre leſquels toute la vertu des exorciſtes payens avoit échoué.

Origene ne nie pas que les Egyptiens ne fiſſent ſortir les démons des corps (4). Il nous apprend qu'ils employoient le nom d'Abraham dans leurs conjurations. Celui de Jeſus-Chriſt tenoit auſſi ſa place

---

(1) Euſebe contre Héſiode. ch. 30. & 35.
(2) Symmaque, vie de Porphyre.
(3) Juſtin, p. 45. Apolog. dialogue avec Triphon. p. 302 & 310.
(4) Origene contre Celſe.

dans les formules des autres exorcistes payens, ainsi que S. Augustin l'assure dans son 7ᵉ. traité sur St Jean.

Eusebe avoue (1) que ce que les admirateurs d'Apollonius disoient en sa faveur à ce sujet, étoit vrai ; mais il prétend qu'il tiroit ce pouvoir des démons même.

La mode de s'ériger en exorcistes avoit tellement prévalu, qu'il fallut que les loix impériales réprimassent cette frénésie (2).

Il y a encore des exorcistes chez les peuples plongés dans l'Idolâtrie. Les Chinois ont des moines qui se mêlent d'exorciser (3). Ils sont de l'ordre d'un nommé *Sansie*, qui a fait une regle qu'observent tous ceux qui veulent chasser les diables. Voici comment ils s'y prennent. Ils peignent des figures affreuses sur du papier jaune, ensuite ils les collent tout autour des maisons où l'on dit que le diable vient, puis ils y entrent faisant un bruit horrible, avec lequel ils disent qu'ils ont évouvanté & chassé le diable du logis & du corps de ceux où il étoit.

Le Pere Tachard rapporte qu'étant à Batavia, il alla voir un sacrifice des Chinois. „ Nous voulions
„ voir tout jusqu'à la fin, dit-il (4) ; mais ayant ap-
„ pris que le sacrifice se faisoit pour chasser le dia-
„ ble du corps d'un malade, & que la cérémonie
„ dureroit jusqu'au soir, après avoir demeuré là
„ près d'une heure, nous nous retirâmes avec beau-
„ coup de compassion de l'aveuglement de ces peu-
„ ples. „

---

(1) Eusebe contre Hierocles. *ch.* 30 & 35.
(2) *Leg. I. tit. de extraord causis.*
(3) Ambass. des Hollandois au Japon. *p.* 109.
(4) Voyages. *Liv. III. pag.* 130.

Les Bonzes chassent non seulement les démons, mais ils vendent aussi des sauvegardes (1) par lesquelles ils défendent aux démons d'inquiéter certaines personnes. Les Prêtresses de l'isle de Formose ont la réputation de chasser le diable (2). Il y avoit parmi les Juifs, des gens qui faisoient profession d'exorciser (3). Ils couroient le monde. S. Jérôme avoue qu'ils réussissoient. (4)

Il y a des moines en Barbarie, que l'on appelle *Exorcistes* (5). Lorsqu'ils veulent renvoyer le diable en enfer, ils forment des cercles où ils écrivent certains caracteres, & ils font des empreintes sur la main, ou au visage du possédé, puis l'enferment dans un lieu rempli de mauvaises odeurs, & font leurs conjurations. Ils demandent à l'esprit de quelle maniere il est entré dans le corps, d'où il est, comme il s'appelle, & enfin ils lui commandent de sortir. Il y a aussi des exorcistes dans le Royaume de Fez. (6)

On voit par-là que les hommes se ressemblent dans tous les pays, & que toutes les Religions peuvent s'appuyer des mêmes arguments; mais un privilege commun à toutes les sectes n'établit point de prérogatives pour aucune d'elles en particulier. Si l'on examinoit cette matiere avec une attention dégagée

---

(1) Lettre du Pere Chavagnas, 9. recueil des lettres édifiantes. *pag.* 346.
(2) Candidius & Auterrenus, de la compagnie des Indes. *Tom. IX. p.* 207.
(3) Joseph. antiq. judaïq. *Liv. VIII. ch.* 22. Traité d'Origene sur S. Mathieu. *p.* 67 & 68.
(4) *Liv. II. ch.* 6. *N°.* 2. *pag.* 222.
(5) Marneol. *Tom. I. Liv.* 2. *ch.* 3. *p.* 133. Vicans. *Liv. II. ch.* 15. *pag.* 142.
(6) Léon d'Afrique. Damitis *Tom. I. p.* 39.

de préjugés, on trouveroit que presque tout ce qu'on débite du démon, & du pouvoir que les hommes ont sur cet esprit malin, n'a d'autre principe qu'une imagination dérangée, ou la mauvaise foi de ceux qui trouvent leur avantage à entretenir les erreurs populaires.

Hippocrate (1) rapporte qu'il y a des gens à qui la peur trouble tellement la tête, qu'ils s'imaginent voir des esprits, dont ils sont si effrayés, qu'on en a vu se pendre, pour se garantir des maux que leur causoient ces visions.

Possidonius (2), fameux Médecin du quatrieme siecle, rapportoit à des maladies naturelles ce qu'on appelle *possessions*. M. de S. André, qui a écrit depuis peu très-sensément sur ce sujet (3), n'est pas fort éloigné de ce sentiment. „ Regardez, dit-il, ce
„ que je viens de rapporter, comme des effets du
„ déréglement de l'imagination, des vapeurs, d'une
„ bile noire, d'une semence corrompue..... Un fou,
„ un mélancolique, une femme, une fille travaillée
„ de vapeurs, s'imaginent qu'ils sont obsédés : l'i-
„ dée qu'ils s'en forment leur fait faire mille ex-
„ travagances, & leur fait souffrir mille peines de
„ corps & d'esprit. Persuadés qu'ils sont que le dia-
„ ble les tourmente & les poursuit par-tout, ils en
„ font mille contes, & ils les assurent si positivement,
„ qu'on a peine à ne les pas croire. Le Peuple
„ sur-tout croiroit faire un crime, s'il n'ajoutoit pas
„ foi à tout ce qu'ils disent, s'il n'attribuoit pas
„ au démon tout ce qu'il leur voit faire, ou leur
„ entend dire d'extraordinaire. Il nous est ordinai-

---

(1) Lettres de M. de S. André. *pag.* 256.
(2) Philostorge. *Liv. IV.*
(3) Lettres de M. de S. André, *pag.* 256.

„ re, continue M. de S. André, *pag.* 256, de voir
„ des filles & des femmes malades de cette maladie
„ qui confiste à voir des esprits. On en guérit quel-
„ ques-unes par la saignée du pied & par le bain;
„ il y en a d'autres à qui tous les remedes sont
„ inutiles, dont l'imagination est si vivement frap-
„ pée, que si l'on ne veilloit continuellement sur
„ elles, elles se déferoient, & encore le font-elles
„ souvent, quelques précautions qu'on puisse pren-
„ dre pour les en empêcher. Ceux qui ont voulu
„ jouer le genre humain, ont trouvé de grandes
„ ressources dans la matiere des exorcismes. L'his-
„ toire & l'expérience nous apprennent que dès que
„ les hommes voyent quelques effets extraordinai-
„ res, auxquels ils ne sont pas accoutumés, ils les
„ mettent sur le compte du diable. Que quelqu'un
„ s'avise de faire des grimaces & des contorsions
„ effrayantes, & qu'il ait assez d'effronterie pour
„ insinuer que son état n'est pas naturel : aussi-tôt
„ il sera mis au rang des possédés; tout le monde
„ voudra le voir; & si, lorsque cette nouvelle com-
„ mence à faire impression sur les esprits, un hom-
„ me sensé entreprend de faire voir la fourberie,
„ il sera traité comme s'il ne croyoit pas en Dieu. "
De tout temps l'on a fait intervenir le diable,
lorsqu'on a voulu tromper les hommes. Nous avons
vu que les Exorcistes furent fort à la mode dans
les premiers siecles; ils ne manquerent pas d'occupations dans la suite des temps. L'imposture s'en
mêla hautement, & fut souvent découverte. Amsion
dit que dans son siecle les pauvres se plaignoient d'ê-
tre possédés, pour exciter la compassion des riches,
& qu'en recourant aux coups, on leur faisoit confesser la vérité. Il y a eu des impostures éclatantes
dans les siecles précédents. „ Du temps du Roi
„ Louis XI furent grandes nouvelles, dit la chro-
„ nique scandaleuse, par tout le Royaume & autres

,, lieux, d'une fille de dix-huit ans, ou environ,
,, qui étoit en la ville du Mans, laquelle fit plu-
,, sieurs folies & merveilles, & disoit que le dia-
,, ble la tourmentoit & la failloit en l'air, crioit,
,, écumoit & faisoit moult autres merveilles, en abu-
,, sant plusieurs personnes qui l'alloient voir; mais enfin
,, on trouva que ce n'étoit que tout abus, & qu'elle
,, étoit une méchante folle, & faisoit lesdites folies
,, & diableries par l'exhortement, conduite & moyens
,, d'aucun des officiers de l'Evêque dudit lieu du
,, Mans, qui la maintenoient & en faisoient ce que
,, bon leur sembloit, & qui auxdites folies faire
,, l'avoient ainsi induite. "

Du temps du Pape Paul IV, 89 Juives (1) em-
brasserent à Rome le Christianisme. Quelques personnes qui auroient été bien-aises d'avoir le bien
des Juifs, persuaderent à ces néophytes de feindre
que les Juifs leur avoient envoyé des démons qui
les tourmentoient cruellement, parce qu'elles s'étoient
fait baptiser; c'est ce qu'elles répondirent à un Moine
Bénédictin qui les exorcisoit. Le Pape en ayant été
informé, prit la résolution de bannir tous les Juifs
des terres de son obéissance. Un Jésuite lui représenta qu'il pourroit bien y avoir de la supercherie.
Sur cet avis, on fit de plus amples informations. Les
démoniaques avouerent, dès les premiers coups de
fouet qu'on leur donna, qu'elles n'avoient contre-
fait les possédées qu'à l'instigation de quelques cour-
tisans. Sur cet avis, ils furent punis de mort, ainsi
que nous l'apprend Louis Guyon, Auteur contemporain. Voici une autre histoire dans le même genre, que l'on tient de Pierre Pigray, chirurgien du
Roi Henry III.

---

(1) Basnage, hist. des Juifs. *L. IX. c.* 21. *n.* 18. Réponses aux quest. d'un Provincial. *t. I. c.* 33.

„ L'an 1587, le Roi me commanda, dit-il, de
„ voir une fille âgée de 27 ans qui étoit dans le
„ couvent des Capucins de Paris, travaillée de telle
„ forte, qu'elle avoit le diable au corps. Sa Majefté
„ me commanda de prendre auffi avec moi deux de
„ fes Médecins, qui furent MM. Leroi & Botalt : nous
„ l'allâmes trouver au dit couvent, où elle étoit fort
„ défolée & abattue de travail, ce fembloit; & après
„ avoir interrogé la fille, je pris la mere à part :
„ elles foutinrent toutes deux la fourberie; & après
„ tous leurs difcours vint le Prieur de là-dedans,
„ qui nous raconta avoir vu des chofes étranges en
„ elle, & que, fi nous voulions, il l'exorciferoit
„ devant nous, ce que j'accordai volontiers. Il la
„ fit entrer dans le temple, les portes fermées, où
„ il l'exorcifa; mais elle faifoit des cris admirables
„ & mouvements étranges & horribles, principale-
„ ment lorfque le Prieur difoit l'Evangile. Ce diable,
„ par la bouche de la femme, répondit à quelques
„ mots de latin, mais non à tous; car il n'étoit pas
„ des plus Savants. Sa Majefté la voulant voir, elle
„ commanda qu'elle fût menée hors la ville en un
„ petit village près S. Antoine-des-Champs. Le Roi
„ me commanda de parler à elle en particulier, &
„ nous enferma tous deux dans une chambre, mais
„ il tenoit la porte entr'ouverte, qui nous regar-
„ doit. Il y eut un jeune garçon qui me dit qu'elle
„ avoit eu le fouet à Amiens il y avoit deux ans.
„ Je le dis au Roi, qui incontinent envoya cher-
„ cher l'Evêque qui étoit à Paris, de quoi la mere
„ & la fille furent fort étonnées. Le Roi demanda
„ à l'Evêque s'il les connoiffoit; voici les paroles
„ de l'Evêque. Sire, il y a environ deux ans que
„ cette fille, accompagnée de fon pere & de fa mere
„ & d'un garçon, fon frere, vint à Amiens. On
„ me demanda congé de l'exorcifer, ce qui fut fait
„ avec une grande admiration du peuple qui les fuivoit.

,, Voyant cela, je pensai qu'il y avoit quelqu'impos-
,, ture; je la fis venir à l'Evêché pour la voir exor-
,, ciser, & reconnoître ce diable. Je fis habiller un
,, de mes gens en habit de prêtre, avec une étole,
,, auquel je bâillai un livre qui étoit les épîtres de
,, Cicéron. Cette fille se met à genoux pour être
,, exorcisée, comme elle l'avoit été deux jours au-
,, paravant. Quand mon homme commença à lire les
,, épîtres de Cicéron, le diable, qui ne sut discer-
,, ner ce latin d'avec celui de l'Evangile, fit les mê-
,, mes effets qu'il avoit accoutumé. Alors je fis pren-
,, dre le petit garçon son frere, lequel, après l'a-
,, voir bien interrogé, nous découvrit tout le fait.
,, Il nous dit comme son pere l'instruisoit la nuit,
,, & lui apprenoit quelques mots de latin, aux-
,, quels elle répondoit aucunement; quoi voyant,
,, je la fis fouetter par ce Gentilhomme que voilà
,, présent, duquel elle endura deux coups de verge
,, des plus forts & des plus violents qui se puis-
,, sent voir, & aussi patiemment & aussi constam-
,, ment que l'on pourroit dire, sans rien confesser;
,, mais quand elle vit que l'on vouloit recommen-
,, cer, elle se mit à genoux, & confessa tout. Son
,, pere & sa mere firent le semblable. Le Roi, après
,, ce discours, ordonna qu'elle fût mise en prison
,, perpétuelle."

Ce fait a quelque rapport avec ce qu'on lit dans
la Confession de Sancy, ch. 6. ,, Que deux jeunes Re-
,, ligieux pleins de zele ayant amené à l'Evêque d'An-
,, gers une jeune Dame instruite de démonologie,
,, il avoit demandé à quels signes on reconnoissoit
,, qu'elle étoit farcie de diables; à quoi on lui avoit
,, répondu que c'étoit lorsqu'on lui touchoit la peau
,, de quelque croix où il y avoit du bois de la
,, vraie croix. L'autre preuve se voyoit à ses tres-
,, sauts & mugissements qu'elle rendoit, quand on
,, lisoit quelque texte de l'Evangile: ce sont les ter-

„ mes de d'Aubigné. L'Evêque avoit dans son cou une
„ de ces croix. Le conducteur de la démoniaque,
„ qui voyoit cette croix au cou de l'Evêque, troussa
„ la galante, qui étoit couchée à terre, jusqu'au-
„ dessus du jarret, & fit signe au Prélat qu'il la
„ touchât de la croix subitement. Mais ce mauvais
„ homme arracha bien la croix de son col, & avec
„ l'autre main il tira bien subitement une clef de
„ sa pochette. La bonne Dame ne sentit pas plu-
„ tôt la froideur de la clef à la cuisse, qu'elle ef-
„ fraya les assistants de ses gambades. Il fallut, pour
„ la seconde preuve, lire l'Evangile devant elle.
„ L'Evêque tira de sa pochette *Petronius Arbiter*,
„ qu'il portoit au lieu de breviaire, & commença
„ à lire *Matrona quædam Ephesi*, & la Dame d'écu-
„ mer & faire miracle. Et quand ce fut à *Placitone*
„ *etiam pugnabis amori*, lors elle tomba évanouie.
„ L'Evêque, ne pouvant plus douter de l'imposu-
„ re, l'a dit à qui l'a voulu entendre. ”

On voit, sur la fin du siecle passé, la plus célebre imposture en fait de possession ; c'étoit Marthe
Brossier qui en étoit la principale actrice : l'histoire
en est trop longue pour être détaillée ici. Ceux qui
voudront être instruits des moindres circonstances
pourront recourir au 133º. livre de M. de Thou,
& ils auront lieu d'être contents. On peut voir
aussi le 6º. chapitre de la confession de Sancy &
les notes. On peut voir aussi dans Bayle, Diction.
art. *Radziwil*, l'effet que produisirent sur de prétendus démoniaques des os de bêtes, qui avoient été
substitués à des reliques perdues.

Le Prince Radziwil avoit été à Rome ; le Pape
lui avoit donné des Reliques : le Gentilhomme qui
en avoit la garde, les laissa perdre, & n'y fut d'autre
remede que de mettre à leur place les premiers os
qu'il trouva. Lui seul savoit le secret. Lorsque le
Prince fut arrivé dans ses terres, les Moines de ce

pays-là lui fournissoient des démoniaques, sur lesquels ces Reliques opéroient des miracles. Le Prince, ayant été informé de la vérité dans la suite des temps, mit un démoniaque entre les mains de ses palfreniers Tartares, qui l'obligerent d'avouer que les Moines l'avoient porté à contrefaire le possédé. Radziwil, non content, livra les Moines même à ses Tartares, & ils confesserent l'imposture. La raison qu'ils apporterent pour se justifier, fut qu'ils avoient voulu empêcher le cours de l'hérésie.

Il n'y a plus de doute présentement sur la diablerie de Loudun. Tout le monde convient qu'elle fut une invention des Moines, qui servoient à la vengeance qu'on vouloit tirer de Grandier, & à laquelle les Religieuses se prêterent. Lorsque M. de Laubardemont informoit de la possession, le diable prétendu avoit menacé d'élever le lendemain jusqu'à la voute de l'Eglise les incrédules qui se présenteroient, lorsqu'il voudroit tourmenter la religieuse par la bouche de laquelle il parloit. Quillet, qui entendit cette menace, ne dit mot : mais le lendemain, à l'heure précise, il se présenta dans l'église, & en présence de Laubardemont & d'une grande assemblée, il défia le diable de tenir sa parole, & il protesta qu'il se moquoit de lui ; de sorte que le pauvre diable se trouva fort embarrassé, & toute la diablerie fut fort interdite. Laubardemont décréta Quillet, qui, voyant qu'il ne faisoit pas bon pour lui en France, en sortit le plus promptement qu'il put, & passa en Italie. Cette circonstance, quoique fort intéressante, a été omise par Lamonardaye, historien des diables de Loudun.

Monconis a rendu fort célèbre la visite qu'il fit à la Supérieure des Ursélines de Loudun. On le fit attendre long-temps au parloir. Lorsqu'elle fut venue, elle lui montra sur sa main gauche, écrit en lettres de sang, *Jesus, Marie, Joseph, François de Sa-*

les : lorsqu'il étoit prêt de sortir, il souhaita revoir la main de la Religieuse. Elle la lui donna au travers de la grille. ,, Alors, dit-il, je lui fit re-
,, marquer que le rouge des lettres n'étoit pas aussi
,, vermeil que quand elle étoit venue ; & comme il
,, me sembloit que les lettres s'écailloient, & que
,, toute la peau de la main sembloit se lever,
,, comme si c'eût été une pellicule d'eau d'empois
,, desséchée, avec le bout de mon ongle j'empor-
,, tai, par un léger attouchement, une partie de
,, la jambe de la lettre M, dont elle fut fort surprise,
,, quoique la place restât aussi belle que les au-
,, tres endroits de sa main : je fus satisfait de cela,
,, & je pris congé d'elle ''.

M. le Prince de Condé éprouva aussi par lui-même qu'il y a bien de la tromperie dans les possessions : ayant eu la curiosité de voir les prétendues possédées de Bourgogne, & d'examiner lui-même les choses qu'on en disoit, il arriva dans le temps (1) qu'une des démoniaques jouoit son personnage. Il s'approcha d'elle. On lui dit que lorsqu'on lui mettoit sur la tête un reliquaire, elle nommoit tous les saints & toutes les saintes dont il y avoit des reliques. M. le Prince qui se ressouvint alors que sa montre n'étoit pas montée, la tira de sa poche, & la mit comme un reliquaire sur la tête de la possédée, qui commença à réciter la légende, & à nommer un grand nombre de saints & de saintes dont il devoit y avoir des reliques. M. le Prince lui laissa dire tout ce qu'elle voulut, & la légende finie, il lui montra. La démoniaque entra en fureur, déclama contre le Prince, & fit comme si elle vouloit se jetter sur lui ; c'est alors qu'il dit ce bon mot : *Mon-*

---

(1) Lettres de M. de S. André, *pag.* 264.

sieur le diable (1), *si tu ne te tiens en repos, je rosserai ton étui d'importance.*

Ce siecle-ci ressemble à ceux qui l'ont précédé. L'Avocat Chaudon a insinué qu'il avoit connoissance d'une imposture dans ce genre, dont il ne nous apprend point le détail. Il nomme seulement le principal Auteur, qui étoit le Pere Dubois, Jésuite, & il dit que le fruit de ses exorcismes sur la prétendue possédée se réduisit à une grossesse. La scene étoit à Nevers.

Depuis quelques années, un Prélat célèbre par son zele pour *la cause*, & par sa crédulité, n'a pu s'empêcher de s'écrier (2) : „ Quel est l'Evêque qui ait
„ gouverné avec soin pendant plusieurs années, & qui
„ n'ait plus confondu & rejetté de fausses posses-
„ sions, de miracles douteux, de visions équivo-
„ ques, que la malignité des hommes du siecle
„ n'en a critiqué ”.

Ce sont les histoires de pareille nature qui ont fait dire au judicieux Cardinal d'Ossat (3) „ qu'il
„ fait si obscur dans cette matiere pour les fraudes
„ qui se commettent, & pour la similitude des ef-
„ fets de l'humeur mélancolique avec ceux du dia-
„ ble, que de dix qu'on prétend être possédés, à
„ peine s'en trouve-t-il un qui le soit véritablement. ”

Le plus souvent les médecins ne s'accordent pas entre eux, non plus que les théologiens & les autres. M. de S. André (4) pense de même, lorsqu'il dit : „ Je n'ai presque jamais rien vu qui puisse caractéri-
„ riser une véritable possession ; je n'ai ordinaire-

---

(1) Segraisiana. pag. 151.
(2) Discours à la tête de Marie-à-la-coque. pag. 19
(3) Lettre 220. Tom. III. pag. 407 & 408.
(4) Lettres particulieres, p. 256.

„ ment trouvé qu'imposture, artifice & blasphême. "

Long-temps avant la naissance du Christianisme, c'étoit une opinion répandue par-tout le monde, qu'il y avoit des noms & des mots auxquels une vertu étoit tellement attachée, que les prononçant, on guérissoit les maladies, & on faisoit fuir les malins esprits. Ce fut à Ephese que prit naissance, ou que fut perfectionnée cette chimere (1); voilà pourquoi ces mots furent appellés les *lettres Ephésiennes*. Origene (2) nous apprend que les Sages Egyptiens, les Mages de Perse, les Bracmanes & les Samanéens chez les Indiens, étaient persuadés de l'efficace de certains mots. Cette doctrine passa d'eux aux Chrétiens. On sait combien Basilide attribuoit d'efficace au nom *Abraxas*, & que l'*Abracadabra* a passé long-temps pour un puissant talisman.

Les Héracléonites (3) avoient une formule composée de mots barbares, qu'ils conseilloient de réciter à l'article de la mort, parce qu'ils les croyoient capables de repousser les puissances invisibles. On les trouve dans S. Epiphane (4). Origene (5) enseigne que les noms de *Sabaoth* & d'*Adonaï*, prononcés avec respect, ont une vertu admirable. On s'en servoit comme d'un remede certain dans quelques maladies. Marcel (6) assure que pour se guérir des douleurs d'entrailles, il n'y a qu'à mettre à son col une lame d'étain avec ces paroles: *In nomine Dei Jacob, in nomine Dei Sabaoth*.

Les Egyptiens avoient divisé le corps humain en

---

(1) Basnage, hist. des Juifs. *L. III. c.* 24.
(2) Origene contre Celse, *p.* 19.
(3) Clément d'Alexandrie. *Liv. VII.*
(4) Hom. 36. p. 260.
(5) Origene contre Celse, 19, 178 & 184.
(6) *De medicamentis empyricis.* L. XXI.

36 parties. Ils avoient mis chacune de ces parties sous la protection de quelque Dieu ; & lorsqu'elles étoient affligées, ils s'imaginoient qu'il n'y avoit qu'à prononcer le nom barbare de cette divinité pour être soulagé sur le champ. Voici quelques-uns de ces noms. *Ehnaccehunna*, *Encetsicut*, *Bin*, *Eris*, *Crebin*, *Romanor*, *Recanoas* (1).

Les anciens (2) ne doutoient pas qu'ils ne pussent détourner les maux dont ils étoient menacés, en prononçant certaines paroles. Enfin, c'étoit un principe reçu chez les médecins, qu'il y avoit des maladies dont on guérissoit en récitant de certains vers. *Veteres medici*, dit Apulée, *etiàm carmina remedia vulnerum nórunt*. Cette folle imagination a eu cours dans les derniers temps.

Les profanes même se servoient du nom de Jesus-Christ dans leurs superstitions. L'Auteur inconnu du *traité sur le baptême des hérétiques*, soutient que l'efficace de ce nom est si grande, que les payens mêmes faisoient des miracles en le prononçant. S. Epiphane assure (3) qu'il y avoit des Juifs qui guérissoient des malades par la prononciation de ce nom. Les magiciens mêloient aussi autrefois le nom de Jesus-Christ avec ceux dont ils se servoient dans leurs conjurations (4). C'est S. Augustin qui nous l'appprend. *Illi ipsi qui seducunt per ligaturas, per cantationes, per machinamenta inimici, permiscent per cantationibus suis nomen Christi*.

Il y avoit une chose à observer, pour que les mots conservassent toute leur force. Il falloit qu'ils fussent prononcés dans la langue originale ; car transf-

---

(1) Origene contre Celse, p. 19. 178 & 184.
(2) *De medicamentis empyricis*. L. XXI.
(3) Epiphane. *L. XXX. N°. 5.*
(4) *Tract.* 7. *in Joannem.*

portés dans un autre, ils étoient fans vertu (1). Origene lui-même le croyoit. Lucien plaifante agréablement fur ce fujet dans fon *philophende*. Il introduit Lynomaque qui foutient gravement que la graiffe d'une biche jointe à fon pied droit & au poil de fon menton, a de grandes vertus, pourvu que l'on fache les paroles qu'il faut dire. ,, Tu ne fais donc ,, pas, ajoute-t-il, qu'on charme tous les jours ,, la fievre, qu'on enchante les ferpents, & qu'on ,, guérit les maladies avec des paroles que les vieilles ,, favent ".

Cette façon de guérir par les paroles, a fouvent été défendue. Léonard, Duvair & Dulaurent (2) parlent d'une loi des Athéniens, qui portoit que perfonne n'eût à faire profeffion de guérir par certains mots. Tellement, ajoutent-ils, qu'étant un jour avertis qu'en Achaïe il y avoit une femme qui guériffoit à l'aide de quelques paroles, ils la condamnerent à être lapidée, difant que les Dieux immortels avoient bien donné la puiffance de guérir aux pierres, aux herbes & aux animaux, mais non pas aux paroles. Quoi qu'il en foit de ce fait, il eft conftant que l'Empereur Valentinien fit mourir une vieille femme (3), parce qu'elle entreprenoit de guérir des fievres intermittentes avec des paroles. Il fit auffi couper la tête à un jeune homme, qui vouloit guérir un mal caduc, en prononçant fept lettres de l'alphabet.

---

(1) Vandale, *de divinat. idol.* p. 504. Jambl. *Liv. VII.* ch. 5.
(2) Thiers, des fuperftitions. *Liv. VI. ch.* 3 Tom. I. p. 493.
(3) Ammien Marcellin. *L. IX.*

CHAPITRE VI.

Le Christianisme ne fut d'abord embrassé que par le peuple. De l'autorité de cette acceptation.

Les Apologistes Chrétiens mettent au rang de leurs arguments triomphants, l'accueil favorable que firent les peuples à la Religion de Jesus-Christ. S. Augustin décide que la conversion du monde, c'est ainsi qu'il s'exprime, est le plus grand de tous les miracles, & qu'il n'en faudroit pas d'autres pour engager un homme raisonnable à préférer la Religion Chrétienne à toute autre. Pour juger de la valeur de ce raisonnement, il faut se transporter dans les premiers siecles de l'Eglise, & examiner comment le Christianisme s'est introduit dans le monde.

Le peuple toujours crédule, & par conséquent plus aisé à séduire que les Grands & les philosophes, embrassa d'abord la Religion Chrétienne. Les Evangélistes avouoient que Jesus-Christ n'étoit suivi que du petit peuple, & lui-même rend graces à Dieu d'avoir donné la préférence aux petits sur les Sages & sur les prudents. S. Paul nous apprend qu'il y avoit dans la société Chrétienne peu de Sages selon la chair, peu de puissants, peu de nobles; que Dieu avoit choisi ce qui paroissoit au monde, fou, foible & méprisable.

C'est ce que reprocherent aux Chrétiens leurs premiers ennemis. A entendre Cecilius, ceux dont Octavius prenoit la défense, étoient dans la misere & dans l'indigence. *Ecce pars vestra, egetis, algetis, opere, fame laboratis.* Celse parloit de même; il ajoute, qu'il n'étoit pas difficile de tromper une multitude d'hommes fans efprit & fans lettres. Il prétend que les Chrétiens ne vouloient avoir pour profélites que des imbécilles, des efclaves, des femmes & des enfants; aufli les compare-t-il à ces joueurs de gobelets, qui ne veulent pour témoins de leurs tours que des enfants & des gens grofliers.

Julien ne manqua pas de faire valoir ce reproche. Il aflura que les premiers prédicateurs du Chriftianifme n'avoient pu convertir que des efclaves, que des hommes de peu de mérite. Les Auteurs Chrétiens n'ont pas fait difficulté de convenir que le Chriftianifme dans fa naiflance n'étoit prefque compofé que d'un tas de miférables.

,, Il eft certain, dit Puffendorf, qu'après l'afcen-
,, fion du Sauveur du monde dans le Ciel, lorfque
,, les Apôtres commencerent à répandre fort loin la
,, doctrine de la Religion Chétienne, fuivant l'or-
,, dre qu'ils en avoient reçu de leur Maître, ils fi-
,, rent en peu de temps de très-grands progrès dans
,, la converfion, tant des Juifs, que des autres na-
,, tions, mais principalement des gens du commun
,, du peuple, qui jufqu'alors avoient croupi dans
,, les épaifles ténebres de l'ignorance & de la fuperf-
,, tition, qui menoient une vie de mifere & de ca-
,, lamité, & qui pour cela embraflerent avec d'au-
,, tant plus de joie & d'avidité la doctrine de l'Evan-
,, gile, qu'ils y découvrirent une fi grande lumiere
,, & de fi puiflantes confolations contre les incom-
,, modités de la vie. Les Apôtres même trouverent
,, d'autant plus facilement accès dans l'efprit de cette
,, forte de gens, qu'étant eux-mêmes de bafle con-
,, dition, & fans apparence extérieure, ils avoient
,, occafion de converfer familiérement avec eux, cor-
,, me avec des égaux. Mais entre ceux qui étoient
,, élevés en naiflance & en dignité, aufli-bien qu'en-
,, tre les doctes, il ne s'en trouva prefque point au
,, commencement qui vouluflent recevoir cette Re-

,, ligion, ou qui la cruſſent digne de leur recher-
,, che (1). "

Le Pere Mauduit parle de même. ,, On a remar-
,, qué, dit-il, que peu de grands & de riches entroient
,, dans une ſociété qui avoit ſi peu de complaiſance
,, pour toutes leurs inclinations (2)." MM. Abbadie (3) & Leclerc (4) font le même aveu. Les expreſſions de ce dernier méritent d'être rapportées.
,, Quand Jeſus-Chriſt prêchoit l'Evangile aux Juifs,
,, dit-il, il ſembloit que les Docteurs de la loi de-
,, voient être les premiers à l'embraſſer, parce qu'ils
,, étoient plus capables d'examiner les miracles de Jeſus-
,, Chriſt, & de reconnoitre l'excellence de ſa doctri-
,, ne, que ne l'étoit le vulgaire ; cependant le con-
,, traire arriva : on vit de même, lorſque l'Evan-
,, gile fut prêché, que peu de Philoſophes l'embraſ-
,, ſerent, & qu'au contraire quantité de perſonnes
,, ſans lettres s'y ſoumirent avec joie (5) ".

Le critique de l'Abbé Houtteville a fait à ce ſujet des réflexions dignes d'être peſées. ,, Il ne laiſſe
,, pas d'être étonnant, dit-il, (6) que les premiers
,, Diſciples de Jeſus-Chriſt ayent été les derniers des
,, hommes & les plus grands ignorants de la terre,
,, & par conſéquent les gens les plus capables de cré-
,, dulité groſſiere. Ce ne ſont point les doctes Pha-
,, riſiens, les vertueux Eſſéniens, qui prennent ſon
,, parti, qui ajoutent foi à ſa doctrine, & ſe laiſſent
,, entrainer à ſes miracles : ce ſont des hommes de

---

(1) Puffendorf, introduction à l'hiſt. *Tom. VI. pag.* 174.
(2) Traité de la Religion contre les Athées, *ch. VII.
pag.* 78.
(3) Abbadie. *Tom. II. ch.* 2. *pag.* 8.
(4) Parrhaſiana. *Tom. II. pag.* 104.
(5) De l'incrédulité. *part. I. ch.* 1. *pag.* 21.
(6) Lettre 10. *pag.* 163.

,, la lie du peuple, des pêcheurs stupides & grossiers,
,, des Publicains sans lettres & sans goût, comme
,, les gens de cette espece le sont toujours, des fem-
,, mes de mauvaise vie, & décriées par leur liber-
,, tinage. Voilà, dit on, les fondateurs du Christia-
,, nisme, les auteurs de la réformation de l'univers,
,, les Ministres, les Apôtres de Jesus-Christ ".

On a vu la même chose arriver à la Chine & au Japon, lorsque la Religion Chrétienne y fut annoncée dans ces derniers siecles. Les gens de qualité & les Chinois lettrés n'écoutoient les missionnaires qu'avec mépris, comme en convient le P. Lecomte, qui dit à ce sujet (1), que ce n'est pas d'aujourd'hui que les pauvres sont dans l'Eglise la portion chérie & le précieux héritage.

Il n'y a eu tant de Chrétiens au Japon, que parce qu'il y avoit un grand nombre de misérables. C'est l'Auteur de l'ambassade mémorable de la compagnie des Indes Hollandoises, qui l'assure. On peut dire que jamais nation ne fut plus disposée & plus âpre au *Christianisme* que la Japonnoise, ce sont ses termes (2), & que la foi n'a jamais fait de plus grands progrès qu'au Japon. La premiere raison qu'on en donne, & qui est aussi la principale, c'est qu'il y a en ce pays-là un prodigieux nombre de pauvres, qui se font Chrétiens par désespoir, espérant voir finir bientôt la misere où ils se trouvent, par la mort qu'ils sont assurés de souffrir pour cela.

Non-seulement les histoires anciennes sont remplies de faits qui nous apprennent que le peuple ne manque jamais de se laisser tromper, dès que quelqu'un a la hardiesse de vouloir le séduire, & qu'il reçoit presque toujours les plus grandes absurdités

---

(1) *Tom. II. pag.* 294 & 359.
(2) *Tom. III. p.* 188.

sur le plus léger fondement & sans aucun examen : mais une expérience toute récente nous démontre que le témoignage de la multitude n'est d'aucun poids, lorsqu'il s'agit de miracles & de choses extraordinaires. Toute l'Europe vient de voir avec quelle facilité on en a imposé à la moitié d'une des plus grandes villes du monde, au sujet des miracles attribués à M. Paris, & les rapides progrès que ces prétendues merveilles ont faits en un instant dans tout le Royaume de France. On voyoit, au dire d'un des plus respectables Prélats de l'Eglise Romaine (1), une foule de personnes, de tout âge, de tout sexe & de tout état, qui assuroient avoir été guéries miraculeusement.

Il y a même une différence remarquable entre ce qui est arrivé à Paris & à Jérusalem, dont les défenseurs des nouveaux miracles peuvent se prévaloir. Ceux-ci ont été crus non-seulement par le peuple, mais aussi par des gens en place, par des Magistrats, par des Prêtres, que l'on convenoit avoir de l'esprit & de la probité, au-lieu qu'on ne produit, en faveur des premiers miracles, qu'une populace aussi crédule qu'incapable d'examen. Les miracles de M. Paris ont eu l'avantage d'être discutés & examinés par des Chirurgiens, des Ecclésiastiques, par des gens éclairés, qui, après plusieurs réflexions, se sont imaginés y trouver du surnaturel.

Il n'en est pas de même des autres : nous ne les savons que sur le rapport de gens légitimement suspects de fraude, lorsqu'il s'agissoit de faire valoir leur cause ; & ils n'ont pour garants, que des livres dont l'authenticité n'est pas aussi bien prouvée que le vulgaire le croit.

---

(1) Instruction pastorale de M. l'Evêque de Montpellier. 1733, p. 13.

Quand on voudra faire le parallele de ceux qui crurent à Jefus-Chrift dans le premier fiecle, & de ceux qui refuferent d'ajouter foi à toutes les chofes merveilleufes que les Chrétiens débitoient, il me femble qu'il ne fera pas avantageux aux premiers. D'un côté, l'on verra des payfans, des artifans, des mendiants, qui avancent des faits dépourvus de vraifemblance; de l'autre, on entendra des Prêtres, des Magiftrats, un Tribunal refpectable, une nation entiere, tout ce qu'il y a de gens d'efprit dans le monde, ou méprifer toutes ces hiftoires, ou crier à l'impofture. Il eft bien plus aifé de concevoir qu'un peuple léger & ignorant ait été trompé, que d'imaginer que fi ces miracles euffent eu quelque fondement, il ne fe fût pas trouvé un homme de confidération qui fe fût propofé de les examiner, & qu'aucun de ceux qui étoient refpectables par leur naiffance, par leurs talents & par leurs emplois, ne les eût crus véritables. Ce feroit bien ici le lieu de faire valoir ce que les plus grands hommes ont dit contre le jugement de la multitude, que Charron a judicieufement qualifié de *méchante caution*. (1). Séneque l'avoit dit avant lui, *argumentum peſſimi turba*; & il n'avoit été que l'écho de Cicéron : *Quaſi tibi ipſi in judicando placeat multitudo* (2). Lactance (3) a profité de ces réflexions, lorfqu'il a remarqué que le jugement de quelques hommes éclairés méritoit bien plus d'attention que le témoignage d'une multituce ignorante. *Quis autem neſcit plus eſſe momenti in paucioribus doctis, quàm in pluribus imperitis?*

Ce n'étoit pas feulement en Judée, où l'efprit de

---

(1) Charron. L. II. ch. I. p. 277.
(2) *De divinitate.* L. I. c. 39.
(3) Lactance. L. IV. c. 2. p. 35.

parti pouvoit nuire au progrès de la vérité, que cette prodigieuse incrédulité subsistoit; on l'avoit aussi à Rome & dans toutes les principales villes de l'Empire, quelqu'effort que fissent les Chrétiens pour obliger de croire les miracles de l'Auteur de leur Religion. Les grands hommes de ces premiers temps, qui ont eu occasion de parler de cette secte naissante, la traitent avec autant de mépris que nous traiterions les prophetes du Dauphiné, ou les fanatiques des Cévenes, si nous avions à parler d'eux dans quelque histoire.

CHAPITRE VII.

Le Christianisme doit son principal accroissement à la violence des Empereurs Chrétiens.

CE n'est pas sans raison que M. Jurieu a assuré que le paganisme subsisteroit encore, & que les trois quarts de l'Europe seroient encore payens, si Constantin & ses successeurs n'avoient pas employé leur autorité pour l'abolir & pour y substituer le Christianisme. Ils se contenterent d'abord de protéger l'Eglise. Les sacrifices furent ensuite interdits; ceux qui persévéroient dans l'ancienne Religion, furent regardés de mauvais œil à la Cour; enfin l'exercice en fut défendu, sous peine de la vie. Telle est ordinairement la gradation de la persécution. Tous ces faits sont aisés à établir d'après les loix impériales, & dont on va donner une légere esquisse.

Le rescript à Amulinus (1) est un des premiers

---

(1) Tillemont. *Tom. IV.* Vie de Constantin. *art.* 32. p. 148.

privileges qui ayent été accordés aux Chrétiens. Conſtantin ordonna par cette loi, qui eſt de 313, que les clercs de la Province où commandoit Amulinus, qui appartenoient à l'Egliſe Catholique, dont Cécilien, Evêque de Carthage, étoit chef, feroient déchargés généralement de toutes fortes de fonctions civiles, afin que rien ne les détournât du miniſtere de leur loi, & ne les retirât, par un crime & un facrilege, du ſervice qu'ils rendoient à la Divinité, „ſachant, dit-il, que les affaires publiques retire-„ront un très-grand avantage de l'application qu'ils „donneront au culte divin."

A ce ſtyle on n'a pas de peine à reconnoître le ton des Eccléſiaſtiques; c'eſt-là leur langage ordinaire. Ces mêmes exemptions furent accordées dans la ſuite par Conſtantin à toutes les autres Egliſes. Il ordonna, l'an 321, de ceſſer le Dimanche tous les actes de judicature, tous les métiers & toutes les occupations ordinaires des villes (1); celles de l'agriculture en furent exceptées. Il avoit eu auſſi l'intention de faire regarder le vendredi & le ſamedi comme des jours de fêtes, mais il ne paroît pas que cela ait eu des ſuites.

Après avoir vaincu Lucinius, il envoya, l'an 323, dans la plupart des Provinces, des Gouverneurs Chrétiens, & il étoit défendu à tous les grands Officiers, même au Préfet du Prétoire, de ſacrifier, ou de faire aucun acte d'idolatrie. Il fit enſuite une loi, qu'il confirma ſouvent, par laquelle il défendoit de conſacrer de nouvelles idoles, & de faire aucun ſacrifice. Il compoſa lui-même un édit latin, qu'il adreſſa à tous les peuples de l'Empire; il y repréſentoit l'aveuglement de ſes prédéceſſeurs dans le culte qu'ils

---

(1) Tillemont. *Art.* 45. *pag.* 180.

avoient rendu aux idoles. Il exhortoit ſes ſujets à adorer l'unique Créateur de l'univers, & à mettre en Jeſus-Chriſt l'eſpérance du ſalut. Il laiſſe cependant aux payens leurs temples; mais il fait entendre qu'on les avoit déja abattus en quelques endroits, & qu'il auroit ſouhaité qu'on en eût fait partout de même. Mais comme il craignoit que l'obſtination de quelques-uns dans l'erreur, ne cauſât des troubles, il recommanda aux Chrétiens de ne pas employer la contrainte ni la violence. Le zele de cet Empereur augmenta avec le temps (1). Il dépouilla les temples de leurs richeſſes; il en fit enlever les principales ſtatues, & même n'épargna pas toujours les temples. Il fit abattre aux uns les veſtibules, & aux autres les toits qui les couvroient, pour les laiſſer tomber en ruines. Il fit même démolir juſqu'aux fondements quelques uns de ceux qui étoient les plus célebres, & il en donna les revenus aux Egliſes.

Il défendit enſuite les fêtes & les ſolemnités payennes (2), & il eut le plaiſir de voir que ſon zele n'étoit pas ſans fruit; mais le deſir de lui plaire & de mériter ſes faveurs, contribuoit plus au changement extérieur qu'aucun autre motif. M. de Tillemont en convient, & l'on ne peut en douter, lorſqu'on voit que pluſieurs de ces nouveaux Chrétiens ne ceſſoient pas d'être payens dans le cœur. Enfin, ce Prince aſſouvit ſon zele par la mort du Philoſophe Sopatre, qu'il fit mourir, ſi l'on en croit Suidas, pour faire voir combien il haïſſoit le paganiſme.

Conſtant & Conſtantius, qui ſuccéderent à Conſtantin leur pere, témoignerent encore plus d'ardeur

---

(1) Vie de Conſtantin. *Art.* 54. *p.* 204. *& art.* 55.
(2) La même. *Art.* 56.

pour la Religion Chétienne. Ils firent une loi, en 341, par laquelle ils défendoient absolument la superstition (1) & la folie des sacrifices, sous peine d'éprouver sans miséricorde la rigueur des loix. On croit que cet édit (2) est de Constant, qui est loué, quelques années après, par Julius Firmicus Maternus, d'avoir démoli les temples.

Une autre loi de Constantius, que l'on dit être de huit ans postérieure (3), défend les sacrifices sous peine de la vie; elle veut que les temples soient fermés à tout le monde; elle menace du dernier supplice les Gouverneurs des Provinces qui ne feront pas observer ce réglement. Cette loi fut confirmée l'an 356, par le même Constantius (4).

Julien étant parvenu à l'Empire, se déclara pour le paganisme, qui, par-là, redevint la Religion dominante. Jovien son successeur, quoique bon Chrétien, permit l'idolâtrie (5).

Valentinien, plus zélé, défendit, sous peine de la vie, les cérémonies payennes, les superstitions magiques, & les sacrifices de nuit. (6) On croit qu'il fut l'auteur, ou du moins qu'il eut part à la loi qui ôte aux temples des idoles toutes les terres que Julien leur avoit restituées. (7)

Valentinien devint moins rigoureux, sur les remontrances qui lui furent faites : en effet, on a un édit (8) de lui, par lequel il déclare qu'il ne dé-

―――――――――

(1) Cod. Théod. *Tom. VI. liv. 16. Tom. X. p.* 251.
(2) Tillemont, vie de Constantin. *Art.* 7.
(3) Cod. Théod. *Tom. VI. pag.* 263.
(4) *Idem. ibid.* p. 266.
(5) Tillemont. *Tom. IV. art.* 5. *p.* 585.
(6) *Idem.* tom. V. art. 3. p. 6.
(7) *Idem.* pag. 7.
(8) *Idem.* pag. 9 & 10.

fend ni la discipline des aruspices, ni tout autre exercice de Religion permis par les anciens, pourvu qu'on n'y mêle point la magie. Par une autre loi du 25 Juin de la même année, il accorde plusieurs privileges aux Pontifes des Provinces, & il leur donne les mêmes honneurs qu'aux Comtes. Cette conduite modérée n'a pas trouvé grace devant les historiens Chrétiens: Baronius est persuadé qu'elle fut la cause des malheurs de la famille de Valentinien, & de la funeste mort de ses enfants.

Valens son frere ne persécuta point les payens. Il ne tourmentoit, dit Théodoret, que ceux qui soutenoient la doctrine des Apôtres (1).

Théodose imita le zele de Constantin. Il interdit l'adoration des idoles dans l'Orient & dans toute l'Egypte (2). Ce fut Cyrige, Préfet du Prétoire, qui fut chargé de cette commission, dont il s'acquitta très-exactement. La destruction du temple de Serapis (3) fut cause d'une grande sédition à Alexandrie, dans laquelle il y eut beaucoup de sang répandu.

Dans le temps qu'on renversoit les temples, l'Empereur défendoit les sacrifices, & ordonnoit aux Gouverneurs des Provinces, & à leurs Officiers (4), de veiller à l'exécution de cette loi, menaçant ceux qui n'y auront pas assez d'attention, de les punir par des amendes très-considérables.

Enfin le 8 Octobre de l'année 392, Théodose défendit absolument les immolations des bêtes sous peine de la vie (5), & les moindres actes d'idolâtrie,

---

(1) Tillemont, vie de Théod. *art.* 7. *p.* 250.
(2) *Id. ibid.* art. 19.
(3) *Id. ibid.* art. 52.
(4) Cod. Théod. *Tom. VI. p.* 271.
(5) *Id. Tom. VI. p.* 273. Tillemont. *art.* 57.

comme l'encens, fous peine de confifcation des maifons & des terres où ils auroient été exercés. Théodoret dit même qu'il avait fait une loi pour ordonner qu'on démolît tous les temples des idoles; & il paroit que les Magiftrats alloient avec main-forte dans toutes les villes pour exécuter cet ordre. Les payens s'y oppofoient le plus vigoureufement qu'ils pouvoient, mais à la fin l'autorité fouveraine l'emportoit.

Marcel, Evêque d'Apamée, fe rendit célebre par fon zele contre les temples. Il fut tué dans une expédition qu'il étoit allé faire contre le temple d'Aulonne dans le territoire d'Apamée (1). Il avoit avec lui des foldats & des gladiateurs. On n'a pas manqué de le mettre au nombre des martyrs.

Auffi-tôt qu'Arcadius fut Empereur, il confirma les loix de fon pere contre les payens (2), & les menaça même d'un traitement plus rigoureux (3); ce qui détermina beaucoup d'idolâtres à fe faire Chrétiens. En conféquence des ordres du nouveau Prince (4), les temples qui étoient encore fur pied, furent renverfés de fond en comble.

Les Payens n'étoient pas mieux traités dans l'Occident (5); ils furent exclus de toutes les charges; les lieux confacrés à l'idolâtrie furent confifqués au profit du Prince, auffi-bien que tous les revenus & toutes les places deftinées pour les feftins & les autres dépenfes qui regardoient le paganifme. Il fut ordonné qu'on ôteroit des bains & des autres lieux publics, les ftatues honorées autrefois par des facri-

---

(1) Tillemont, vie de Théodofe. *art.* 59.
(2) Cod. Théod. *Tom. VI. p.* 277.
(3) *Ibid.*
(4) Tillemont, vie d'Arcadius *art.* 6.
(5) *Id.* Vie d'Honor. *art.* 2.

fices, de peur que ce ne fût une occasion de retomber dans l'idolâtrie.

Théodose le Jeune fut encore plus rigoureux. Il condamna à l'exil, & à perdre leurs biens, ceux qui s'opiniâtroient à professer la Religion payenne (1); il croyoit leur faire grace, en leur laissant la vie. Il ne s'en tint pas-là ; car l'an 426, il prononça peine de mort contre ceux qui feroient quelqu'exercice de la Religion payenne.

L'Empereur Marcien confirma cet édit l'an 451, & il paroît par sa loi (2), qu'il n'y avoit plus de temples dans l'Orient où les faux Dieux fussent adorés. Le dernier réglement que l'on ait sur cette matiere, est de l'Empereur Léon. Il doit être de l'an 468. Il y est ordonné que ceux qui, après avoir été baptisés, resteront dans les erreurs des payens, seront punis de mort, & il est enjoint à ceux qui n'ont pas encore reçu le baptême, de le recevoir sans délai.

Il ne falloit pas moins de violence pour convertir les payens; car on voit que, malgré la protection que les Empereurs accordoient à la Religion Chrétienne, ce qu'il y avoit de plus illustre dans le Sénat étoit fort attaché à l'ancienne Religion. C'est ce qui paroît par la tentative qui fut faite pour le rétablissement de l'autel de la Victoire, & par la requête que Symmaque présenta à ce sujet au nom de tout le Sénat (3): *Ubi primum Senatus amplissimus semperque vester, subacta legibus vitia evomuit diù pressum dolorem, atque iterum me querelarum jussit esse legatum.*

On convient qu'il y eut des Sénateurs Chrétiens

―――――――――――――――――――――――――

(1) Cod. Théod. *Tom. VI. p.* 280.
(2) Cod. Justinien.
(3) Œuvres de Symmaque. *p.* 287.

qui n'eurent point de part à cette démarche, mais elle prouve que le parti payen prévaloit encore dans le Sénat. Ce qui est clair aussi par la députation que le même corps fit (1) en 392 à Valentinien second, pour lui demander le rétablissement des privileges que Gratien avoit ôtés aux temples des idoles. Les séditions continuelles, qui arrivoient, lorsqu'on détruisoit les temples des faux Dieux, font voir que la conversion des Payens n'a pas été si volontaire que le voudroient faire croire les Apologistes Chrétiens.

Dans une seule petite ville appellée l'*Uffil*, les Chrétiens ayant abattu une statue d'Hercule (2), les Payens se jetterent sur eux, & en tuerent soixante, qui ont été mis dans le matyrologe Romain au nombre des martyrs, le 30 Août.

Ce n'est donc que par les plus grandes violences qu'on a pu détruire le paganisme, & lui substituer entiérement la Religion Chrétienne.

Ce qui doit diminuer la surprise que pourroit causer le progrès du Christianisme, c'est de voir que pour peu qu'un hérésiarque s'éleve, les peuples avides des nouveautés s'empressent à le suivre; & s'il arrive que quelque Prince embrasse sa doctrine, bientôt la moitié de son Etat changera de Religion. C'est ce que prouve l'histoire des anciennes sectes : c'est ce qui se démontre aussi par les révolutions auxquelles Luther & Calvin ont donné lieu. Tous les Pays dont les Princes ont approuvé la doctrine de ces hommes célebres, ne sont remplis que de Luthériens & de Calvinistes. Supposons que, lorsque Calvin & Luther déclamoient contre la Religion Romaine, toute l'Europe

---

(1) Tillemont, vie de Théod. *art.* 67.
(2) Tillemont, *art.* 14.

l'Europe eût été sous la domination d'un seul Prince qui eût penché pour la nouveauté, les Catholiques seroient aujourd'hui réduits à un très-petit nombre. L'Angleterre, la Hollande, divers Etats d'Allemagne, les Royaumes du Nord, sont de fideles garants que la plus grande partie des sujets se laissent bientôt entraîner par l'exemple du Prince ; & c'est une chose digne de remarque, qu'il s'en faut beaucoup, dans les pays où la réforme domine, qu'on ait employé les mêmes violences contre les Catholiques, que celles dont se sont servis les Empereurs Chrétiens pour faire abjurer le paganisme.

On se retranchera, sans doute, sur ce que les persécutions des Empereurs Romains n'ont jamais pu détruire le Christianisme : & c'est sur quoi il y a plusieurs réflexions à faire. La plupart de ces persécutions ont été d'une si courte durée, qu'il n'est pas étonnant qu'elles n'ayent pas produit les effets que les Empereurs en attendoient ; d'ailleurs, l'étendue de l'Empire Romain mettoit un grand obstacle à la mauvaise volonté des ennemis des Chrétiens. Il n'étoit point aisé d'envoyer par-tout des inquisiteurs en même-temps. Il étoit facile aux persécutés de se soustraire à la rage de leurs bourreaux. Mais malgré tant de difficultés, si les Empereurs Romains eussent employé pendant une longue suite d'années la même sévérité & la même exactitude contre les Chrétiens, que celle dont on s'est servi au Japon pour les exterminer, il y a toute apparence qu'ils auroient également réussi. Pourquoi ne pourroit-on pas faire dans les autres pays, ce que les Empereurs du Japon ont fait dans leurs Etats ? La Religion Chrétienne y avoit été très-florissante ; & présentement on n'y trouve pas un seul Chrétien (1).

---

(1) Ambassade mém. des Hollandois. p. 107.

CHAPITRE VIII.

Examen de l'argument tiré de la conduite réguliere des premiers Chrétiens, de leur attachement à leur Religion, & des malheurs arrivés à leurs persécuteurs.

ON dira, sans doute, que les progrès de la Religion Chrétienne sont accompagnés de circonstances qui prouvent clairement qu'elle a quelque chose de surnaturel. Les Nations abandonnent des Religions commodes pour en embrasser une très-gênante. La puissance souveraine les persécute en vain, & la Providence témoigne en diverses occasions qu'elle déteste leurs persécuteurs. Voilà des déclamations capables d'éblouir les génies superficiels ; mais elles ne veulent point être approfondies.

Il est vrai qu'on apperçut dans les premiers Chrétiens un grand amour pour la vertu ; le Christianisme eut cela de commun avec toutes les sectes naissantes, que plusieurs se sont déterminés à l'embrasser par le desir de la perfection. Ce seroit cependant se tromper, que d'imaginer qu'il n'y eut pas un très-grand nombre de malhonnêtes gens parmi les premiers Chrétiens. Le nouveau testament même, l'histoire des hérésiarques du premier siecle, & les suppositions qui se firent dans ce temps-là, ne prouvent que trop la multitude des imposteurs & des faussaires.

Au reste, la régularité des conduites & les austérités sont des preuves peu concluantes pour la vérité d'une Religion. Le P. Mauduit, dans son *Traité de la Religion* (chap. 9. p. 110) en eſt convenu. « Dieu, dit-il, a permis qu'entre tant de Religions, » il n'y en eut peut-être pas une qui ne pût pro- » duire quelques exemples des vertus extérieures, qui » ont le plus éclaté dans la véritable. La générofi- » té, l'intrépidité, la modeſtie, la tempérance dans » un pouvoir abſolu, l'inviolable fidélité, la conſ- » tance dans les tourments juſqu'à la mort, la pau- » vreté volontaire, le mépris ſincere des richeſſes, » la foi & la chaſteté conjugale, la libéralité envers » les indigents, la compaſſion envers les miſérables, » & généralement toutes les vertus dont les actes » frappent les yeux de quelqu'éclat, ſe trouvent » dans toutes les ſociétés, dans les fauſſes religions » auſſi bien que dans la véritable. C'eſt par cette » raiſon que les Payens ont eu autrefois leurs Veſ- » tales & leurs Stoïciens, qu'aujourd'hui les Turcs » ont encore leurs Dervis. On a vu des ſectes en- » tieres de Philoſophes pratiquer les plus hautes » vertus avec un zele admirable, & être ſuivies » d'un grand nombre de gens qui ne reſpiroient » qu'après la perfection. »

Les Pythagoriciens en ſont un exemple ſenſible. Pythagore ne fut pas plutôt arrivé à Crotone (1), qu'il en chaſſa le luxe, y rétablit la frugalité, engagea les Dames à quitter leurs habits magnifiques & à les conſacrer à Junon, en leur perſuadant que la pudeur étoit le plus digne ornement des femmes.

Quant à l'auſtérité, les Chrétiens ne l'ont jamais portée ſi loin que les Gentils des Indes. Nous aurions même de la peine à le croire, ſi cela n'étoit atteſté par des témoins oculaires.

---

(1) Juſtin, *Liv. XL. ch. 4.*

Il y a déja long-temps que Strabon (1) a célébré la haine que les Brachmanes ont pour les plaisirs. L'ancien Auteur des relations publiées par M. Renaudot, avoit vu des pénitents Indiens, & il en parle en ces termes, *pag* 89.

„ Il y a dans les Indes, des hommes qui font profession de vivre dans les bois & dans les montagnes, & de méprifer ce que les autres hommes confiderent le plus. Ils ne mangent que des herbes & des fruits cruds qui naiffent dans les bois : ils fe mettent une boucle de fer aux parties naturelles, pour fe rendre incapables de tout commerce avec les femmes. Il y en a qui font tout nuds, & quelques-uns fe mettent en cet état tournés vers le foleil ; d'autres font feulement couverts d'une peau de léopard. "

Ces bifarres pénitences font encore à la mode dans les Indes. Les derniers voyageurs en font mention. Voici ce qu'en dit Bernier, *tom. I pag.* 121. „ Entre une infinité de Fakirs, ou, comme on voudra dire, de pauvres Derviches Religieux, ou Santons Gentils des Indes, il y en a un grand nombre qui ont comme une efpece de couvent où il y a des fupérieurs, & où ils font une forte de vœu de chafteté, de pauvreté & d'obéiffance, & qui menent une vie fi étrange, que je ne fais fi vous pourrez le croire. Ce font pour l'ordinaire ceux qu'on appelle *Joghis*, comme qui diroit, *ami avec Dieu*. On en voit une quantité de tout nuds, affis & couchés les jours & les nuits fur les cendres, & affez ordinairement deffous quelques-uns de ces grands arbres qui font fur les bords des *taluts* ou réfervoirs, ou bien dans des galeries qui font autour de leurs *Entas*, ou temples d'idoles.

---

(1) Strabon. *Liv. XV. pag.* 713. *Voyez* Bayle, *art.* des Brachmanes.

„ J'en ai vu, en plusieurs endroits, qui tenoient
„ un bras, & quelquefois tous les deux élevés &
„ tendus perpétuellement en-haut par-dessus leur tê-
„ te, & qui avoient au bout des doigts des ongles
„ entortillés qui étoient plus longs, suivant la me-
„ sure que j'en ai prise, que la moitié de mon pe-
„ tit doigt. Leurs bras étoient petits & maigres, com-
„ me ceux des personnes qui meurent étiques, parce
„ qu'ils ne prenoient pas assez de nourriture dans
„ cette posture forcée & contre nature, & ils ne
„ les pouvoient abaisser pour prendre quoi que ce
„ soit, pour boire, ou pour manger, parce que les
„ nerfs s'étoient retirés, & les jointures s'étoient rem-
„ plies & séchées. Aussi ont-ils de jeunes novices
„ qui les servent avec un très-grand respect, com-
„ me de très-saints personnages.

„ J'en ai vu plusieurs, continue toujours Bernier,
„ qui, par dévotion, faisoient de forts longs péle-
„ rinages, non-seulement tout nuds, mais chargés
„ de grosses chaînes de fer, qu'on met aux pieds
„ des éléphants; d'autres, par un vœu particulier,
„ se tenoient sept ou huit jours debout sur leurs
„ jambes, qui devenoient enflées & grosses comme
„ leurs cuisses, sans s'asseoir, ni se coucher, ni se
„ reposer, autrement qu'en se penchant quelques heu-
„ res de la nuit sur une corde tendue devant eux :
„ d'autres qui se tenoient des heures entieres sur
„ leurs mains, sans branler, la tête en-bas & les pieds
„ en-haut ; & ainsi je ne sais combien d'autres postu-
„ res tellement contraintes & tellement difficiles, que
„ nous n'avons bâteleurs qui les puissent imiter, &
„ tout cela, ce semble, par dévotion, comme j'ai
„ déja dit, & par motif de Religion, où on n'en
„ sauroit seulement découvrir l'ombre.

„ Entre tous ceux que je viens de dire, il s'en
„ trouve qu'on croit de vrais saints, illuminés, &
„ parfaits *Joghis*, ou parfaitement unis avec Dieu;

,, ce font gens qui ont entiérement abandonné le
,, monde, & qui fe retirent d'ordinaire à l'écart dans
,, quelques jardins fort éloignés, comme des her-
,, mites, fans jamais venir à la ville. Si on leur
,, porte à manger, ils le reçoivent, finon on dit
,, qu'ils s'en paffent, & on croit qu'ils vivent de
,, la grace de Dieu, dans les jeûnes & dans les
,, auftérités perpétuelles; & fur-tout, habitués dans
,, la dévotion, ils paffent des heures entieres ra-
,, vis en extafe, leurs fens externes étant fans au-
,, cunes fonctions, & dans cet état ils s'imaginent
,, voir Dieu ".

Tavernier, *tom.* 5 *ch.* 6, affure qu'il a vu un Fakir qui logeoit dans une foffe, où il ne recevoit de la lumiere que par un petit trou. Il y demeuroit quelquefois neuf ou dix jours fans manger. Il parle d'un autre pénitent Indien, qui paffoit plufieurs années fans fe coucher, ni jour, ni nuit, s'appuyant feulement quelquefois fur une corde fufpendue en l'air, qui lui paffoit fous les bras. Il en repréfente d'autres qui tiennent jufqu'à la mort leurs bras élevés en l'air; de forte qu'il fe forme dans les jointures des duretés fi fortes, qu'ils ne peuvent plus abaiffer les bras. Leurs cheveux croiffent jufqu'à paffer leur ceinture, & leurs ongles égalent leurs doigts en longueur. Ils demeurent tout nuds en cette pofture nuit & jour, hyver & été, expofés aux chaleurs & aux piquures des mouches, fans qu'ils puiffent fe fervir de leurs mains pour les chaffer. Voilà donc plus de deux mille ans que les Indiens s'exercent dans les plus étonnantes auftérités. ,, Il
,, ne faut pas croire, dit Bernier, qu'aucuns de nos
,, Religieux, ou Hermites Européens, l'emportent
,, du côté de la pauvreté, des jeûnes & des mor-
,, tifications fur ces gens-là, ni même en général fur
,, tous les Religieux Afiatiques ".

C'est ce qui a fait faire à Justin, (1) cette judicieuse réflexion, que l'esprit d'illusion peut faire tout ce qu'on attribue au S. Esprit, & qu'il y a long-temps qu'on a remarqué que ces austérités & ces guerres cruelles que l'on déclare à son extérieur, ne sont pas des preuves de la vraie Religion.

C'est après avoir réfléchi sur toutes ces bisarreries, que Chardin a dit (2) qu'il avoit observé dans ses voyages que les plus mauvaises Religions sont les plus austeres & les mieux servies. On voit par-là que les hommes peuvent s'habituer à des observances difficiles & à des cérémonies pénibles, sans en avoir de bonnes raisons. L'imposture & le caprice peuvent produire ces effets étonnants.

La circoncision n'étoit-elle pas en usage chez les Egyptiens & chez un grand nombre de peuples de l'Asie ? Le 34e. ch. de la Genese nous apprend que les Sichemites s'y assujettirent sur la simple exhortation que Jacob & Sichem leur en firent. C'est pourquoi je suis surpris qu'un aussi grand homme que Grotius (3), ait tiré un argument en faveur de la Religion des Juifs, de leur facilité à recevoir la circoncision, après avoir lu dans l'écriture que leurs voisins s'y étoient soumis sans aucune raison religieuse. Les Prêtres de Cybele, pour honorer leur déesse, renonçoient à être hommes (4). Les Assyriens se brûloient par Religion au poignet, ou au bras.

Mais pour ne parler que des choses récentes, on ne peut douter qu'il n'y ait des Mahométans si zélés & si superstitieux, qu'ils se crevent les yeux, après avoir fait le pélerinage au tombeau de Ma-

---

(1) Préjugés légitimes. Tom. I. ch. 29. p. 363.
(2) Description de la Perse, 2e. part. ch. VIII. sect. 4.
(3) *De verit. relig. Christ.* Liv. I. sect. 14.
(4) Lucianus. *de Deâ Syriâ.*

homet, pour ne les pas souiller par d'autres regards. Paul Lucas (1) assure avoir vu un aveugle de cette espece à Rozette. On connoît des peuples entiers qui sacrifient tout à leurs superstitions. Il y a chez les Canarins une procession solemnelle, dans laquelle on porte les idoles en triomphe sur un char magnifiquement orné de fleurs, & monté sur quatre roues d'une grandeur extraordinaire (2); on attache aux rayons de ces roues, entre le moyeu & le plus grand cercle, plusieurs crochets de fer, sur lesquels se jettent à corps perdu ceux qui veulent signaler leur zele envers les Dieux. Lorsqu'ils y sont une fois accrochés, ils tournent en suivant le mouvement des roues, jusqu'à ce qu'ils ayent perdu la vie : d'autres se couchent par terre aux endroits par où le char doit passer, pour avoir le bonheur d'être écrasés par son poids. Les uns & les autres s'immolent avec joie pour la gloire de leurs divinités, dans l'espérance d'obtenir une heureuse immortalité, ou une fortune distinguée dans une autre génération.

On voit à-peu-près la même chose dans la ville de Jagrenate, qui est située sur le golfe de Bengale (3). Il y a une idole de même nom, qu'on honore tous les ans par une fête qui dure huit ou neuf jours. Il s'y assemble une quantité innombrable de peuple : l'on fait une superbe machine de bois, avec un grand nombre de figures extravagantes. On la pose sur quatorze ou seize roues : sur le milieu est en évidence l'idole de *Jagrenate*. Le premier jour qu'on la montre en cérémonie dans le temple, la foule est ordinairement si grande, qu'il ne se passe presque

---

(1) Voyage d'Italie & du Levant, par M. de Serment, *pag.* 153. Voyage de Lucas, en 1714. *pag.* 190.
(2) Délon. *tom. I. pag.* 371.
(3) Bernier. *tom. I. pag.* 142.

point d'année, que quelques-uns de ces misérables pélerins, qui viennent de loin, laffés & fatigués, ne s'y trouvent étouffés : tout le monde leur donne mille bénédictions, pour avoir été affez heureux pour mourir dans une fi fainte occafion; & lorfque ce chariot marche, il fe trouve des perfonnes qui fe jettent le ventre à terre fous ces larges & pefantes roues qui les écrafent; ils font perfuadés qu'il n'y a point d'action plus héroïque & plus méritoire, & que Jagrenate les recevra comme fes enfants & les fera renaître dans un état plus heureux.

Les Chinois penfent de même (1); ils célebrent tous les ans une grande fête en l'honneur de leur Dieu Amida. Il s'y rend une foule incroyable de monde. Ceux qui font étouffés, font regardés avec envie par les autres.

Les Indiens Orientaux, de même que les anciens Prêtres de Baal, fe déchiquetoient tout le corps, lorfqu'ils vouloient fléchir leur Dieu, & en obtenir une abondante recolte (2).

Gafpard Vitella affure (3) qu'il a vu de ces Indiens fe noyer, dans l'efpérance d'aller au Ciel; d'autres s'enfermer dans un tonneau, & s'y laiffer mourir de faim.

Les Mahométans n'ont pas encore pu détruire dans le Mogol la barbare coutume qui eft établie depuis les temps les plus éloignés, en conféquence de laquelle les femmes fe brûlent avec les cadavres de leurs maris. C'eft par l'effet de ces folles idées fur la Divinité, qu'on a vu plufieurs peuples s'abftenir de diverfes viandes par principe de Reli-

---

(1) Ambaffade mémorable des Hollandois au Japon pag. 218.
(2) *Petrus Martyr.* c. *VII.* pag. 452 & 453.
(3) Manuel Acofta. *pag.* 152 & 170.

gion. Sextus Empiricus a recueilli les bifarreries des nations de fon fiecle à ce fujet. Ce qu'il dit eft fort curieux ; voici fes paroles (1). ,, Si nous exa-
,, minons maintenant les diftinctions dans le boire
,, ou le manger, qui font des fuites du culte des
,, Dieux, & que les hommes obfervent fort régu-
,, liérement, nous trouverons beaucoup de diver-
,, fité. Un Juif, ou un Prêtre Egyptien, mourroit
,, plûtôt de faim que de manger du porc. Un Ly-
,, bien croit que c'eft le plus énorme de tous les
,, crimes que de manger de la brebis ; il y a des Sy-
,, riens qui croyent faire un grand péché s'ils mangent
,, des pigeons ou de la chair des victimes. C'eft une
,, chofe pieufe de manger du poiffon dans de certains
,, temples, & dans d'autres, ce feroit une grande
,, impiété ; fi l'on confulte les fages d'Egypte, les
,, uns croyent que c'eft une profanation que de man-
,, ger la tête d'un animal; d'autres, d'en manger je
,, ne fais quelle autre partie. Aucuns de ceux de
,, Pélufe, qui font initiés dans les myfteres du mont
,, Carius, ne mangeroient jamais d'oignons.
,, Un Prêtre de Vénus de Lybie ne voudroit pas
,, feulement goûter de l'ail. On s'abftient, dans cer-
,, tains temples, de manger de la menthe ; dans
,, d'autres, de manger de l'ache ; enfin il y a des
,, perfonnes qui difent, qu'elles aimeroient mieux
,, manger de la tête de leur pere, que de manger
,, des feves ".

L'extrême attachement des Chrétiens pour leur Religion (2), eft encore un de ces arguments qu'on a beaucoup fait valoir. ,, Plus on nous perfécute,

---

(1) Inftitut. Pyrrhon. *Liv. III.* ch. 23.
(2) Dialogue avec Triphon, p. 349. Origene contre Celfe. p. 24. Eufeb. pro Evang. L. I. ch. 4. p. 9. Lactance. *L. V.* c. 3. p. 494. c. 19. p. 158.

,, disoit Lactance, plus le nombre des Chrétiens au-
,, gmente. Ce seroit être dépourvu de sens com-
,, mun, que de n'en pas conclure que les gens sa-
,, ges doivent se déclarer pour nous ".

On ne peut douter que les premiers Chrétiens n'ayent été très-attachés à leur Religion ; mais il est aisé de prouver que plusieurs de ceux qui ont professé des cultes méprisables, n'ont pas poussé moins loin leur persuasion. On disputa de la validité de cette preuve dans le premier siecle de l'Eglise. Les Montanistes prétendirent autoriser leur parti par la multitude des martyrs qu'ils pouvoient produire ; & effectivement, ils étoient si entêtés, qu'on les a vus se renfermer dans leurs Eglises, & y mettre eux-mêmes le feu, pour se dérober à la violence des Catholiques, qui vouloient les obliger de revenir à l'orthodoxie, aimant mieux se brûler tout vifs, que de courir les risques de changer de sentimens (1). Un ancien Auteur Ecclésiastique (2), qui a écrit contre les Montanistes, a soutenu que l'erreur & le martyre n'étoient point incompatibles.

Origene (3) avoue qu'un Egyptien auroit autant aimé mourir, que d'être obligé de ne point regarder comme des Divinités les animaux qu'il étoit accoutumé d'adorer, ou de manger des viandes qui lui étoient interdites par sa Religion.

Les Mahométans ne cedent en rien aux Chrétiens du côté du respect pour leur législateur, & de la persuasion intime qu'ils ont pour la Divinité du culte qu'il a établi (4). Un Capucin, qui avoit demeuré

---

(1) Anecdotes. ch. 11.
(2) Eusebe, hist. ecclés. L. V. ch. 16.
(3) Origene contre Celse, p. 116 & 190.
(4) Voyage de Chardin. tom. V. c. 11. p. 160.

long-temps à Ispahan, a montré plusieurs fois au célebre voyageur Chardin un *Souffi* qui étoit tellement persuadé de la vérité de sa Religion & de la fausseté de toutes les autres, qu'il lui proposa de faire épreuve qui des deux étoit dans le bon chemin, en se précipitant du haut en-bas de sa maison. Le R. P. Raphaël ne jugea pas à propos de tenter Dieu.

Les bons Musulmans croyent leur Religion d'une telle évidence, qu'ils s'imaginent que tous les Savants en connoissent la vérité (1). C'est ce qu'on peut prouver par le témoignage d'Azis Nezephi, Auteur Tartare Mahométan, dans un Ouvrage qu'André Muller a fait imprimer en Turc & en Latin, à Cologne sur la Sprée, en 1665. ,, Qu'il n'y ait point ,, d'autre Dieu que Dieu, & que Mahomet soit son ,, Serviteur & son envoyé, ô ames Religieuses! cela ,, n'est point difficile à comprendre; mais l'éducation ,, nuit à cette vérité, comme l'enseigne l'envoyé ,, de Dieu: tous les hommes naissent avec les prin- ,, cipes de la vraie foi; mais les peres & les me- ,, res élevent les uns dans le Judaïsme, les autres ,, dans le Christianisme, & les autres dans la Reli- ,, gion des Mages. ''

Les derniers siecles nous ont donné en Europe le barbare spectacle d'un grand nombre d'hommes qui ont mieux aimé mourir, que d'abjurer des sentiments que la secte dominante des Chrétiens croit être des erreurs dignes des supplices éternels.

Les Anabaptistes (2) ont leur martyrologe qui fait un gros volume. Celui qui a recueilli leurs erreurs, raconte qu'il en a vu ,, attroupés, jettés poings

___

(1) Dissert. historiq. de M. de la Croze. *p.* 133.
(2) Bayle, dict. art. *Anabaptistes*, note 5.

„ & pieds liés à l'eau & au feu, fans pouffer feu-
„ lement un foupir témoin de leur douleur. Ils avoient
„ ordinairement cette fentence en la bouche : Bien-
„ heureux font ceux qui fouffrent la perfécution,
„ car à eux appartient le Royaume des cieux. Vous
„ euffiez dit, continue Florimond de Raymond, que
„ c'étoient des agneaux qu'on menoit à la bouche-
„ rie, fans fe plaindre, ni s'agiter (1). Cette conf-
„ tance étonna tellement plufieurs des affiftants,
„ qu'ils ne fe pouvoient ôter de la tête que ce ne
„ fût une chofe peu Chrétienne que de faire mou-
„ rir ces gens. Leur vie fimple, leurs bonnes mœurs,
„ l'innocence ès chofes extérieures & la perféverance
„ au combat de la mort, l'Ecriture citée à tout coup,
„ jettoient le peuple en de merveilleux doutes." Le
P. Catrou avoue que la fermeté dans les fuppli-
ces étoit un caractere commun à tous les Ana-
batiftes.

Les Luthériens firent paroître autant de conftance.
Florimond de Raymond, un de leurs plus violents
ennemis, n'en difconvient pas. „ Les feux, dit-il (2),
„ étoient allumés par-tout. L'opiniâtre réfolution de
„ ceux qu'on traînoit au gibet, auxquels on voyoit
„ plutôt emporter la vie que le courage, en éton-
„ noit plufieurs : car comme ils voyoient les fim-
„ ples femmelettes chercher les tourments pour faire
„ épreuve de leur foi, &, allant à la mort, ne
„ crier que le Chrift, le Sauveur, chanter quelques
„ pfeaumes; les jeunes vierges marcher plus gaie-
„ ment au fupplice qu'elles n'euffent fait au lit nup-
„ tial; les hommes fe rejouir, voyant les terribles
„ & effroyables apprêts & outils de mort qu'on leur

___

(1) Florimond de Raymond, de la naiffance de l'héréfie. Liv. I. ch. 6. Liv. II. ch. 4. N. 4.
(2) *Idem.* Liv. I. c. 7. ch. 6. N. 3.

,, avoit préparés ; & , demi-brulés & rôtis, contem-
,, pler du haut des bûchers, d'un courage invaincu
,, les coups des tenailles reçus, porter un vifage
,, & un maintien joyeux entre les crochets des
,, bourreaux, être comme des rochers contre les
,, ondes de la douleur, bref, mourir en riant : ces
,, triftes & conftants fpectacles jettoient quelque trou-
,, ble, non feulement en l'ame des fimples, mais même
,, des plus grands, ne fe pouvant la plupart per-
,, fuader que ces gens n'euffent la raifon de leur côté,
,, puifqu'au prix de leur vie, ils la maintenoient avec
,, tant de fermeté. Il arrivoit de-là que plufieurs per-
,, fonnes, qui jufques-là n'avoient pris aucune part à
,, ces difputes, étoient tentées d'examiner ce qui
,, pouvoit donner tant de mépris de la mort à ces
,, malheureux, & cet examen finiffoit par embraffer
,, leurs fentiments. Ainfi plus on en envoyoit au
,, feu, plus on en voyoit renaître de leurs cendres. "

M. de Thou rapporte à ce fujet une chofe bien digne de remarque (1). Un homme avoit été condamné au feu pour avoir embraffé la réformation; on le lia à un poteau pour être brûlé ; le bourreau, plus humain que les juges, mettoit le feu par-derriere, de peur de l'effrayer. *Viens*, lui dit-il, & *l'allume par-devant ; fi j'avois craint le feu, je ne ferois pas ici. Il n'a tenu qu'à moi de l'éviter.*

Il n'eft pas néceffaire de recourir au furnaturel pour rendre raifon de ces faits. ,, La nature, dit Flo-
,, rimond, c. 1. p. 5. eft fuffifante pour nous faire fup-
,, porter toutes peines & tourments, ni plus, ni
,, moins, qu'à ces jeunes Gentilshommes Lacédémo-
,, niens ; il n'y avoit que la feule nature qui leur
,, fit endurer les coups de fouet dont ils étoient fla-
,, gellés, portant cependant parmi ces écourgées

---

(1) M. de Thou, préface de fon hiftoire.

,, une face gaie & riante. La feule nature avoit af-
,, fez de force en Scevola, pour, fans apparence de dou-
,, leur, livrer fes mains au feu, regarder la graiffe
,, fondre d'un air indigné & non douloureux, afin
,, d'éternifer fon nom par cet acte ".

Nous nous fommes fervis des propres termes d'un Auteur dont le témoignage ne doit pas être fufpect aux Catholiques, lorfqu'il parle avantageufement des Proteftants. On peut recourir au même Auteur, & l'on y trouvera plufieurs autres faits; d'où il réfulte que l'opiniâtreté des hommes eft un des plus foibles arguments qu'on puiffe employer.

Il n'y a pas jufqu'aux Athées même, qui n'ayent eu leurs partis. Ricaut nous apprend qu'il y en eut un exécuté de fon temps à Conftantinople, que l'on appelloit *Mahomet Effendi* (1). ,, Ce qu'il y eut de
,, plus étonnant, dit-il, c'eft que pouvant fauver fa
,, vie en défavouant fa doctrine, il aima mieux mou-
,, rir dans fon impiété que de fe rétracter; & il
,, difoit, que l'amour qu'il avoit pour la vérité, l'o-
,, bligeoit à fouffrir le martyre, quoiqu'il fût affuré
,, qu'il n'avoit aucune récompenfe à efpérer ".

Concluons donc avec Montaigne, ,, que toute
,, opinion eft affez forte pour fe faire époufer au prix
,, de la vie. Le premier article, continue-t-il, du
,, courageux ferment que la Grece jura & maintint
,, en la guerre Médoife, ce fut que chacun chan-
,, geroit plutôt la mort à la vie, que les loix Per-
,, fiennes aux leurs. Combien vit-on de monde,
,, en la guerre des Turcs & des Grecs, accepter plu-
,, tôt la mort très-âpre, que de fe décirconcire pour
,, fe faire baptifer? Exemple de quoi nulle forte de
,, Religion n'eft incapable ".

---

(1) Ricaut, hift. de l'état préfent de l'Emp. Ottoman. *tom. II. ch.* 14.

Il y a plus de vérité dans ce difcours que dans ce qu'affure l'Abbé Houteville, qu'il n'eft point vrai qu'il y ait eu des martyrs que chez les Juifs & les Chrétiens (1).

Il eft plus raifonnable de dire avec M. Jurieu (2), qu'il y a quelque chofe d'équivoque dans la preuve que l'on tire de l'attachement d'une fecte à fes fentiments ; parce qu'il n'eft pas impoffible que des gens s'entêtent d'une erreur, ou d'une héréfie, jufqu'à vouloir mourir pour elle. Il ne nous faut pas d'autres preuves de ce prodigieux entêtement que les hommes ont pour leur Religion, que de voir que les plus anciens cultes & les moins fondés ont encore des fectateurs. Il y a encore actuellement des Sabéens dans l'Orient. Ils prétendent avoir reçu leur doctrine de *Sabée*, fils de Seth (3). Il y a encore des Mages en Perfe & dans les Indes, qui obfervent la même Religion que Zoroaftre leur a autrefois enfeignée. Ils ont cependant effuyé de très-grandes perfécutions de la part des Sarrafins ; mais ils ont mieux aimé tout rifquer que de changer de culte (4). Les Arméniens, qui vivent dans ces mêmes pays, ont toujours perfifté dans leurs cérémonies, malgré les vexations des Mahométans & les follicitations des Miffionnaires de Rome : néanmoins leur Religion eft très-gênante ; & ceux qui ont voyagé chez eux, affurent qu'ils n'ont d'autres motifs de leur croyance que les préjugés de l'enfance (5).

On a auffi tiré un grand avantage des malheurs arrivés

---

(1) La Religion prouvée par les faits. *p.* 408.
(2) Hift. du Calvinifme & du Papifme, *I^e. P. ch. II. pag.* 164.
(3) Prideaux, hift. des Juifs. *Liv. III. ch.* 1. *pag.* 323
(4) *Idem.* L. III. c. I. p. 23.
(5) Chardin. *tom. VI. pag.* 232.

arrivés aux perſécuteurs des Chrétiens. Perſonne n'ignore que Lactance a fait un Traité ſur ce ſujet; mais rien n'eſt plus capable d'anéantir cette preuve, que de démontrer que les ſectes qui ſont régardées avec horreur par la ſecte dominante, peuvent ſe l'approprier pour la défenſe de leur parti. C'eſt ſur quoi les Miniſtres Jurieu & Léger triomphent, lorſqu'ils diſputent contre les Catholiques.

Le premier rapporte (1) qu'un nommé Giles le pere, Prévôt des Maréchaux de S. Pierre-le-Moutier, s'étant ſaiſi de pluſieurs Réformés qu'il avoit condamnés à être brûlés vifs, il les conduiſoit lui-même à Paris, ſur l'appel qu'ils avoient interjetté de la ſentence; il devint enragé en chemin, & l'on ne put trouver de remede à ſa maladie.

On a remarqué que ç'a été la punition ordinaire que la Providence a employée contre les perſécuteurs altérés du ſang humain; & on en donne pour preuve, Antiochus-Epiphanes, Hérode, Maximin, Galerius, & le Roi Huneric.

Les deux plus fermes appuis du parti Catholique, les deux plus grands ennemis du Calviniſme, le Duc de Guiſe & le Cardinal ſon frere, furent maſſacrés à Blois : Brantôme aſſure avoir ouï dire à un Prince, que le Maréchal de Tavanes, le premier bourreau de la S. Barthelemi, mourut enragé; & l'auteur des additions à Caſtelnau, dit que les principaux Auteurs & les plus ardents perſécuteurs de la cruelle journée de la S. Barthelemi, ſont preſque tous péris de mort violente.

Le Miniſtre Léger, dans lequel on trouve pluſieurs faits ſemblables, en circonſtancie un entre autres, qui

---

(1) Hiſt. du Calviniſme & du Papiſme. part. I. chap. 14. pag. 194.

mérite d'être rapporté par sa singularité, & il l'appuye de l'autorité d'une acte public (1)

„ Il ne faut pas non plus que j'oublie en cet endroit, dit-il, l'exemple d'un Capucin missionnaire du Perrier en la vallée de S. Martin : voici ce qu'en déposent six des principaux anciens & Consuls de cette vallée-là, dans une attestation dont je conserve l'original, datée du 13 Octobre 1636. Es années 1626, 1627 & 1628, il y avoit au Perrier, en val-Saint-Martin, un prédicateur Capucin, dont les Romanistes faisoient un fort grand état, & qui avoit aussi-bien le don d'impudence & de déguisement, pour nuire aux fideles de la vallée, que celui d'amadouement, de souplesse & de libéralité pour séduire les ignorants, gagner les pauvres, & attirer les foibles & tous ceux qu'il savoit être en quelque sorte dépités contre leurs pasteurs, à cause de la discipline qu'ils exerçoient contre leurs crimes, si bien qu'il en avoit gagné quelque petit nombre, auxquels il avoit promis qu'il ne leur resteroit plus aucun scrupule, dès qu'ils l'auroient entendu prêcher. Ils allerent donc à son sermon ; mais il leur restoit encore quelques difficultés. Le moine leur dit : Si ce que je vous ai prêché n'est point la vérité, je veux que tout à l'heure le diable m'emporte. Il n'eut pas plutôt prononcé ces paroles, que tout à l'instant il changea de couleur, devint noir comme une cheminée, trembla & frissonna, & fut secoué d'une façon étrange. Ce que voyant les auditeurs, ils furent tous aussi remplis de frayeur & tellement étourdis, qu'il n'y eut qu'un nommé Siméon de Brigue qui eut le

---

(1) Hist. gén. des Eglises Vaudoises. *Liv. I. ch.* 26. *pag.* 344.

„ courage de s'approcher pour secourir le pauvre
„ Cacucin. Il ne l'eut pas plutôt abordé, que voilà
„ le moine en l'air avec une telle vîtesse, que tout
„ ce qu'il put faire, fut de l'attraper par les pieds
„ & de le tirer par le bas. Il disputa ainsi envi-
„ ron un quart d'heure avec le diable à qui l'au-
„ roit, & pendant que les autres s'amusoient à
„ faire force signes de croix; enfin le diable le lâ-
„ cha, & on ne sait pas trop ce que devint le
„ moine après cette aventure ". On en croira ce
que l'on voudra; mais il est vrai de dire qu'il n'y
a aucun fait favorable à la Religion Chrétienne,
mieux prouvé que celui-là: ceux qui l'attestent, étoient
de la premiere considération dans le pays. On peut
voir leurs noms dans Léger. Ils parlent avec la plus
grande confiance. „ Ce que dessus est publiquement
„ notoire, tant aux Réformés qu'aux Papistes de
„ cette vallée de S. Martin qui vivoient en ces temps-
„ là, disent-ils, & ne peut-être contredit : ce que
„ nous soussignés attestons avec vérité, comme chose
„ triviale & incontestable, & que nous avons sou-
„ vent ouï raconter aux spectateurs eux-mêmes; en
„ foi de quoi nous avons donné le présent témoi-
„ gnage de notre propre main, le 13 Octobre 1636".

Les Quakers ou Trembleurs se sont aussi crus favorisés sensiblement du ciel; ils ont soutenu que le juge Bennet, (1) qui étoit fort opposé à Fox, avoit été puni de Dieu miraculeusement.

Enfin il n'est pas jusqu'aux Payens, qui n'ayent pu autoriser l'idolâtrie par cette même preuve. Aulus Pompeius, Tribun du peuple, ayant insulté Partobace, Prêtre de Cybele, qu étoit venu annoncer la victoire de la part de la Déesse, tomba malade

---

(1) Etechius. Liv. I. pag. 47.

aussi-tôt qu'il fut de retour à sa maison, & mourut.

Ménophanès, un des Généraux de Mithridate, ayant pillé Délos (1), ni lui ni son maître ne purent échapper à la vengeance du Dieu : car après cette expédition, Ménophanès étant déja en pleine mer, des négociants, qui s'étoient sauvés du massacre, trouverent moyen de joindre son vaisseau, d'y entrer, & de le tuer. Quant à la mort de Mithridate, chacun en connoît les circonstances.

Ceux qui volerent l'or sacré de Toulouse, furent tous malheureux ; ce qui donna même occasion à un proverbe fameux. Celse se vantoit de pouvoir produire un grand nombre d'exemples d'impies punis pour avoir méprisé la Religion payenne (2). On peut en voir quelques-uns dans Lactance & dans Eusebe (3).

Voilà comme dans tous les partis on prétend justifier ses prétentions. Ces faits ne prouveroient, qu'autant qu'il seroit constant, que la Providence a ordonné que les persécuteurs des justes doivent être malheureux dès cette vie; mais comme ceux qui employent cet argument, conviennent que les jugements de Dieu sont impénétrables, & qu'il y a des criminels qui vivent & meurent en paix, tandis qu'il y a des saints dont la vie n'est qu'une suite continuelle de malheurs, on ne peut tirer aucun avantage des faits de cette nature, dont il y a des exemples dans toutes les sectes. C'étoit le sentiment de Montaigne, qui s'exprime à ce sujet avec un grand sens.

„ Je trouve mauvais, dit-il (4), ce que je trouve

―――――――――――――――――

(1) Plutarque, vie de Marius.
(2) Origene, *Tom. V.*
(3) Lactance, *Liv. II. ch. 7. pag.* 164. Eusebe. *præp. Evang.* tom. IV. pag. 130.
(4) Montaigne, *tom. I. ch.* 31.

„ en usage, de chercher à affermir & à appuyer
„ notre Religion par la prospérité de nos entrepri-
„ ses; car le peuple étant accoutumé à ces argu-
„ ments plausibles & proprement de son goût, il
„ est dangereux, quand les événements viennent à
„ leur tour contraires & désavantageux, qu'il en
„ ébranle sa foi : comme aux guerres où nous som-
„ mes pour la Religion, ceux qui eurent l'avanta-
„ ge aux rencontres de la Roche Abeille en 1569,
„ faisant grande fête de cet accident, & se servant
„ de cette fortune pour certaines approbations de
„ leur parti; quand ils viennent après à excuser
„ leur désortune de Moncontour & de Jarnac, sur
„ ce que ce sont verges & châtiments paternels,
„ s'ils n'ont un peuple de tout à leur merci, ils lui
„ font assez aisément sentir que c'est prendre d'un
„ sac deux moutures, & souffler le chaud & le froid.
„ Il vaudroit mieux l'entretenir des vrais sentiments
„ de la vérité. ”

CHAPITRE IX.

Les hommes sont-ils plus éclairés qu'ils ne l'étoient avant l'Evangile?

UN des articles fondamentaux de la Religion Chrétienne, est que Dieu prenant pitié du genre humain, & le voulant tirer de sa misere & de l'ignorance où il étoit réduit, a envoyé son fils unique sur la terre pour éclairer les hommes, & leur inspirer l'amour de la vertu. S'ils ne sont pas plus éclairés & plus sages qu'ils ne l'étoient avant l'incarnation du Verbe, n'aura-t-on pas raison de dire qu'elle étoit inutile?

Pour examiner si les hommes sont plus éclairés qu'ils ne l'étoient avant Jesus-Christ, il est nécessaire de faire une courte récapitulation de la Théologie Payenne.

Toutes les nations policées admettoient une divinité ; ce qui a fait dire à Aristote (*De cœlo*, l. I. c. 3. p. 434) que tous les hommes soutenoient qu'il y avoit des Dieux ; & à Velleius (*De naturâ Deorum*, l. I pag. 184. édit. estrad. de d'Olivet).
" Quel peuple, quelle sorte d'homme n'a pas indé-
" pendamment de toute étude une prénotion des
" Dieux ? En effet, puisque ce n'est point une opi-
" nion qui vienne de l'éducation, ou de la coutu-
" me, ou de quelques loix humaines, mais une
" créance ferme & unanime parmi tous les hom-
" mes, sans en excepter un seul, c'est donc par
" des notions empreintes dans nos ames, ou plu-
" tôt innées, que nous comprenons qu'il y a des
" Dieux ; or tout jugement de la nature, quand il
" est universel, est nécessairement vrai : il faut donc
" reconnoître qu'il y a des Dieux ; & puisque les
" plus savants & les ignorants s'accordent là-dessus,
" il faut donc reconnoître aussi que les hommes ont
" naturellement une idée des Dieux, ou, comme j'ai
" déja dit, une prénotion. "

Cicéron s'exprime de même en parlant en son nom dans le premier livre des Tusculanes, & dans le premier des loix.

Il n'est pas question d'examiner ici le principe sur lequel il s'appuye, ou de savoir si nous avons effectivement une *idée innée* de Dieu. Ce n'est pas là le fait dont il s'agit actuellement ; & quoiqu'il soit vraisemblable qu'il y ait encore des peuples barbares & sauvages, qui ne reconnoissent pas Dieu, & qui n'admettent aucun culte, cependant l'existence d'un Etre suprême a été regardée, chez tous les peuples policés, comme le premier article de la Religion (1).

Platon & les Platoniciens avoient des idées très-faines sur la nature de Dieu (2). S. Auguftin convient que leur Dieu eft incorporel. " Ces Philo- » fophes, dit-il, (3), que la renommée & la gloire » ont élevés avec raifon au-deffus des autres, ont » bien vu que Dieu ne pouvoit point être corps. » Ils ont cherché Dieu, dans ce qui étoit immua- » ble. "

Le dogme de la fpiritualité de Dieu a été admis par les plus excellents Philofophes, comme le remarque l'ancien Auteur de la vie d'Homere (4) : il ne faut pas cependant le conclure de tous les endroits où Dieu eft appellé *Automatos* ; car fouvent ce mot n'exclut pas un corps léger & fubtil, ce qu'il feroit facile de prouver par divers témoignages des anciens (5).

Les Indiens penfent de même que les Chrétiens fur la nature de Dieu, & on trouve dans leurs livres que Dieu eft une fubftance fpirituelle, immenfe & éternelle (6).

Les Poëtes mêmes ont bien compris qu'il ne pouvoit y avoir qu'un vrai Dieu. Le Jupiter d'Homere eft plus fort que tous les Dieux & les hommes enfemble (7); celui de Virgile gouverne les Dieux & les hommes (8).

---

(1) Hift. de la Philofophie Payenne, *tom. I. p.* 8.
(2) Phœdon, *tom. I. p.* 71. Rep. *tom. II. p.* 281.
(3) *De civitate Dei*, Liv. VIII. c. 6. Tom. 7. pag. 195.
(4) *Pag.* 336. édit. de Gête.
(5) Hift. de la Philofophie Payenne. *t. I. p.* 62.
(6) Délon, voyages. *tom. III. pag.* 1.
(7) Iliade, *Liv. VIII. v.* 29.
(8) Enéide. *Liv. I. v.* 233.

...... *O! qui res hominumque Deûmque,*
Æternis regis imperiis & fulmine terres.

Platon ne reconnoît proprement qu'un Dieu (1); il l'appelle le pere & l'Auteur de toutes choses. Il n'y a qu'un Dieu, dit Aristote (2), à qui l'on a donné plusieurs noms.

Ceux qui étoient plus éclairés que les autres, chez les Payens, convenoient que c'étoit déshonorer la Divinité, que d'admettre la pluralité des Dieux. Tertullien nous l'apprend lui-même, lorsqu'il fait cette interrogation (3). *Nonne conceditur de æstimatione communi, aliquem esse sublimiorem & potentiorem, velut principem mundi, perfectæ potentiæ atque majestatis? nam & plerique sic disponunt Divinitatem & imperium summæ dominationis penes unum, ut officia ejus penes multos esse velint.* » Ne convenez-vous pas assez généralement qu'il
» y a un être plus puissant que les autres, que l'on
» peut appeler le Prince du monde, dont la puissance
» & la majesté sont parfaites? Le souverain empire
» n'appartient qu'à un seul, qui se sert des autres
» Divinités comme de ses ministres. "

Le Payen Maxime, écrivant sur ce sujet à S. Augustin, avoue que c'est une folie que de nier l'unité des Dieux; il prétend même excuser les Gentils, en soutenant que, selon eux, les diverses Divinités ne sont que les différentes vertus de l'Etre suprême (4): *Equidem esse unum Deum summum, sine initio sine prole naturæ, seu patrem magnum atque magnificum, quis tam demens, quis tam mente captus neget esse certissimum?*

---

(1) Plutarque. *Tom. II. pag.* 1000.
(2) Aristote, *de mundo, ch. VII. p.* 615.
(3) Apol. *ch.* XXIV.
(4) Dans S. Augustin, *épître* 15. *Tom. II. p* 20.

Selon Séneque, la Divinité est immuable, parce qu'il ne lui est pas permis de ne pas suivre ce qu'il y a de plus parfait, *quià non licet ab optimis aberrare*. (1). Il n'y a point de Philosophe qui, en admettant la Divinité, n'ait avoué que l'Etre suprême devoit être éternel.

Plutarque croit qu'il est possible (2) qu'il y ait quelque nation qui ne reconnoisse point Dieu; mais qu'il est impossible d'en trouver une, qui, croyant en Dieu, ne convienne de son éternité & de son immortalité.

Les plus célebres Philosophes ont cru que Dieu est par-tout; c'est d'après eux que les Poëtes on dit: *Jovis omnia plena*.

C'est en supposant l'immortalité de Dieu, que Themistius & Simplicius enseignent que les pélerinages sont des dévotions peu convenables. „ Dieu, disent-„ ils (3), que vous prétendez aller honorer au loin, „ est chez vous: il est par-tout. Les Poëtes mêmes „ ont enseigné que Dieu avoit une science sans bor-„ nes ". Cette doctrine se trouve établie dans presque tous les écrits qui nous restent de la Philosophie payenne. Un Philosophe interrogé si les hommes pouvoient cacher leurs actions à Dieu, répondit que les pensées mêmes des hommes étoient connues à la Divinité. Valere Maxime attribue cette réponse à Thalès. D'autres la donnent à Psittacus. *Nihil Deo clausum*, disoit Seneque.

C'étoit non-seulement un dogme presque universellement reçu, que Dieu avoit une connoissance parfaite de tout ce qui étoit arrivé & de tout ce qui arrivoit; mais aussi le peuple & les plus fameux

---

(1) *De beneficiis*. Liv. VI. ch. 23. p. 26.
(2) *Tom. II.* p. 105.
(3) Themistius. ora. 4. p. 49. Simplicius. p. 2 ch. 9.

Philosophes convenoient qu'il connoissoit l'avenir. Les oracles, si honorés chez tous les peuples, prouvent quel étoit le sentiment du vulgaire. Les dernieres paroles de Socrate font voir qu'il étoit persuadé que ce qu'il y a de plus caché dans l'univers, n'étoit pas inconnu à Dieu.

„ Je vais mourir, dit-il : il vous reste encore
„ du temps à vivre ; Dieu seul sait lequel de nous
„ s'en trouvera le mieux ".

Ammonius Hermès s'exprime (1) sur cette matiere aussi exactement que le pourroit faire un Théologien Chrétien. „ Il faut dire, ce sont ses termes, que Dieu
„ connoît le passé & l'avenir de la maniere qui lui
„ convient, c'est-à-dire, par une seule connoissance
„ immuable ; & il ne faut pas penser que les con-
„ tingents doivent arriver, parce que Dieu les a
„ prévus, puisqu'il ne les prévoit que comme ils
„ doivent arriver ".

La toute-puissance divine étoit un dogme de la Philosophie de Socrate, & Xénophon fait dire à Cléarque (2), que tout est soumis aux Dieux, & que leur souverain pouvoir s'étend sur toutes choses.

Dieu est la bonté même, selon les Platoniciens (3). Les hommes sont l'objet de cette bonté. Il faut chercher une autre cause du mal, que cet Etre bienfaisant.

Platon pensoit si orthodoxement sur la providence, que les Peres se sont imaginés qu'il avoit puisé sa doctrine chez les Juifs. Il prouve au long, dans le

---

(1) *Comment. art. de interpret.* Liv. 2, 5, 6. p. 207 & 208.
(2) *Expédition de Cyrus.* Tom. II. p. 285.
(3) *Plato de republ.* Liv. II. p. 377. Monnius dans Eusebe. *Ev. Liv. XI.* p. 744.

Traité des Loix, que la Providence s'étend jusqu'aux plus petites choses (1).

„ Voyez donc, Cébes, disoit Platon, si de tout
„ ce que nous venons d'expliquer, il ne s'ensuit
„ pas nécessairement que notre ame est très-sem-
„ blable à ce qui est divin, immortel, intelligible,
„ simple, indissoluble, & toujours semblable à lui;
„ & que notre corps ressemble parfaitement à ce
„ qui est humain, mortel, sensible, composé, dis-
„ soluble, toujours semblable à lui même : cela étant,
„ ne convient-il pas au corps d'être bientôt dis-
„ sous, & à l'ame de demeurer indissoluble ? (2) ”

Les Grecs & les Romains croyoient que l'immortalité de l'ame est une de ces vérités que l'on ne peut contester sans impiété. Encore actuellement, presque tous les peuples, même les plus barbares, sont d'accord avec les Chrétiens sur ce dogme.

Le paganisme, sans le secours de la révélation, a eu des idées saines sur la Divinité, sur la spiritualité & sur l'immortalité de l'ame. Voyons maintenant s'il a eu une connoissance exacte des vrais principes de morale.

Il est certain que les plus célebres Philosophes ont enseigné que l'homme étoit libre ; ils croyoient, comme nos Théologiens, que, sans liberté, il ne pouvoit y avoir de morale. Proclus a fait un livre (3) pour concilier la liberté avec la prévision.

L'élite des Philosophes a toujours cru qu'il y avoit des choses justes & injustes en elles-mêmes, & qu'il y avoit une loi éternelle qui devoit être la regle de nos actions. Cette loi éternelle, qui doit être

---

(1) *De legibus.* p. 900.
(2) Phœdon, trad. de Dacier. *p.* 80.
(3) *Fabricii bibliot. Græca.* Tom. VIII. p. 496.

la regle de nos actions, est Dieu même, auquel les Pythagoriciens, suivis en cela par Platon, vouloient que nous tâchassions de ressembler, autant que cela étoit possible à l'infirmité humaine.

Les mêmes Philosophes se sont bien apperçus que nos actions, pour être parfaites, doivent être rapportées à la source de la perfection : ce qui a fait dire à Pythagore (1), que nous devons avoir Dieu incessamment en vue ; à Plutarque (2), qu'il faut référer le principe des nos actions à Dieu ; & à Marc Antonin (3), que nous ne ferons jamais aucune bonne action si nous ne la rapportons à Dieu : aussi défendoit-il de se laisser déterminer par le seul motif du plaisir, lorsqu'on devoit agir, parce que c'est le principe de tous les crimes.

S. Augustin convenoit (4) qu'il se trouvoit des vérités dans les livres des Payens sur le culte de Dieu. *Deque ipso uno Deo colendo, nonnulla inveniuntur apud eos.* On peut voir à ce sujet les loix de Zaleucus, & sur-tout la préface, qui en est admirable. M. Bayle assure (5) que ce n'est pas sans raison que Scaliger l'a traitée de divine ; elle marque le plus clairement du monde, selon lui, la nécessité du culte intérieur & la pureté de l'ame, si l'on veut servir les Dieux légitimement. En effet, Zaleucus ordonne (6) de se purifier l'ame de toutes sortes de crimes, parce que Dieu n'étoit point honoré

---

(1) Jamblique, ch. XXVIII. N. 137. p. 115.
(2) *De genio Socratis.* p. 580. trad. d'Amiot.
(3) *Liv. III. sect.* 13. p. 87.
(4) *De doctrinâ Christi.* Liv. II. ch. 40. tom. III. pag. 42.
(5) *Pensées diverses. Tom. III.* pag. 236.
(6) Diodore de Sicile. *Liv. XII.* pag. 84. Stobectox I. pag. 278.

par les sacrifices des méchants, quelques dépenses qu'ils fissent, mais seulement par la vertu & par l'exercice des bonnes actions; ce qui est conforme à ce que l'on lit dans Cicéron: (1) *Cultus autem Deorum optimus, idemque certissimus atque sanctissimus, plenissimus pietatis, ut nos semper purâ, integrâ, incorruptâ, & voce & mente veneremur.* Ce ne sont pas les seuls Philosophes qui ont connu le prix & la nécessité du culte intérieur.

Les Egyptiens demandoient à Dieu la purification & le salut de l'ame (2). On lisoit, au rapport de Porphyre, ces deux vers dans le temple d'Epidaure (3).

Castus adorati conscendat limina templi,
At castum dicat, si modo sancta sapit.

L'amour de Dieu, cette importante vérité, que des Théologiens ont tâché d'anéantir parmi les Chrétiens, a été recommandé par plusieurs Philosophes célebres.

Aimez Dieu plus que votre ame, disoit Sextus le Pythagoricien. Le vrai Philosophe, selon Platon, c'est celui qui aime Dieu: c'est S. Augustin qui a trouvé cette doctrine dans le disciple de Socrate. *Ipsum autem verum ac summum bonum Plato dicit Deum: unde vult esse Philosophum amatorem Dei, ut, quoniam Philosophia ad beatam vitam tendit, rursus ideo fit beatus qui Deum amaverit.* (4).

L'amour du prochain étoit regardé comme une

---

(1) *De naturâ deorum.* tom. II. pag. 228.
(2) *De abstinentiâ.* Liv. II. s. 19. *Voyez* aussi S. Cyrille contre Julien. *Liv. IX. pag.* 311.
(3) Jamblique, *de mysteriis.* s. 10. ch. IX. pag. 178.
(4) *De civitate dei.* t. VIII. c. 8. t. I. p. 197.

vertu indispensable. *Dùm inter homines sumus*, dit Séneque (1), *colamus humanitatem ; non timori cuiquam, non periculo simus.* C'étoit un principe reçu non-seulement chez les Philosophes, mais chez tous les peuples, qu'il falloit traiter les autres hommes comme nous souhaiterions en être traités.

C'est en conséquence de cette vérité, que l'hospitalité étoit respectée dans les temps reculés ; tous les hommes se croyoient freres, & on auroit eu autant d'horreur de celui qui auroit refusé sa maison à un étranger, que nous en aurions présentement d'un pere qui refuseroit de recevoir son fils chez lui.

Il y avoit, dans l'isle de Crete, des maisons publiques destinées pour les étrangers, & l'on punissoit chez les Lucaniens ceux qui refusoient leurs maisons à un voyageur après le soleil couché.

Il n'y a point de Pere de l'Eglise qui ait parlé avec plus de force contre ceux qui refusent de secourir les pauvres, qu'un Philosophe Chinois, qui disoit que le *riche* (2), *celui même qui s'est légitimement enrichi, est un voleur, lorsqu'il a laissé souffrir l'indigent*: ce qui a beaucoup de rapport avec l'expression de S. Ambroise : „ vous ne l'avez pas nourri, donc „ vous l'avez tué ". *Non pavisti, ergò occidisti.*

Le pardon des injures & l'amour des ennemis n'ont pas même été inconnus aux payens. Pythagore vouloit qu'on ne se vengeât de ceux qui nous ont offensés, qu'en tâchant de les rendre nos amis. Socrate dit dans le Criton, *qu'il n'est pas permis à un homme qui a été offensé par une injure, de s'en venger par une autre*; & c'est par ce passage

---

(1) *De irá. Liv. III. ch. 43.*
(2) *Legat. tom. II. pag.* 109.

que Celſe prouve que la défenſe de ſe venger n'a pas été introduite dans le monde par Jeſus-Chriſt.

Le précepte que Pythagore recommandoit le plus, c'eſt de dire la vérité. Selon Marc Antonin, l'homme de bien dit toujours vrai. Cet Empereur ne craint pas même d'aſſurer que l'on ne peut mentir, ſans commettre une impiété. Le menſonge étoit mis, par les Perſes, au rang des plus grands crimes.

„ Qui eſt-ce que voudroit ſe parjurer, dit Ariſ-
„ tote (1)? les parjures doivent craindre la punition
„ divine, & ils ſont deshonorés chez les hommes;
„ quand bien même leur crime ſeroit caché aux mor-
„ tels, les immortels ne l'ignoreroient pas ".

On avoit une ſi grande horreur du parjure, qu'on a vu des gens n'oſer conſommer un menſonge par ce crime. C'eſt ce qui arriva à Lucius Flaminius (2), qui fut chaſſé du Sénat pour avoir fait mourir un criminel dans une débauche, par complaiſance pour une femme de mauvaiſe vie : il le nia; mais dès qu'on voulut s'en rapporter à ſon ſerment, cet homme, qui n'avoit pas craint de mentir, n'oſa ſe parjurer.

Marc Antonin rendoit graces aux Dieux, de ce qu'il avoit conſervé la chaſteté dans ſa jeuneſſe. Les Poëtes, même les plus licencieux, ont célébré cette vertu. On trouve ces deux vers dans Tibule.

Caſta placent ſuperis, purâ cum veſte venite,
Et manibus puris ſumite fontis aquam.

Ariſtote (3) veut qu'on puniſſe les jeunes gens

---

(1) Rhétorique. *Liv. XVIII. t.* 2. *p.* 267.
(2) Plutarque.
(3) *De Repub.* Liv. VIII. ch. 17. pag. 448.

qui s'accoutument à tenir des discours propres à blesser la pudeur, & qu'on traite avec ignominie les gens âgés lorsqu'ils ne seront pas plus retenus; sa raison est que l'habitude de dire le mal, conduit à celle de le faire. Rien n'est plus sage que la sentence d'Epictete sur cette matiere (1). Il blâme tous les discours contraires à la chasteté : il veut que l'on reprenne ceux qui en tiennent, si l'on a quelque supériorité sur eux; sinon, il conseille que, par un silence triste & morne, on témoigne qu'on n'approuve pas leur conversation., ,, L'homme de bien, selon ,, Menandre (2), ne doit ni corrompre, ni com- ,, mettre d'adultere "

La fidélité conjugale n'est pas moins un devoir pour le mari, que pour la femme, si l'on en croit Séneque : *Sicut illi nil cum adultero, sic tibi nil esse debere cum pellice.* Il y avoit des loix, dans presque tous les pays, qui punissoient sévérement ceux qui ne respectoient pas la couche nuptiale. La loi Julienne condamnoit à la mort ceux qui, *cum masculis nefandam libidinem committere audent.*

Les livres moraux des Chinois, des Japonois, & des Siamois, contiennent les plus grands principes de la morale. Confucius est rempli de sentences, qu'il seroit à souhaiter, pour le bonheur du genre humain, que tous les hommes pratiquassent.

Les Siamois ont une loi composée de plus de deux cents articles, dont quelques-uns s'accordent avec ce qu'il y a de plus excellent & de plus difficile dans la morale évangélique, comme le mépris de soi-même, de ne rien réserver pour le lendemain, de n'avoir qu'un seul vêtement.

Le Pere Tachard convient qu'un Chrétien ne peut rien

―――――――――――――――――――――――

(1) Simplicius, *pag.* 285.
(2) Séneque. *Ep.* 94. *pag.* 498.

rien enseigner de plus parfait, que ce que la Religion des Siamois (1) prescrit par rapport aux mœurs & à la conduite : ,, elle leur ordonne, dit-il, de faire ,, le bien, & ne leur défend pas seulement les ac-,, tions mauvaises, mais encore tous desirs & toutes ,, pensées criminelles (2). "

Un voyageur moderne, qui a été au Japon, & qui paroît fort instruit (3), dit que la nation Japonoise, considérée en général, fournit une preuve évidente que les lumieres de la raison naturelle & les loix du Magistrat peuvent sûrement diriger & conduire tous ceux qui veulent pratiquer la vertu, & conserver la pureté de leur cœur.

On auroit pu traiter ce sujet plus au long; rien n'est plus aisé que de trouver dans les Ouvrages des Payens, & sur-tout dans ceux des Philosophes, des dogmes aussi purs que ceux que le Christianisme enseigne. Il y a des livres entiers sur ce sujet. On peut voir entr'autres les *quæstiones Alnetanæ* de M. Huet, l'histoire de la Philosophie payenne, & le 12ᵉ. chapitre du 4ᵉ. livre de Grotius, sur *la vérité de la Religion Chrétienne*; & on trouvera que Lactance a eu raison d'avancer (4), que si quelqu'un vouloit recueillir toutes les vérités que les Philosophes ont enseignées, on en feroit un corps de doctrine qui seroit conforme aux principes de la Religion Chrétienne. Cette comparaison même n'auroit pas flatté Celse (5), puisqu'il soutenoit que les Philosophes avoient traité avec beaucoup plus d'esprit & de clarté les vertus morales, que les Chrétiens.

---

(1) Hist. nat. & polit. du Royaume de Siam. 2ᵉ. *part.* pag. 7.
(2) Voyages. *tom. VI. pag.* 368.
(3) Kempfer, hist. du Japon. *Liv. III. ch.* 2.
(4) *De vitâ beatâ.* Liv. VII. s. 1. p. 664.
(5) Origene. *pag.* 274.

CHAPITRE X.

Les hommes sont-ils plus parfaits depuis l'avénement de Jesut-Christ?

Nous venons de voir que, de l'aveu même des Chrétiens, Jesus-Christ n'a appris aucune vérité nouvelle aux hommes, & que tous les devoirs que la Religion prescrit, ne sont autre chose que ce que la lumiere naturelle nous enseigne ; examinons présentement si les hommes sont meilleurs depuis que Dieu a envoyé son fils pour les réformer. Il semble que leur perfectionnement devoit être un des principaux objets de la sagesse divine dans l'incarnation.

Origene (1) le croyoit ; Eusebe (2) l'a bien compris, lorsqu'il a dit qu'elle a corrigé les peuples barbares, & qu'elle a détruit les coutumes impies qui s'étoient introduites chez eux. C'est aussi ce que pensoit S. Augustin (3) : en parlant des infideles, & voulant exalter les Chrétiens, il fait remarquer leur équité, leur droiture, leur candeur, leur bonne foi, leur piété, leur retenue, leur union, leur charité, leur force, leur patience, leur désintéressement.

Cette matiere faisoit le sujet d'un livre que Théophane, Archevêque de Nicée, composa dans le 14e. siecle contre les Juifs ; on en conserve le manuscrit à Rome (4).

---

(1) Origene contre Celse. *pag.* 2 & 55.
(2) Prép. Evang. *Liv. I. ch. 4. pag.* 11.
(3) Bourdaloue, Dominicales. *t. IV. pag.* 249.
(4) Oudin. *tom. XIII. p.* 133. Fabricius, *de larg. p.* 125.

L'Auteur cherchoit à prouver dans le 4e. livre de son Ouvrage, que l'Evangile avoit Dieu pour Auteur, puisqu'il avoit rendu les hommes plus sages que la loi ancienne n'avoit pu faire; mais si l'on faisoit voir que les hommes sont au moins aussi méchants qu'ils l'étoient avant la loi nouvelle, on pourroit objecter, à ceux qui se sont servis de cet argument, que l'arrivée de Jesus-Christ sur la terre étoit inutile, ou n'a point eu d'effet : c'est ce qu'il n'est pas difficile de démontrer. Le Christianisme a eu cela de commun, dans son commencement, avec toutes les sectes naissantes, que l'on y remarqua un très-grand zele & beaucoup d'union. Le zele fut même porté au de-là de ses justes bornes, puisqu'on lui sacrifia plusieurs fois la vérité; & quoiqu'il y eût des hommes très-corrompus parmi ceux qui prenoient le nom de Chrétiens, on peut dire en général qu'il y avoit dans cette société beaucoup de gens remplis de respect pour Dieu & d'amitié pour les autres hommes. On retrouvoit chez eux ce que l'on avoit dejà vu chez les Pythagoriciens & chez les Esséniens.

Les derniers siecles ont donné un pareil spectacle (1). Les plus grands ennemis des Luthériens, des Calvinistes, des Anabaptistes & des Quakers, n'ont pu s'empêcher de donner des éloges à la piété & à la régularité de ces sectes naissantes.

Cet état de perfection ne dura pas long-temps chez les premiers Chrétiens : les Peres se plaignirent bientôt qu'il n'y avoit plus de charité dans leur vie, ni de discipline dans leurs mœurs; que le temps avoit effacé toutes les vertus Chrétiennes; que les Sarrasins & les Payens gardoient leurs loix & leurs

---

(1) Florimond de Raymond, de la naissance de l'hérésie. *pag.* 227. Grotius. *Liv. I. pag.* 117.

coutumes avec plus d'exactitude que les Chrétiens. Ce sont les propres expressions de S. Cyprien (1), de S. Grégoire de Nazianze, & du Pape Grégoire VII. Les disputes sur la Religion sont presque aussi anciennes que Jesus-Christ même. Parmi ses Disciples, chacun chercha à faire triompher ses sentiments propres. Ces querelles donnerent lieu à ces assemblées qu'on a appellées *Conciles*, où souvent la violence & la brigue firent rendre des décisions que l'on força de respecter comme si elles fussent descendues du Ciel. Les Prêtres ayant été admis à la confiance des Princes, porterent l'ambition & l'ingratitude jusqu'à vouloir persuader aux peuples que l'autorité souveraine étoit subordonnée à la juridiction Ecclésiastique; &, à la faveur d'un principe aussi séditieux, on a vu plusieurs fois des Etats bouleversés, & des Princes détrônés.

L'histoire de l'Empire d'Allemagne en fournit plusieurs exemples. Ce n'est pas sans étonnement qu'on lit dans Silhon, *que la Religion Chrétienne est venue confirmer la santé languissante des Etats sous le regne de l'idolâtrie, & serrer davantage les nœuds de l'obéissance que les peuples doivent aux Princes.* C'est ce qui a été réfuté très-solidement par Bayle (2). „ Depuis le quatrieme siecle jusqu'au nôtre, dit-il, les conspira-
„ tions, les séditions, les guerres civiles, les révo-
„ lutions, les détrônemens, ont été des choses aussi
„ fréquentes parmi les Chrétiens, que parmi les infi-
„ deles. Si certains pays y ont été moins sujets,
„ ce n'est pas la loi Chrétienne qui en a été la cau-

---

(1) *Voyez* la préface de la fréquente Communion, art. 36.
(2) Réponses aux questions d'un Provincial. *ch. XXI.* p. 300.

» se; il faut attribuer cette différence aux divers
» génies des peuples, & à la diverse constitution des
» gouvernements : les émotions & les catastrophes
„ qui ont troublé, ou même bouleversé les Etats,
„ ont été souvent causées par la Religion ; & ce
„ sont principalement celles-là qui ont été turbu-
„ lentes & furieuses ".

On voit par-là qu'il y a beaucoup à rabattre de ce que dit M. Silhon : on peut opposer, aux trophées qu'il a érigés à la Religion Chrétienne, non-seulement la pratique de plus de douze siecles, mais aussi les cruels reproches que se font tour-à-tour les Catholiques Romains & les Protestants.

Ceux-là reprochent à ces derniers un esprit brouillon, factieux, inquiet, des maximes républicaines, de l'aversion pour la monarchie, des dogmes incompatibles avec les repos des Etats, & propres à inspirer un génie ambitieux, entreprenant, toujours en action, s'il n'est opprimé par une force majeure.

Les accusations qu'un Pere de l'Oratoire a faites contre les huguenots, dans le gros volume qu'il oppose à l'historien de l'*Edit de Nantes*, sont si graves, sur-tout par rapport à l'esprit de rébellion, qu'il n'y a point de Souverains Catholiques, qui, ajoutant foi à ce portrait, n'aimassent mieux laisser la plupart de leurs Provinces désertes, que de les voir peuplées de semblables habitants. Voilà l'idée que les Catholiques Romains se font de ceux qu'ils appellent *Calvinistes, Presbytériens, Puritains*.

Les Protestants, de leur côté, ne cessent (1) de soutenir que le *Papisme* doit être banni de tous les Etats, puisqu'il dispense les sujets du serment de fidélité prêté aux Souverains séparés de la communion de Rome, & qu'il ne travaille qu'à se rendre maître

---

(1) Préface gén. de l'hist. de l'édit de Nantes.

de tout, soit par des conspirations cachées, soit par la révolte ouverte des peuples.

Ces reproches ne sont pas sans fondement. L'on a vu commettre les plus affreux assassinats par un zele ardent pour la Religion Catholique. Celui qui tua le fameux Guillaume de Nassau, Prince d'Orange, disoit, au milieu des plus affreux tourments, qu'il se tenoit heureux d'avoir rendu un si grand service à la Religion Catholique & au Roi d'Espagne son Maître (1)

Jacques Clément s'étoit mis dans l'esprit qu'il gagneroit la couronne du martyre en tuant Henri III. Jean Châtel disoit à ses juges qu'il croyoit avoir fait une action méritoire, en attentant à la vie d'un Prince qui n'étoit pas réconcilié avec le S. Siége, & qui, par conséquent, ne devoit pas être regardé comme un Roi légitime.

Ce furent ces mêmes principes qui animerent Ravaillac, & qui coûterent la vie au plus grand Roi de la France. Nous avons vu plus haut (*chap.* 7.) les diverses violences qui ont été employées contre les Payens pour les amener au Christianisme ; le zele des orthodoxes est encore bien plus grand contre ceux d'entre les Chrétiens dont la créance ne s'accorde pas entiérement avec la leur.

Ce ne fut d'abord que par les châtiments spirituels, que l'on sévit contre ceux à qui l'on donnoit le nom d'hérétiques ; les Prêtres ayant acquis un très-grand crédit depuis que les Empereurs étoient Chrétiens, l'exil & ensuite la mort furent le partage de ceux qui s'éloignerent de la secte dominante. En péchant contre les premiers devoirs de l'humanité, on s'imagina plaire à Dieu ; & plus on étoit cruel, plus

---

(1) Lettres d'Ossat. *Tom. I. liv.* 13. p. 391.

on étoit censé avoir de la religion. C'est ce qui a fait dire à un Auteur fameux (1) : „ Je me suis vingt
„ fois étonné que les Juifs, qui haïssent si obstiné-
„ ment les Chrétiens, & qui étant répandus par
„ tout le monde, savent ce qui s'y passe, & peuvent
„ transporter les nouvelles dans tous les pays, n'ayent
„ pas traduit en diverses langues, Chinoise, Japonoi-
„ se, Malabaroise, l'histoire des Chrétiens; car ils dis-
„ poseroient par-là toutes les nations à ne pas souffrir
„ que les Chrétiens s'établissent chez elles ".

Cet esprit de persécution avoit gagné jusqu'au bon Roi S. Louis, qui disoit confidemment à Joinville, (2) „ que quand un laïc entendoit médire de la
„ Religion Chrétienne, il devoit la défendre, non-seu-
„ lement de paroles, *mais à bonne épée tranchante*, en
„ frapper les médisants & les mécréants à travers le
„ corps, tant qu'elle pourra y entrer ".

C'est une violation manifeste des préceptes des premiers Docteurs de l'Eglise, qui avoient décidé que *la violence ne devoit jamais être employée en faveur de la vérité*. Ceux qui parloient de la sorte, n'avoient aucun pouvoir sur la terre. Leurs successeurs, devenus tout-puissants, ne mirent aucune différence entre les rebelles à l'Etat, & ceux qui ne reçoivent pas aveuglément les décisions de l'Eglise.

Le Cardinal du Perron est convenu que les premiers Peres de l'Eglise ne pensoient pas de même que les Evêques du dernier siecle, sur la conduite que l'on doit tenir à l'égard des hérétiques. „ Les regles
„ de la prudence chrétienne, pour la conservation de
„ la Religion, l'Eglise (3) les applique diversement,

---

(1) La France toute Catholique sous le regne de Louis le Grand. *P.* 66.
(2) Joinville, de Ducange. *P.* 11.
(3) Perroniana. *P.* 234.

„ selon la diversité des temps & des occasions ; com-
„ me, par exemple, quand l'Eglise étoit sous les pre-
„ miers Empereurs Payens, les Chrétiens disoient
„ qu'il ne falloit persécuter personne pour la foi, &
„ que la Religion ne devoit pas être forcée. Depuis,
„ quand les Chrétiens furent devenus maîtres de l'Em-
„ pire, & que les Empereurs furent devenus Catho-
„ liques, l'Eglise se sentant travaillée d'hérésies, eut
„ recours à la force, & à faire réprimer les hérétiques
„ par peines & corrections temporelles. Les Peres ne
„ s'en tinrent plus alors dans les simples termes de
„ Tertullien, que ce n'étoit point acte de Religion
„ de contraindre ; mais que les apostats & les héréti-
„ ques, quoiqu'ils fussent encore hors de l'Eglise,
„ néanmoins, d'autant qu'ils avoient fait serment à
„ l'Eglise, on pouvoit les contraindre à revenir, mê-
„ me par l'entremise du bras séculier & des peines tem-
„ porelles. "

S. Augustin dit qu'au commencement, il avoit été d'autre avis ; mais que depuis, vaincu par les raisons de ses confreres, qui étoient plus sages & plus expérimentés que lui, il changea d'opinion, en s'appuyant sur ce verset de l'Evangile : *Contrains-les d'entrer*. Les Théologiens, au commencement, vouloient qu'on s'abstînt du supplice de la mort, & se contentoient des loix impériales, qui condamnoient les hérétiques à dix livres d'or d'amende. Depuis, comme les maux que l'hérésie apportoit à l'Eglise, devinrent de jour en jour plus dangereux, on employa la loi du Deutéronome, qui commande de faire mourir ceux qui suivent les faux dieux, & l'on priva les hérétiques, non-seulement des biens, mais encore de la vie.

Calvin se fondoit sur cette regle, lorsqu'il fit brûler Servet á Geneve ; & les ministres Suisses, Valentin. En Angleterre, les Ariens doivent être punis de mort ; quoique cela s'exécute en vertu des loix séculieres, néanmoins ce n'est qu'après que l'Eglise y a passé, & a déclaré aux Magistrats qu'ils le pouvoient & devoient faire en conscience, en tirant le glaive, comme dit S. Bernard, *ad nutum sacerdotis*.

Ce sont ces malheureux principes qui ont produit le monstrueux tribunal de l'*Inquisition*, dont le nom seul fait horreur à tout ce qui n'est pas, ou Italien, ou Espagnol, ou Portugais. Il faudroit des volumes entiers pour en décrire toute l'iniquité. Nous nous contentons de renvoyer à l'excellent ouvrage de Limborch.

Ce n'est que depuis peu d'années, que les Anglois ont reconnu combien il étoit injuste de punir de mort ceux qu'on appelle *hérétiques*. Ils ont aboli, sous le regne de Charles II, l'acte *de hæretico comburendo*.

C'est en conséquence de ces cruelles opinions, que l'on a vu enseigner publiquement, à la honte du Christianisme, *que l'on ne devoit pas garder la foi aux hérétiques*; sentiment que Clément VIII, qui d'ailleurs assez honnête homme pour un Pape, approuvoit, ainsi que s'en plaint amérement le Cardinal d'Ossat.

L'inhumaine décision du Concile de Constance, sur le mépris des saufs-conduits, est aussi le fruit de cette pernicieuse doctrine (1); mais nous allons prouver, par quelques exemples choisis, que les plus grandes cruautés ont été regardées comme des preuves d'attachement pour la Religion.

L'Auteur de la vie de S. Guillaume, Archevêque de Bourges (2), parlant de la victoire remportée sur les Albigeois par les Catholiques, loue ceux-ci de n'avoir fait quartier, ni à aucun âge, ni à aucun sexe, dans le sac de Beziers. *Neque ætati parcentes, neque*

---

(1) Hist. du Concile de Constance, préface de Lenfant. P. 47.

(2) *Bollandus*. Tom. I. p. 633.

sexui ; d'avoir tué les enfants dans les bras de leurs meres, & de n'avoir respecté, ni les Eglises, ni les monasteres. *Inter matrum ulnas parvuli quoque cæsi sunt ; & neque Ecclesiæ, neque monasteria eos tueri poterant, qui Ecclesiæ ruperant unitatem.*

On peut joindre à ces traits de zele, ce qui arriva en Angleterre, sous le regne de Marie (1). Une femme ayant été condamnée à être brûlée avec ses deux filles, elles furent jettées dans le même feu. Il y en avoit une qui étoit grosse & proche de son terme ; la violence du feu & de la douleur la fit accoucher ; l'un des assistants, moins barbare que les autres spectateurs, tira l'enfant du feu ; mais après avoir délibéré, on l'y rejetta de nouveau.

C'est à la Religion Catholique qu'on doit les horreurs de la S. Barthelemi, & l'affreux massacre d'Irlande. Cassamaoni, qui écrivoit quelque temps après le massacre d'Irlande (2), exhortoit ses compatriotes, dans un livre imprimé à Francfort, de tuer tous les hérétiques & tous ceux qui les défendent. Il se réjouit & les félicite, de ce qu'en 4 ans, (depuis 1641 jusqu'en 1645) ils en avoient tué plus de 150 mille. Le carnage, qui se fit dans le vallées du Piémont, est peut-être au-dessus de tout ce qui s'est pratiqué en ce genre : il est impossible de lire le récit qu'en fait le Ministre Léger, sans verser des larmes (3).

„ Les petits enfants, impitoyablement arrachés des
„ mammelles de leurs tendres meres, étoient em-
„ poignés par les pieds, froissés & écrasés contre les
„ murailles & les rochers, & bien souvent leur cer-
„ velle y restoit attachée, & leurs corps étoient jettés

---

(1) Apologie pour la réformation. *ch. VII. p.* 381.
(2) Bibl. Angloise. *L. II. p.* 208.
(3) Hist. des Eglises Vaudoises. *Liv. II. c. 9. p.* 130.

,, à la voirie; ou bien l'un se saisissant de l'une des
,, jambes de ces innocentes créatures, & l'autre d'une
,, autre, ils le déchiroient misérablement par le milieu
,, du corps, & puis le rejettoient par la campagne.
,, Les malades & les vieillards, tant hommes que
,, femmes, étoient brûlés dans leurs maisons, ou
,, hachés en pieces; ou liés tout nuds en forme de
,, pelotons, la tête entre les jambes, & précipités
,, par les rochers, ou roulés par les montagnes. Aux
,, pauvres filles & femmes violées, on leur farcissoit
,, le ventre de cailloux, d'une maniere que j'aurois
,, horreur de décrire, ou bien on les remplissoit de
,, poudre, & on y mettoit le feu, comme à plusieurs
,, personnes on en a rempli la bouche & les oreil-
,, les, & puis y mettant aussi le feu, on leur fen-
,, doit les machoires, & on leur faisoit sauter la cer-
,, velle hors de la tête. D'autres misérables filles,
,, ou femmes, ont été empalées toutes vives par la
,, nature, &, dans cette effroyable posture,
,, ont été exposées toutes nues sur les grands che-
,, mins. D'autres ont été diversement mutilées, &
,, ont eu les mammelles coupées par ces bourreaux,
,, qui les ont fricassées & mangées. ,,

,, Des hommes, les uns étoient hachés tout vifs
,, en pieces; on leur coupoit le membre viril, & on
,, le mettoit entre les dents de leur têtes coupées;
,, d'autres ont été écorchés vifs; ici le pauvre pere
,, a vu son enfant que l'on écorchoit par le milieu
,, du corps, & que l'on écrasoit contre les rochers à
,, force de bras, & les soldats s'entrebattre de ses
,, pieces. Là le mari a vu sa femme violée en sa
,, présence, & la mere, sa fille, & puis éventrée
,, par les soldats, ou bien souvent son ventre farci
,, de pierres, ou rempli de poudre. On a vu fen-
,, dre le ventre des femmes enceintes, toutes vi-
,, vantes, & prendre & porter leur fruit au bout des
,, hallebardes ".

C'est donc avec une grande raison que Bayle a dit, „ que ce que le Christianisme a commis de „ violence, soit pour extirper l'idolâtrie, soit pour „ étouffer les hérésies, ne sauroit être exprimé; „ que l'histoire en inspire de l'horreur, & qu'on „ en frémit, pour peu qu'on soit débonnaire (1). „ Une bonne ame, dit il, ne sauroit lire innocem- „ ment ces sortes de relations; elle ne sauroit „ s'empêcher de maudire la mémoire de ceux qui „ ont été cause de ces incendies, & au-lieu de „ demander des fleurs à jetter sur leurs tombeaux, „ au-lieu de chercher un formulaire de bons sou- „ haits dans Juvénal, elle chercheroit un formu- „ laire d'imprécations dans Tibulle ".

Enfin l'intolérance des Chrétiens a été jusqu'à défendre, sous peine de la vie, des opinions philosophiques. En voici un exemple qui n'est pas fort éloigné de notre temps.

Villon, Bitaut & de Claves avoient avancé, l'an 1624, des opinions qui n'étoient pas conformes à l'opinion d'Aristote. La faculté de Paris les condamna, & dénonça les auteurs au Parlement, qui rendit, à cette occasion, un arrêt que l'on trouve dans M. de Launoy (2). Il y est ordonné, „ que les „ theses où se trouveront ces propositions, seront „ déchirées; que commandement sera fait, par un „ des huissiers de la Cour, auxdits Claves, Vil- „ lon & Bitaut, de sortir dans 24 heures de Pa- „ ris, avec défenses de se retirer dans les villes & „ lieux du ressort de la Cour, d'enseigner la Philo- „ sophie dans aucunes des Universités d'icelui, &

---

(1) Réponses aux quest. d'un Provincial. tom. IV. ch.
2. Diction. art. Japon. N. 3.
(2) De variâ Aristotelis fortunâ. 212.

„ à toutes personnes, de quelque qualité & condi-
„ tion qu'elles soient, de mettre en dispute lesdites
„ propositions contenues esdites theses, les faire pu-
„ blier, vendre & débiter, à peine de punition
„ corporelle, soit qu'elles soient imprimées en Fran-
„ ce, ou ailleurs; & il est fait défenses à toutes
„ personnes, à peine de la vie, de tenir & ensei-
„ gner aucunes maximes contre les anciens Auteurs
„ approuvés, c'est-à-dire, contre Aristote ".

Si l'on vouloit approfondir la corruption des Chrétiens, il faudroit presque faire l'histoire de l'Eglise; on y verroit l'ambition, la cruauté, le déréglement dans leurs mœurs, portés aux plus grands excès.

Les historiens Chrétiens les plus zélés pour leur cause, n'ont pas pu le désavouer (1); mais ce sont des faits si publics, que ce seroit perdre du temps, que d'entreprendre de les prouver en détail (2). L'Eglise de Rome, qui auroit dû donner les bons exemples, a été le centre du désordre.

Alcuin se plaignoit de son temps qu'il n'y avoit ni crainte de Dieu, ni sagesse, ni charité à Rome, & que l'on y voyoit souvent des traits de la plus grande impiété.

Nonne in sede Romanâ.... ibi extrema impietatis exempla, nec ibi timor Dei, nec charitas esse videtur (3). Le mal étoit général : *à summo capitis pariter pedis usque deorsum ad plantam sanum esse nihil; nunc caput est scelerum, quæ caput orbis erat.*

Le bon Pape Adrien VI en convenoit : *Scimus,* dit-il, *in hâc sanctâ sede, aliquot jam omnis, multa fuisse abominanda, abusus in spiritualibus, excessus in*

---

(1) Baronius, *à l'art.* 1049.
(2) Lenfant, préface du Concile de Constance, *p.* 939. La défense de la réforme, *t. I. c.* 2.
(3) *P.* 1502.

mandatis, & omnia denique in perversum mutata (1).

Pic de la Mirandole en avoit dit plus qu'Adrien, en parlant à Léon X. ,, Il n'y avoit plus dans l'E-
,, glise de Dieu, ni pudeur, ni modestie,, ni jus-
,, tice (ce sont ses termes); la piété étoit chan-
,, gée en superstition, le vice étoit honoré, la vertu
,, condamnée; les temples & les couvents de Re-
,, ligieuses étoient deux lieux publics de débauche,
,, où les péchés les plus énormes se commettoient
,, sans retenue. Les Prêtres & les Evêques ignoroient
,, la priere qui se devoit faire devant le crucifix,
,, & ils étoient simoniaques publiquement (2)".

Mais pour faire voir que le Christianisme n'a point adouci les mœurs, nous rapporterons quelques traits de l'Ouvrage fameux de Barthelemi de las Casas : il est vrai que ces détails font horreur, qu'on ne trouve rien de si affreux dans toute l'histoire payenne ; mais ils sont trop concluants pour notre these, pour que nous les passions sous silence.

Après avoir dépeint le naturel des Indiens, doux, traitables & soumis, il ajoute (3) : ,, C'est chez ces
,, agneaux que les Espagnols sont entrés, de même que
,, des lions, des loups & des tigres cruels, qui avoient
,, été long-temps sans manger ; depuis 40 ans, ils
,, n'ont fait autre chose que de les mettre en pieces,
,, les tuer, les affliger, les tourmenter & les détruire
,, par des cruautés qui n'avoient jamais été ni
,, vues, ni lues, ni entendues; en sorte que de plus
,, trois millions d'ames qui étoient dans l'isle Espa-
,, gnole, il n'y reste pas plus de deux cents per-
,, sonnes naturelles du pays.

---

(1) Ingellus, dans Vossius, *tom. I. p.* 350. Alasinus, *ibid. Tom. IV. p.* 659.
(2) *Fasciculus temporum.* p. 209.
(3) Hist. du Papisme de Jurieu. c. 2. p. 208.

„ Pour ce qui eſt de la terre ferme, continue-
„ t-il, nous ſavons aſſurément que les Eſpagnols ont
„ dépeuplé plus de dix Royaumes plus grands que l'Eſ-
„ pagne, en y comprenant le Portugal & l'Arra-
„ gon, & deux fois plus des pays qu'il n'y en a de Sé-
„ ville à Jeruſalem, d'où il y a pourtant mille lieues
„ de chemin. Tous ces Royaumes ſont aujourd'hui dé-
„ ſerts, après avoir été peuplés autant qu'un pays
„ peut l'être. De bon compte fait & très-certain, on
„ peut prouver que les Eſpagnols, par leur tyrannie,
„ ont fait mourir plus de douze millions d'hommes,
„ femmes & enfants, & je ne croirois point me
„ tromper, en diſant quinze millions; ils ouvroient
„ le ventre des femmes groſſes toutes vivantes, &
„ arrachoient le fruit; ils faiſoient des gageures, à
„ à qui d'un coup d'épée ouvriroit & fendroit un
„ homme par le milieu, ou à qui lui couperoit la
„ tête avec le plus d'adreſſe, ou à qui lui ouvriroit le plus
„ les entrailles. Ils prenoient les enfants par les pieds,
„ & les arrachant du ſein de leurs meres, ils leur froiſ-
„ ſoient la tête contre les rochers; ils en jettoient d'au-
„ tres dans les rivieres, en les élançant en l'air;
„ & quand ils retomboient dans l'eau, ils étoient en-
„ chantés. Ils faiſoient de certains gibets longs & bas,
„ de ſorte que les pieds touchoient preſque à terre;
„ chacun de ces gibets étoit pour 13 perſonnes, à l'*hon-*
„ *neur*, diſoient-ils, *de Jeſus-Chriſt & des douze Apô-*
„ *tres*; puis il mettoient le feu par-deſſous, & brû-
„ loient tout vifs ceux qu'ils avoient ſuſpendus à
„ ces gibets. Ils faiſoient ordinairement mourir les No-
„ bles & les grands Seigneurs des Indiens, de cette fa-
„ çon: ils faiſoient de certains grils avec des perches
„ dreſſées ſur des fourchettes, & allumoient un petit
„ feu deſſous, afin que ces miſérables mouruſſent
„ lentement, en jettant des cris de déſeſpoir ".

L'auteur, que nous citons, dit qu'il vit une fois
quatre ou cinq des principaux Seigneurs ſur ces grils,

& il y en avoit encore trois ou quatre garnis de même ; ceux qui étoient dessus, jettoient des cris horribles, qui empêchoient le Capitaine de dormir ; ce qui l'engagea à commander qu'on les étranglât ; mais le sergent fut assez cruel pour mettre lui-même des bâillons à leurs bouches, pour les empêcher de crier, & il attisoit le feu, afin qu'ils grillassent.

„ J'ai vu tout cela, & une infinité d'autres ac-
„ tions ", ajoute Barthelemi de las Casas. Ce même Auteur nous apprend que les Espagnols, pour attrapper les Indiens, qui se sauvoient dans les montagnes, avoient de gros chiens & de grands levriers qui mettoient en pieces un Indien en moins de temps qu'il n'en faut pour réciter un *Credo*. Ils remplissoient des granges de ces misérables peuples, & en brûloient plusieurs milliers à la fois. Si quelque Espagnol prenoit un Indien en croupe pour en faire un esclave, un Espagnol venoit par-derriere pour faire essai de son adresse ; & le tuoit d'un coup de lance. Si quelque jeune enfant, ou garçon, étoit tombé à terre, un Espagnol venoit, lui coupoit les jambes, & le laissoit-là.

„ Une fois, continue-t-il, les Indiens venoient
„ au-devant de nous à dix lieues d'une grande ville,
„ pour nous recevoir avec des vivres & des vian-
„ des délicates, en nous faisant mille caresses ; ils
„ étoient paisiblement assis devant nous ; subitement
„ le diable entra dans les Espagnols, &, en ma
„ présence, sans qu'il y en eût aucune raison, ils
„ massacrerent près de trois mille de ces innocents. Je
„ vis-là de si grandes cruautés, que jamais homme
„ n'en a vu ni n'en verra de semblables ".

Un Espagnol, allant un jour à la chasse, & n'ayant pas de quoi faire curée à ses chiens, prit l'enfant d'une Indienne d'entre le bras de sa mere, le mit en pieces, & le distribua à ses levriers.

On ne peut faire réflexion sur toutes ces horreurs

reurs, sans être obligé d'avouer que Scaliger (1) a dit vrai, lorsqu'il a assuré que les Chrétiens sont plus méchants que les Payens & que les Mahométans ; c'est ce que pensoit aussi Montaigne.

„ Comparez nos mœurs à un Payen & à un Maho-
„ métan, dit-il, vous serez toujours au-dessous ".
M. Leclerc a parlé sur le même ton : (2) „ Si
„ l'on cherche parmi les Chrétiens, dit-il, les vertus
„ qu'on se doit à soi-même, comme la modestie,
„ l'humilité, l'abstinence des plaisirs défendus, la
„ patience dans l'adversité, je ne sais si on en trou-
„ vera davantage que parmi les Payens anciens &
„ modernes, pourvu que l'on veuille rendre justice
„ aux uns & aux autres "

Ceux d'entre les Chrétiens qui ont pris le nom de réformés, sont encore bien éloignés de la perfection. Les plus zélés patisans de ce parti conviennent de cette corruption. Brandt (3) qui a fait *l'histoire de la réformation des Pays-bas*, dit que les Réformés ont banni l'innocence, la douceur, l'humilité & la charité ; que le vice, la persécution, & la haine, l'envie & l'amour-propre, ont pris la place de ces vertus.

Le Ministre Jurieu convient du déréglement des mœurs de sa Secte. „ Le plus grand de tous les maux,
„ dit-il, c'est leur extrême corruption. Les Réformés de
„ France se laissent emporter au torrent de la vanité,
„ de l'orgueil, du luxe, de la folle dépense, qui occupe
„ tout le Royaume, & souvent ils enchérissent dans
„ ces crimes sur leurs compatriotes. L'Angleterre a
„ ses défauts, qui ne sont pas moins grands : la piété
„ y est relâchée, les hommes y sont superbes, les
„ femmes souverainement déréglées, vaines & trom-

---

(1) Scaligerana. *pag.* 49.
(2) De l'incrédulité. *pag.* 227.
(3) Bibliotheque Angloise. *t. V.* art. 4. p. 434.

„ peuſes au-delà l'imagination. Les Royaumes du
„ Nord & les Provinces réformées d'Allemagne ſont
„ plongées dans une débauche qui les abaiſſe & les
„ abrutit, & par-tout généralement regne une prodi-
„ gieuſe indifférence pour la Religion. Les Princes, les
„ Souverains, ne penſent qu'aux intérêts politiques.
„ Le ſoin de l'Egliſe & de la vérité, eſt ce qui les
„ occupe le moins. Les peuples ſont ſans piété, les
„ Paſteurs ſont relâchés; & au-lieu que chacun de-
„ vroit ſoutenir le grand ouvrage de la réforma-
„ tion, tous contribuent à le laiſſer tomber à terre ".

La Placette ne ſe plaint pas moins amérement du
déréglement des Réformés. „ Qu'on raſſemble, dit-
„ il, (1) tous ceux qui ne manquent, ni de ſobriété, ni
„ de chaſteté; quelque grand que le nombre en ſoit,
„ il ſe réduira à très-peu de choſe, ſi l'on en retran-
„ che tous les détenteurs du bien d'autrui, tous les
„ avares, les ambitieux, tous les orgueilleux, tous les
„ idolâtres du faux honneur, tous les vindicatifs, tous
„ ceux qui ſont prévenus, tous les calomniateurs,
„ tous les médiſants, tous les adulateurs, tous les men-
„ teurs, tous ceux qui refuſent d'aſſiſter les pauvres,
„ ſans parler des indévots, des blaſphémateurs, des
„ ſuperſtitieux, des incrédules & des idolâtres. Toutes
„ ces déductions faites, ce qui reſtera ſe trouvera ſi pe-
„ tit, qu'à peine pourra-t-il faire quelque nombre. "

Perſonne n'a parlé avec plus de ſens & d'exactitude ſur ce ſujet, que Robert Barclai dans ſon
apologie des Trembleurs. Ce paſſage eſt un peu long,
mais il eſt trop important pour être omis. Le voici
tel qu'il ſe trouve, *theſe* 10. *pag.* 135.

„ Les Egliſes particulieres de Chriſt. raſſemblées
„ au même temps des Apôtres, commençant bien-

---

(1) Eſſai ſur l'amour des plaiſirs. *c. IV. p.* 91.

,, tôt à décheoir, quant à la vie intérieure, vin-
,, rent à bout d'être toutes couvertes de diverses er-
,, reurs, & les cœurs des professeurs du Christia-
,, nisme, à être tourmentés de l'ancien esprit & de
,, la conversation du monde : néanmoins il a plu à
,, Dieu, durant quelques centuries, de conserver
,, cette vie en plusieurs, lesquels il anima de zele,
,, pour demeurer fermes & souffrir pour son nom
,, à travers des persécutions ; mais ces choses étant
,, passées, l'humilité, la douceur, la charité, la pa-
,, tience, la bonté & la tempérance du Christianisme
,, vinrent à se perdre : car après que les Princes de
,, la terre vinrent à prendre cette profession sur
,, eux-mêmes, & qu'être Chrétien cessa d'être une
,, infamie, mais devint plutôt un moyen de s'avan-
,, cer, les gens devinrent tels par la naissance &
,, par l'éducation, & non plus par la conversion, &
,, par le renouvellement d'esprit. Alors il n'y avoit
,, personne si misérable, personne si méchant, per-
,, sonne si profane, qui ne devînt membre de l'E-
,, glise ; & les Docteurs & les Pasteurs d'icelle, de-
,, venant les compagnons des Princes, & étant ainsi
,, enrichis par leur bienveillance, acquérant de grands
,, trésors & de grands biens, devinrent enflés &
,, comme enivrés de la vaine pompe & de la gloire
,, de ce monde. Ainsi la vertu, la vie, la subs-
,, tance & le noyau de la Religion Chrétienne
,, vint à se perdre, & rien n'en demeura que l'ombre
,, & l'image ; laquelle image morte, ou carcasse du
,, Christianisme (pour la faire mieux recevoir à cette
,, superstition intérieure de leurs cœurs, ou en deve-
,, nant moins méchants, ou moins superstitieux, mais
,, dans quelque petit changement dans l'objet de
,, leurs superstitions) n'ayant point l'ornement in-
,, térieur de la vie de l'esprit, devint ornée de plu-
,, sieurs ordres extérieurs & visibles, & embellie
,, d'or & d'argent, de pierres précieuses & d'autres

» ornements magnifiques de ce monde périssable :
» tellement que cela ne devoit non plus être appellé
» la Religion Chrétienne, nonobstant la profession
» extérieure, que le corps mort d'un homme doit
» être estimé homme vivant. Cette Eglise apostate
» de Rome n'a pas moins introduit de cérémonies
» & de superstitions dans la Religion Chrétienne,
» qu'il y en avoit, soit entre les Juifs, soit parmi
» les Payens, & il y a eu autant & plus d'orgueil,
» d'avarice, de sales couvertures de luxe, d'adul-
» tere, de profanation & d'athéïsme parmi les Doc-
» teurs & les principaux Evêques, qu'il y en a ja-
» mais eu parmi aucune sorte de peuple. C'est de
» quoi personne ne peut douter, s'il a lu leurs pro-
» pres Auteurs, Platina & les autres ; or bien que
» les Protestants ayent réformé quelques articles &
» des doctrines absurdes, ils n'ont néanmoins fait
» que tailler les branches, & soutiennent finement les
» mêmes racines dont ces arbres ont germé. On trouve
» que le même orgueil, la même avarice & la même
» sensualité s'est répandu par-tout, & a fermenté dans
» leurs Eglises & leurs Ministres, & la vie & le pou-
» voir & la vertu de la vraie Religion est perdu
» entre eux ; & la même mort, la même stérilité,
» la même sécheresse & la même inanition se trou-
» vent dans leurs mysteres ; de sorte que l'on pour-
» roit dire véritablement des uns & des autres, sans
» faire brèche à la charité, qu'ayant seulement la
» forme de la piété, & plusieurs d'entre eux n'ayant
» que cela, ils en sont les fausses images ".

Les Auteurs moraux les plus estimés entre les
Catholiques, qui ont écrit depuis un siecle, nous
représentent leur temps, comme celui où le désordre a été amené à son plus haut période. Ecoutons
le célebre Mr. Arnauld. „ C'est une chose horrible,
„ dit il dans son livre *de la fréquente communion*, que
„ l'on n'ait jamais vu davantage de confessions &

„ de communions, & jamais plus de désordres &
„ de corruptions. Toutes les véritables marques du
„ Christianisme sont presque éteintes aujourd'hui dans
„ les mœurs des Chrétiens; il n'y eut jamais plus
„ d'impureté dans les mariages, plus de corruption
„ dans les familles, plus de débordement dans la
„ jeunesse, plus d'ambition parmi les riches, plus
„ de luxe parmi toutes sortes de personnes, plus
„ d'infidélité dans le commerce, plus d'altération
„ dans la marchandise, plus de tromperie dans les
„ artisans, plus d'excès & de débauches parmi les
„ peuples : qui ne sait que depuis vingt ans, la
„ fornication a passé parmi les gens du monde pour
„ une faute légere, l'adultere, le plus grand de tous
„ les crimes, pour une bonne fortune, la fourbe-
„ rie & la trahison pour vertus de la cour, l'im-
„ piété & le libertinage pour force d'esprit, le ju-
„ rement & le blasphême pour ornement dans le
„ discours, la tromperie & le mensonge pour la
„ science du débit & du trafic, la fureur du jeu
„ continuel pour une honnête occupation des fem-
„ mes, le mépris des maris, l'abandon du soin des
„ familles, la négligence de l'éducation des enfants,
„ pour le privilege de celles qui ont quelqu'avan-
„ tage de la nature, ou de la fortune ? Je ne dis
„ rien des crimes plus abominables, que nos peres
„ ont ignorés, & qui se sont débordés de telle sorte
„ dans ce siecle malheureux, qu'on ne sauroit y
„ penser sans être saisi d'horreur ".

Les Jésuites sont en cela d'accord avec Port-Royal.
„ Où trouve-t-on aujourd'hui de la Religion ? de la
„ maniere dont on vit dans le monde, toutes les
„ véritables marques de piété sont presque détruites
„ dans les mœurs des Chrétiens, s'écrie le Pere Rapin
„ (*de la foi des derniers siecles*, c. 8. *pag.* 465.) y eut-
„ il jamais plus de déréglement dans la jeunesse,
„ plus d'ambition parmi les Grands, plus de dé-

„ bauche parmi les petits, plus de débordement
„ parmi les hommes, plus de luxe & de mollesse
„ parmi les femmes, plus de mauvaise foi dans tous
„ les états & dans toutes les conditions ? Y eut-
„ il jamais moins de fidélité dans les mariages, moins
„ d'honnêteté dans les compagnies, moins de pu-
„ deur & de modestie dans la société ? Le luxe des
„ habits, la somptuosité des ameublements, la dé-
„ licatesse des tables, la superfluité de la dépense,
„ la licence des mœurs & les autres déréglements
„ de la vie sont portés à des excès inouis : tous
„ les principes de la vraie piété sont tellement ren-
„ versés, qu'on préfere aujourd'hui dans le com-
„ merce un honnête scélérat à un homme de bien
„ qui ne le fait pas; & faire le crime sagement &
„ sans offenser personne, s'appelle avoir de la pro-
„ bité selon le monde. On n'a jamais tant parlé de
„ morale, & il n'y eut jamais moins de bonnes mœurs;
„ jamais plus de réformateurs, & moins de réforme ;
„ jamais plus de savoir, & moins de piété ; jamais
„ de meilleurs prédicateurs, & moins de change-
„ ment de vie : de la maniere dont nous vivons,
„ ne sommes-nous pas de vrais payens en toutes
„ choses ? La corruption est universelle, le péché
„ regne par-tout, & la pénitence ne se fait pres-
„ que nulle part ; on a honte d'être vertueux, &
„ c'est tête levée que triomphe le vice, comme
„ la prostituée de Babylonne, qui est la figure du der-
„ nier dégré d'abomination; & il semble que les
„ hommes n'ont jamais été si idolâtres du monde,
„ ni si amateurs du vice, c'est-à-dire, dans une op-
„ position si formelle à l'esprit de Dieu ".
„ Faut-il qu'un prédicateur de l'Evangile, dit le
„ P. Bourdaloue dans *les Dominicales*, tom. 4. pag.
„ 258, en soit réduit à faire publiquement cet aveu ?
„ ils ont tous quitté les voies de la sainteté qu'on
„ leur avoit tracées, ils se sont tous livrés au péché".

Le Pere Croiset parle d'un même ton dans son *parrallele des mœurs de ce siecle & de la morale de Jésus-Christ, tom. I pag. 33.*

„ Chacun accuse son siecle de dépravation, ce
„ sont ses termes ; mais sans vouloir trop faire le
„ Jérémie, vit-on jamais moins d'innocence dans la
„ jeunesse, si peu de régularité de mœurs & de con-
„ duite dans ceux qui sont d'un âge plus mûr ? Vit-
„ on jamais moins de piété dans tous les états; &
„ combien peu de Religion dans presque tout ce
„ qu'on appelle les gens du grand monde ? Le liber-
„ tinage, pour être plus civilisé, en est-il moins
„ public " ?

Ce n'est pas seulement dans des sermons, dans des livres de piété, où l'on ne se pique pas toujours d'une extrême précision, que l'on trouve des invectives contre les mœurs déréglées de ces derniers siecles ; deux grands Evêques de France, M. Poncet & M. d'Arras, ouvrant leur cœur au Pape Innocent XI, lui exposant les maux de l'Eglise, & lui en demandant le remede, parlent aussi fortement. „
„ Quoique depuis plusieurs siecles, lui disent-ils, il se
„ soit répandu une grande corruption dans les mœurs
„ des Chrétiens, autrefois néanmoins le vice se recon-
„ noissant, pour ainsi dire, pour ce qu'il étoit, portoit
„ toujours quelque caractere de crainte & de honte,
„ & quelque communs que fussent les désordres,
„ personne n'osoit au moins les autoriser publique-
„ ment. Mais présentement le mal est devenu bien
„ plus grand & plus funeste à l'Eglise ; car non-seu-
„ lement le nombre des méchants augmente tous les
„ jours, mais il se trouve encore soutenu par la
„ témérité inconsidérée, pour ne rien dire de plus,
„ de quelque nouveaux Auteurs, qui semblent n'a-
„ voir d'autres desseins que de flatter & d'entre-
„ tenir la convoitise des hommes, d'étouffer les re-
„ mords de la conscience, d'éteindre jusqu'aux mou-

,, vements de quitter le péché, d'ouvrir la porte à
,, toutes fortes de vices, d'élever les ténebres con-
,, tre la lumiere, la fausseté contre la vérité, en-
,, fin de faire secouer au crime la crainte & la honte
,, qu'il porte naturellement avec lui, & de lui ôter
,, l'infamie & le nom même de crime ".

Les déréglements des Chrétiens, ont donné aux Juifs la matiere d'un argument contre la Religion Chrétienne. ,, Qu'a donc opéré la venue du Mes-
,, sie, disoit Orobio, & en quoi consiste la gué-
,, rison de nos maux ? Comment prouveroit-on que
,, le regne du démon est exterminé ? On voit évidem-
,, ment le contraire; il n'a jamais été si puissant :
,, il n'en doit pas être de même, lorsque le Messie
,, sera venu ; pour lors l'envie, la haine, la dis-
,, corde seront pour jamais confondues. Tout le
,, monde vivra en paix, l'amour de Dieu & l'obser-
,, vation de la loi seront la seule occupation des
,, hommes ".

C'est en conséquence de ces caracteres, que les Juifs croyent être clairement désignés dans les prophéties, que le Ministre Jurieu a écrit qu'il doit y avoir un second avénement du Messie, après lequel la justice régneroit sur la terre : ce qui a donné lieu à M. Simon de lui écrire une lettre ironique, sous le nom des Rabins, qui mérite d'être lue. Cependant cette idée n'étoit pas nouvelle (1), & Justin martyr l'avoit eue autrefois (2).

Puisque les hommes ne sont pas plus éclairés qu'ils n'étoient avant la venue du Messie, puisque le diable n'en n'est pas moins puissant (3), qu'on nous

---

(1) Lettres choisies. tom. I. pag. 304.
(2) St. Justin. pag. 208.
(3) Bayle. art. Xénophon. n. 3.

faſſe voir quels ont été les fruits de l'incarnation du fils de Dieu.

CHAPITRE XI.

Diverſes réflexions ſur l'ancien & le nouveau Teſtament.

LEs Livres ſacrés des Chrétiens ont donné lieu à diverſes objections qui n'ont pas encore été levées. Les premiers Chapitres de la Geneſe ſont ſi difficiles à expliquer, que pluſieurs Interpretes, ne pouvant y trouver un ſens raiſonnable, ont eu recours à l'allégorie. Les eaux au-deſſus du firmament, les jours avant le ſoleil, & pluſieurs autres choſes de cette nature, ſont autant d'énigmes pour les phyſiciens. La ſituation du paradis terreſtre a toujours embarraſſé, & embarraſſera toujours ceux qui écriront ſur cette matiere; car il n'y a aucun endroit dans le monde d'où ſortent le Tigre, l'Euphrate & deux autres grands fleuves. Ce ſont cependant ces caracteres qui déſignent ce fameux jardin.

Il n'y a guere de queſtion qui ait autant exercé l'imagination des commentateurs (1). On l'a placé dans le troiſieme Ciel, dans le quatrieme, dans le Ciel de la lune, dans la moyenne région de l'Air, ſous la terre, dans un lieu caché & éloigné de la connoiſſance des hommes. On l'a mis ſous le pôle arctique, dans la Tartarie, dans la place qu'occupe actuellement la mer Caſpienne; d'autres l'ont reculé à l'extrémité du midi, dans la terre de Feu; plu-

---

(1) Calmet. *L. VIII. 8°. verſet du 2. c.* de la Geneſe.

sieurs l'ont placé dans le Levant, sur les bords du Gange, ou dans l'isle de Ceilan. On l'a mis dans la Chine, dans l'Arménie, dans l'Afrique, sous l'équateur & à l'Orient équinoxial, sous les montagnes de la lune, d'ou l'on croyoit que sortoit le Nil. La plupart l'ont mis dans l'Asie ; les uns dans l'Arménie majeure, les autres dans la Mésopotamie, ou dans la Syrie, ou dans la Babylonie, ou dans l'Arabie, ou dans l'Assyrie, ou dans la Palestine : il s'est même trouvé quelques Auteurs qui ont voulu en faire honneur à l'Europe.

Philon & Origene ont cru que ce paradis étoit purement spirituel. Les Séleuciens soutenoient qu'il étoit invisible. Toutes ces opinions, dont plusieurs sont extravagantes, prouvent l'obscurité de la matiere ; c'est ce qui a fait dire à M. Saurin, que peut-être tous les efforts que l'on a faits & que l'on fera dans la suite, pour l'éclaircissement de cette question, seront inutiles (1). Les autres difficultés de ces trois premiers Chapitres ne sont pas dans le genre des choses que l'on n'entend point : elles sont très-intelligibles, mais les incrédules les comparent aux métamorphoses d'Ovide.

C'est le serpent qui parle ; & quoiqu'il n'eût été que l'instrument du diable, il est cependant maudit & puni. Dieu est représenté, dans ce Chapitre & dans plusieurs endroits de l'Ecriture, comme étant corporel, & on le fait plaisanter avec Adam.

L'histoire de l'ânesse de Balaam a quelque rapport avec celle du serpent : elle a paru si peu croyable au Rabbin Lévi, fils de Gérion, qu'il ne vouloit pas qu'on la prît à la lettre (2). Le déluge est une source de difficultés insurmontables. Le texte de l'écriture décide clairement qu'il fut universel. Ceux

---

(1) Discours. *pag.* 24.
(2) Basnage. hist. des Juifs. *L. IX.* c. 20. *n.* 12.

qui ont calculé l'immenfe quantité d'eau néceffaire pour fubmerger la terre, ont foutenu qu'il faudroit, pour couvrir le globe terreftre, vingt fois plus d'eau qu'il n'y en a dans l'Océan. (1) M. de Boulainvillier a fait à ce fujet des remarques dignes d'attention, dans fon *hiftoire du monde*.

„ Il eft, dit-il, impoffible dans l'état préfent de
„ la terre, qu'il puiffe arriver un déluge général qui
„ couvre les plus hautes montagnes de quinze cou-
„ dées par-deffus leur cime. Cela fe prouve par la
„ profondeur de la mer & par l'élévation des plus
„ hautes montagnes, ou par la déclivité des ter-
„ reins, depuis le milieu des terres, jufqu'à la mer.
„ Le mont Gordien ou celui d'Ararat, fur lequel
„ l'arche s'arrêta, eft élevé de plus de trois mille
„ pas au-deffus de la furface de la mer. Celle-ci,
„ prife en général, n'a pas plus de trois cents pas
„ de profondeur : ainfi, fans compter que la ca-
„ pacité du globe s'élargit à mefure qu'il s'éleve,
„ il faudroit dix ou douze fois autant d'eau que la
„ mer ou les cavités fouterreines en peuvent con-
„ tenir, pour inonder toute la terre dans la quan-
„ tité d'eau marquée dans l'Ecriture. On ne peut
„ pas dire que Dieu a créé pour cet effet une nou-
„ velle quantité d'eau, qu'il l'a enfuite anéantie;
„ car l'Ecriture ne rapporte que des moyens natu-
„ rels, favoir l'ouverture de l'abyme, & la chûte
„ des pluies. Elle dit auffi expreffément que Dieu
„ fe fervit du vent pour fécher l'eau. On ne peut
„ pas non plus feindre que les pluies les plus for-
„ tes, les orages les plus violents verfent plus d'un
„ pouce & demi d'eau dans l'efpace d'une demi-heu-
„ re. Or n'ayant plu que 40 jours & 40 nuits, il
„ fuffit de prendre les plus hautes montagnes feu-

---

(1) Saurin, difcours 8. *pag.* 98.

„ lement à deux mille pas d'élévation, ce qui est
„ un tiers moins qu'elles ne portent; il faudroit pour
„ les égaler, que le Ciel eût versé en 24 heures
„ 250 pieds d'eau; ce qui excede tellement les
„ forces de la nature & de la probabilité, qu'on
„ ne sauroit le comprendre ".

Ceux qui restreignent le déluge à la partie du monde habité (1), demandent par quelle voie seroient venus à Noé les animaux qui étoient à une prodigieuse distance du lieu où l'arche fut bâtie, & par quelle voie ils seroient rétournés dans le premier lieu de leur demeure. Isaac Vossius, un des hommes le plus contraire à l'universalité du déluge, insiste vivement sur cette objection; il auroit fallu, selon lui, donner vingt mille ans à certains animaux que l'on nomme *paresseux*, à cause de leur lenteur, pour les faire arriver jusqu'au Patriarche.

On a beaucoup de peine à concilier cette multitude d'hommes que l'on voit paroître sur la surface de la terre, quelque temps après Noé, avec l'universalité du déluge. C'est ce qu'avoit bien compris l'Abbé Lenglet, & ce qu'il avoit remarqué dans son projet de souscription de la seconde édition de *sa méthode pour étudier l'histoire* ; mais on jugea à propos de lui faire supprimer les observations à ce sujet.
„ Nous trouvons, disoit-il, que deux ou trois cents
„ ans après le déluge, il y avoit en Egypte une si
„ grande quantité de peuples, que vingt mille villes
„ n'étoient pas en état de les contenir. La Chine
„ n'étoit pas moins peuplée que l'Egypte; la Scy-
„ thie & la Tartarie l'étoient autant l'une que l'au-
„ tre. "

On croit être beaucoup avancé, en faisant, com-

---

(1) *Voyez* Saurin, discours. 8. *pag.* 99.

me le Pere Pétau, *des hommes à coups de plumes*; on prétend nous perfuader, comme cet habile Jéfuite, à force de fupputations & de progreffions arithmétiques, que deux cents foixante ans après le déluge, il devoit y avoir plus de foixante milliards fept cents dix-neuf millions de perfonnes, c'eft-à-dire, beaucoup plus qu'il n'en faudroit pour peupler cinq ou fix mondes tels que le nôtre.

Si les hommes étoient fi féconds dans ces premiers temps, que fera-t-il arrivé dix fiecles après le déluge? Il y aura eu, fans doute, fuivant les mêmes fupputations, affez d'habitants pour peupler une centaine de mondes : ce favant Jéfuite devoit faire attention que, fuivant l'Ecriture, les hommes n'avoient des enfants que fort tard, & qu'il ne paroît pas même qu'ils en euffent un grand nombre; ainfi les peuplades n'ont pu fe faire, ni fi promptement, ni en fi grande abondance; il faudroit donc avoir recours à des calculs plus raifonnables, pour expliquer la formation des Empires : tout ce qu'on dit pour juftifier ces poffibilités, eft contraire à l'expérience.

L'hiftoire de la Chine contredit ouvertement celle des Juifs. Je ne prétends pas parler de ces calculs immenfes que les Chinois adoptent dans leurs Livres hiftoriques ; je m'en tiens à ce qui ne peut être contefté. Ecoutons fur ce fujet un Jéfuite qui écrivoit il n'y a pas long-temps. (1) " Ce qu'il y a de certain, " dit-il, c'eft que la Chine a été peuplée avant Je" fus-Chrift plus de 2155 ans : cela fe démontre " par une éclipfe de foleil, arrivée en cette année" là. " M. l'Abbé Renaudot rejette cette éclipfe, fur le témoignage de M. de Caffini; mais il n'a pas compris ce qu'il a cité de ce célebre Aftronome.

---

(1) Lettre du P. Pauque. *pag.* 458. 19ᵉ. recueil des Lettres édifiantes & curieufes.

On a envoyé au Pere Souciet des obfervations aftronomiques tirées de l'hiftoire & des livres Chinois, qui prouvent, & leur habilité en fait d'aftronomie, & l'antiquité de leurs obfervations. Il les donnera au public, ce qui me difpenfe de m'étendre fur cela davantage. Il fuffit que nous retenions au moins 2155 ans avant Jefus-Chrift. Il eft certain, comme l'avoue M. l'Abbé Renaudot, que cette antiquité a des conféquences funeftes, puifqu'elle donne atteinte à l'univerfalité du déluge & à l'authenticité du texte hébreu, fuivant lequel la terre n'étoit habitée que par des enfants de Noé, 2155 avant Jefus-Chrift; pendant ce temps il ne devoit point y avoir d'Aftronomes à la Chine.

Il eft également difficile de concevoir comment les Negres peuvent avoir la même origine que les blancs. M. de Boulainvilliers, qui a traité de la caufe de la noirceur des Negres, dans fon *hiftoire du monde*, prétend qu'il y a des raifons phyfiques de cette noirceur, qui n'ont été découvertes que depuis peu.

» L'anatomie, dit-il, a mis en évidence, depuis
» peu d'années, une caufe phyfique & fenfible de la
» noirceur des Negres, prife de la feule difpofition
» de leur peau, favoir, un tiffu qui a fon principe
» au nombril, & fe répand fur toute la continuité
» de l'épiderme, lequel tiffu fe trouve par-tout de
» couleur bleue foncée, & ne fe rencontre abfolu-
» ment point dans les blancs. "

Il fuivroit delà qu'ils ont une origine différente, que par conféquent ils ne peuvent pas defcendre d'Adam, & cela fe prouveroit encore par une obfervation de Brown, fi elle eft vraie, que la noirceur des Negres fe perpétue toujours, même en changeant de pays, & que les blancs ne produifent jamais de noirs, en s'établiffant chez les Negres (1).

---

(1) *Erreurs populaires.* L. *IV.* c. 10. p. 220.

C'est une chose assez singuliere, que le Pentateuque, qui s'explique si peu clairement sur l'immortalité de l'ame, c'est-à-dire, sur le point fondamental de la vraie Religion, que de très-savants hommes, tels que le Cardinal du Perron (1), Luc de Bruges (2), M. Divois, &c. (3), ont cru avec raison qu'il n'y est fait aucune mention de cette vérité, semble cependant supposer que les animaux peuvent mériter & démériter. C'est ce qui paroît clairement par le verset 5. du chap. IX de la Genese, où il est dit : *Je tirerai vengeance de tous les animaux qui auront répandu votre sang*; & par le verset 10 : *Je ferai alliance avec les animaux qui sont avec vous, avec les oiseaux, avec les bêtes domestiques, & avec les animaux de la campagne, avec tous ceux qui sont sortis de l'arche, & avec toutes les bêtes de la terre.*

Sur quoi le P. Calmet remarque que l'on voit souvent dans l'Ecriture des expressions par lesquelles il sembleroit que l'on suppose dans les bêtes quelque sorte de connoissance. Dieu leur parle après la création, & leur dit de croître & de multiplier. Dans la loi, on punit de mort les taureaux qui auront frappé un homme de leurs cornes, & les bêtes qui auront servi d'instrument à un crime abominable. Le Psalmiste parle de la mort des animaux dans les mêmes termes que de celle des hommes. *Auferes spiritum eorum & deficient.* Vous leur ôterez leur ame, & ils périront.

Les Ninivites firent jeûner les animaux; & quand Jonas se plaint à Dieu, de ce qu'il avoit pardonné à Ninive, Dieu lui répond : „ Pourquoi ne pardonne-
„ rois-je pas à cette grande ville, dans laquelle il y
„ a un si grand nombre d'hommes qui ne savent pas

---

(1) Perroniana. *pag.* 3.
(2) Basnage, hist. des Juifs. *L. V. ch.* 17.
(3) Preuves de la véritable Religion. *Liv. II. pag.* 90.

,, distinguer leur main droite de leur main gauche,
,, & où il y a un si grand nombre d'animaux ? " Comme si ce grand nombre d'animaux pouvoit être un motif pour engager le Seigneur à pardonner à la ville de Ninive.

On pourroit rapporter plusieurs autres passages où il semble que l'Ecriture suppose de la raison aux animaux. Cette opinion n'est cependant pas la dominante chez les Chrétiens, & ils sont obligés de dire que le S. Esprit *s'est accommodé aux préjugés des Hébreux*, conformes en cela à ceux de toutes les nations voisines.

C'est un objet d'étonnement pour les incrédules, qu'on trouve un très-grand nombre d'expressions, peu conformes à la saine doctrine, dans des ouvrages faits par l'inspiration divine, pour fixer la croyance des hommes ; cependant on ne peut nier que ces expressions ne se rencontrent très-souvent dans l'ancien testament.

Bien-loin d'être surpris qu'il y ait eu une Secte d'anthropomorphites, il y a lieu de s'étonner, que tous ceux qui ont regardé la Bible comme un Livre divin, n'ayent pas embrassé l'opinion qui fait Dieu corporel, puisque Dieu y est représenté par-tout comme ayant un corps. Lorsque les descendants de Noé bâtissoient la tour de Babel, le Seigneur descendit pour voir la Ville & la Tour que les enfants des hommes élevoient. C'est ainsi que l'Auteur sacré fait parler Dieu. (*Genese*, ch. 11. ℣. 5.) ,, Je descendrai,
,, & je verrai si leurs œuvres égalent le cri qui est venu
,, jusqu'à moi, pour savoir si cela est ainsi, ou si cela
,, n'est pas." *Voyez* Genese, ch. XI. ℣. 5 & 18,
℣. 21.

L'ancien testament est rempli de pareilles phrases, qui ont été une occasion de blasphèmes pour les Juifs & pour les simples.

Les incrédules accusent aussi l'Ecriture d'approuver,

de proposer pour modeles, de louer beaucoup des personnages dont la vie n'a été rien moins qu'édifiante, & de canoniser des actions qui seroient condamnées par la raison ou par la Religion naturelle.

Le Livre des Juges (*ch.* 3. ℣. 14.) fait l'éloge de l'action d'Aod, qui assassina Eglon, Roi de Moab, dont il étoit devenu le sujet par le droit de la guerre. La lecture d'un Ouvrage où se trouve un principe si dangereux, devroit être interdite aux simples dans un Etat bien policé. C'est peut-être ce passage qui a séduit les Ravaillac & les Clément, & qui les a engagés à commettre avec confiance le plus grand de tous les crimes.

L'action de Jahel ne paroît pas plus conforme à la saine morale. Elle étoit femme d'Heber, qui étoit en paix avec Jabin, Roi d'Azor; Sizara, Général de ce Prince, fuyant après avoir été battu par Baruc, Jahel va au-devant de lui, promet de le cacher, & cependant le tue en trahison. Néanmoins Jahel tient une place honorable dans le cantique de Débora. Il y a pourtant dans cette conduite une complication de perfidies, qui auroit dû effrayer une conscience tant soit peu timorée. Le P. Calmet en convient. ″ Il faut connoître, dit-il, qu'elle a fait un
″ mensonge, & qu'elle a agi contre la bonne foi
″ qu'on doit garder, en guerre même, envers ses
″ ennemis, en invitant Sizara d'entrer dans sa tente,
″ & en l'exhortant de ne rien craindre. Elle a vio-
″ lé les droits de l'hospitalité pour tromper son ennemi;
″ ce qui n'est jamais permis, l'hospitalité ayant tou-
″ jours passé pour une chose sainte & inviolable. Il
″ paroît d'ailleurs qu'Heber & Jabin étoient alliés,
″ & on ne voit point que Sizara ait rien fait contre
″ cette alliance ″. (*Juges.* c. 5. ℣. 14.)

Il y a plusieurs autres traits de cette nature dans les livres de l'ancien Testament; ce qui avoit engagé les Manichéens à le rejetter avec mépris (1).

L'Ecclésiaste a été un sujet de scandale pour les Déistes : ils se sont imaginés qu'il étoit clair pour tout homme qui pourroit s'élever au-dessus des préjugés, que ce Livre avoit été composé pour prouver que l'homme ne doit chercher qu'à mener une vie tranquille en ce monde ; que l'avenir ne doit point l'inquiéter, parce que tout meurt avec le corps. C'est ce qui se prouve par ces passages : (*ch.* 3. ℣. 12 & 18 :) " J'ai reconnu qu'il n'y avoit rien
" de meilleur que de faire du bien pendant sa vie.
" J'ai dit en moi-même touchant les enfants des hom-
" mes, que Dieu les éprouve, & qu'il fait voir
" qu'ils sont semblables aux bêtes. C'est pourquoi
" les hommes meurent comme les bêtes, & leur
" sort est égal. De même que l'homme meurt, les
" bêtes meurent aussi : les uns & les autres respi-
" rent de même ; l'homme n'a rien de plus que la
" bête. Tout est soumis à la vanité, & tout tend
" à un même lieu. Ils ont tous été tirés de la terre,
" & ils retourneront dans la terre ; qui connoît si
" l'ame des enfants d'Adam monte en-haut, & si
" l'ame des bêtes descend en-bas ?...... J'ai recon-
" nu qu'il n'y a rien de meilleur à l'homme, que de
" se réjouir dans ses œuvres ; que c'est-là son par-
" tage : car qui est-ce qui le ramenera pour con-
" noître ce qui doit se passer après lui ? (*ibid. ch.* 8.
" ℣. 14.) J'ai cru que le bien qu'on pouvoit avoir
" sous le soleil, étoit de manger, de boire & de
" se réjouir, & que l'homme n'emportoit que cela
" avec lui de tout le travail qu'il avoit eu dans sa
" vie, pendant les jours que Dieu lui avoit don-
" nés sous le soleil ".

---

(1) Aug. contre Fauste, *l.* 22. *t.* 8. *p.* 363 & 364.

Enfin, dans le verset 5 du ch. 9, il est décidé positivement que les morts ne connoissent plus rien, qu'ils ne sont point récompensés, & que leur mémoire est ensevelie dans l'oubli; cependant c'eût été bien-là l'occasion de s'expliquer sur l'immortalité de l'ame, si l'Auteur avoit eu quelque connoissance de cette doctrine. Il est vrai que, sur la fin de cet Ouvrage, il dit que la poussiere rentrera dans la terre d'où elle a été tirée, & que l'esprit retournera à Dieu qui l'a donné. Mais ce *Rovah*, ou cet esprit, est ce qui est appellé ailleurs, (*Gen. ch.* 8. ⅴ. 7.) *spiraculum vitæ*, & il signifie, pour l'ordinaire, quelque chose de corporel. Une preuve que l'Auteur de l'Ecclésiaste n'a pas entendu par-là *une subsistance spirituelle & immortelle*, c'est qu'il se sert du même terme lorsqu'il parle de l'ame des bêtes, (*ch.* 3. ⅴ. 9.) Ces expressions favoriseroient plutôt les Spinosistes que les Orthodoxes.

Le Cantique des Cantiques est si scandaleux, du moins en apparence, que les Interpretes avouent (1) qu'il y auroit de la témérité à vouloir tout expliquer à la lettre. Théodore de Mopsueste, &, dans ces derniers siecles, Castalion, en ont parlé comme d'un Ouvrage licencieux, qui n'étoit capable que de corrompre les mœurs. Depuis peu M. Whiston (2) a entrepris de prouver que le Cantique des Cantiques est un Livre rempli de folies, de vanité & de débauches, qui ne doit pas être placé dans le canon.

Grotius qui n'a pas connu d'autre sens que le littéral, a été traité comme un blasphémateur; ce qui a fait dire au P. Calmet, que si Salomon eût voulu donner les leçons que Grotius croit remar-

---

(1) *Voyez* Calmet, Dict. de la Bible.
(2) Mémoires littéraires de la Grande-Bretagne. p. 292. N. 14.

quer dans ce Livre, il faudroit enſévelir le Cantique des Cantiques dans un oubli & dans un ſilence éternel. Ce ſeroit une ſource empoiſonnée qu'il faudroit abſolument fermer. Ce n'eſt pas ſans raiſon que les Juifs en interdiſoient la lecture à ceux qui n'avoient pas atteint l'âge de trente ans. Il y a peu de jeunes imaginations qui ne ſe fuſſent échauffées par les traits ſuivants. (*ch.* 7 ℣. 23. 7. & 8.)

„ Votre nombril, fille du Roi, eſt comme une coupe
„ auſſi ronde que la lune, où il ne manque jamais
„ de liqueur. Votre ventre eſt comme un monceau
„ de froment tout environné de lys ; vos deux tet-
„ tons ſont comme deux jumeaux de la femelle.
„ Votre tête eſt ſemblable à celle du palmier, &
„ vos tettons reſſemblent à des grappes de raiſin.
„ J'ai dit, je monterai ſur le palmier, j'en prendrai les
„ feuilles, & vos tettons ſeront comme des grappes
„ de raiſin ".

Il y a dans le livre de *Tobie*, des traits ſi romaneſques, qu'ils ſuffiroient pour faire rejetter, comme fabuleux, tout livre où l'on trouveroit les pareils. Sara avoit épouſé ſept hommes, les uns après les autres, & un démon, nommé *Aſmodée*, les avoit tous tués, auſſi-ôt qu'ils s'étoient approchés d'elle, *ch.* 3. ℣ 8. Le jeune Tobie trouve un Ange qui s'offre à lui ſervir de guide, & cet Ange menteur l'aſſure qu'il eſt un des enfants d'Iſraël, qu'il s'appelle *Azarias*, & qu'il eſt fils du grand Ananias, *ch* 5. ℣ 5. La fumée qui ſort du poiſſon que Tobie prend dans le Tigre, chaſſe tous les démons, ſoit d'un homme, ſoit d'une femme, de ſorte qu'ils ne s'en approchent plus, *ch.* 5. *v.* 8.

Le démon Aſmodée eſt ſaiſi par l'Ange Raphaël, qui l'enchaîne dans les déſerts de la haute Egypte, *ch.* 8. *v.* 3.

Le livre de *Judith* eſt plus capable de faire commettre de grands crimes, que d'inſpirer de la vertu. On eſt très-embarraſſé à fixer le temps où cette héroïne a vécu. Il est dit, dans le 30e. verset du 11e. chapitre, qu'elle vécut 150 ans, & que tant qu'elle fut au monde, & plusieurs années après, il ne se trouva personne qui troublât Israël. Or on ne trouve point, dans les derniers siecles du Royaume de Juda, aucun temps de tranquillité assez long pour pouvoir placer l'évenement du siege du Béthulie. Le P. Calmet n'a d'autre expédient que de donner à Judith 60 ou 65 ans, lorsqu'elle tua Holopherne; cependant elle est représentée dans l'histoire comme étant alors d'une très-grande beauté. Prideaux avoue qu'il est dans l'impuissance d'éclaircir cette difficulté, *ch. I. p. 73.*

L'Auteur de la défense des sentimens sur l'histoire critique (*lettre* 10, *p.* 149.), penche à croire que le livre d'*Esther* est une histoire feinte, ou un roman spirituel. Cet Auteur a réuni tous les traits qui peuvent confirmer cette idée. Le 22e. verset du premier chapitre de ce livre a quelque chose de comique. On y lit qu'Assuérus envoya des lettres par toutes les Provinces de son Empire, pour ordonner que les maris eussent tout pouvoir & toute autorité dans leur maison.

L'édit contre les Juifs n'a aucune vraisemblance. Si l'intention d'Aman étoit de faire périr les Juifs, comme on le suppose, on ne pouvoit pas s'y prendre plus mal, qu'en leur donnant du temps, & en les avertissant qu'ils devoient chercher leur sureté dans la fuite. Le 14e. verset du dernier Chapitre, qui, à la vérité, n'est qu'en grec, fait tenir un discours très-peu convenable à la dignité d'un aussi-grand Prince que le Roi de Perse. On y fait dire à Assuérus, qu'Aman, qui, après avoir tué les Juifs, a ôté ce secours aux Perses, avoit dessein de s'emparer du Royaume, & de le livrer aux Macédoniens. Il est aisé de reconnoître, à ces traits, la vanité des Juifs, qui vouloient passer pour avoir été les soutiens de l'Empire Perſan. Les Macédoniens jouoient un aſſez petit rôle dans ce temps-là; ce qui a obligé le P. Calmet d'avouer, à cette occaſion, que l'Auteur du livre d'Eſther faiſoit parler au Roi Artaxerus, ou Aſſuérus, un langage qui ne convenoit pas au temps où vivoit ce Prince.

Si l'on en croit les ennemis de la révélation, le nouveau Teſtament, quoique beaucoup plus parfait que l'ancien, n'eſt pas lui-même exempt de défauts. L'exemple qu'ils en donnent, eſt tiré du plus bel endroit de ce livre : le ſermon ſur la montagne, qui contient le précis de la morale Chrétienne, renferme aſſurément d'excellentes maximes ; il eſt ſeulement fâcheux que la pratique en ſoit impoſſible. Auſſi les Peres ont-ils prouvé, par la conduite même de Jeſus-Chriſt, qu'il ne falloit pas prendre à la lettre ſes diſcours : ils prétendent trouver des conſeils parmi les choſes qu'il ſemble ordonner. (*Voyez le P. Calmet.*) Cependant on ne voit aucune diſtinction dans le texte ſacré, & ces prétendus conſeils ſuivent immédiatement la défenſe de l'adultere & du parjure. Jeſus-Chriſt ne dit rien qui puiſſe faire croire qu'il mette quelque différence entre ſes diverſes inſtructions ; il parle même d'un ton impératif, dans le temps qu'on ſoutient qu'il ſe contente de conſeiller. ,, Vous avez appris, dit S. Mathieu (*ch.* 5. ℣. 38),
,, qu'il a été dit, œil pour œil, & dent pour dent;
,, & moi je vous dis de ne point réſiſter au mal qu'on
,, veut vous faire : mais ſi quelqu'un vous a frappé
,, ſur la joue droite, préſentez-lui encore la gau-
,, che : ſi quelqu'un veut plaider contre vous, pour
,, vous prendre votre robe, quittez-lui encore vo-
,, tre manteau." Que diroit-on d'une loi humaine, qui confondroit l'eſſentiel avec l'arbitraire ? ne la regarderoit-on pas comme indigne d'un légiſlateur ſenſé ? Il y a grande apparence qu'il faut mettre cette diſtinction de *conſeils* & de *préceptes*, ſur le compte

des Interpretes, qui se sont apperçus que l'observance exacte de la morale de Jesus-Christ, n'est ni possible, ni conforme aux intérêts de la société. L'Auteur du sermon sur la montagne ne faisoit point de différence entre les préceptes & conseils, dans le temps qu'il prêchoit ; il y a donc tout lieu de croire, par ce qui précede & ce qui suit, qu'il regardoit la patience sans bornes dans les insultes & les injustices, & le renoncement à la défense légitime de soi-même, comme nécessaires pour plaire à Dieu. Plusieurs sectes Chrétiennes ont pris ce sermon à la lettre ; & dans le dernier siecle, Robert Barclay (*these* 15, *pag.* 638.) a entrepris de prouver dans son *apologie des Trembleurs*, qu'il est clair, comme le jour, que Jesus-Christ a défendu la guerre. Le sens littéral favorise son opinion. C'est en conséquence de cette explication, qu'un Savant, dont parle Bayle (1), s'imaginoit que Jesus-Christ n'avoit pas proposé la Religion comme une chose qui pût convenir à toutes sortes de personnes, mais seulement à un petit nombre de Sages. Il se fondoit sur ce qu'un peuple entier, qui pratiqueroit exactement toutes les loix du Christianisme, seroit incapable de se garantir contre l'invasion de ses ennemis. Cependant l'intention de Dieu n'a pu être qu'une société entiere se privât des moyens humains de se conserver dans l'indépendance des autres peuples. Cet homme donc vouloit persuader que comme la Philosophie des Stoïciens, impraticable pour toutes les sociétés, n'étoit destinée qu'à des ames extraordinaires, l'Evangile aussi n'étoit fait que pour des personnes choisies, supérieures à l'humanité, & capables de se détacher des choses de la terre.

Les Epîtres de S. Paul & de S. Pierre supposent

---

(1) *Pensées diverses.* tom III. pag. 125.

en plusieurs endroits une opinion dont la suite des temps a démontré la fausseté ; elles annoncent que l'*Ante-Chrift* devoit bientôt paroître, & que le monde étoit prêt de sa fin. ,, Nous vous déclarons, dit S. ,, Paul, (*Theff. I. cap.* 4. ℣. 15), comme l'ayant ,, appris du Seigneur, que nous qui vivons, & qui ,, sommes réservés pour son avénement.... car le ,, myftere d'iniquité se forme à préfent (déclare-,, t-il, *Theff. II. cap.* 2. ℣. 7.), & alors se décou-,, vrira l'impie, que le Seigneur Jefus détruira par ,, le fouffle de fa bouche ''. S. Pierre parle de mê-me, S. Jean eft d'accord avec eux. ,, Meres, pe-,, tits enfans ! c'eft ici la derniere heure, dit-il dans ,, fa premiere Epître, *ch.* 2. ℣. 18 ; & comme vous ,, avez oui dire que l'Ante-Chrift doit venir, il y a ,, dès maintenant plufieurs Ante-Chrifts, ce qui nous ,, fait connoître que nous fommes à la derniere ,, heure ''.

C'eft d'après ces paffages, que le P. Calmet re-marque (1) que les Apôtres S. Pierre & S. Paul fe font expliqués comme fi la fin du monde étoit toute prochaine. L'Evangile favorifoit auffi cette opinion ; car la défolation de Jérufalem & la fin du monde font annoncées dans S. Luc, *ch.* 21, comme devant fe fuivre de près. Jefus-Chrift affure que la génération qu'il voyoit, ne finiroit point que toutes ces cho-fes ne fuffent accomplies. Après cela, il ne faut pas être furpris que les premiers Peres de l'Eglife ayent cru être près de la fin du monde. On fut dans cette opinion jufqu'à la fin du 4e. fiecle (2).

Il y a une grande différence entre les fentimens de refpect que les Mahométans ont pour leur Al-

---

(1) Differtation fur l'Ante-Chrift, *Tom. VIII. art.* 4. pag. 356.
(2) *Voyez* Lactance. *L. VIII. c.* 25. *p.* 726.

coran, & ceux des Chrétiens pour l'Ecriture. On ne peut pas porter plus loin la vénération que les sectateurs de Mahomet témoignent en parlant de l'Alcoran „ C'est, disent-ils, le plus grand des miracles,
„ & tous les hommes ensemble ne sont point capa-
„ bles de rien faire qui en approche; ce qui est
„ d'autant plus admirable, que l'Auteur n'avoit fait
„ aucune étude, ni lu aucun livre. L'Alcoran vaut
„ lui-seul 60 mille miracles (c'est à-peu-près le
„ nombre des versets qu'il contient). La résurrec-
„ tion d'un mort ne prouveroit pas plus la vérité
„ d'une Religion, que la composition de l'Alcoran.
„ Il est si parfait, qu'on doit le regarder comme un
„ Ouvrage incréé (1) ".

Les Chrétiens disent, à la vérité, que leurs livres fondamentaux ont été inspirés par le S. Esprit; mais comment peuvent-ils concilier cette opinion avec les imperfections qu'ils leur attribuent? Dans toute l'Italie & dans tous les pays où l'autorité du Pape est sans bornes, l'Ecriture est regardée comme un livre dangereux pour le plus grand nombre des fideles, & dont il est très-facile d'abuser; en conséquence de cette opinion, il n'est permis de vendre la Bible traduite en langue vulgaire, qu'à ceux qui ont permission de la lire : c'est ce qui est exprimé par la cinquieme regle de l'index, dont voici la traduction (1). „ Etant évident, par l'expérience, que
„ si la Bible traduite en langue vulgaire étoit per-
„ mise indifféremment à tout le monde, la témérité
„ des hommes seroit cause qu'il en arriveroit plus
„ de mal que de bien; nous voulons que l'on s'en
„ rapporte au jugement de l'Evêque, ou de l'In-

---

(1) Voyez *specimen hist. arab.* pag. 191. Emazari *de Alcoran.* pag. 43 & 44.
(2) Starti. 4e. *part. pag.* 5.

,, quifiteur, qui, fur l'avis du Curé, ou du Con-
,, feſſeur, pourront accorder la permiſſion de lire la
,, Bible, traduite par des Auteurs Catholiques en
,, langue vulgaire, à ceux à qui ils jugeront que
,, cette lecture n'apportera aucun dommage ; il fau-
,, dra qu'ils ayent cette permiſſion par écrit : que s'il
,, s'en trouve qui ayent la préſomption de lire ou
,, retenir la Bible ſans cette permiſſion par écrit, on
,, ne les abſoudra point, qu'auparavant ils n'ayent
,, remis leur Bible entre les mains de l'ordinaire ; &
,, quant aux Libraires qui vendront des Bibles en
,, langue vulgaire à ceux qui n'ont pas cette per-
,, miſſion par écrit, ou en quelqu'autre maniere la
,, leur auront miſe entre les mains, ils perdront le
,, prix de leurs livres, que l'Evêque employera à
,, des choſes pieuſes, & ſeront punis d'autres pei-
,, nes arbitraires : les réguliers ne pourront auſſi li-
,, re, ni acheter ces livres, ſans avoir eu la per-
,, miſſion de leurs ſupérieurs ".

Ceux qui ne connoîtroient l'Ecriture que par cette
regle, en auroient, ſans doute, une mauvaiſe idée.
Ces défenſes n'ont été faites, ſelon le P. Simon
(*lettre* 5. *pag.* 183), qu'après une obſervation des
Théologiens, qui aſſuroient que la lecture de la
Bible apporte plus de dommage que d'utilité aux affaires de la Religion. Le Cardinal Ximenès, qui étoit
dans ces principes, diſoit, en voyant la traduction
des Pſeaumes, des Evangiles & des Epîtres, faite
par l'Evêque de Grenade, que ſi l'on traduiſoit à
l'avenir la Bible en langue vulgaire, les ſuites en
ſeroient fatales à la Religion.

C'étoit imiter les Juifs (1), qui défendoient aux
jeunes gens la lecture des premiers Chapitres de la

---

(1) Origene, Homélie I. ſur le Cantique des Cantiques.

Genese, du commencement & de la fin d'Ezéchiel & du Cantique des Cantiques. On a tâché d'introduire en France ces principes Ultramontains. Plusieurs zélés Catholiques voyoient avec chagrin, que les simples, après une lecture superficielle des Ecritures, prenoient part aux querelles des théologiens, & se déclaroient pour les nouveaux sentimens. Le Cardinal du Perron se signala plus que personne contre la lecture de l'Ecriture (1); il prétendit „ qu'elle étoit „ un couteau à deux tranchants dans la main des sim- „ ples, qui les pourroit percer; que pour éviter „ cela, il valoit mieux que le simple peuple l'ouît „ de la bouche de l'Eglise, avec les solutions & les „ interprétations des passages, qui semblent aux sens „ être pleins d'absurdités & de contradictions, que „ de les lire par soi, sans l'aide d'aucune solution „ ni interprétation ". Il faisoit ensuite une longue énumération de ces absurdités, en termes si peu ménagés, que le Ministre Jurieu ne craint point de dire qu'il ne se souvient pas d'avoir jamais rien lu de si effroyable, ni de si scandaleux, dans un Auteur Chrétien.

Un autre Auteur Catholique, approuvé par le Cardinal Osius, a assuré que, sans l'autorité de l'Eglise, il n'auroit pas une plus grande vénération pour la Bible que pour les fables d'Esope (2).

La constitution *Unigenitus* a redoublé la dispute sur la lecture de l'Ecriture sainte. L'Auteur *des Anecdotes* (tom. I. p. 191.) nous apprend que, lorsqu'on travailloit à l'instruction qui a paru sous le nom des 40 Evêques, le Cardinal de Rohan, qui faisoit le rapport, exposa une tradition depuis S. Irénée jusqu'aux Docteurs des derniers temps, pour montrer

---

(1) *Voyez* l'esprit de M. Arnaud. *t. II. p.* 119.
(2) Pensées libres sur la Religion. *p.* 191.

que la lecture de la Bible est très-dangereuse. Le Cardinal de Noailles, qui étoit présent à l'assemblée, représenta que ce seroit soulever les fideles que d'appuyer si fort sur la prohibition de cette lecture; mais le Cardinal de Bissy, dont cette tradition étoit l'Ouvrage, se crut obligé de la défendre, & dit que le public s'étant fort élevé contre les propositions, il en falloit davantage charger la censure, pour le contraindre de s'y soumettre par autorité. Le Cardinal de Noailles se rendit depuis lui-même au sentiment de ses confreres; & voici comment il parle dans le mandement du 2 Août 1729, *p. 49*, fait pour accepter la bulle.

„ Entre les livres de l'Ecriture, il y en a qui, „ dans leurs parties, ou dans leur entier, ne doi-„ vent pas être permis à certaines ames. Saint Jé-„ rôme & Théodoret nous apprennent que c'étoit „ un usage, parmi les Juifs, de ne point permet-„ tre, avant l'âge de 30 ans, la lecture du com-„ mencement de la Genese, du commencement & „ de la fin d'Ezéchiel, & de tout le Cantique des „ Cantiques. Origene, si zélé pour la lecture de l'E-„ criture sainte, donne le même conseil à ceux qui „ ne sont pas encore fermes dans la vertu, & le „ grand S. Basile écrivoit au moine Chilon : Ne né-„ gligez pas les lectures, particuliérement celles du „ nouveau Testament; car la lecture de l'ancien est „ souvent nuisible, non que ce qui y est écrit soit „ nuisible, mais parce que l'esprit de ceux qui le „ lisent est foible „.'

Les Protestants n'ont pas eux-mêmes pour l'Ecriture tout le respect qu'ils devroient avoir. Le Ministre Jurieu, qui, comme nous venons de voir, a invectivé si vivement comme le Cardinal du Perron, essuya les mêmes reproches de la part des Catholiques. Ecoutons Papin dans son *Traité de la nature &*

de la grace (1). ,, Je vis ce même Miniſtre enſeigner
,, au public que tous les caracteres de l'Ecriture ſain-
,, te, ſur leſquels ces prétendus réformateurs avoient
,, fondé leur perſuaſion de ſa divinité, ne lui pa-
,, roiſſent point ſuffiſants. Jà n'advienne, dit-il, que
,, je veuille diminuer la force & la lumiere des ca-
,, racteres de l'Ecriture ; mais j'oſe affirmer qu'il n'y
,, en a pas un qui ne puiſſe être éludé par les pro-
,, fanes. Il n'y en a pas un qui faſſe une preuve,
,, & à quoi on ne puiſſe répondre quelque choſe ;
,, &, conſidérés tout enſemble, quoiqu'ils ayent
,, plus de force que ſéparément, pour faire une dé-
,, monſtration morale, c'eſt-à-dire, une preuve ca-
,, pable de fonder une certitude qui exclue tout dou-
,, te, j'avoue, continue-t-il, que rien ne paroît plus
,, oppoſé à la raiſon, que de dire que les caracte-
,, res par eux-mêmes ſont capables de produire une
,, telle certitude ".

Ceux qui ont réfléchi ſur le ſtyle & ſur l'ordre
des livres ſacrés, en ont parlé comme d'un Ouvrage aſſez mal arrangé ; en ſorte que, ſelon M. Leclerc ,, on trouve à tout moment des obſcurités que
,, toutes les regles de la grammaire ne ſauroient diſſi-
,, per (2). Si l'on entend leurs expreſſions à la ri-
,, gueur, elles forment un ſens abſurde & contraire
,, à leurs ſentiments. Outre la difficulté qui ſe trouve
,, dans leurs expreſſions, il n'eſt pas toujours ſûr
,, de ſuivre l'ordre de leurs raiſonnements, parce
,, qu'ils ont négligé les regles de la rhétorique ; ils
,, paſſent inſenſiblement d'un ſujet à un autre, ſans
,, tranſition, & ils reviennent à leur matiere, ſans
,, en avertir le lecteur. Ils omettent ſouvent la moi-
,, tié d'une comparaiſon, ou d'un raiſonnement, &

---

(1) Les ſuites de la tolérance, *p.* 123.
(2) Sentiments de quelques Théolog. *p.* 15.

„ laiſſent ſuppléer au lecteur attentif bien des cho-
„ ſes qu'ils n'expriment pas ; en un mot, il faut
„ ſouvent deviner, pour comprendre la ſuite de leurs
„ diſcours ".

L'Evêque Taylor penſe de même que M. Leclerc.
„ Il y a, dit-il, des paſſages innombrables dans l'E-
„ criture, qui contiennent ſans doute de très-grands
„ myſteres ; mais ils ſont tellement cachés dans d'é-
„ pais nuages, tellement obſcurcis par des ombres,
„ ſi couverts d'expreſſions impénétrables, ſi enve-
„ loppés dans les allégories & dans les ornements
„ de la rhétorique, ſi profonds par rapport à la ma-
„ tiere, ſi embaraſſants dans la maniere de les an-
„ noncer, qu'ils ſemblent nous être donnés pour eſ-
„ ſayer notre pénétration, & pour nous fournir l'oc-
„ caſion d'exercer la charité & la tolérance, plutôt
„ que pour être les objets de notre foi, & remplir
„ nos confeſſions ".

M. Simon eſt d'accord avec ſon adverſaire ſur les
défauts de l'Ecriture. „ Je doute, dit-il (1), qu'on
„ puiſſe attribuer à Moïſe, ou aux Ecrivains publics
„ qui étoient de ſon temps, le peu d'ordre qui ſe
„ trouve en quelques endroits du Pentateuque ".
C'eſt ce déſordre qui lui a fait imaginer le ſyſtême
des rouleaux, qu'il a cru avoir été dérangés.

Je n'examine point ſi ces obſervations ſont vraies ;
mais il eſt difficile de concevoir comment des Ouvrages auſſi défectueux peuvent être dignes de l'être
ſouverainement parfait dont il ſemble que toutes les
œuvres doivent être marquées au coin de la perfection. Que dirions-nous d'un Prince qui rendroit
des arrêts obſcurs & confus ? Pourrions-nous nous
empêcher de penſer que ce Prince manque d'habile-
té, & qu'il y a des fautes eſſentielles dans ſa loi ?

---

(1) Hiſtoire critique. p. 35.

CHAPITRE XII.

Comment on peut concilier la nécessité d'une Religion révélée, avec l'ignorance de la plupart des hommes, & leur peu de capacité.

LA difficulté dont nous demandons l'éclaircissement dans ce chapitre, intéresse toutes les Religions révélées, & elle mérite d'autant plus d'être éclaircie, qu'elle paroît fondée sur des propositions qui ne doivent pas être contestées.

C'est un principe constant, & avoué dans toutes les sectes, que la Religion est faite pour tous les hommes, & qu'elle entre dans les devoirs généraux qui obligent tous les particuliers. De-là il résulte qu'elle doit avoir des signes & des caracteres d'évidence qui fassent impression sur tous ceux qui employent de bonne foi leur attention pour la connoître; autrement, ceux à qui Dieu auroit refusé la capacité de sentir la force de ses preuves, ne seroient pas plus obligés de l'admettre, que les insensés & les stupides.

Ceux qui ont traité cette matiere, ont supposé ce principe comme un axiôme incontestable. „ Il „ n'y a personne, dit M. Nicole (1), qui ne puisse „ & qui ne doive être convaincu par les lumieres „ communes de la Religion, & par celles du sens „ commun, des vérités suivantes; qu'il est certain „ que Dieu veut sauver tous les hommes, & même „ les plus ignorants & les plus simples; qu'il ne

---

(1) Préface des préjugés légitimes.

„ leur offre néanmoins à tous aucune voie que celle
„ de la vraie Religion ; qu'il faut donc qu'il soit non-
„ feulement poffible, mais aifé de la reconnoître.

„ Tout chemin, dit-il ailleurs, qui ne pourra
„ conduire, ni les fimples, ni les ignorants, à la
„ foi, n'y pourra conduire perfonne, puifque le
„ caractere, & la marque de cet unique chemin,
„ doit être d'y conduire tout le monde ".

Enfin, il foutient, dans le livre des prétendus Réformés convaincus de fchifme „ que toute fociété qui
„ ne fauroit conduire à la foi les pauvres & les
„ ignorants, ne peut être la vraie Eglife ; & ce prin-
„ cipe eft fi clair & fi certain, continue-t-il, qu'il
„ n'eft pas contefté par les Miniftres ".

M. Claude s'en fert lui même pour donner à
ceux de fon parti une affurance raifonnable de la
juftice de leur caufe. „ Dieu, dit-il, n'a point rendu
„ fon falut inacceffible aux ames des plus fimples:
„ le fameux Burnet, Evêque de Salisbury, avouoit
„ à Rocheſter (1), que le principe néceſſaire pour
„ la correction du genre humain, devoit être facile
„ & à la portée du genre humain ".

M. Ofterwald déclare (2) que, comme de toutes
les vérités, il n'y en a point qui foient d'une plus
grande conféquence que celles de la Religion, il
faut que les preuves de ces vérités foient fimples,
évidentes, & à la portée de tous les hommes. On
parle de même à Rome. Le favant Pere Marati fait
voir (3) dans fa *réfutation de l'Alcoran*, imprimée dans
cette Capitale du monde chrétien, qu'on ne feroit
pas obligé d'embraffer une Religion, dont les preuves

_____

(1) Mémoires concernant la vie de Mylord Rocheſter.
p. 20.
(2) Traité des fources de la corruption. p. 17.
(3) *Præmium Pradonii.* p. 2.

ves ne feroient pas évidentes. Voilà donc un principe dont on convient dans toutes les sectes; il faut fans doute qu'il foit d'une grande évidence, pour avoir eu le confentement des Théologiens des diverfes créances.

Ce principe pofé, on peut faire ce raifonnement, dont toutes les propofitions paroiffent être fufceptibles de démonftration.

Une Réligion, dont les preuves ne font point à la portée de tous les hommes raifonnables, ne peut être la Religion établie de Dieu pour les fimples & pour les ignorants; or il n'y a aucune Religion, de toutes celles qui fe prétendent révélées, dont les preuves foient à la portée de tous les hommes; donc aucune des Religions qui prétendent être révélées, ne peut être la Religion établie de Dieu pour les fimples & pour les ignorants.

La conféquence de cet argument eft bien tirée: la premiere propofition n'eft point conteftée. Il ne s'agit donc que de la feconde, qu'il eft très-facile de prouver, pour peu que l'on faffe attention, 1°. à la difficulté qui accompagne toujours les difcuffions de Religion; 2°. à la foibleffe de l'efprit humain; 3°. à la multiplicité des befoins & des affaires qui afferviffent la plupart des hommes: mais, pour entrer dans un plus grand détail, il faut obferver que les preuves des Religions révélées contiennent des faits, dont la difcuffion demandant de longs examens, & renfermant de grandes difficultés, eft par conféquent peu à la portée du commun des hommes.

En effet, toutes les Religions ont pour fondement des prophéties & des miracles, qui font ou confervés par la tradition, ou recueillis par d'anciens livres écrits en une langue inconnue, non-feulement au peuple, mais même à un grand nombre de perfonnes qui d'ailleurs ont l'efprit cultivé.

On ne peut pas juger de l'argument tiré des prophéties, qu'on ne foit en état de s'assurer, 1°. du temps où vivoit le Prophete, pour savoir si la prophétie n'est pas postérieure à l'événement; 2°. du véritable sens du passage que renferme la prophétie, ce qui suppose la connoissance de la langue originale du livre prophétique. 3°. Il est nécessaire de savoir dans quelles circonstances s'est trouvé le Prophete, afin d'être certain qu'il n'a pas pu conjecturer ce qu'il a prédit. 4°. Il faudra comparer la prophétie avec d'autres prédictions, que des hasards heureux ont pu vérifier.

Les miracles ont ordinairement pour garants des livres dont la vérité ne peut se prouver sans le secours de l'histoire. 1°. Il faut examiner le siecle des historiens qui les rapportent; 2°. il faut s'assurer de l'authenticité de leurs livres & de la sincérité de leurs témoignages; 3°. il sera nécessaire de s'assurer si les miracles dont ils parlent, ne sont pas l'effet de la fourberie, ou s'ils ne peuvent pas avoir des causes physiques pour base. Mais comment un homme peu instruit pourra-t-il se convaincre que ces livres ne sont pas l'ouvrage de l'imposture, tandis qu'il est certain que le genre humain est partagé en différentes sectes qui produisent toutes, en faveur de leurs opinions, des livres qu'elles prétendent également inspirés? Ce n'est que par un très-grand travail qu'on peut discerner le différent mérite de ces Ouvrages; il est contre l'expérience & contre la raison, d'imaginer que tous les hommes puissent faire toutes les recherches nécessaires pour parvenir à ce discernement. Le salut dépendra donc de la science & d'une question de critique.

Quant aux preuves tirées de la tradition, un peu de sagacité suffit pour en connoître l'incertitude: mais ce n'est qu'après des études profondes & de sérieuses réflexions, qu'on peut déterminer le degré de croyance qu'elle peut mériter.

Il ne suffira pas d'avoir examiné une seule Religion : il y a dans le monde une infinité de sectes qui se vantent toutes de tirer leur origine du Ciel. Elles se fondent toutes sur le même genre de preuves. Pour donner avec connoissance de cause, la préférence à l'une d'entre elles, il faudra les comparer, & juger quelle est la mieux fondée.

Seroit-il possible que la plupart des hommes, dans le sein de l'ignorance qui les aveugle, & de la misère qui les accable, s'érigeassent, pour ainsi dire, un tribunal, où ils fissent comparoître toutes les Sectes de l'univers, & où, après avoir examiné à loisir leurs titres & leurs prétentions, ils prononçassent un jugement équitable? Cette impossibilité de l'examen pour les simples, a été reconnue & démontrée par les plus fameux Auteurs. ,, Comment est-ce que les simples, dit
,, le P. Mallebranche, *Entretien* 13. p. 199. peuvent
,, être certains que les quatre Evangiles que nous
,, avons, ont une autorité infaillible? Les ignorants
,, n'ont aucune preuve qu'ils soient des Auteurs dont
,, ils portent les noms, & qu'ils n'ont point été corrom-
,, pus dans les choses essentielles. Je ne sais, continue-
,, t-il, si les Savants en ont des preuves bien sûres: mais
,, quand nous serions certains que l'Evangile de S. Ma-
,, thieu, par exemple, est de cet Apôtre, & qu'il est
,, tel aujourd'hui qu'il l'a composé; si nous n'avons
,, point d'autorité infaillible qui nous apprenne que
,, cet Evangile ait été inspiré, nous ne pouvons pas
,, appuyer notre foi sur ses paroles comme sur celle de
,, Dieu même. Il y en a qui prétendent que la divinité
,, des Livres saints est si sensible, qu'on ne peut pas
,, les lire sans s'en appercevoir; mais sur quoi cette
,, prétention est-elle appuyée? il faut autre chose que
,, des soupçons & des préjugés, pour leur attribuer l'in-
,, faillibilité ".

M. Nicole a fait les mêmes aveux. ,, Qu'y a-t-il, ce
,, sont ses termes, qui soit plus évidemment au-dessus

,, de l'esprit & de la lumiere du commun du monde, &
,, particuliérement des simples & des ignorants, que de
,, discerner, entre tant de dogmes contestés parmi les
,, Chrétiens, ceux qu'il faut suivre & ceux qu'il faut
,, rejetter? Que sera-ce donc, quand il s'agit de les déci-
,, der tous, & de faire choix d'une religion sur la
,, comparaison de toutes les Sectes Chrétiennes"?

M. Nicole croyoit confondre par cet argument tous
ceux qui s'étoient séparés de l'Eglise Romaine. ,, L'exa-
,, men, disoit-il, est impossible à la plupart des Chré-
,, tiens; donc il ne les oblige pas: mais s'il a servi
,, l'Eglise Catholique, n'a-t-il pas nui au Christianis-
,, me? car il est aussi difficile aux simples de décider
,, quelle est la meilleure de toutes les Religions, que
,, de prendre partie entre les diverses Sectes Chré-
,, tiennes." Ce sont les principes de M. Nicole
qui ont fait dire au Ministre Jurieu (1), que s'il vouloit faire un ouvrage pour détruire le Christianisme,
le Livre de M. Nicole en seroit la premiere partie.

Cependant cet excellent homme ne s'est attiré ce
reproche, qu'en avançant la proposition la plus claire
& la plus incontestable. ,, Voilà le secret, avoit-il dit,
,, que les Calvinistes ont trouvé pour instruire les
,, hommes de la foi (c'est l'examen dont il parle); voilà
,, le chemin qu'ils leur proposent & auquel ils veulent
,, les engager; c'est-à-dire, un chemin qui non-seule-
,, ment est interrompu par des obstacles & par des bar-
,, rieres insurmontables, mais qui est d'une longueur
,, si peu propotionnée à l'esprit de l'homme, qu'il est
,, évident que ce ne peut être celui que Dieu a choisi
,, pour les instruire des vérités par lesquelles il veut
,, les conduire au salut: car si ceux même qui font
,, profession de passer toute leur vie dans l'étude de la
,, Théologie, doivent juger cet examen au-dessus de

---

(1) Système de l'Eglise. *p.* 448.

,, leurs forces, que sera-ce de ceux qui sont obligés
,, de donner la plus grande partie de leur temps à
,, d'autres occupations ? Que sera-ce des juges, des ma-
,, giſtrats, des laboureurs, des ſoldats, des femmes &
,, des enfants, qui ont encore le jugement foible ? Que
,, ſera-ce de ceux qui n'entendent même aucune des
,, langues dans leſquelles la Bible ſe trouve traduite ?
,, Que ſera-ce des aveugles qui ne ſauroient lire ?
,, Que ſera-ce de ceux qui n'ont aucune lumiere,
,, aucune ouverture d'eſprit ? Comment ces gens-là
,, pourront-ils examiner tous les points" ? Donc il eſt
évident que la diſcuſſion eſt néceſſaire pour ſe déterminer raiſonnablement. Voyez auſſi les *Viſionnaires*,
lettre 10, p. 109.

En effet, ſelon le calcul de M. Papin, (dans *l'autorité de l'Egliſe établie*, p. 161.) qui pourroit bien être
vrai, à peine y a t-il une perſonne entre cent mille,
qui puiſſe ſuivre la voie du raiſonnement & de l'examen. C'eſt un dogme ſi inconteſtable chez les Catholiques, que l'examen eſt au-deſſus de la portée des ſimples, qu'on le trouve établi & démontré dans des ca-
téchiſmes qui ſont faits pour être mis entre les mains
de tout le monde (1).

Les Proteſtants n'ont pas cherché à répondre aux
arguments des Catholiques à ce ſujet, ils ont ſeulement uſé de récrimination, en démontrant qu'on eſt
expoſé, dans la communion Romaine, à toutes les
mêmes difficultés. M. Jurieu, qui a ſi vivement attaqué M. Nicole, pour avoir démontré que les ſimples
étoient incapables d'examen, l'a lui-même prouvé parfaitement ; tant il eſt vrai qu'il faut ſe contraindre né-
ceſſairement, lorſqu'on s'éloigne de ce point où réſide
uniquement la vérité (2).

―――――――――――――――――――――――――

(1) Catéchiſme de Montpellier, *part*. 2. *l*. 2. *ch*. 2.
ſect. 2.
(2) Syſtême de l'Egliſe. ch. 14. p. 339.

„ Devant que les simples Chrétiens, dit-il, puissent croire sans témérité que l'Eglise qui leur parle est infaillible, il faut qu'ils soient assurés 1. que la Religion & l'Eglise sont véritables; 2. que cette véritable Eglise a reçu le privilege de l'infaillibilité; 3. que l'Eglise Romaine, ou toute autre, est la véritable Eglise, à l'exclusion des autres: & quand nos simples seroient sortis de ce labyrinthe, ce ne seroit pas fait; il faudroit encore qu'ils rentrassent dans un autre: avant de se reposer sur l'autorité de l'Eglise Chrétienne, il faut qu'ils soient assurés que Dieu lui a donné le privilege de l'infaillibilité ".

Les Catholiques croyent se tirer de cette difficulté, en ordonnant de se soumettre à l'autorité. „ L'exclusion de l'examen que veut M. Nicole (1), nous conduit d'elle-même à la voie de l'autorité; puisque tout homme, qui est obligé de savoir la vérité de quelque chose, & qui ne la peut apprendre par lui-même, la doit nécessairement apprendre d'autrui : & dans cette nécessité, il est encore clair que le meilleur usage qu'on puisse faire de sa raison, est de se soumettre à la plus grande autorité qui soit dans le monde, & qui a le plus de marques d'être assistée des lumieres de Dieu ".

Il n'est pas nécessaire de concevoir qu'un aussi bon esprit ait raisonné ainsi, pour s'appercevoir de l'absurdité de ce raisonnement. Tandis que M. Nicole interdit aux simples l'examen, il leur permet en même-temps de juger, sur le plus frivole motif, & le plus propre à induire à erreur, la plus difficile de toutes les questions, savoir, quelle est la société qui a le plus de marques de lumiere & de vérité. Il paroît qu'il auroit été beaucoup plus naturel de dire que les simples

---

(1) Prétendus Réformés convaincus de schisme, ch. II.

ne font point capables d'examen ; donc un Dieu fage & bon ne peut exiger d'eux qu'ils prennent parti fur des matieres qui font au-deſſus de leur capacité, parce qu'ils ne pourroient fe déterminer qu'au hafard, & en contredifant cette loi éternelle, qui défend de juger lorfqu'on n'eſt pas aſſez inſtruit, pour ne pas craindre de tomber dans l'erreur. En conféquence du principe de M. Nicole, un Péruvien aura raifon de s'obſtiner à conferver la Religion de Mancocapac ; un Indien, celle de Brama ; & un Egyptien, celle d'Hermès.

L'examen du feul article de l'autorité, demande prefque autant de connoiſſance que celui de tous les autres. M. Jurieu l'a bien prouvé ; mais ce qu'il a démontré, c'eſt que les fimples ne font point en état de fe déterminer fur cette queſtion avec connoiſſance de caufe. ,, Je demande, ce font fes paroles, fi pour
,, s'inſtruire de ce feul article, *l'Egliſe eſt infaillible*,
,, il ne faut pas favoir auſſi, 1. fi le livre, d'où on
,, tire ce paſſage, eſt canonique & divin ? 2. s'il
,, eſt conforme à l'original ? 3. S'il n'y a pas quelque
,, maniere de lire, qui affoibliſſe la preuve ? 4. Si le
,, paſſage ne peut pas avoir d'autre fens ?

,, Le premier article emporte & entraîne après
,, foi, non-feulement l'examen de la controverſe
,, des livres canoniques & apocryphes, telle qu'elle
,, eſt agitée parmi les Chrétiens ; mais il faudra que
,, le cathécumene, qui ne connoît pas encore l'Egliſe,
,, & qui la cherche par l'Ecriture, en difpute avec
,, les Payens & avec les Athées.

,, Pour vuider le fecond article, il faudra qu'il
,, apprenne les langues originales, ou qu'il confulte
,, grand nombre de Savants ; ce qui fera long, & ne
,, fera peut-être pas encore fort fûr.

,, Pour s'aſſurer fur le troiſieme article, il faudra
,, examiner les ouvrages des Critiques, & tout ce
,, qu'on appelle obfervations fur les variantes leçons.

„ Pour s'éclaircir fur le quatrieme article, il fau-
„ dra lire les commentateurs, les anciens & les mo-
„ dernes, pefer les divers fens, voir les difficultés,
„ les objections & les réponfes de part & d'autre;
„ car on ne fe peut jamais affurer de ne s'être point
„ trompé, que lorfqu'on peut fe rendre témoignage
„ de n'avoir rien oublié.

„ Venons maintenant à la mineure de l'argu-
„ ment : or l'Eglife Romaine eft cette Eglife unique,
„ vifible, fucceffive; voilà bien encore une autre
„ difficulté. Il faudra que ce Payen, qui ne fait ni
„ lire, ni écrire, écoute pourtant les démêlés qui
„ font fur ce fujet entre les Grecs & les Latins, les
„ Neftoriens & les Arméniens ; car de juger fur une
„ auffi grande affaire, fans avoir oui les raifons des
„ parties, c'eft la derniere de toutes les témérités.
„ Le concile des payfans & des femmes fe trouvera
„ alors auffi embarraffé qu'il l'étoit, à décider par
„ l'Ecriture les cinq points de controverfe; car il
„ faudra que ces payfans apprennent le Grec & le
„ Latin, qu'ils fe donnent la peine de lire une in-
„ finité de livres. Ainfi on a beau faire ; il faut tou-
„ jours revenir à l'examen, dès qu'on impofera la
„ néceffité de croire des faits ".

Les deux partis fe font tous deux reproché que leurs principes conduifoient au Pyrrhonifme.

Otez la voie d'autorité, difoit M. Papin (1), vous expofez les Chrétiens à tomber dans le pyrrhonifme fur tous les articles de foi. » Si M. Nicole pouvoit une fois
„ perfuader le monde qu'il eft impoffible de trouver la
„ vérité par la voie de l'examen, comme il y travaille de
„ toute fa force, il verroit bientôt, dit M. de la Placette
„ (1), qu'il n'a travaillé qu'à établir le Pyrrhonifme! "

---

(1) Les fuites de la Tolérance. p. 119.
(2) Bayle, Dict. art. Péliffon, note D.

Peut-être que dans cette occasion les Catholiques & les Réformés ont tous deux raison. Les Catholiques, parce que, si c'est par l'examen seul qu'on peut s'assurer des faits & des dogmes qui fondent & qui appartiennent à la Religion, le plus grand nombre des hommes fera beaucoup mieux de suspendre sa décision, que d'entreprendre une carriere dont il leur est impossible de sortir avec honneur. Le Protestant n'a pourtant pas tort d'accuser l'Eglise Romaine de conduire au Pyrronisme, puisque la voie d'autorité mene à celle de l'examen; car, comme l'a remarqué très-sensément M. Bayle, un homme qui veut s'assurer légitimement qu'il se doit soumettre à l'autorité de l'Eglise, est obligé de savoir que l'Ecriture le lui ordonne : ainsi le voilà exposé à bien des discussions; & il faut outre cela qu'il sache si la doctrine des Peres, & celle de tous les siecles du Christianisme, est conforme à la soumission qu'il faut avoir. Il sera bien infatigable, s'il n'aime pas mieux douter de tout, que de s'engager à chercher toutes ces choses; & il sera bien subtil, s'il rencontre enfin la lumiere. C'est donc une voie de Phyrrhonisme. Tant que M. Nicole & M. Jurieu ne font qu'attaquer, ils tromphent; l'impossibilité de l'examen est clairement démontrée par les Catholiques; l'absurdité de la voie d'autorité a été mise dans le plus grand jour par les Protestants, & elle a fait une telle impression sur quelques-uns d'entr'eux, qu'ils n'ont pas fait difficulté de dire, qu'ils renonceroient au Christianisme, s'il falloit absolument suivre la voie d'autorité pour être Chrétiens (1).

Nous laissons aux gens non prévenus, à décider quel est le plus raisonnable, ou de vouloir exiger

---

(1) Papin, de l'autorité de l'Eglise. p. 139.

de tous les hommes une chose aussi impossible que l'examen de fait, sujet à de grandes discussions, ou de leur ordonner de prendre parti sur des matieres graves, sans avoir des motifs suffisants pour se déterminer raisonnablement ; c'est ce que font les Catholiques, dont un des plus célebres Ecrivains a osé dire (1), *que c'étoit une erreur de s'imaginer qu'il falloit toujours examiner avant que de croire.*

Le Ministre Jurieu, qui a senti mieux que personne les embarras de l'examen, a eu recours à un autre systême pour justifier ceux qui croyent sans raison : il a imaginé que Dieu opéroit dans les simples la créance de leur Religion par la voie du sentiment. Il faut l'entendre, & on verra un exemple sensible des extravagances auxquelles porte l'esprit de parti. Il entreprend de prouver que la voie du sentiment conduit à la créance des mysteres. ,, Il y a des véri-
,, tés de foi & de Religion, dit-il (2), qu'on peut
,, connoître par sentiment : pour qu'elle raison est-ce
,, que nous en exclurions les autres vérités révé-
,, lées ? n'ont-elles pas leurs caracteres de vérité ?
,, est-il possible que Dieu nous donne à croire des
,, choses qui n'ont en elles-mêmes aucun motif in-
,, terne de crédibilité, comme on parle ? l'assembla-
,, ge de tous les mysteres n'a-t-il pas des caracte-
,, res de grandeur, de sublimité, de sainteté, de
,, rapport à notre état, à nos desirs, à nos besoins na-
,, turels, qui les rendent sensibles ? Il est vrai qu'en-
,, tre ces mysteres, il y en a quelques-uns qui parois-
,, sent incroyables, un Dieu en trois personnes, un
,, Dieu incarné ; mais quand ces mysteres, qui ef-
,, farouchent l'esprit, sont entrés en société avec les

---

(1) M. Bossuet, Réflexions sur un écrit de M. Claude, après la conférence. p. 215.

(2) Hist. de l'Eglise. p. 470 & 505.

,, autres, & font avec eux un corps, il en résulte
,, un tout qui se fait sentir à tous ceux qui n'ont
,, pas l'ame abymée dans les ténebres des préjugés
,, & des passions : sans cela, la Religion Chrétienne,
,, par la prédication de l'Evangile, n'attireroit per-
,, sonne. Les articles de foi de la Religion Chrétienne
,, prouvent leur suffisance par eux-mêmes, comme
,, ils prouvent leur importance ".

S'il ne s'agissoit que d'établir les premiers principes de la morale, on ne seroit pas surpris d'entendre
dire qu'ils portent avec eux une si grande clarté,
qu'ils n'ont pas besoin de preuves étrangeres; mais
comme il est question de faits arbitraires, de choses
qui révoltent absolument la raison, du péché originel,
d'un Dieu en trois personnes, d'un Dieu crucifié,
c'est tomber dans le délire, que de soutenir que
l'esprit sent naturellement la vérité de ces mysteres,
tandis que la raison nous crie que ce sont des folies. M. Pascal (1) ne s'est pas éloigné du fanatisme
de M. Jurieu, lorsqu'il dit que ceux qui croyent,
sans avoir examiné les preuves de la Religion, ont
une disposition intérieure toute sainte, & que ce
qu'ils entendent dire de la Religion, y est conforme. Il ne doit pas s'agir ici de la morale, qui est
à peu-près semblable dans toutes les Religions. Ce
n'est donc que de ce qu'il y a de difficile à concevoir
dans le Christianisme, que cet homme célebre a prétendu parler. Je ne crois pas qu'on puisse rien dire
de plus absurde, que de soutenir que les mysteres
de la Religion Chrétienne sont conformes à nos dis-
positions intérieures.

M. Osterwald (2), qui est persuadé que la Re-

---

(1) Pensées. *art.* 6.
(1) Traité des sources de la corruption. Premiere
source. *p.* 15.

ligion n'oblige qu'autant que ses preuves sont capables de persuader tous les hommes, a prétendu prouver que les caracteres d'évidence qui se trouvent dans la Religion Chrétienne, sont à la portée de tout le monde. Voici comment il s'y prend pour prouver cette these.

„ Quand, pour prouver qu'il n'y a qu'un Dieu,
„ on allegue, par exemple, l'état & l'ordre dans le-
„ quel le monde subsiste; quand on fait voir que
„ le monde ne peut pas être éternel, que les cho-
„ ses ont eu un commencement; quand on établit
„ la Divinité de l'Ecriture sainte par les prophéties
„ qui y sont contenues, & qui ont été incontesta-
„ blement écrites avant l'événement; quand on prouve
„ la vérité de la Religion Chrétienne par la vérité
„ des faits & de l'histoire, & qu'on montre que
„ si les faits, sur lesquels la Religion est fondée,
„ ne sont pas certains, il ne peut y avoir aucune cer-
„ titude dans le monde à l'égard des choses pas-
„ sées, & que si l'on rejette le témoignage des Apô-
„ tres, il n'y a point de témoins, ni d'historiens,
„ qu'on ne puisse rejetter avec beaucoup plus de
„ fondement; quand on confirme l'histoire sainte par
„ le témoignage des Auteurs profanes, & par les
„ monuments les plus anciens & les moins incon-
„ testables que les siecles passés puissent fournir;
„ quand on fait réflexion sur la maniere dont la Re-
„ ligion de Jesus-Christ s'est établie dans le mon-
„ de, sur le changement qu'elle y a apporté; quand
„ on pese les caracteres de sincérité, de vérité &
„ de divinité, qui se remarquent dans l'Ecriture
„ sainte; enfin quand, en prenant les parties de la
„ Religion en détail, on y fait voir & sentir, que
„ ses dogmes, ses préceptes, ses menaces, n'ont
„ rien d'absurde, de mauvais, d'opposé aux senti-
„ ments naturels, rien qui ne soit avantageux aux
„ hommes & à la société; quand on allegue ces

,, preuves & d'autres, & qu'on fait les propofer
,, d'une maniere claire & judicieufe, il eft conftant
,, qu'elles n'ont rien de difficile; & les raifonnements
,, dont on fe fert, pour faire valoir ces preuves,
,, font pour la plupart fi naturels, fi conformes à
,, nos idées & aux principes du fens commun, qu'il
,, qu'il n'y a guere de gens qui ne puiffent les
,, comprendre, fi ce n'eft parfaitement & dans toute
,, leur étendue, ce qui eft refervé aux plus éclai-
,, rés, du moins fuffifamment pour en fentir la
,, force ".

C'eft fe faire illufion à foi-même que de raifonner ainfi; le bon fens permet-il que l'on accorde la faculté de prononcer fur les matieres les plus difficiles, à ceux qui ne favent ni lire, ni écrire, qui n'ont aucune teinture de l'Ecriture ancienne, tels que font la plupart des hommes ? Comment pourront-ils concevoir qu'Ariftote, & tous ceux qui ont foutenu l'éternité du monde, étoient dans l'erreur ? Peut-on raifonnablement imaginer qu'ils ont affez de critique & de connoiffance pour décider que les Ouvrages attribués aux prophetes, ne font point fuppofés; que les prophéties font expliquées par les Juifs; que les livres où font rapportés les miracles attribués à Jefus-Chrift, font des Auteurs dont ils portent les noms; que ces prodiges font dignes de créance; qu'ils l'emportent fur ceux des autres fectes; que la propagation de l'Evangile a été miraculeufe ? Je crois que, pour peu qu'on ait de bonne foi, on conviendra que le plus grand nombre des hommes n'eft pas capable d'entrer dans ces difcuffions; auffi M. Ofterwald n'a-t-il pas ofé rendre la propofition abfolument générale. Il a avancé feulement qu'il n'y a guere de gens qui ne puiffent comprendre ces raifonnements; mais que deviendront ceux qui fe trouveront dans cette impoffibilité ? Il eft bien aifé de prouver que ce feroit le plus grand nombre : il faudra donc, si l'on veut raisonner conséquemment, les exempter de la nécessité de croire la Religion Chrétienne, & il seroit vrai de dire qu'elle n'obligeroit que très-peu de personnes. Telle est une des idées d'un des derniers Apologistes de cette Religion, qui n'a pas fait difficulté d'avouer que les nations qui n'ont jamais été ni pu être suffisamment éclairées, de même que les particuliers infideles qu'on supposeroit n'avoir pu connoître la vérité du Christianisme, ne seront jamais condamnés, précisément pour ne l'avoir pas embrassé.

M. Forster, qui a réfuté avec applaudissement le fameux livre qui a pour titre, *le Christianisme raisonnable*, n'a pas désespéré de faire voir que les simples mêmes pouvoient se mettre au fait des preuves du Christianisme.

„ Il faut avouer, dit-il, qu'il y a beaucoup plus
„ de difficulté à prouver que les gens qui ne sa-
„ vent pas lire, & qui sont incapables d'examiner par
„ eux-mêmes les preuves de la vérité du Christia-
„ nisme, peuvent cependant s'élever au-dessus d'u-
„ ne foi implicite, fondés sur l'Autorité de leurs
„ Peres, ou de leurs Ecclésiastiques ".

Il est aisé de sentir toutes les absurdités que renferme ce raisonnement : que veut nous faire entendre l'auteur, lorsqu'il dit, *que tous les hommes, sans exception, sont juges compétents de l'excellence propre & intrinseque d'une révélation ?* Ce n'est point, je le répete, de la morale, dont il s'agit ici ; toutes les Religions se ressemblent assez de ce côté-là : il s'agit des mysteres, & des faits très-peu vraisemblables qui les distinguent essentiellement. Croit-il donc que chaque homme soit en état de juger quelle est de toutes les révélations celle dont l'économie est la plus digne de Dieu ? Je ne vois pas comment accommoder cette prétention avec les aveux de tous les Chrétiens, que leurs mysteres sont incompréhensibles, &

qu'un Dieu crucifié est une folie aux yeux de la sagesse humaine.

Comment un simple pourra-t-il se convaincre, sans qu'il lui reste le moindre doute, que celui qu'il a consulté est sincere & impartial ? Une expérience continuelle nous apprend qu'on peut allier une très-grande probité dans les affaires ordinaires de la vie, avec beaucoup de préjugés en matiere de Religion. Il est clair d'ailleurs que les Chrétiens apportent les mêmes préjugés dans l'examen de leur Religion, que les Mahométans & les autres sectaires, lorsqu'ils étudient la leur ; que personne n'agit de bonne foi dans cette étude, parce que le parti est pris avant l'examen. Voilà des faits de notoriété publique. Après cela, tout homme craindra de se tromper. Ne doit-il pas être en garde contre celui qu'il consulte ? Sur quelle raison prononcera-t-il, que ce soit le seul homme exempt de préjugés dans l'Univers ? Comment peut-il être certain que cet oracle n'aura point affoibli les arguments de ceux qui sont dans d'autres idées que les siennes ? Un moyen de se tranquilliser, seroit de consulter les Docteurs des différents partis; aussi bien la raison défend-elle de condamner personne sans l'avoir entendu : mais comment un simple pourra-t-il chercher un Imam, un Rabin, un Bonze, un Brame, un Docteur, & le suivre dans un Dédale de raisonnements dépendants souvent de la connoissance des anciennes histoires & des langues étrangeres ? Les premiers principes ne sont pas plus clairs, qu'il l'est que la plus grande partie des hommes n'est nullement capable d'entrer dans ces discussions. Aussi M. Forster convient-il que les ignorants doivent s'en rapporter à ce qu'on leur dira en matiere de faits, comme s'il n'arrivoit pas tous les jours, que des Théologiens, qui d'ailleurs ont un extérieur de probité, alterent les faits lorsqu'il est question d'autoriser leur cause. De plus, la Religion Chrétienne n'est fondée que sur des faits : ainsi permettre de s'en rapporter sur les faits à son directeur, c'est permettre de se conduire au hasard, dans l'affaire la plus essentielle de la vie. C'est ce que font tous les hommes : c'est le pays, & non la raison, qui décide de leur Religion ; ils prennent presque tous un parti sur les plus importantes questions, non-seulement avant d'être en état de juger, mais, en quelque sorte, avant que de naître, sur la foi de leurs parents.

M. Osterwald (1) en convient de bonne foi. „ C'est „ une chose constante, dit-il que la plupart ne sont „ Chrétiens, que parce qu'ils ont été engagés par „ leur naissance à faire profession du Christianisme : „ mais au reste, ils en connoissent peu la vérité & „ la divinité ; ils seroient tout de même Juifs ou „ Payens, s'ils étoient nés dans le Judaïsme ou dans „ le Paganisme. Ainsi, à proprement parler, on ne „ peut pas dire qu'ils croyent, & qu'ils ayent de „ la foi une persuasion. Croire, c'est être persuadé ; „ & il est impossible de croire une chose, sans raison „ & sans examen. Ce qu'on appelle *foi*, n'est ordi- „ nairement qu'une opinion confuse & générale, qui „ ne fait que de légeres impressions ; mais la véri- „ table foi est plus rare qu'on ne pense ".

M. Nicole (2) n'a pas fait difficulté d'avouer que „ c'est le hasard qui décide de la Religion de pres- „ que tous les hommes : ils embrassent, pour l'or- „ dinaire, les premieres maximes qu'on leur donne, „ & ils ne révoquent jamais en doute celles qu'ils „ ont embrassées ; comme s'ils étoient certains que les „ premieres instructions fussent toujours les vérita- „ bles. C'est ce qui paroit particuliérement dans la „ Religion ; car il n'y a point de témérité égale à
celle

---

(1) Traité des sources de la corruption. p. 9.
(2) Essais de morale. Tom *II*. ch. 11.

,, celle qui porte la plupart des hommes à suivre
,, une Religion plutôt qu'une autre ''.

Cette exception seroit plus sensée, si les Chrétiens ne donnoient la préférence à leur Religion qu'avec connoissance de cause; mais comme l'expérience nous apprend qu'ils croyent à l'Evangile, comme les Mahométans à l'Alcoran, ils seront toujours inexcusables d'avoir cru, sans avoir apporté l'attention nécessaire pour se préserver de l'erreur.

C'est de quoi M. Nicole est forcé de convenir, lorsqu'il avoue (1) qu'il y en a peut-être plusieurs parmi les Chrétiens, qui ne le sont que de la maniere que les Turcs sont Turcs, c'est-à-dire, par la seule impression de l'exemple: tel est le cas dans lequel se trouvent presque tous les Chrétiens.

L'analyse de la foi des simples se réduit chez les Catholiques à l'autorité; mais il est démontré qu'il est incertain pour eux, si cette autorité, qui fait le fondement de leur croyance, mérite leurs respects. Il n'est pas moins clair aussi que le simple Protestant ne peut avoir une conviction de sa foi, puisqu'il n'est pas capable de l'examen qui doit tranquilliser son esprit.

Ceux qui ont voulu éviter ces écueils, ont eu recours à des opérations intérieures de l'esprit, c'est-à-dire que, pour se préserver de l'extravagance, ils sont tombés dans le fanatisme: car, comme dit excellemment M. de Fénélon, Archevêque de Cambray (2), ,, si l'on suppose que la foi vient aux
,, hommes par le cœur seul, sans l'esprit, & par
,, un instinct aveugle de la grace, sans un raisonnable
,, discernement de l'autorité à laquelle on se sou-
,, met pour croire les mysteres, on court risque de

---

(1) Essais de morale. *Tom. II. ch.* 11.
(2) Lettres sur divers sujets.

,, faire du Christianisme, un fanatisme, & des Chré-
,, tiens, des enthousiastes ".
Cependant Barclay (1), l'Apologiste des Trembleurs, a tâché de prouver que ce système doit être celui de tous les Chrétiens : en effet, s'il est impossible que dans les discussions des diverses Religions qui partagent le genre humain, la plupart des hommes prennent parti par la voie de la raison & de l'examen, ils seront obligés de se déterminer par un *mouvement intérieur & aveugle* dont ils ne pourront pas se rendre compte ; or, si ce mouvement aveugle pouvoit suffire dans l'affaire la plus importante de la vie, pourquoi ne suffiroit-il pas dans tout le système de la conduite?

---

(1) Thèse 3 touchant l'Ecriture.

CHAPITRE XIII.

Réflexions sur l'argument, qu'il faut toujours prendre le parti le plus sûr.

L'ARGUMENT que nous examinons dans ce Chapitre, fait le sujet d'un livre qui a pour titre : *Traité de la Religion contre les Athées, les Déistes, & les nouveaux Pyrrhoniens*, où, en supposant leurs principes, on les convainc qu'ils n'ont point d'autre parti à prendre que celui de la Religion Chrétienne.

Une seule pensée de M. Pascal (1) contient l'a-

---

(1) Chap. des Esprits-forts.

brégé de cet Ouvrage. Le Pere Mauduit, qui en est l'auteur, entreprend d'y prouver que, malgré les doutes qui peuvent se former dans l'esprit de l'homme, au sujet de la Religion Chrétienne, il doit la croire véritable, avant même l'éclaircissement de ses doutes. M. de la Bruyere avoit adopté cette même idée (1). ,, La Religion, disoit-il, est vraie, ou fausse;
,, si elle n'est qu'une fiction, voilà, si l'on veut,
,, 60 années perdues pour le solitaire, pour le Char-
,, treux; ils ne courent pas un autre risque : mais
,, si elle est fondée sur la vérité, c'est un épouvan-
,, table malheur pour l'homme vicieux. L'idée seule
,, des maux qu'il se prépare, me trouble l'imagi-
,, nation; la pensée est trop foible pour les conce-
,, voir, & les paroles trop vaines pour les expri-
,, mer ''.

Ce ne sont point les modernes qui ont inventé cet argument; il étoit trop digne des Peres de l'Eglise, pour qu'ils ne l'employassent point : aussi Arnobe s'en est-il servi. *Nonne purior ratio ex duobus incertis & in ambiguâ expectatione pendentibus, id potiùs credere quod aliquas spes ferat, quam quod omninò nullas?* La grande raison du P. Mauduit est que ,, dans le
,, choix des opinions, dont on ne peut savoir cer-
,, tainement si elles sont vraies ou fausses, il faut
,, préférer le parti où il n'y a rien à perdre, en
,, cas qu'il se trouvât faux, & où il y a beaucoup
,, à gagner, s'il est véritable; & l'on doit rejetter,
,, au contraire, celui où il n'y auroit rien à ga-
,, gner, encore qu'il fût vrai, & où il y auroit
,, beaucoup à perdre, si par malheur il se trouvoit
,, faux : or en croyant la Religion Chrétienne, il
,, y a un bonheur à espérer; & quand même elle se-
,, roit fausse, il n'y a rien à craindre ''.

---

(1) Chap. des Esprits-forts.

Un Juif, un Mahométan, peut se servir de ce même argument : on ne l'a imaginé que pour tranquilliser ceux qui croyent sans avoir des motifs suffisants ; mais il n'éblouira que ceux qui ne voudront pas faire de réflexions : en effet, si le Messie n'est pas encore venu, comme les Juifs le prétendent ; si Mahomet a été envoyé du ciel, afin que tous les hommes le respectent, comme le plus grand des Prophetes & l'interprete de volontés divines, ainsi que cela est contenu dans les articles de la foi Mahométane, que deviendront ceux qui ont embrassé la Religion Chrétienne, en conséquence d'un raisonnement si frivole ?

Quoique la maxime de préférer toujours le plus sûr, soit d'un excellent usage, lorsqu'il faut agir & choisir entre différents partis, il n'en est pas de même, lorsqu'il est question de croire ; la raison (1) en est, que notre intérêt ne décide ni pour la vérité ni pour la fausseté des choses : d'ailleurs, il ne dépend pas de la volonté, d'obliger l'esprit de croire, précisément parce qu'il y auroit de l'avantage à n'être point incrédule ; tout homme, qui ne croiroit que par cette seule raison, auroit une foi très-différente de celle qu'exigent toutes les sectes, & il feroit un fort mauvais usage de son esprit : en effet, comme l'a très-bien dit M. Nicole (2), ,, qu'y a-t-il de moins
,, raisonnable, que de prendre notre intérêt pour mo-
,, tif de croire une chose ? Tout ce qu'il peut faire
,, au plus, est de nous porter à considérer avec plus
,, d'attention les raisons qui peuvent nous faire dé-
,, couvrir la vérité de ce que nous desirons être
,, vrai ; mais il n'y a que cette vérité qui doit se trou-

---

(1) *Voyez* la préface de Jacquelot sur l'existence de Dieu.

(2) Logique. 3 *partie. ch.* 19.

,, ver dans la chofe même, indépendamment de nos
,, defirs, qui doive nous perfuader ".

Ce principe eft fi certain, que le pere Mauduit
(*ch.* 19) eft obligé d'en convenir ,, Il eft contraire
,, à la juftice, ce font fes paroles, de croire par
,, intérêt comme certain, ce qui n'eft point encore
,, certain : cet intérêt eft un poids étranger, qui ne
,, fait rien pour prouver la vérité de la chofe ; ainfi
,, quand la volonté fait que l'entendement approuve
,, comme certain ce qui ne l'eft pas à fon égard, c'eft
,, en groffiffant les raifons de croire par ce poids ap-
,, parent qui ne touche point le fond de la quef-
,, tion, ou en empêchant l'efprit de voir les raifons
,, d'incertitude ".

Le Pere Mauduit, qui a bien fenti que ce raifonnement détruifoit fon fyftême, a éludé le fond de
la queftion, en difant qu'il faut croire la Religion
Chrétienne, parce qu'il y a de l'évidence dans les
motifs de crédibilité, quoiqu'il n'y en ait pas dans
l'objet que l'on croit ; mais c'eft vifiblement prendre le change, puifque c'eft commencer à donner
pour certain ce qu'on n'avoit encore regardé que
comme vraifemblable. C'eft donc à tort que l'Auteur
a dit : ,, On a fuppofé par-tout les doutes & les foup-
,, çons des incrédules, & l'on croit avoir démontré
,, invinciblement de leur incertitude même, que, mal-
,, gre toutes les raifons qu'ils ont de douter, ils ne
,, doivent plus douter, parce qu'il leur eft utile de
,, croire ".

C'eft à quoi fe réduit l'argument du Pere Mauduit ;
on croira donc par intérêt, & on fe déterminera par
un poids étranger, qui ne touchera point le fond
de la queftion : fi le P. Mauduit répond qu'ils ne doivent plus douter, parce que la Religion Chrétienne
eft vraie, c'eft fortir de la queftion, & tous les arguments tirés de la prudence deviennent inutiles.

Pour détruire invinciblement tout l'Ouvrage du

Pere Mauduit, il ne faut point d'autre raifonnement que celui-ci.

Un homme raifonnable ne doit point donner fon confentement, fans être déterminé par des motifs certains ; or les menaces & les promeffes ne font des raifons de fe déterminer, qu'autant qu'il eft prouvé que c'eft Dieu qui a parlé ; donc elles ne doivent faire impreffion fur nous, qu'après les avoir conteftées.

Ce feroit avoir une étrange idée de Dieu, que de s'imaginer qu'on lui plaît par l'abus de la raifon, en croyant fans motifs fuffifants. Si l'Etre fouverainement fage nous prépare des récompenfes & des peines pour l'autre vie, comme il n'en faut pas douter, il les réglera fans doute fur le bon & le mauvais ufage que nous aurons fait de nos facultés.

Mais admettons le principe qu'il faille toujours prendre le parti le plus fûr ; les défenfeurs de la crédulité n'en pourront tirer aucun avantage, puifque ce fera toujours le parti le plus fûr, de n'admettre aucun fyftème de Religion, qu'après s'être convaincu qu'il eft fondé fur des preuves évidentes. La crainte de mal penfer de Dieu, doit nous engager naturellement à douter, jufqu'à ce que notre efprit foit perfuadé ; & il n'y a point d'apparence que cette crainte foit mife au rang des crimes, par celui qui nous défend de juger fans raifon.

Fin de la première Partie.

ŒUVRES
PHILOSOPHIQUES
DE
M. FRERET.

SECONDE PARTIE.

LETTRE
DE
THRASIBULE
A
LEUCIPPE.

AVIS
DE
L'IMPRIMEUR.

Cet Ecrit est resté, non pas enseveli dans la poussiere des Cabinets, mais précieusement conservé par les amis de l'Auteur, (*) qui a été long-temps inconnu à la plupart des Gens de Lettres. Aujourd'hui que la mort l'a enlevé à la Patrie, il est juste de lui restituer le tribut d'éloges que l'on doit à son Ouvrage. A la lecture, on sentira la nécessité où il s'est trouvé de travestir ses idées, pour les rendre moins choquantes aux préjugés du siecle. Il écrivoit dans un temps (en 1722) où l'Esprit philosophique n'avoit pas encore fait les progrès qu'il a acquis depuis quelques années. Quel espace immense il a parcouru! doit-on s'en féliciter, & devons-nous applaudir au triomphe de la raison?

(*) M. *Freret*, Secrétaire perpétuel de l'Académie Royale des Inscriptions & Belles-Lettres, (mort en 1749) un des plus savants hommes de ce siecle.

FRAGMENT

D'une LETTRE *du Traducteur François.*

JE ne connois cet Ouvrage que par la traduction Angloise. *Mylord W.* qui en avoit une copie manuscrite, la prêta à un de mes amis pendant le séjour qu'il fit en France, il y a quelques années ; cet ami eut la permission d'en garder une copie, qu'il m'a communiquée depuis. *Mylord W.* assuroit que ce manuscrit étoit très-rare, & que le fameux *Toland* qui en avoit oui parler, l'avoit cherché long-temps inutilement. Il ajoutoit que bien des gens le croyoient une véritable traduction d'un Ouvrage ancien. Et en effet, il faut convenir que si cet Ecrit est moderne, son Auteur n'a pas mal réussi à se donner l'air d'un ancien : il s'étend sur des articles très-indifférents aujourd'hui, sur ces différentes sectes religieuses des Grecs, des Egyptiens, des Chaldéens ; il parle fort peu des Juifs, & ne dit qu'un mot de la secte des Chrétiens qu'il regarde comme un mélange du Judaïsme & de la Religion Egyptienne.

Il m'a même semblé qu'il y avoit quelques endroits dans lesquels un moderne auroit profité des découvertes de nos nouveaux Métempsycosiens, pour développer ses idées d'une maniere plus nette, & pour donner plus de force à ses raisonnements.

A l'égard du style, il est difficile d'en juger sur une traduction qui ne m'a pas paru extrêmement littérale. Comme il m'a semblé que l'Ecrivain Anglois n'avoit pas fait de scrupule de substituer plusieurs termes de nos Scholastiques Latins, à ceux du Philosophe Grec, j'ai cru qu'il m'étoit aussi permis de ne pas m'assujettir à conserver ces termes. Je les ai paraphrasés, & je leur en ai substitué d'autres plus clairs, afin de me rendre intelligible.

Comme vous entendez parfaitement la langue Angloise, je vous envoye l'original avec ma traduction, vous priant de l'examiner, & de me dire si j'en ai bien rendu le sens : car vous remarquerez que je ne me suis attaché qu'à cela, & que j'ai pris de grandes libertés quant à la phrase & quant au style.

Les phrases longues & entortillées ne seroient pas supportables en François, & je ne sais si elles ne seroient pas condamnables en elles-mêmes. Il me semble que les Anglois commencent à sentir les défauts de ce style ; & leurs nouveaux Ecrivains y tombent plus rarement, au moins autant que j'en puis juger par la comparaison des Ouvrages modernes avec les anciens.

PRÉFACE
DU
TRADUCTEUR ANGLOIS.

CEt Ouvrage a été véritablement traduit du Grec, comme je me crois obligé de l'assurer pour prévenir les Lecteurs qui pourroient avoir quelques scrupules sur son antiquité. Un Médecin Grec qui passa ici au retour d'un voyage d'Italie & de France pour s'embarquer sur la flotte de *Smyrne*, il y a quinze ans, voulut bien me communiquer le manuscrit; il étoit dans le même volume avec d'autres Ouvrages de *Porphyre* & de *Jamblique*, & quelques Opuscules de *Plutarque*, le tout d'une main *Syrienne*.

Ce Médecin qui me parut habile homme, assuroit que le manuscrit étoit au moins du dixieme siecle. L'Auteur de cette Lettre étoit un de ces Philosophes qui regardant toutes les Religions comme des loix politiques, croyoit qu'il suffisoit de ne point choquer celle de la Société où l'on vivoit, mais qu'au fond la pratique exacte en étoit fort inutile: ce qu'il dit des Chrétiens & des Juifs, marque qu'il vivoit vers le deuxieme siecle du Christianisme; il en parle avec modération; & si tous les hommes lui avoient ressemblé, les Chrétiens n'auroient pas eu tant à souffrir. Au reste, comme il ne nous est connu que par cette Lettre, non plus que cette femme à qui il l'écrit, je n'en puis rien dire ici. Quant à son style, quoiqu'il affecte le langage Athénien, comme tous les autres Ecrivains de ce siecle-là, il lui échappe si souvent des termes & des tours de phrases semblables à ceux que l'on remarque dans les Ecrivains du Nouveau Testament, que je ne puis m'empêcher de croire qu'il ne fût originaire de Syrie, où l'on parloit un Grec corrompu & mêlé de Macédonien, comme *Saumaise* l'a fait voir : il y a quelques circonstances dans la Lettre, qui me font croire que la personne à qui il l'écrit, en étoit aussi ; & c'est apparemment par cette raison qu'il parle si fort au long des Juifs & des Chrétiens. Quoique la plupart des anciens paroissent peu instruits de leur Religion, elle devoit cependant être connue dans la Syrie, où il y avoit un grand nombre des uns & des autres répandus dans toutes les villes, & y faisant un corps considérable. J'aurois souhaité pouvoir conserver une copie du texte Grec ; mais m'étant contenté de le traduire pour le faire voir à un de mes amis, en attendant que je pusse en faire faire une copie figurée exactement, des affaires domestiques m'obligerent de partir pour un voyage, au retour duquel j'appris que le Médecin avoit été s'embarquer, & avoit remporté son manuscrit dont il n'avoit jamais voulu se défaire.

ŒUVRES
PHILOSOPHIQUES
DE
M. FRERET.

SECONDE PARTIE.

Lettre de Thrasibule à Leucippe.

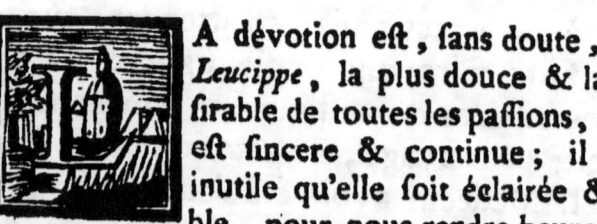A dévotion est, sans doute, ma chere *Leucippe*, la plus douce & la plus desirable de toutes les passions, lorsqu'elle est sincere & continue; il est même inutile qu'elle soit éclairée & raisonnable, pour nous rendre heureux. La superstition, qui ne nous propose que des choses absurdes pour objet de notre respect & de notre amour,

peut fournir des plaisirs aussi grands que la piété fondée sur les idées les plus nobles & les plus sublimes de cette philosophie qui prétend nous découvrir la nature du Souverain Etre : ce n'est pas la qualité des objets en eux-mêmes qui en fait le prix, c'est l'idée ou l'opinion que nous en avons, & la vivacité des sentiments qu'ils nous inspirent. Un Pâtre fortement touché pour une maussade paysanne de son hameau, goûtera entre ses bras un plaisir aussi vif, sera aussi parfaitement heureux, que l'étoit *Adonis*, comblé des faveurs de la plus belle des Déesses. La mesure de notre amour fait la mesure de nos plaisirs & de notre bonheur.

Aussi je me garderai toujours avec soin de combattre l'opinion d'un homme touché d'une dévotion affectueuse, sincere & continue ; affoiblir sa persuasion, ce seroit détruire sa félicité : mais celui qui n'a que des accès passagers d'une dévotion intermittente, celui pour lequel la dévotion est une passion triste, qui lui fait envisager la Divinité comme un Etre toujours irrité contre les hommes ; attaquer sa persuasion, c'est entreprendre de le guérir d'un mal qui empoisonne tous ses plaisirs, qui aigrit toutes ses peines, & qui change sa vie en un supplice continuel.

Ne vous y trompez pas, ma chere *Leucippe*, il n'y a point au monde de gens plus malheureux que les dévots de cette derniere espece : semblables à des amants haïs & méprisés, ils n'envisagent la Divinité comme le seul objet qui peut faire leur bonheur, que pour désespérer d'en obtenir jamais la possession. Les dévots dont j'ai parlé d'abord, sont dans une situation toute opposée ; ce sont des amants tendres, respectueux, passionnés, qui n'ont d'autre inquiétude que celle de ne pas répondre assez parfaitement à la tendresse que sent pour eux l'objet de leur amour. La Divinité est pour eux une maîtresse

tendrement

tendrement chérie, qui joint à cet empire doux &
puissant que l'amour exerce sur nos cœurs, toute
l'autorité que s'acquierent sur notre esprit l'admiration, l'estime & l'amitié.

Leur amour est exempt des craintes & des tourments cruels de la jalousie; tous les instants de leur
vie sont des instants de jouissance, dont rien n'affoiblit ni ne partage le sentiment. Les dévots de cette
espece ajoutent une ferme croyance à tout ce qu'on
leur annonce de la part du Souverain Etre. Ils obéissent avec transport à ses moindres ordres; ils goû-
tent la joie la plus pure & la plus voluptueuse,
dans les sacrifices qu'ils lui font de leurs passions,
de leurs desirs, de leurs opinions, de leur raison
même. Plus la victime qu'ils immolent leur étoit chere, plus leur satisfaction est parfaite, parce qu'ils ne
voyent dans ces sacrifices, que le droit qu'ils acquierent par eux sur l'objet de leur amour.

Cette peinture de la dévotion continue est, je
l'avoue, bien tentante; & si je croyois, ma chere
Leucippe, que vous pussiez jamais parvenir à cet heureux état, je serois le premier à vous presser d'entrer dans un sentier qui ne produit que des fleurs
sous les pas de ceux qui y sont entraînés par une
persuasion vive, sincere & continue : mais il faut
y être entraîné. Le sentiment de la dévotion est une véritable passion, &, vous me l'avez dit vous-même,
on n'est point maître de se donner des sentiments
& des passions; notre ame ne peut se procurer cette
espece de mouvement qui les forme, il ne peut être
excité en elle que par les impressions qui lui viennent du dehors : & à cet égard, elle n'a d'autre
force que celle de sentir ce qui se passe en elle-même, lorsque l'impression qu'elle a reçue commence à
se développer.

Je sais que dans la situation où vous vous trouvez, la dévotion vous seroit d'un avantage infini, pour

charmer les ennuis inféparables de votre folitude;
mais c'eft une paffion qui ne vient pas toujours nous
faifir, lorfque nous l'appellons. N'ayez recours qu'à
vous même & à votre complaifance naturelle, pour
adoucir les rigueurs de votre efclavage : vous êtes
née douce ; vous favez vous prêter de bonne grace
à la contrainte à laquelle vous n'êtes pas en état
de réfifter; & la nature vous a faite telle qu'il faut
être pour obtenir, plus parfaitement qu'une autre, la
paix & le repos de ceux auxquels le fort vous a af-
fujettie.

Croyez-moi, cette difpofition eft la plus heureufe
de toutes celles que l'on peut apporter en entrant
dans le monde que nous habitons ; car ce monde
n'eft autre chofe que l'affemblage d'un nombre infini d'êtres, qui agiffent & réagiffent fans ceffe les
uns fur les autres par des defirs & des forces différentes. Cet univers n'auroit pu être tel qu'il eft,
fi ces defirs n'avoient été oppofés les uns aux autres ; & comme ces defirs fe combattent mutuellement, ils ne peuvent être fatisfaits tous en même
temps. Les uns forment des obftacles aux autres;
& la victoire eft toujours du côté où fe trouve le
plus grand degré de force.

Le plaifir eft attaché à la fatisfaction de ces defirs, & les douleurs à la rencontre de ces obftacles;
& cette douleur eft d'autant plus vive, que l'ardeur & la vivacité de ces defirs étoient plus grandes. Heureux ceux qui, par la difpofition naturelle
de leur tempérament, defirent la paix & la tranquilité avec plus d'ardeur que tout le refte! il ne leur
en coûte qu'un peu de complaifance, pour l'obtenir
de ceux au milieu defquels ils vivent.

Peut-être la fouveraine bonté & fageffe de ce premier Etre (fur la nature duquel nos Philofophes
font fi peu d'accord entr'eux) exigeoit-elle de lui,
que le plaifir réfultât de toutes les combinaifons que

produifent la variété & l'oppofition de ces defirs. Mais qui nous a dit qu'il y eût une telle fouveraine bonté & fageffe, qui exiftât quelque part hors de cet univers, & féparément des êtres particuliers dont il eft l'affemblage ? qui nous a dit, pour parler plus nettement, qu'il y eût hors de nous une divinité telle que nos Poëtes nous dépeignent le Deftin, ce Souverain des Dieux & des hommes, douée d'intelligence & de volonté, & poffédant fouverainement la bonté, la juftice, la prudence, & toutes les autres qualités qui font des perfections dans les êtres femblables à nous ?

Prenons garde que l'idée que nous nous en fommes faite, n'ait pas plus de réalité que celle que les ancêtres des Romains, fous l'empire defquels nous vivons maintenant, avoient de leur République, Ils la concevoient comme je ne fais quel être diftingué de tous les citoyens particuliers qui la compofoient : c'eft ainfi qu'ils en parloient tous ; & c'eft en conféquence de cette idée, qu'ils exigeoient que chaque citoyen lui facrifiât fes intérêts, fon bonheur & fa vie, quoique le repos & la félicité de cette République ne fuffent autre chofe que le repos de tous les citoyens particuliers. Il n'y a que trop fouvent dans le langage ordinaire des hommes, de femblables termes, qui n'excitent dans l'efprit de ceux qui les proferent, qu'une efpece de fantômes auxquels ils attribuent une réalité que jamais n'a eue l'image confufe qui les accompagne. Les mots de Divinité, de Deftinée, de Providence &c. font de ce nombre; & de-là vient que ceux qui parlent de ces chofes, ne font d'accord entr'eux, ni avec eux-mêmes. Ils varient fans ceffe, ne conviennent de rien, s'accufent mutuellement d'erreur, & ne font qu'entaffer abfurdités fur abfurdités, lorfqu'ils entreprennent d'éclaircir, ou feulement de déveloper les idées qu'ils prétendent avoir. Si nous n'étions accoutumés dès l'enfance à trembler au seul nom du fantôme de la Divinité, nous ne pourrions nous empêcher de les regarder comme des hommes livrés à un véritable délire ; car c'est un délire de prendre ses propres visions pour des choses réelles & existantes hors de nous-mêmes. Les hommes attaqués de cette espece de délire vont plus loin ; non-seulement ils reglent toute leur conduite sur ces apparences chimériques, mais encore ils veulent forcer les autres hommes à voir ces objets qui n'existent point, & ils les contraignent de se conformer à leur conduite, & de suivre les exemples qu'ils leur donnent. Comme leur délire est contagieux, le nombre des fanatiques est devenu si considérable, que les gens sages, sentant l'impossibilité de résister à cette multitude de furieux, ont pris le parti de respecter leur folie, & de feindre souvent d'être attaqués du même mal, lorsqu'ils n'avoient que cette voie d'assurer leur tranquillité.

Le fanatisme dont je vous parle devient encore plus dangereux, lorsqu'il saisit ces hommes durs, hautains, impérieux, insociables, qui ne regardant qu'eux-mêmes & leur propre satisfaction, n'ont jamais goûté le sentiment voluptueux que les ames bien nées éprouvent en faisant le bonheur de la Société dans laquelle elles se trouvent. Ce fanatisme éteint toutes les passions douces & naturelles ; il fortifie toutes celles qui sont contraires à la nature & à l'humanité : l'on peut dire & assurer qu'il est la source la plus abondante des maux qui affligent l'espece humaine. Malheur à ceux qui se trouvent liés avec de tels hommes, lorsque la fuite leur est interdite ! il n'y a qu'un seul parti à prendre : c'est celui de la complaisance ; & heureusement elle vous coûte moins qu'à un autre.

Cette complaisance ne doit pourtant pas aller, ma chere *Leucippe*, jusqu'à vous laisser empoisonner par la contagion de ce mal ; dissimulez, renfermez vos sentiments au dedans de vous, feignez-même s'il le faut, pour obtenir la paix : mais craignez de vous laisser entamer sur le Chapitre du fantôme ; il n'y va pas moins que du repos, & du bonheur de toute votre vie ; la moindre foiblesse vous réduiroit dans le plus déplorable de tous les états.

Croyez-moi ; vous êtes née d'un caractere d'esprit trop juste, trop pénétrant, & trop étendu pour que vous puissiez vous livrer sans retour au délire de la dévotion. Vous ne serez jamais persuadée par une pleine & entiere conviction d'esprit ; les absurdités dont fourmille tout système religieux, quel qu'il soit, révolteront toujours votre raison, malgré tous les efforts que vous pourrez faire pour la soumettre. Vous n'aurez pas plutôt donné entrée dans votre esprit à ces fantômes religieux, que la mélancolie de votre tempérament, jointe à la délicatesse & à l'inquiétude naturelle de votre cœur, ennemi de son propre repos, vous fourniront sans cesse mille nouveaux sujets de terreur ; mille scrupules de toute espece s'empareront de votre ame, vous en serez perpétuellement déchirée ; & je craindrois que votre corps, sur lequel la situation de votre ame a tant d'empire, n'y succombât à la fin.

De quelques succès que fussent suivis tous les efforts que vous pourriez faire pour exciter en vous cet heureux délire, dont j'ai fait plus haut la peinture, vous ne parviendriez jamais qu'à une dévotion foible & intermittente ; vous n'auriez jamais que de légers & courts accès, interrompus par des intervalles de raison ; ce qui est peut-être la plus douloureuse situation où puisse jamais se trouver l'esprit humain : le passage continuel d'un de ces états à l'autre, forme un tissu de sentiments douloureux que je ne puis comparer qu'à l'état d'un amant trahi & méprisé, qui, dans les instants de sa fureur, rougit de l'amour qu'il a senti pour une maîtresse indigne, qu'il penfe n'aimer plus, parce qu'il croit devoir la haïr, & qui dans l'inftant fuivant, déteftant fes premiers fentiments, voudroit en effacer le fouvenir avec des flots de fon fang, & fe fent dévorer par une paffion qui ne peut être ni détruite ni fatisfaite. Cet état, le plus cruel & le plus amer de tous ceux que l'on peut imaginer, n'eft cependant encore qu'un léger crayon de celui auquel fe trouve un tempérament mélancolique, livré à la dévotion intermittente.

La perfuafion d'un tel homme n'eft jamais affez vive pour qu'il ne foit point frappé de l'abfurdité de ce qu'il croit : fon amour eft foible; & pour peu qu'il foit remué par des paffions oppofées aux loix qu'il regarde comme émanées du fouverain Etre, s'il tente de les combattre, fa réfiftance eft accompagnée d'un fentiment très-douloureux, parce qu'il n'eft que foiblement affecté de la bonté & de la réalité de l'objet auquel il facrifie fes paffions : c'eft un efclave qui obéit par la crainte de déplaire à un tyran capricieux, qu'il ne peut aimer, & qu'il n'ofe haïr. S'il cede aux paffions qui l'entraînent, alors la perfuafion, qui étoit trop foible pour le retenir, devient affez forte pour le tourmenter. Son cœur eft fans ceffe bourrelé & déchiré par le repentir, & par les remords de la foibleffe à laquelle il a fuccombé. S'il eft d'un caractere d'efprit délicat, attentif, timide, les manquements les plus légers lui paroîtront des crimes énormes; & il fera perpétuellement dans les tranfes mortelles d'un coupable, qui va paroître devant le plus redoutable de tous les Juges. Si nous confidérons l'état d'un tel homme, lorfque, fon délire l'abandonnant, il fait quelques pas pour retourner au bon fens & à la raifon, il ne fait prefque jamais ces pas que par le fecours de quelque paffion violente qui l'agite & lui prête une force étrangere ; & comme cette force lui vient par une espece de fievre de l'ame, elle l'abandonne bientôt pour le laisser retomber dans un état de désespoir & de regret tel que celui que nous avons décrit. Dans l'instant même qu'il est libre du délire de la dévotion, il n'ose jetter les yeux sur sa conduite passée; il la regarde comme une extravagance & comme une folie, & regrette les sacrifices qu'elle lui a fait faire au chimérique objet de sa dévotion; & le meilleur parti qu'il puisse prendre alors, c'est de se regarder comme un être digne de mépris & de moquerie : mais il n'est pas assez heureux pour demeurer dans cet état; il retombe bientôt dans son premier délire; & sa vie entiere n'est qu'un passage continuel de la honte au repentir, & du repentir à la honte. Partagé sans cesse entre deux sentiments opposés & douloureux qui l'agitent tour à tour, tantôt il voudroit éteindre une persuasion qui le gêne, tantôt il voudroit en l'augmentant étouffer en lui les mouvements & les desirs qui y sont opposés. Mais tous ses efforts sont vains; jamais sa persuasion n'est assez forte pour qu'il puisse avec plaisir agir en conséquence, & jamais elle n'est assez affoiblie, ni assez parfaitement détruite, pour pouvoir se livrer sans remords aux desirs qu'elle condamne : ainsi se passe sa vie entiere dans les combats les plus douloureux; il en sort sans en avoir joui, souvent avant le terme ordinaire, par l'impression qu'ont faite sur ses organes les combats qui les ont détruits, & presque toujours l'esprit troublé & déchiré par les terreurs que lui inspire l'incertitude du sort qui lui est préparé.

 Voilà l'état auquel vous réduiroit la dévotion, ma chere *Leucippe*, si jamais vous aviez le malheur d'en être atteinte; je vous connois mieux que vous ne pensez. J'ai étudié votre tempéramment, & je vous tromperois si je vous parlois autrement. Lorsqu'une personne de votre caractere a commencé une fois à secouer le joug des opinions reçues dans l'enfance, elle doit aller en-avant sans délibérer tout-à-fait, & regarder toute Religion comme une opinion tyrannique, inventée pour dominer les esprits, & à laquelle il faut que les Sages se conforment à l'extérieur, pour le bien de la paix, lors sur-tout qu'ils se trouvent liés avec quelqu'un de ces hommes dont on devient l'ennemi quand on refuse d'être leur esclave. Mais pour ce qui est du cœur & de l'esprit, le même Sage doit les conserver libres & indépendants de toute opinion, à laquelle la pure raison, ou la loi victorieuse du plaisir ne nous force point de nous soumettre. Si vous étiez dans une autre situation que celle où vous vous trouvez maintenant, ma chere *Leucippe*, je me contenterois de ces réflexions générales, & de celles qu'elles vous donneront occasion de faire; mais votre intérêt m'est trop cher, pour ne pas tâcher de vous fournir un préservatif contre les atteintes d'un mal dont je crains la contagion pour vous. L'esprit humain est naturellement superstitieux, & cette disposition prend encore de nouvelles forces, lorsque comme vous on est exposé à l'ennui & à la tristesse d'une solitude désagréable. Elevée au milieu de Rome, vous vous trouvez reléguée à l'extrémité de l'Empire, dans un lieu où vous n'avez aucun des amusements ni des sociétés que vous fournissoit cette Capitale du monde; & pour comble de disgrace, tout ce qui vous approche contribue encore à augmenter votre ennui. Comme cette situation vous rend susceptible de la contagion, il faut attaquer le mal dans les formes; ainsi je vais commencer par chercher quelles sont les sources de la superstition, & ce que sont en général les Religions. Je vous exposerai quels sont les différents systêmes entre lesquels les hommes se sont partagés à ce sujet, & les motifs de la crédulité sur lesquels ils sont appuyés; après quoi j'examinerai quelles son nos connoissances, comment nous distinguons celles qui sont vraies & certaines d'avec les autres qui sont ou fausses ou non prouvées; & enfin ce que les connoissances certaines nous apprennent de la nature de Dieu & de notre ame, & sur la Religion en général.

Les vues & les notions de notre esprit sont bornées & circonscrites dans des limites infiniment étroites, & il apporte en naissant une curiosité, une passion de savoir, que rien ne peut satisfaire : on ne se lasse jamais de voir de nouveaux objets, & la vie entière se passe à chercher les moyens de remplir le vuide & l'inquiétude que laissent en nous les connoissances les plus étendues, dès que nous les avons acquises. Nous ne pouvons connoître aucune chose parfaitement, pas même notre propre substance, & cependant nous voulons rendre raison de tout. L'aveu de notre impuissance eût été trop douloureux pour notre orgueil; pour l'éviter, nous avons pris le parti de nous payer de raisonnements vagues & de suppositions obscures & chimériques : par exemple, lorsqu'il s'est agi de rendre raison de l'arrangement & de la conduite de l'univers, on a imaginé des Dieux, c'est-à-dire des êtres intelligents & très-puissants, placés au-dessus de nous, auxquels on a attribué tous les effets dont la cause étoit inconnue; bientôt après on les a regardés comme les Auteurs de tous les biens & de tous les maux qui nous arrivent. L'habitude de recevoir ces opinions comme vraies, & la commodité que l'on y trouvoit pour satisfaire à la fois la paresse & la curiosité de notre esprit, les a fait regarder comme démontrées, malgré les absurdités dont elles fourmillent ; & cette persuasion est devenue si vive chez quelques nations, que les raisonnements les plus sensés & les persécutions les plus violentes n'ont pu leur ôter la croyance qu'elles donnent à des fables extravagantes. Les

Egyptiens croyent encore aujourd'hui que le corps d'un animal, qu'un fruit, qu'une plante, souvent destinés par la nature pour servir d'aliment aux hommes, se changent dans la substance de la divinité même, dont ils prétendent cependant avoir des idées plus hautes & plus sublimes que le reste des Nations. L'opinion de l'existence du pouvoir souverain de ces Dieux étant une fois établie, le desir si naturel aux hommes de se rendre heureux, c'est-à-dire de jouir des biens & des plaisirs, & d'éviter les maux & la douleur, dont on avoit fait ces Dieux dispensateurs, les a portés à chercher les moyens de se rendre ces Dieux favorables; on s'en est fait une idée pareille à celle de ce que nous connoissons de plus puissant parmi les hommes; on les a regardés comme nos Rois & nos Souverains, & on les a traités sur ce pied-là; on a commencé à leur témoigner sa soumission par des saluts, des adorations & des protestations d'attachement; on leur a fait des promesses & des vœux, pour les engager à nous faire du bien; on leur a fait des présents: car les sacrifices de toute espece qu'on leur offre, ne sont autre chose. On a essayé de les gagner par des louanges & des flatteries; on a cru que l'attention à leur rendre ces devoirs étoit un sûr moyen de leur plaire, & que l'on ne pouvoit y manquer sans attirer leur colere contre une négligence qui nous rendoit criminels.

Quelques peuples ne s'en sont point tenus-là. Comme les Rois qu'ils voyoient, étoient des Tyrans cruels & féroces, ils ont cru que ces Dieux étoient des êtres aussi impitoyables & aussi méchants qu'eux : ils ont cru que pour prévenir leur courroux & la haine qu'ils portoient au genre humain, il falloit se faire volontairement une partie de maux que leur colere & leur malignité prenoit plaisir à verser sur les hommes, que cela seul pourroit les appaiser & nous garantir des effets funestes de cette haine. Cette opinion est la source des jeûnes & des macérations, des flagellations, des incisions, & de toutes ces pratiques barbares, par lesquelles tant de Nations prétendent honorer la Divinité. Les *Brachmanes* de l'*Inde*, les *Prêtres* d'*Osiris*, ceux de *Mithra*, d'*Adonis*, d'*Atys*, & ces vagabonds qui promenent par les Provinces les simulacres de la Déesse de *Syrie*, & de celle qui est adorée à *Comanes*, nous fournissent des effets de cette façon de penser.

Il y a même des peuples entiers qui n'ont pas borné là l'idée injuste & barbare qu'ils s'étoient faite de la Divinité. Le sang des victimes ordinaires ne leur a pas paru suffisant pour appaiser ces Dieux cruels & altérés du sang des mortels; il falloit, selon eux, leur immoler des victimes humaines, & que leur sang versé sur les autels par la main d'un autre homme, sauvât celui de toute la Nation, que les Dieux auroient fait couler à grands flots, si l'on n'avoit pris soin de les appaiser par ces exécrables sacrifices. Je n'ai pas besoin de recourir aux fables d'*Iphigénie* & d'*Oreste* pour en trouver des exemples: à la honte de l'humanité, il n'est presque aucune Nation qui n'ait souillé ses autels par un culte impie; & malgré la lumiere de la raison, qui éclaire aujourd'hui l'univers, cette fureur subsiste encore de nos jours: les *Celtes*, & les *Syriens*, les *Romains* mêmes n'ont pu s'en guérir; car les misérables esclaves que ces derniers obligent de se dévouer à une mort volontaire, dans les spectacles qui accompagnent les fêtes de leurs Dieux, sont des victimes qu'ils leur immolent.

Mais comme les événements ne répondoient pas toujours aux desirs de ceux qui avoient offert ces sacrifices, on a cru qu'ils ne leur étoient pas toujours agréables; le choix des victimes propres à les toucher, est devenu une des principales attentions du culte. On s'eſt fait un art de conjecturer le ſuccès qui ſuivroit ces ſacrifices, par les moindres circonſtances qui les accompagnoient. Bientôt cet art a paſſé pour une méthode ſûre de découvrir l'avenir; & de là ſont nées toutes les eſpeces différentes de la divination augurale, qui, malgré l'expérience que l'on fait tous les jours de ſa fauſſeté, conduit les Nations entieres dans les occaſions les plus importantes. Comme on avoit imaginé un rapport entre les événements fortuits que le haſard offre à notre vue, & les arrêts des deſtinées, on ſe perſuada auſſi que les ſonges & les images trompeuſes qui ſe préſentent à nous dans le ſommeil, étoient un tableau où les Dieux nous préſentoient l'image de l'avenir qui nous regardoit.

Cette opinion de l'exiſtence & du pouvoir de ces Dieux, diſpenſateurs des biens & des maux, eſt ce qui a enfanté toutes les différentes Religions qui inondent la terre. Comme cette matiere m'a toujours paru d'une importance infinie, puiſque c'eſt d'elle que dépend, à ce que prétend le plus grand nombre des hommes, non-ſeulement le bonheur & le malheur de cette vie, mais encore celui de l'état où nous entrerons à notre mort, je l'ai examinée avec ſoin; je n'ai rien négligé de ce qui pouvoit m'en éclaircir & m'en inſtruire; j'ai étudié chacune de ces Sectes; j'ai lu les Livres ſacrés de celles qui en ont, & j'ai interrogé avec attention les Prêtres & les Savants des Sectes qui n'ont point de ſemblables Livres.

Par cet examen, j'ai appris que les hommes ne ſuivent à proprement parler que deux ſyſtêmes de la nature de la Divinité, qui même ne ſont pas fort oppoſés dans le fond, & qu'ils ne different entre eux que dans la forme du culte qu'ils croyent lui être dû, & ſur la nature des pratiques par leſquelles ils eſperent ſe la rendre favorable : vous en allez juger, ma chere *Leucippe*, par une expoſition très-exacte, quoiqu'assez courte, pour être le résultat d'une étude de plusieurs années.

Le premier système est celui des Egyptiens, des Grecs, & de la plus grande partie des peuples d'Occident. Le second est celui des Chaldéens, des Juifs, des Persans, & de quelques autres Nations Orientales.

Ceux qui ont suivi le premier système, croyent que l'univers est gouverné par plusieurs Dieux, ayant chacun une force qui leur est propre, en sorte que, quoique subordonnés les uns aux autres, ils sont néanmoins indépendants l'un de l'autre, à certains égards, & dans certaines choses; de façon qu'ils peuvent s'opposer à l'exécution de leurs volontés mutuelles, & qu'ainsi ils peuvent être divisés, & même en dispute les uns avec les autres : à leur tête est une Divinité, qui, semblable à nos Magistrats & à nos Rois, maintient le bon ordre parmi eux, & les gouverne suivant certaines loix.

Le Chef des Dieux est plus puissant que chacun des Dieux inférieurs, pris en particulier; mais s'ils étoient tous ligués & réunis contre lui, il ne pourroit leur résister, & son pouvoir céderoit au leur.

Au-dessus de tous ces Dieux est le Destin, la Nécessité, la Nature, puissance aveugle qui regle cependant toutes choses, de maniere que les Dieux mêmes ne font qu'exécuter ses Loix, & ne sont dans l'univers que comme des Magistrats d'une République bien policée où la raison & la loi gouvernent tout. Mais comme il agit nécessairement sans choix, & même sans connoissance, il est inutile de lui rendre aucun culte.

Ce système est celui qui résulte de toutes les traditions religieuses des Grecs, & des Ouvrages de leurs premiers Poëtes, dans lesquels ils puisent toute leur Théologie : ce n'est pas qu'il l'exposent avec cette clarté ; ils n'en ont pas développé les conséquences, & il n'eſt pas fort ordinaire aux hommes de chercher à mettre de l'ordre & de la netteté dans leurs idées religieuſes : mais c'eſt ce qui ſe préſente aux eſprits attentifs qui les examinent.

Les Egyptiens & les Indiens ajoutent à cette premiere ſuppoſition, que les Dieux, tant les ſupérieurs que les inférieurs, viennent ſouvent converſer avec les hommes ; qu'alors pour ſe rendre ſenſibles à eux, ils prennent des corps groſſiers ſemblables à ceux des hommes ou des animaux ; que dans cet état ils ſont ſujets à toutes les infirmités de la nature qu'ils ont revêtue, & même à la mort, par laquelle ils ſe dépouillent de ce corps dans lequel ils étoient enveloppés, pour retourner dans leur état naturel de gloire & de béatitude.

Vous ſavez quelles ſont encore aujourd'hui les opinions des Egyptiens au ſujet du bœuf *Apis*, qui n'eſt, ſelon eux, que le Dieu *Oſiris*, qui vient de temps en temps habiter parmi les hommes ſous la forme d'un veau conçu miraculeuſement, & connoiſſable à certaines marques extérieures dont ſes Prêtres ſont inſtruits.

Oſiris n'eſt pas la ſeule divinité Egyptienne qui ſe ſoit métamorphoſée ; tous les autres Dieux en ont fait autant autrefois : c'eſt pour cela qu'ils ſont repréſentés ſous cette figure dans leurs temples, & que certaines eſpeces d'animaux leur ſont conſacrées, le Bélier à *Hamon*, pere d'*Oſiris*, le Chien, à *Anubis*, &c. : mais il n'y a guere qu'*Oſiris* qui ait aſſez aimé les hommes pour continuer de venir habiter parmi eux, comme il arrive lorſqu'il y paroît un *Apis*. Cette Epiphanie ou manifeſtation, car c'eſt ainſi qu'ils le nomment, eſt un ſujet de joie pour toute l'Egypte ; mais ſa retraite, qui arrive à la mort d'*Apis*, en eſt un de douleur ; c'eſt alors un deuil public dans tout le pays : ce deuil dure pour les Prêtres d'*Oſiris*, juſqu'à l'apparition d'un nouvel *Apis*, avant laquelle il ſe passe quelquefois plus d'un siecle. *Osiris* étoit, selon eux, un de leurs plus anciens Rois, qui n'étoit autre que le Dieu devenu homme, & qui régnoit quinze mille ans avant *Amazis*, le dernier Roi d'Egypte. Ainsi ils racontent sa naissance, ses aventures & sa mort. Dans les siecles suivants, la reconnoissance des peuples ou la flatterie des Poëtes a fait regarder les Princes qui avoient quelque conformité avec *Osiris*, ou avec les autres Dieux, comme de nouvelles incarnations de ces divinités; on leur en a donné le nom, & on leur a attribué leurs actions: de-là est venue la confusion qui regne dans leur histoire sacrée qui n'a été formée que sur la tradition des peuples; ainsi on y voit plusieurs Mercures ou *Thouth*, & plusieurs Princes dont les aventures se retrouvent dans l'histoire d'*Osiris*. Parmi nos dévots de *Bacchus*, les Spirituels, ceux qui ont été adonnés aux mysteres les plus cachés, auxquels on ne parvient qu'avec bien des peines, prétendent, sur l'autorité de je ne sais quelle révélation attribuée à *Orphée*, que le fils de *Semelé*, cet enfant dont elle accoucha au milieu d'un orage, n'étoit autre chose qu'une nouvelle incarnation d'*Osiris*, qui étoit venu prendre un corps humain dans le sein de la fille de *Cadmus*; c'est pour cela, disent-ils, que les aventures de *Bacchus* Grec ressemblent si fort à celles d'*Osiris*; c'est par-là qu'il faut expliquer les expéditions de *Bacchus* dans les Indes, ses exploits dans la guerre des Géants, la mort qu'il reçut par leurs mains, & la vie qui lui fut rendue : quoique certainement au temps de *Cadmus*, dont nous connoissons l'histoire, il n'y ait eu aucun Héros Grec qui ait porté le nom de *Denis*, ni qui ait fait la conquête de l'Orient.

Au reste, la Religion Egyptienne a souffert de grandes altérations depuis la ruine de leur Royaume par les Perses. Autrefois on faisoit un point capital de croire sans examen, de s'interdire tout usage de sa raison ; on appelloit alors profondeur impénétrable & mystere respectable, tout ce qui étoit scandale pour elle. Depuis que les Grecs se sont mêlés avec eux, leurs Prêtres ont voulu devenir Philosophes ; & ceux qui se mêlent de raisonner, ont tout tourné en allégories, sans penser qu'elles étoient détruites par les cérémonies qu'ils pratiquent à leurs fêtes.

Les opinions des Indiens ne nous sont plus inconnues : nous avons eu occasion de nous en instruire par le commerce de ces Brachmanes qui accompagnoient les Ambassadeurs du Roi de la *Taprobane* ; vous les avez vus à Rome : c'est une opinion constamment reçue parmi eux, que les Dieux, & sur-tout celui dont les Brachmanes tirent leur nom, sont déja venus parmi les hommes, & qu'ils y viendront encore, pour les instruire & les tirer des erreurs où ils tombent en éteignant la lumiere de leur raison. Le dogme de la transmigration des ames est très-ancien chez eux : plusieurs de leurs coutumes n'ont point d'autre fondement, & ce n'est pas de *Pythagore* qu'ils l'ont reçu ; ce Philosophe n'a jamais été chez eux, & leur Religion est plus ancienne que lui.

Au reste, ils croyent, comme les Egyptiens, que la Divinité revêtue d'un corps, est assujettie à toutes nos miseres, à nos besoins, à nos maladies, & à la mort même : dans leur système, les Dieux s'étoient dépouillés, en prenant une forme visible, de cette toute-puissance qui est l'appanage de la Divinité ; & dans les dangers où ils se sont trouvés, ils ont eu seulement recours à l'adresse, & aux moyens humains qui souvent n'ont pas été capables de les en tirer.

Les Grecs avoient déja des traditions & un culte réglé, dès le temps de leur barbarie ; mais ce culte ne subsiste plus, il a été entiérement altéré par le mélange de la Religion Egyptienne. Cette Religion s'introduisit dans la Grece par l'établissement des

deux

deux colonies d'*Argos* & d'*Athenes* ; mais rien ne la répandit tant que les conquêtes de *Séfostris*, qui, plusieurs siecles avant la guerre de Troye, porta le culte des Dieux Egyptiens dans l'Asie mineure & dans la Thrace, dont il soumit une grande partie.

Orphée venu de Thrace, l'alla répandre dans la Grece, qu'il parcourut toute par un motif religieux ; c'est alors qu'il institua les mysteres de Bacchus à Thebes, & plusieurs autres dont il passe pour fondateur.

Les Grecs encore grossiers ne prirent qu'une partie des dogmes Egyptiens, qu'ils ne connoissoient que fort imparfaitement. Ceux que *Séfostris* avoit laissés dans ces pays nouvellement conquis, n'étoient pas selon les apparences instruits du fond des dogmes ; ils n'en connoissoient que l'extérieur : ainsi il n'est pas surprenant que les histoires auxquelles ils avoient rapport, se soient si fort altérées. Cela est arrivé dans des pays plus voisins de l'Egypte, comme la Phrygie & la Syrie, où les mysteres d'*Atys* & d'*Adonis* n'ont conservé qu'une ressemblance imparfaite avec ceux d'*Osiris*, quoiqu'il soit constant que ces trois Divinités sont une seule & même chose.

Les Grecs accommodoient donc les traditions Egyptiennes avec celles qu'ils avoient depuis long-temps ; car ils donnerent à leurs Divinités les attributs des Dieux Egyptiens : ils ne comprirent pas que ces Dieux n'avoient pris des corps que pour un temps dans le système Egyptien, & seulement pour se rendre sensibles aux hommes lorsqu'ils vouloient converser parmi eux ; ils ne donnoient même à ces Dieux que la seule figure humaine, mais ils crurent qu'elle leur étoit naturelle, & que ces Dieux ne pouvoient se dépouiller de ces corps : il les firent à la vérité diaphanes, brillants, infiniment plus légers & plus robustes que les nôtres, mais cependant sujets à la douleur, à la lassitude, aux besoins du dormir &

du manger ; ils étoient immortels, mais non invulnérables, comme vous l'avez vu dans *Homere*, où *Vénus* blessée par *Diomede*, est pansée par *Machaon*, le Médecin des Dieux. Après leur avoir donné des corps sujets en partie à nos infirmités, il n'eût pas été raisonnable de leur ôter le besoin que la nature a rendu la source de nos plaisirs les plus vifs. Les Dieux furent donc exposés aux traits de l'Amour : non-seulement ils épousoient des Déesses, desquelles ils eurent des enfants qui peuplerent l'Olympe, mais ils ne dédaignerent pas de s'embraser pour de simples mortelles ; & les Déesses à leur tour abandonnerent la gloire de l'Olympe pour venir chercher les faveurs des hommes. Elles ne croyoient point s'avilir par ce commerce ; les plus farouches succomberent à cette foiblesse ; & selon les Arcadiens, le Mont Lathmos pourroit rendre compte de ce qui se passoit dans les rendez-vous nocturnes que *Diane* donnoit à *Endymion*. Ces idées étoient autorisées par la pratique introduite dans l'Orient pour favoriser la débauche des Prêtres de plusieurs Dieux ; on feignoit que le Dieu devenu sensible aux charmes de quelque beauté mortelle, la vouloit honorer de ses faveurs. La Religion s'en mêloit, & la plus prude ne pouvoit être cruelle sans sacrilege. Il y avoit certaines Déesses qui n'avoient que des Prêtresses ; ces Prêtresses n'osoient faire l'amour, la sagesse leur étoit ordonnée : elles se servoient du même artifice ; & par-là elles ménageoient leur honneur & leurs plaisirs. Comme il arriva que quelques-uns des enfants qui naquirent de ce commerce, se rendirent illustres, on en fit des héros, des hommes d'une espce supérieure ; & bientôt après les grands hommes eurent honte de n'avoir qu'une origine ordinaire ; ils voulurent sortir des Dieux : l'imposture leur suffit dans des temps simples & grossiers, par l'amour que les hommes avoient alors pour le merveilleux de ce genre. La chose n'a plus été si facile dans la suite. *Alexandre* tenta vainement d'être le fils de *Jupiter*; il eut beau vouloir brouiller sa mere *Olimpias* avec *Junon*, en la faisant passer pour la rivale de cette Déesse; il n'est & ne sera jamais regardé que comme le fils de *Philippe*. Les barbares de l'Occident dont les Religions nous sont connues, ne paroissent pas avoir suivi un autre système que celui des Grecs, si cependant on peut appeller système un amas confus de superstitions grossieres & de traditions contradictoires.

Les Romains, quoique très-policés & ayant égalé dans la science du raisonnement les Grecs quils ont surpassés par l'éclat & l'étendue de leurs conquêtes, n'ont point de système réglé; la raison en est que chez eux la Religion est une partie du Gouvernement politique. Les Magistrats sont, à proprement parler, les Prêtres de la République, & ils n'ont regardé la Religion que comme un moyen propre à conduire la populace : ainsi ne s'embarrassant point qu'elle se livrât à la superstition la plus grossiere, pourvu que l'ordre public ne courût point risque d'être dérangé ni troublé, ils ont admis le culte de toutes les nations qu'ils ont soumises ; & par le mélange de tous ces dogmes différents, la Religion ancienne du pays a été comme étouffée. Il y a cependant beaucoup d'apparence qu'elle avoit un grand rapport à celle des plus anciens Grecs dont les Romains tirent leur origine, s'en étant séparés avant le temps de *Sésostris*. Au reste, la preuve que les Romains n'ont regardé le culte des Dieux que comme un établissement politique, c'est la liberté que leurs plus grands hommes revêtus des premieres magistratures, se sont donnée impunément de l'attaquer dans des Ouvrages publics sous leur nom, sans que la considération & l'estime où ils étoient, en ayent reçu aucune atteinte.

Le grand système qui est celui des Chaldéens, des Juifs, des Persans, & de quelques autres Nations voisines, comme les Thraces, n'admet à proprement parler d'autre Divinité, que la cause premiere & universelle dont les ordres sont exécutés par les êtres particuliers, qui sont seulement ses instruments & ses ministres.

Les Juifs ne s'en sont pas encore tenus-là, quoiqu'ils fassent quelque mention du système des Divinités subalternes, qu'ils nomment Démons, Intelligences, Génies, & qui sont comme les Lieutenants de l'Etre suprême, de l'Etre par excellence, à qui ils rapportent tout ce qui arrive dans l'univers; & ils croyent que l'on ne peut s'adresser à ces Génies, ni leur rendre aucun culte, sans déplaire à ce premier Etre. Dans leurs Livres sacrés que j'ai lus avec grand soin, parce qu'ils les ont traduits en notre langue, c'est à lui seul que l'on rapporte tous les événements, sans faire aucune attention aux causes prochaines & sensibles, & aux moyens corporels dont il s'est servi; sa nature n'y est point expliquée, on se contente de lui donner un nom qui, suivant l'interprétation des plus habiles de leurs Prêtres, avec lesquels je me suis entretenu, signifie seulement celui qui existe; comme si on avoit voulu marquer par-là que ce Dieu est le seul qui existe par lui-même, & que tout le reste de l'univers ne tient l'existence que de lui seul. Aujourd'hui les Juifs sont devenus plus curieux de Philosophie qu'ils ne l'étoient autrefois; mais il paroît que toutes les idées qu'ils ont là-dessus, ils les tiennent des Grecs, ou des Chaldéens de qui nous allons parler.

Ces peuples avoient du Dieu suprême à peu près la même idée que les Juifs; mais comme il habite, ainsi qu'ils le disent en termes formels, une lumiere pure & inaccessible à des êtres aussi grossiers & aussi imparfaits que nous le sommes, il ne nous gouverne pas immédiatement, mais par l'entremise des Intelligences & des Génies, qui nous conduisent d'une maniere pour l'ordinaire invisible & insensible. Les plus puissants & comme les chefs de ces Génies habitent le Soleil, la Lune & les autres astres, tandis que la populace des Génies subalternes est attachée aux autres êtres inanimés de la nature, pierres, métaux, plantes, &c. Ces Génies supérieurs agissent sur nous & sur toute la nature, par le moyen de la lumiere & des influences des astres, & avec le concours des Génies inférieurs, attachés aux êtres particuliers.

C'est sur cette opinion qu'est fondée leur astrologie, & leur art de prédire les événements futurs que doivent produire les aspects ou le concours de ces mêmes astres, & cela en conséquence des regles établies par des observations faites depuis plusieurs myriades d'années, du rappport qui s'est trouvé entre la disposition de ces astres, & les événements arrivés parmi les hommes.

Mais cette doctrine supposant que comme le cours & le mouvement des astres n'est point arbitraire, puisque le calcul nous met en état de prédire aisément la rencontre de ces astres, les événements futurs sont nécessaires, & que la volonté des Intelligences attachées aux astres ne peut les changer, la superstition ne trouvoit pas là son compte; les hommes ne se contentent pas d'espérer les biens & de prévoir les maux, ils veulent obtenir les premiers, & éviter les seconds; & cela ne se pouvoit dans la supposition de la nécessité des événements : il falloit donc en faire une autre. On se persuada, dans la supposition que les Dieux étoient maîtres des événements, qu'ils pouvoient changer les regles qu'ils s'étoient imposées, qu'il ne s'agissoit que de se les rendre favorables & de forcer les Génies ennemis à se rendre, par l'intercession des Génies qui étoient plus puissants. Lorsque l'on désespéra de gagner les Génies supérieurs, on tâcha de s'assurer de ceux qui étoient attachés aux plantes & aux pierres, & d'en réunir un grand nombre. On regarda ces Génies comme des hommes, & on se conduisit avec eux sur ce pied-là; on travailla à former en sa faveur des ligues & des traités parmi ce peuple intellectuel. C'est la magie Chaldéenne; elle est, comme vous voyez, différente de celle que l'on connoît parmi les Grecs, & qui n'a pour objet que l'évocation des mânes & des fantômes qui habitent les Royaumes sombres de Pluton, quoique peut-être il ne fût pas difficile de la rapporter à celle des Chaldéens, qui admettant des esprits malfaisants & cruels, parmi ces génies inférieurs, croyoient qu'on ne pouvoit se les rendre favorables que par des crimes & par des meurtres.

Je n'entre pas dans le détail des moyens qu'on employa, les plus absurdes ne furent point rejettés. Comme cette opinion n'avoit aucun fondement réel, il ne faut pas s'étonner si l'on y fit entrer toutes les extravagances & les absurdités dont vous voyez qu'elle est remplie; je vois pourtant que dans le commencement la médecine & les effets singuliers des remedes tirés des plantes, des minéraux & de certains animaux, furent le motif de la plupart de ces pratiques, à l'imitation desquelles on en institua d'autres qui ne produisoient rien.

Ces deux Sectes opposées dans le Chaldaïsme ont donc formé ce que nous appellons astrologie & magie. La derniere passa en Egypte. Le pays étant plus fertile & plus varié dans les productions de la nature, donna lieu aux hommes curieux de ces sortes de connoissances, de faire un grand nombre de découvertes singulieres; elles les mirent en état d'opérer des choses extraordinaires que la populace attribua à l'opération de ces Génies, avec lesquels ils feignoient d'avoir commerce par le secours de la magie. On crut que l'observation de l'aspect de certaines étoiles augmentoit la force des sacrifices par lesquels on s'imaginoit évoquer les Intelligences, & c'est ce que pratiquent aujourd'hui ces superstitieux qui inondent les Provinces sous le nom de Chaldéens & de Pythagoriciens.

Les usages de *Médie* & de *Perse* ne sont pas différents des Chaldéens, si ce n'est en ce qu'ils admettent nettement deux sortes d'Intelligences inférieures, les unes bienfaisantes, & les autres cruelles & mal-faisantes; le nom de la premiere espece est *Oromazes*, & celui de la seconde est *Arimanes*; car je ne crois pas qu'on leur doive attribuer l'opinion de ceux qui font de ces deux especes de Génies deux Dieux suprêmes & égaux en puissance, sans cesse opposés l'un à l'autre, dont les combats mutuels forment tous les êtres particuliers, lesquels sont un mélange de la substance de ces deux premiers principes, & qui par cette raison sont composés de lumiere & de ténebres, de matiere & d'esprit, de vertus & de vices, de plaisirs & de douleur. Les plus habiles des Mages avec lesquels je me suis entretenu, m'ont accusé que cette opinion étoit regardée comme une erreur, & qu'elle étoit formellement opposée au sentiment de *Zoroastre*, conservé dans ses Ouvrages où il ne reconnoît qu'un seul principe supérieur auquel il donne le nom de *Mithra*, qu'ils traduisent *amour*, *union*, *justice*, termes qui signifient qu'il le concevoit comme un être d'une nature bienfaisante, comme la cause de toutes les productions, comme celle de l'ordre & de l'arrangement de l'univers, comme le lien qui en unissoit toutes les parties, & qui empêchoit leur dissolution. Le soleil étoit la vivante image de *Mithra*. L'instrument le plus efficace qu'il employa après le soleil, étoit le feu; & ils prétendent que le respect qu'ils témoignoient à *Mithra*, dont ces deux choses étoient des symboles naturels, avoit donné lieu aux Grecs de supposer qu'ils rendoient à ces deux êtres un culte bien éloigné de leurs principes qui leur défendent de reconnoître d'autre Dieu que *Mithra*. Au reste, ces Mages qui étoient assez instruits de nos opinions, me disoient que l'on ne pouvoit pas leur attribuer le dogme des deux principes égaux avec plus de fondement, que l'on nous attribuoit à tous en général le sentiment de quelqu'une des sectes de philosophie qui sont reçues parmi nous.

Voilà, ma chere *Leucippe*, toutes les sectes religieuses essentiellement différentes que nous connoissons parmi les hommes; toutes les autres en sont des modifications, formées le plus souvent par l'assemblage de diverses opinions prises des systêmes opposés. Telle est, par exemple, la nouvelle secte formée dans le Judaïsme, & qui commence à se répandre dans le monde. Ce sont des gens que l'on nomme Chrétiens; ils croyent tous en général, comme les Juifs, qu'il n'y a que le seul Etre suprême qui gouverne l'univers, & que cet Etre a envoyé sur la terre un homme extraordinaire pour instruire le genre humain de ce qu'il falloit faire & croire, & de ce qu'il falloit observer pour lui être agréable; ils croyent aussi que cet homme est venu changer la loi particuliere que ce Dieu souverain avoit donnée aux Juifs: mais sur le reste de leurs dogmes, ils ne sont point d'accord entr'eux; les uns, & il semble que c'est le plus grand nombre, ont adopté le dogme des Egyptiens & des Indiens, & disent que l'Auteur de leur secte n'étoit pas un simple homme, que c'étoit Dieu même, qui avoit pris un corps; & quoiqu'il ait perdu la vie dans les tourments, ils n'en sont pas plus embarrassés que les Egyptiens le sont de la mort cruelle *d'Osiris*: ils prétendent mettre l'honneur de sa divinité à couvert, par je ne sais quelles merveilles qui l'ont suivie, à ce qu'ils disent, & dont ils prétendent que ses Sectateurs sont témoins, quoiqu'ils soient les seuls qui en parlent. D'un autre côté, plusieurs d'entr'eux ont adopté beaucoup de rêveries prises des Chaldéens modernes sur la nature & la propriété de ce souverain Etre, ainsi que sur les différentes especes d'Intelligences; ils rendent aux Génies un culte, qui est condamné par les autres, quoiqu'ils conviennent de l'existence de ces démons bien ou mal-faisants, qui est établie par les prodiges qu'ils attribuent à l'Auteur de leur secte.

Parmi les différentes opinions religieuses que je viens de dire & de décrire, il n'y en a aucune dont le dogme & le culte soient établis sur les lumieres de cette raison précise & universelle qui éclaire également tous les hommes, & qui fait que la distance des temps ou des lieux, & la différence des langues, des coutumes, des opinions, ne mettent aucune variété entr'eux, telle qu'est celle qui leur découvre les premiers principes de la morale, ou les vérités de la géométrie. Ces opinions sont absurdes, ou tout au moins des suppositions gratuites & sans fondement; elles sont toutes opposées l'une à l'autre dans le détail des conséquences que l'on en tire. Les uns croyent que le premier Etre gouverne tout par lui-même, & par des volontés particulieres, & donne une attention distincte à chaque objet particulier, comme les Juifs & les Chrétiens; les autres, qu'il se repose sur les Génies & les Intelligences particulieres, comme les Chaldéens, les Egyptiens & les Grecs; & parmi ceux-là quelques-uns ne le regardent que comme une cause aveugle destituée de connoissance & d'intelligence; tels sont les Egyptiens & les Grecs, qui n'ont jamais adressé des vœux au destin, qui ne lui ont jamais bâti de temples, & qui n'ont établi aucun culte en son honneur. Ce qu'ils nomment la Fortune, est une espece de Divinité particuliere, qu'ils font présider à ces événements dont on attribue la cause au hasard, parce que l'on n'imagine pas ce qui les a pu produire; cet oubli du deſtin & de la fortune dans le culte, eſt d'autant plus étonnant, que les hommes en ont ſans ceſſe le nom à la bouche, qu'ils l'invoquent ſeule, qu'ils lui attribuent les bons ſuccès, qu'ils ſe prennent à elle des mauvais, & que le portrait injurieux qu'ils en font, en la traitant de volage, d'inconſtante, d'aveugle, de fantaſque, lorſqu'ils déclament contre elle dans leurs plus grands emportements, prouve que dans ces inſtants mêmes ils reconnoiſſent ſon exiſtence & ſon pouvoir. Pour les Chaldéens, quoiqu'ils rendent un culte à leur *Belus* qui eſt le maître & le Roi des Dieux, l'habitude où ils ſont de voir des Monarques inacceſſibles à leurs peuples, & qui ſe tenant enfermés dans le fond de leur palais, gouvernent delà leur Empire par le moyen de leurs Satrapes, les empêche de croire qu'il faille s'adreſſer à l'Etre ſuprême plutôt qu'aux Génies qu'il a établis entre lui & les hommes. Quelques-uns, comme les Chaldéens, croyent que les Dieux inférieurs ſont des eſprits purs, c'eſt-à-dire, ſans un corps ſemblable aux nôtres, qu'ils ne ſont ſuſceptibles d'aucunes des paſſions ni des infirmités auxquelles nous ſommes aſſujettis, & qu'ils ne peuvent devenir malheureux; d'autres, comme les Egyptiens & les Grecs, penſent que les Dieux mêmes les plus puiſſants ſe ſont revêtus de corps matériels; quelques-uns croyent auſſi comme les Grecs, que ces Dieux ſont toujours ſujets à nos paſſions, à nos foibleſſes, à nos beſoins, peuvent être bleſſés, devenir malheureux, & aſſez malheureux pour deſirer la mort. Les fables de nos Poëtes, conformes en cela à nos plus anciennes traditions, ne ſont remplies que des exemples que j'avance. *Elianus* mutilé par Saturne & dépouillé de ſa couronne; le même Saturne chaſſé de ſon trône par ſon fils Jupiter, & chargé de fers; les amours de *Jupiter*, ſes déguiſements honteux pour jouir de ses maîtresses, parmi lesquelles on n'a point de honte de placer sa mere & ses filles; les querelles des Dieux, leurs combats, le péril qu'ils coururent, lorsqu'ils furent attaqués par les Géants, & lorsqu'obligés de se déguiser sous la forme de divers animaux, ils échapperent à peine à leur poursuite; une infinité de faits semblables, sur lesquels je n'ai pas le temps de m'étendre, prouvent ce que nos ancêtres ont pensé des Dieux. Les Egyptiens, les Indiens, & les Chrétiens après eux, ont du moins cru que tandis que non-seulement les Dieux, mais le souverain Etre, la premiere Cause de l'univers, s'étoit revêtu du corps d'un homme ou d'un animal pour venir converser parmi nous, il avoit été exposé à tous les accidents auxquels l'espece dont il avoit pris la figure étoit sujette; en sorte que de même qu'*Osiris*, *Adonis*, & *Atys* avoient souffert une mort cruelle, & que le Dieu des Chrétiens avoit péri par un supplice honteux & destiné aux plus vils esclaves, le bœuf *Apis* pouvoit encore tomber sous le couteau de boucher, comme il est arrivé sous *Cambyse*, & servir d'aliment aux hommes, comme il arriva sous *Ochus*, qui fit servir le bœuf *Apis* sur sa table, & qui régala sa Cour aux dépens de la substance divine.

Il n'y a pas moins d'oppositions dans le culte & dans la pratique qu'il faut observer dans les différentes sectes, pour devenir agréable aux Dieux; la plupart égorgent des bêtes pour se rendre la Divinité favorable. Juifs, Chaldéens, Egyptiens, Indiens, tous croyent que la vapeur du sang qu'ils versent, que la fumée & l'odeur des viandes qu'ils brûlent sur les autels, contribuent au bonheur des Dieux, & les engagent par reconnoissance à leur accorder les graces qu'il en veulent obtenir. Les Chrétiens me semblent les plus sages de tous, puisqu'ils n'ont point de sacrifices, & que dans leurs assemblées ils » se

» contentent de témoigner leur amour & leur recon-
» noiffance au Souverain Etre par des cantiques, des
» prieres & des actions de graces, dont ils accom-
» pagnent des repas fimples & conformes à la fru-
» galité de leur vie ordinaire. Je me fuis inftruit de ce
» qui fe paffe dans ces affemblées, & je puis affu-
» rer que les abominations qu'on leur impute font
» bien éloignées de leur caractere & de leurs mœurs."
Si ces affemblées nocturnes caufent quelque défor-
dre, il eft infiniment moindre que celui dont tous
nos myfteres font accompagnés, même ceux d'*E-
leufis*; car les myfteres d'*Adonis*, de la Déeffe de
Syrie, d'*Atys*, de *Bacchus*, font fi décriés parmi
nous, que des gens graves auroient honte d'y être
initiés.

Ce facrifices ne conviennent ni dans le choix des
victimes, ni dans la maniere de les immoler, ni dans
le lieu où ils fe paffent, ni dans les jours où ils doivent être faits. Quelques-uns croyent que les Dieux
ou du moins certains Dieux, ne peuvent être fatisfaits, fi l'on ne dépeuple l'univers, fi l'on n'égorge
des hommes fur les autels; il faut être homicide, &
quelquefois même parricide, pour leur être agréable;
& ils ne favorifent parmi les Syriens & parmi
les Carthaginois, que ceux que les Loix puniffent
dans les Sociétés bien réglées. En Syrie & à Babylone, les filles croiroient irriter contre elles le Souverain Etre, fi elles n'alloient dans le temple de *Vénus* fervir aux plaifirs des étrangers que le hafard
y conduit; en forte que ce qui s'appelle ailleurs débauche & proftitution, eft là un acte de piété qui
honore la Divinité.

A l'égard des autres Dieux, ils ont des goûts différents auxquels il fe faut affujettir. Celui-ci veut un
bœuf d'une telle taille & d'une telle couleur; un autre veut des moutons, un autre veut une truie, une
chevre; il y en a même dont le goût bizarre veut

se repaître de la fumée d'un animal dont les Nations policées n'oseroient faire leur aliment.

Quant aux mœurs que les Dieux exigent, il y en a très-peu qui se soucient que l'on observe ou que l'on viole les loix de la morale; & comment s'en soucieroient-ils? parmi les Grecs, par exemple, qui n'ont pas un de leurs Dieux, sur-tout des plus puissants, qui ne soit souillé de quelque crime, de quelque vice abominable, ou du moins qui n'ait fait quelque action honteuse & infame; le meurtre, le vol, la débauche, la prostitution, la colere, la vengeance forment tous les traits de leur histoire, & il n'y a point de République qui voulût avoir des citoyens faits comme eux.

Les Egyptiens, les Juifs & les Chrétiens semblent avoir un peu plus d'égard aux mœurs, & il faut avouer que les préceptes de leur secte les ont eus principalement en vue; mais les uns & les autres croyent que quoique l'on ne puisse être agréable aux Dieux sans la pratique de la vertu, néanmoins cette vertu est inutile & fausse auprès du Souverain Etre sans la croyance de certains dogmes spéculatifs, souvent très-absurdes & toujours destitués de vérité & d'évidence, & sans l'observation de certaines cérémonies vaines & puériles, & la plupart du temps douloureuses, comme celle de la circoncision, ou du moins fatigantes & contraires à la raison, à la nature, & aux besoins de la Société; en sorte que les vertus auxquelles ils donnent le prix, sont celles qui consistent à nous priver du plaisir pour lequel la nature, c'est-à-dire le Souverain Etre, nous a donné une pente invincible, & à nous en priver sans qu'il en revienne aucun avantage au reste de la Société. La tempérance & la sobriété ne suffisent pas, selon eux, pour faire un homme vertueux; il faut s'abstenir de presque tous les aliments, jeûner, souffrir volontairement la faim & la soif, ne boire & ne manger qu'autant qu'il est absolument nécessaire pour ne pas mourir. Telle est la doctrine des Prêtres Egyptiens & des Chrétiens. Les Juifs ne vont pas jusques-là; mais en récompense, il faut, pour se rendre agréable au Souverain Etre, s'abstenir de certains animaux. Dans leur principe, celui qui mange du cochon, ne déplait pas moins aux Dieux que celui qui mange de la chair humaine. Selon les Chrétiens, les plaisirs de l'amour que le Souverain Etre a rendu les plus vifs de tous parce qu'il les a attachés à la plus nécessaire de toutes les actions, à celle de qui dépend la conservation de l'espece humaine, ces plaisirs si naturels sont criminels par eux-mêmes. Ils ne condamnent pas seulement l'abus de ces plaisirs & les moyens de les obtenir contraires au bien général de la Société, mais l'usage le plus réglé & le plus légitime que l'on en peut faire. Si tous ne condamnent pas absolument le mariage, comme font plusieurs d'entre eux, au moins il est aisé de voir, par l'éloge qu'ils font de la virginité & du célibat, qu'ils regardent tous les autres états comme une tolérance pour la foiblesse humaine. Plusieurs ne se contentent pas de ces souffrances qui naissent de l'abstinence des besoins les plus pressants, ils y joignent la douleur actuelle & positive, ils déchirent leur corps, se fouettent, se découpent, dans l'espérance que dans cet état ils plaisent à ce Dieu, duquel je ne puis croire qu'ils ayent une autre idée que celle d'un Etre méchant, cruel, & se réjouissant de voir souffrir les hommes.

Ces sentiments étant trop absurdes & trop opposés entre eux, pour être fondés sur les lumieres de la raison naturelle, de la vraie raison, comme vous l'avez vu, il faut examiner par où ils peuvent être appuyés, & comment je connoîtrai qu'ils sont vrais.

Je remarque d'abord que tous ceux qui les soutiennent, m'assurent en particulier qu'ils ont la vérité pour eux, & que leur persuasion est également vive; & en effet je vois que pour défendre ces opinions, ils ont fait & ont souffert ce que les intérêts les plus chers ne font point faire pour la conservation de ce que nous avons de plus précieux.

Comme leurs opinions sont toutes opposées entre elles, & que la vérité est une, elle ne peut se trouver dans toutes les différentes sectes à la fois; il pourroit seulement arriver qu'elle ne fût dans aucune : car ce n'est pas une chose bien rare, de trouver des gens dont la persuasion est plus forte que les raisons qu'ils ont de croire. Ainsi c'est à moi à examiner, avant que de choisir, celle qui sera le mieux prouvée. Comme elles alleguent toutes avec une égale raison la persuasion où elles sont de la certitude des moyens pour plaire au Souverain Etre, je ne puis supposer que cette persuasion ait nécessairement été produite dans les premiers qui l'ont eue, par des preuves évidentes de la vérité des choses qu'ils croyoient, parce que, de leur propre aveu, l'erreur & la fausseté ont excité le même degré de persuasion que la vérité. Ainsi je suis en droit de demander à voir leurs preuves, & à les examiner; ces preuves consistent dans l'autorité des Dieux, ou du Souverain Etre, qui a (disent-ils) révélé que ces opinions étoient vraies. En même-temps il ne doit y avoir qu'une de ces opinions qui jouisse de cet avantage. Voyons quelle sera celle à qui nous l'accorderons.

Les Grecs n'employent aucune révélation, pour établir leur Religion. Les oracles qu'ils prétendent subsister parmi eux, & par le moyen desquels les Dieux les instruisent de ce qu'ils ignorent, ces oracles supposent la Religion, & ne l'établissent pas; ils ne parlent que dans des occasions particulieres, &, sans vouloir philosopher ni dogmatiser, ils répondent tant bien que mal aux questions qu'on leur fait pour savoir quel sera le sort d'une maladie ou le succès d'un entreprise ; & tout se borne à ordonner quelque sacrifice. D'ailleurs, les oracles sont moins anciens que la Religion qui étoit déja établie lorsqu'ils ont commencé ; plusieurs d'entre eux ont cessé, d'autres ont pris leur place, qui ont à leur tour perdu leur crédit par le succès qu'ont eu des oracles encore plus nouveaux. D'ailleurs, l'obscurité & l'ambiguité de tous ces oracles, la fausseté manifeste du plus grand nombre des réponses qu'ils rendent, montre évidemment qu'ils n'ont aucun avantage sur les prédictions de ces imposteurs vagabonds qui courent les Provinces pour mettre la superstition des ignorants à contribution ; & en effet ces oracles sont tellement décriés, que les gens les moins pénétrants ne les consultent que par maniere d'acquit. Nos Grecs n'ont nuls Livres sacrés ; toute leur Religion est fondée sur des traditions confuses, & dont l'origine est non-seulement obscure, mais remplie de contradictions: il n'y a qu'à lire le recueil qu'*Homere* en a fait, compilant ce qu'il avoit tiré des archives des temples les plus célebres, l'Ouvrage de *Théophraste d'Erese*, ou ceux de nos Historiens qui ont écrit sur les antiquités des Nations & des Villes de la Grece ; elles font toutes remonter leur origine si haut, qu'elle se confond avec l'histoire des Dieux ; & cette partie de l'histoire est si incertaine, qu'elle n'a point d'autre nom que celui d'inconnue & de fabuleuse.

Si nous consultons les Poëtes, outre que les monuments d'*Orphée*, le plus ancien de tous, sont certainement d'un temps très-postérieur, & qu'*Aristote* croyoit même que cet *Orphée* dont on montroit les Ouvrages n'avoit jamais existé ; ils ne servent de rien pour établir la Religion ; ses révélations prétendues, son commerce avec les Dieux, ne nous apprennent point qu'ils lui ayent donné autorité de rien annoncer de
leur

leur part aux hommes, & qu'ils lui ayent fourni les moyens de prouver qu'il avoit véritablement reçu d'eux cette autorité. Le *Minos* des *Crétois* a été à la vérité un légiflateur célebre ; mais fon commerce prétendu avec les Dieux, & fes retraites dans les antres facrés du Mont *Ida*, ne peuvent fervir à établir la vérité de la Religion des Grecs, quand même ces révélations ne feroient pas de pures fables ; puifque les *Crétois*, inftruits par *Minos* lui-même, regardent & ont toujours regardé les Dieux de la Grece les plus célebres, comme des hommes nés, élevés, & morts dans leur Ifle, où ils ont été enfevilis, ainfi que leurs tombeaux en faifoient foi, & fuivant les infcriptions mêmes de ces tombeaux recueillies par ce même *Homere*. En effet, loin que les Prêtres des Dieux prétendent établir la vérité de leurs dogmes fur les révélations de *Minos*, & fur le témoignage des *Crétois*, ils les traitent de menteurs, à caufe de ce qu'ils ont dit du tombeau de *Jupiter*, fans penfer que ceux qui étoient nés comme les autres hommes, qui avoient vécu dans un corps fujet aux mêmes infirmités qu'eux, devoient avoir été auffi fujets à la mort ; & pour le prouver, je ne veux pas d'autre témoignage que ceux d'*Héfiode* & d'*Homere* qu'ils regardent comme des hommes infpirés.

Mais comme nous avons vu que la Religion des Grecs venoit des Egyptiens, peut-être fera-ce parmi eux que nous trouverons des preuves de la vérité de cette Religion que nous cherchons. Les Egyptiens prétendent qu'*Ofiris* ou le Souverain Dieu lui-même a habité parmi eux, qu'il les a gouvernés fous la forme d'un homme, qu'il a fondé leur monarchie & leur Religion ; mais ils n'ont aucuns livres de lui. Le plus ancien Légiflateur de l'Egypte étoit *Menès* felon quelques-uns, ou, felon d'autres, fon fils *Athothis* (c'eft le Thot de *Platon*) que ce Philofophe prétend être le Mercure des Grecs, &c. que quelques

Auteurs font l'inventeur de l'écriture & de la plupart des arts; il laissa des livres contenant les préceptes de ce qu'il falloit croire & pratiquer au sujet des Dieux, pour leur être agréable. Un de ses descendants, de même nom que lui, transcrivit ces livres dans un caractere plus aisé à lire & à entendre que celui dans lequel ils avoient été écrits d'abord. Les Egyptiens prétendent avoir conservé ces livres. *Manethon* & *Sanchoniaton* en ont publié quelque chose dans leurs Ouvrages ; mais malgré cela, ces livres ne subsistent plus; & quand ils subsisteroient, les Prêtres conviennent eux-mêmes qu'ils ont perdu l'intelligence des *Hyérogliphes*, ou caracteres sacrés dans lesquels ils étoient écrits : ils ne peuvent expliquer qu'à peine les inscriptions qui sont sur leurs obélisques, quoique gravées dans un temps bien postérieur. Et quand même ils prétendroient les entendre ; comme la signification de ces caracteres n'étoit qu'allégorique, c'est-à-dire arbitraire, on est toujours en doit de douter de l'interprétation qu'ils y donneroient, n'ayant point ces livres, & ne pouvant nous assurer ni de leur authenticité, ni de leur véritable intelligence. Ne pouvant les examiner par la comparaison des monuments contemporains, ni par ceux des temps qui les ont suivis, nous n'avons d'autres preuves de la vérité de ce qui y étoit contenu, que le témoignage de ceux qui prétendent que leur Religion est celle qui y étoit enseignée; & comme nous l'avons vu, ce témoignage n'a aucune force, puisque la persuasion étant égale dans toutes ces différentes Religions, elle ne sert de rien pour prouver la vérité d'aucune en particulier. Mais qui m'assurera que ces livres, quels qu'ils soient, contenoient la Religion révélée aux Egyptiens ? Je vois les villes de ce pays partagées sur cette matiere en un nombre presque infini d'opinions, non-seulement différentes, mais encore opposées les unes aux autres ; chaque ville, ou du moins chaque Province, a sa Divinité, qu'elle prétend être la seule, & elle se fait un point de Religion de massacrer ce que les autres adorent. Vous savez quelles haines cette division de sentiments entretient parmi eux, les cruautés qu'ils exercent les uns contre les autres à ce sujet, la peine qu'ont les Magistrats à les contenir ; & vous êtes instruite que les efforts successifs des Persans, des Grecs & des Romains, pour abolir la Religion Egyptienne, viennent seulement de ce qu'ils la regardent comme étant propre à inspirer à ceux qui la professent, les sentiments de la haine la plus barbare & la plus féroce pour ceux qui ont des opinions différentes. Cette persécution qui s'excite de temps en temps entre eux, contre les Juifs & les Chrétiens, ne part que d'une source de politique. Les Romains sont trop sensés & trop tolérants pour croire que la société ait droit de punir l'erreur & l'extravagance, à moins qu'elle ne devienne une manie capable de troubler la paix & le bon ordre, comme il arrive dans les Religions où l'on se croit obligé, pour plaire aux Dieux, de contraindre les autres hommes à penser comme soi.

Laquelle de ces différentes traditions Egyptiennes préférerai-je aux autres ? toutes alleguent des révélations expresses en leur faveur, toutes citent des livres dans lesquels elles prétendent qu'elles sont écrites; chacune prétend jouir du même privilege, à l'exclusion des autres. Mais comme aucune ne peut prouver le droit qu'elle s'attribue, je suis obligé d'en revenir à la raison dont on vouloit m'empêcher de me servir ; & cette raison me fait voir que ces dogmes sont composés de fables absurdes, extravagantes, infâmes même, & telles que les Ecrits les plus décriés ne contiennent rien de pareil ; que les pratiques que l'on m'impose sont incommodes, puériles, extravagantes, contraires à la nature & au principe du sens commun ; telles que l'abstinence totale de certains animaux, les veilles, les jeûnes, les flagellations, la récitation de certaines paroles mystérieuses, souvent destituées de sens, & presque toujours d'un sens raisonnable. La raison ne peut concevoir que, supposé l'existence d'un Dieu, & d'un Dieu qui ait exigé qu'on lui rende un culte particulier, ce soit par un tel culte qu'on puisse lui devenir agréable. Les descriptions & les images que l'on me donne de ces Dieux, sont mêmes telles, qu'il n'est aucun homme qui ne prît la fuite, & qui ne fût saisi de la terreur la plus vive, à la vue d'un être qui auroit la figure de ces Dieux. Ainsi c'est certainement ailleurs que chez les Egyptiens qu'il faut chercher la révélation.

Les Indiens ont à la vérité des livres qu'ils soutiennent très-anciens, pour lesquels ils ont une vénération infinie, & qu'ils prétendent avoir reçus de leurs Dieux mêmes. Mais par ce qui m'a été dit de ces livres qu'ils montrent difficilement aux Etrangers, qui sont écrits dans une langue difficile à entendre, & différente de celle qu'on parle présentement, ils contiennent deux sortes de dogmes; les uns sont des dogmes Philosophiques exposés d'une maniere figurée, à travers de laquelle on voit clairement que leurs Auteurs étoient des Philosophes, qui ne distinguent point la substance divine de celle de l'univers, qui croyent que nos ames & nos corps sont autant de parties ou de modifications de la Divinité, & qui par conséquent ne doivent aucun culte au souverain Etre, parce que l'on ne peut s'en rendre à soi-même; ils ajoutent à cela que ces ames & ces corps ne font par la naissance & par la mort que prendre de nouvelles formes, & passer d'un état dans un autre, & que ce qui regle le sort d'un chacun de ces états, est une certaine fatalité qui a attaché le bonheur à la vertu, & l'infortune au vice. Tous les événements sont nécessaires selon eux ; & par conséquent n'y ayant point de liberté, il n'y a ni mérite ni démérite au sens où nous entendons ces mots, & par conséquent on ne peut ni plaire ni déplaire au souverain Etre; & comme tous les événements sont nécessaires, on ne doit pas espérer que le culte qu'on lui rend soit capable de changer le sort qui nous est destiné.

A ces principes théologiques, on a joint plusieurs fables absurdes des aventures de leurs Dieux, dont plusieurs sont ridicules, & qui ne sont point de la même main que le reste; on y voit aussi des traditions historiques, qui, quoique confuses, montrent que ces peuples ont conservé la mémoire des temps antérieurs & de toutes les histoires des autres Nations.

Comme ce qu'il y a de plus ancien dans ces Livres, détruit le culte par lequel ces peuples prétendent honorer les Dieux, & même l'existence des Dieux, selon que le peuple le conçoit, vous voyez, ma chere *Leucippe*, que l'on ne peut les regarder comme le fondement d'une Religion véritable, & qu'il ne faut pas s'y arrêter.

J'ai connu par le commerce de leurs plus savants Brachmanes qui accompagnoient les Ambassadeurs de *Taprobane*, que leurs Philosophes ne regardent la Religion que comme un établissement politique. Ils croyent que celle de chaque pays est la véritable pour ceux qui la professent; & ils me citoient là-dessus les vers d'un de leurs Poëtes mystiques, qui apres avoir dit que la Divinité est comme un grand Roi qui reçoit les hommages des différentes Nations de son Empire, avec les cérémonies particulieres à chacune d'elles, ajoutoit que ce monde avec les différentes Religions qui y sont établies, étoit une des septante mille comédies que la Divinité représentoit devant elle pour s'amuser.

Les Persans ont des Livres sacrés écrits, selon eux, par *Zoroastre*; mais c'est par le dernier de ceux qui portoient ce nom, & qui n'a vécu que du temps de *Cyrus*, & de *Darius*, fils d'*Hyſtaſpes*, dont il eſt parlé dans ces ouvrages. Les Perſans prétendent que ces Livres ont été écrits par *Mythra* lui-même; & ſi l'on en excepte un grand nombre de pratiques puériles & ridicules, qui ſemblent cependant avoir leur fondement dans des réglements convenables à la nature du climat, & tournées en cérémonies religieuſes par la ſuperſtition des peuples antérieurs à *Zoroaſtre* qui n'étoit que le réformateur de l'ancienne Religion, ils contiennent des préceptes conformes à la raiſon: c'eſt par le reſpect & par la reconnoiſſance, que l'on adore le ſouverain Etre; on ne ſuppoſe point qu'il nous ait donné de préceptes différents de ceux que la nature nous inſpire; la douleur paſſe dans cette Religion pour un mal, & il faut la fuir; le plaiſir eſt un bien; & pourvu qu'on ne le recherche que par les moyens conformes aux loix, c'eſt-à-dire, que l'ordre de la Société n'en ſoit point violé, on eſt agréable au ſouverain Etre. De toutes les Religions que nous connoiſſons, c'eſt la plus ſenſée; mais après tout, ſon inſtituteur, ou plutôt ſon reſtaurateur, n'eſt qu'un ſimple homme, qui ne nous prouve point qu'il ait d'autre droit que celui de la raiſon; les merveilles que l'on prétend qu'il a faites pour convaincre ſes compatriotes de la vérité de ſa miſſion, ne ſont pas trop bien établies; elles n'ont point été connues hors de ſon pays; & dans ſon pays, il y a un grand nombre d'hommes qui les rejettent.

D'ailleurs, les pratiques Religieuſes de ceux qui le regardent comme l'interprete du ſouverain Etre, ſont contraires à ſes principes. Ils font conſiſter toute la Religion dans l'obſervation de quelques cérémonies vaines, &qui, ſelon l'idée qu'il nous donne lui-même du ſouverain Etre, ne peuvent être regardées tout au plus que comme des uſages particuliers à ceux au milieu desquels il vivoit, & qui étant devenus comme sacrés pour eux, ne pourroient être déracinés de leur esprit sans violence; & il ne faut pas l'employer, pour ôter aux hommes des opinions indifférentes à la tranquilité publique. Ainsi les dogmes Persans sont moins une Religion qu'une secte de philosophie, qui, dans ce qu'il y a de raisonnable, ne contient rien qui ne lui soit commun avec celles de toutes les autres nations.

Les Chaldéens prétendent avoir eu des Livres sacrés, mais ils ne peuvent plus nous les montrer; ce que *Bérose* en a tiré pour composer son Histoire, fait remonter si haut l'origine de leur nation & de leur Religion, que cela n'est appuyé que sur des traditions bien confuses. Ils raportent, pour établir leur antiquité, des observations astronomiques & généalogiques de plus de quatre cents soixante-dix mille ans. Il est certain que le mouvement des astres a été connu & déterminé chez eux, il y a long-temps. Leur Religion en dépend, pour ainsi dire, & ce motif les a obligés de s'y appliquer de très-bonne heure; mais il s'en faut bien qu'ils ayent de quoi prouver cette antiquité de plusieurs Myriades d'années qu'ils donnent à leur nation, puisque leurs observations suivies ne remontent qu'à quatre ou cinq siécles au-dessus d'*Alexandre*, & que la plus ancienne des observations antérieures recueillies par *Callysthene*, & envoyées par lui à *Aristote*, ne précede pas de deux mille ans la conquête de Babylone & la défaite de *Darius*.

Les Chaldéens n'ayant donc plus de Livres sacrés, nous ne pouvons sçavoir laquelle des deux Sectes qui les partagent, suit la doctrine de ces Livres: il paroît que celle qui fait profession de la pure Astrologie, ne doit point avoir de culte religieux. Car tout étant nécessaire, l'observation des Loix ne dépend point de notre volonté, & par conséquent nous ne devons être ni agréables ni désagréables au souverain Etre, par l'obfervation des Loix que la Religion impofe; & il ne peut en avoir établi une.

La feconde Secte qui fuppofe que les Dieux & les hommes peuvent agir librement, peut feule former une Religion. Elle prétend que les hommes peuvent converfer avec les Dieux, elle enfeigne même les moyens de lier ce commerce, & elle foutient que ces moyens font infaillibles; ce livre qui court parmi nous fous le nom d'oracles de *Zoroaftre*, en eft rempli: mais aucun de ceux qui obfervent ce qu'il prefcrit, n'a pu encore y réuffir; nos prétendus Mages de Chaldée ne font tout au plus que des fourbes, dont les preftiges abfurdes peuvent à peine féduire la plus vile populace, loin d'en impofer aux gens éclairés qui les examinent. Cela feul doit prouver que la Religion qu'ils nous annoncent, eft fauffe, puifque les préceptes qu'elle nous donne ne peuvent produire les effets qu'ils en attendent & qu'elle promet.

D'ailleurs, ces préceptes font infenfés, & leurs pratiques fi abfurdes, que cela feul pourroit bien nous perfuader que ce n'eft qu'un tiffu d'extravagances & de puérilités imaginaires, inventées par des fourbes qui vouloient fe rendre recommandables au refte des hommes; ce que l'ignorance, la crédulité, & la fuperftition a groffi de jour en jour.

La Religion des Juifs & des Chrétiens eft la feule dont il me refte à examiner le fondement; je les joins enfemble, parce que les derniers fuppofant la vérité des Livres reçus par les premiers, & n'ayant prétendu que réformer leur Religion, ils n'en doivent pas être diftingués.

Les Livres des Juifs nous font connus; eux mêmes les ont traduits en notre langue; ainfi nous pouvons les examiner. Ces livres font de plufieurs fortes; les uns attribués à leur Légiflateur, & portant fon nom, les autres écrits depuis lui, mais par des gens que leur Dieu inspiroit, & auxquels même il découvroit l'avenir, afin qu'ils le révélassent à leur nation.

Le premier de ces Livres attribués au Législateur des Juifs, contient l'histoire du monde entier, depuis la premiere origine des êtres jusqu'à son temps. Les quatre suivants contiennent le détail de leurs loix, & de leur police Ecclésiastique & civile.

Leurs traditions historiques sur l'origine du monde jusqu'au temps d'un Chaldéen duquel ils croyent qu'est descendue toute leur nation, qui ne se regarde que comme une seule famille partagée en douze tribus sorties de douze fils de cet homme; ces traditions, dis-je, sont assez conformes à celle des Chaldéens, si ce n'est qu'ils abregent les temps infiniment plus qu'eux: les uns & les autres croyent que depuis le premier homme jusqu'à celui sous lequel arriva cette grande inondation qui fit périr tout le genre humain, à l'exception d'une seule famille qui repeupla toute la terre, il n'y a eu que dix générations: mais la conformité ne va pas plus loin. Ce livre des Juifs, ainsi que les suivants, suppose l'existence d'un Dieu unique, qui a fait le monde & qui le gouverne; mais il ne nous explique point ce qu'il est, & quelle idée nous devons nous en former. Au reste, ce livre contient des choses qui ne se peuvent expliquer que par des allégories forcées, & qui ne sont guere dignes de la majesté du souverain Etre dont il nous donne des idées assez puériles. Les Juifs eux-mêmes conviennent qu'il y a des choses insérées dans ce livre de même que dans les suivants, qui ne peuvent avoir été écrites que long-temps après le Législateur; en sorte qu'ils ne sont point venus à nous tels qu'ils sont sortis de ses mains; ce qui donne une grande atteinte à leur autorité: d'ailleurs, il y a des contradictions manifestes en quelques endroits, ce qui ne convient pas aux Ouvrages dictés par le souverain Etre, dont la sagesse doit être supérieure à celle de tous les hommes. Ces difficultés sont encore plus fortes dans les Ouvrages suivants. Ceux qui contiennent leur histoire sont imparfaits, & d'ailleurs sont écrits avec une obscurité & une sécheresse infinie, & ne peuvent être regardés que comme des extraits faits par des particuliers, de livres plus étendus, auxquels on renvoye à tous moments. A l'égard de leurs livres écrits par des hommes inspirés, on voit dans leur histoire que rien n'étoit plus commun parmi eux, que de trouver des gens qui se persuadassent d'avoir commerce avec le Dieu suprême, & qui donnant les mêmes preuves de la vérité de leurs révélations que donnoient ceux qui sont regardés comme de vrais Prophetes, passent néanmoins parmi les Juifs pour des imposteurs; ainsi il ne reste plus de marque à laquelle on puisse distinguer les vrais Prophetes d'avec les faux.

En général, on peut observer que les Ouvrages de ces hommes inspirés étant supposés écrits dans des temps antérieurs, nous n'avons point de preuves qu'ils soient de ces temps-là, & que leurs auteurs ayent véritablement prédit ce qui est arrivé depuis. Nous ne sommes point sûrs que leurs prédictions n'ayent point été ajustées après coup avec les événements, par ceux qui les ont mis en ordre; ce qu'il y a de certain, c'est que de l'aveu même des Juifs, il n'y a plus de Prophetes parmi eux : ainsi nous sommes obligés de les en croire sur leur parole, lorsqu'ils nous assurent que Dieu se communiquoit jadis aux hommes.

En examinant le système de leur Religion & la suite de leur histoire, nous voyons qu'ils sont persuadés que le souverain Etre les a choisis parmi tous les autres peuples de la terre, pour leur déclarer de quelle maniere il vouloit être adoré; &

que pourvu qu'ils fussent fideles à ses loix, il leur promit de les combler de bonheur; que pour les convaincre que c'étoit véritablement lui qui avoit dicté cette loi, il fit en leur faveur les plus grandes merveilles. Mais il semble qu'il lui étoit plus facile de déranger toute la nature, de bouleverser les éléments, d'arrêter le cours du soleil, de rendre solides la mer & les fleuves, d'épaissir la rosée pour en faire une nourriture &c., que de toucher leur cœur, de persuader leur esprit. C'est déja un grand sujet de révoquer en doute la vérité de ces prodiges; car s'ils étoient véritablement arrivés, ils auroient produit dans ceux qui en auroient été les témoins, la persuasion la plus vive. Cependant nous voyons par leur histoire, que leur législateur ne fut occupé pendant sa vie qu'à appaiser les séditions qui s'excitoient contre lui, & que les châtiments les plus séveres & les plus tyranniques ne pouvoient les empêcher de quitter le culte du Dieu qu'il leur prêchoit, pour suivre celui des Divinités des autres pays. A peine fut-il mort, qu'ils oublierent les loix qu'il leur avoit données; & la suite de leur histoire pendant plusieurs siecles, n'est qu'un tissu de passages du culte de leur Dieu à celui des Divinités étrangeres, jusqu'à ce qu'enfin leur ville & leur Royaume furent détruits par les Chaldéens qui les emmenerent en Assyrie pour peupler la ville de Babylone & les environs. Ils passerent près d'un siecle dans ce pays, & ne revinrent habiter leur patrie que lorsque *Cyrus* craignant la puissance de Babylone nouvellement conquise, résolut d'affoiblir cette ville, en lui ôtant la meilleure partie de ses habitants. Depuis ce temps, ces Juifs auparavant si rebelles à leur Dieu malgré les prodiges éclatants qu'il opéroit tous les jours à leurs yeux, devinrent fideles à sa loi, & ont témoigné pour elle le zele le plus vif & le plus ardent: non-seulement ils n'ont point adoré les Divinités étrangeres; mais lorfqu'un des Rois de Syrie defcendu de *Seleucus* voulut les contraindre d'adorer les Dieux de la Grece, & de violer la loi de leur Dieu, en mangeant des animaux qu'elle leur interdit, ils fouffrirent avec conftance les tourments les plus cruels plutôt que de violer cette loi, & de fe fouiller par ce qu'ils regardoient comme des abominations; cependant ils n'avoient alors, pour les foutenir, ni Prophetes ni prodiges, & néanmoins leur perfuafion étoit plus vive que dans le temps où leur hiftoire fuppofe que Dieu leur en envoyoit tous les jours. Cette perfuafion n'a été produite que par l'idée où ils étoient que les prodiges rapportés dans leur hiftoire étoient véritables. Quel effet auroient-ils donc dû produire fur ceux que l'on prétend en avoir été les témoins, puifque la feule opinion qu'ils font arrivés, fait aujourd'hui une telle impreffion fur leur defcendants? Il faut conclure delà que ces prodiges n'ont jamais été, mais qu'ils ont été inférés après coup dans une hiftoire qui, de leur propre aveu, a été compilée par celui qui les ramena de Babylone, qui établit leur nouveau gouvernement, qui rebâtit leur ville avec le temple de leur Dieu, & qui régla la forme de leur Religion entiérement abolie.

Selon les promeffes pofitives de leur Dieu, ils doivent être heureux & floriffants tant qu'ils feront fideles à fa loi. Jamais ils ne l'ont été davantage que depuis leur retour de Babylone, & jamais ils n'ont été plus malheureux. Expofés à la tyrannie des Succeffeurs d'*Alexandre*, ils ne fe font fouftraits à leur puiffance que pour retomber fous celle des Romains, qui, laffés enfin de leurs continuelles révoltes, ont détruit leur ville, ont exterminé la plus grande partie de la nation, & ont difperfé le refte dans les Provinces de leur Empire, où la perfécution continuelle qu'on leur a faite, ne peut les ébranler, loin de leur faire abandonner leur Religion. Que peut-on penser de la vérité des promesses qui leur ont été faites au nom de Dieu, sinon que ce n'est qu'une adresse de leur Législateur, qui vouloit faire impression sur un peuple superstitieux, & qui, voulant profiter de cette disposition de leur esprit, tournoit en prodiges tout ce qui leur arrivoit d'extraordinaire, suivant le langage de ces peuples, dans lequel ce qui arrive de plus ordinaire passe pour une action immédiate de Dieu? Comme les Livres de ce Législateur ont passé successivement par bien des mains qui y ont changé & ajouté ce qui leur a plu, il n'est pas étonnant qu'ils se trouvent remplis de tant de prodiges racontés suivant les idées qui s'en étoient répandues parmi une nation grossiere, crédule & superstitieuse. Ainsi je conclus que leur Religion ne conserve pas plus de marques de divinité que celle des Indiens, ou des Egyptiens & des Chaldéens, qu'il n'y a plus de marques subsistantes de la certitude des révélations sur lesquelles elle est fondée, & que tout dépend de la tradition historique, & de la croyance de ceux qui les reçoivent.

Depuis la ruine & la dispersion des Juifs, il s'est élevé parmi eux une nouvelle secte que l'on nomme Chrétiens, du nom de leur Législateur. Je vous en ai déja parlé; ces gens supposent la vérité de la loi & de toutes les révélations Judaïques; mais ils prétendent que le bonheur promis aux Juifs n'étoit pas un bonheur tel qu'ils l'imaginent, consistant dans la gloire, dans la richesse, dans l'abondance & dans la tranquillité de leur Empire, ces peuples n'ayant jamais eu aucun avantage sur les autres nations dans la jouissance de ces biens, mais dans la connoissance de la vérité, dans la pratique de la vraie vertu, dans une espece de béatitude Stoïcienne qui pendant cette vie peut se trouver dans l'état le plus malheureux, & après la mort dans le commerce du souverain Etre, avec lequel ils converseront & qu'ils connoîtront alors intimement. Ils ajoutent que cette Loi donnée aux Juifs n'étoit qu'une loi particuliere, qui devoit finir au bout d'une certain temps, après lequel le culte des Juifs & les pratiques gênantes de leurs cérémonies seroient abolies, qu'alors l'Etre suprême n'exigeroit d'autre adoration des hommes que le respect, l'amour & la reconnoissance, jointe à la pratique exacte d'une vertu sublime, & portée plus loin que les Philosophes ne l'ont jamais portée ni poussée. Ils assurent que ce temps est arrivé, que leur Christ est celui que Dieu a envoyé parmi les hommes pour leur enseigner le moyen de lui devenir agréables, & que c'est celui que Dieu avoit tant de fois promis aux Juifs, & qui devoit les tirer de l'état malheureux où ils se trouvoient plongés; & c'est ce que signifie selon eux le titre de Christ qu'ils lui donnent, car il avoit un autre nom. Les Juifs au contraire soutiennent que tout ce qui a été prédit de cet homme qui doit relever leur nation, ne peut se prendre allégoriquement. Ils disent que ce sera un Roi puissant qui les rassemblera, & qui rétablira leur Empire & l'étendra sur toutes les nations. Et il faut avouer en effet que leurs livres ne nous en donnent pas une autre idée, & que l'on n'y trouve rien qui favorise l'explication des Chrétiens.

La Secte de ces derniers dépend de la vérité de celle des Juifs, sur laquelle elle est entiérement fondée; ainsi il suffiroit d'avoir détruit la premiere, pour se dispenser de parler de celle-ci : mais par elle-même elle est destituée de preuves suffisantes; nous n'avons aucun livre de ce Christ; & quoique ses Disciples en ayent écrit plusieurs, il y en a quelques-uns qui ne parlent que par oui-dire, & dont les Auteurs ne prétendent point avoir été témoins des faits qu'ils rapportent; ainsi on peut leur refuser sa créance. Pour les autres, ce sont des Ouvrages obscurs, inconnus au public, & que les Chrétiens cachent avec un grand soin aux Juifs & aux Etrangers; car le mystere est un des plus grands points de leur Religion; en sorte que comme ces livres n'ont point été exposés à la critique & à la contradiction, le silence de leurs ennemis sur les faits qui y sont contenus, ne peut être cité comme un aveu de leur vérité. D'ailleurs, ces livres sont remplis de prodiges faits par cet homme à la vue de toute la nation Juive, de maladies incurables guéries sans employer aucuns remedes, d'aveugles, de muets & de sourds guéris, de gens morts depuis plusieurs jours auxquels il a rendu la vie; c'est une chose absurde, vu la maniere dont les hommes sont faits, que de supposer que l'on ait persécuté un homme pour lequel Dieu se déclaroit d'une maniere si éclatante, qu'on l'ait arrêté, & qu'on l'ait fait mourir comme un malfaicteur, quoique sa vie paroisse fort innocente, & qu'on n'apperçoive en lui aucune action qui pût causer le moindre trouble dans la Société.

D'ailleurs, une partie de ces livres sont pleins de puérilités & d'absurdités, & l'on ne peut sauver les contradictions qui se trouvent parmi ceux qui sont les plus purgés. Ainsi il n'y en a aucun qui porte quelque caractere auquel notre raison doive se soumettre, & qui la force de reconnoître que les opinions qui y sont contenues, sont d'une certitude au-dessus de celle des vérités, & que par conséquent nous devons les recevoir quoiqu'elles ne paroissent pas s'accorder avec ces dernieres.

Vous voyez, ma chere *Leucippe*, par tout ce que je viens de rapporter, que la vérité de ces Religions dépend de l'autorité que ceux qui nous attestent les faits sur lesquels elles sont fondées, doivent avoir sur notre esprit, & du degré de croyance que nous devons ajouter à leurs discours. Les prodiges

& les témoignages visibles que nous ne pouvons attribuer aux hommes, ne subsistent plus à présent ; nous ne sommes obligés de croire la vérité de ce que l'on nous en conte, que de la même façon que nous croyons les événements passés ; & ils ne peuvent tout au plus avoir qu'une certitude historique. Or qu'est-ce qu'une telle certitude ? On s'y prête dans les choses indifférentes, & qu'il ne nous coûte rien de croire ; mais si l'on prétendoit en conséquence de certains faits historiques nous dépouiller de ce que nous possédons, nous assujettir à des pratiques gênantes, incommodes & douloureuses, nous priver de ce qui nous est le plus cher, nous interdire tout plaisir, tout repos, en un mot détruire notre bonheur, ne devons-nous pas examiner avec la derniere rigueur les titres sur lesquels on se fonde, résister aussi long-temps que nous pourrons le faire avec raison, & ne nous rendre qu'à la derniere évidence ? Après tout, il ne s'agit pas moins ici que de la liberté de notre corps, de notre entendement, de notre volonté, que l'on prétend réduire en esclavage. Il me semble que la chose vaut bien la peine de la defendre, & de ne nous point rendre sans combat. Je vous l'ai déja dit plusieurs fois, toutes ces Religions employent des preuves de même espece pour montrer la vérité de ce qu'elles contiennent, je vois de tous les côtés une égale persuasion, une zele égal, un égal dévouement pour des dogmes dont on se dit prêt à sceller la vérité de son sang ; on s'accuse mutuellement d'aveuglement, d'erreur, de prévention, & l'on fait des merveilles tant qu'il ne s'agit que d'attaquer les opinions des autres systêmes ; on en triomphe hautement, on met dans le plus beau jour leurs absurdités, leurs contradictions, le défaut de leurs preuves : mais cet avantage cesse, dès qu'il s'agit de défendre ses propres sentimens, & passer du côté de ceux qui attaquent.

La persuasion la plus vive de certains dogmes & de certains faits, n'est donc pas une preuve suffisante pour en établir la vérité ; car cette persuasion est égale dans tous les partis, & la vérité ne peut être que dans un seul : je ne sais même par quelle fatalité il arrive qu'à la honte de la raison humaine, les Religions les plus absurdes, comme celles des Indiens & des Egyptiens, sont celles qui fournissent les plus grandes marques de persuasion ; les austérités affreuses auxquelles ils s'assujettissent par un motif de Religion, sont telles que les supplices inventés par les tyrans les plus cruels, ne les égalent pas.

C'est donc à la raison à examiner leurs preuves, & à décider en faveur de ce qui lui paroîtra le mieux prouvé. Ainsi de leur propre aveu, cette raison qu'ils veulent bannir, doit entrer dans ses droits. Il seroit trop injuste de vouloir bien l'employer lorsqu'il s'agit de combattre les autres opinions, & d'en interdire l'usage quand il faut examiner la sienne propre. D'ailleurs, il n'y auroit aucune secte qui ne prétendît avoir ce privilege ; & si cela étoit, ce seroit encore à la raison à décider entre elles sur cette prétention. Rapportons-nous-en donc sincérement & de bonne foi à la raison, l'unique juge de ces matieres ; ne croyons que ce qu'elle nous apprendra ; elle ne nous peut tromper : si elle le pouvoit faire, il n'y auroit plus de regle constante parmi les hommes ; & nous voyons cependant qu'ils conviennent dans la connoissance & dans l'usage d'un grand nombre de vérités : s'ils different entr'eux, s'ils se trompent en beaucoup de choses, c'est qu'ils se hâtent de prononcer avant que de l'avoir consultée, c'est qu'ils prennent pour son langage celui de leurs préjugés, ou quelques opinions spéculatives, que l'accoutumance & la soumission aveugle à l'autorité des autres hommes leur fait regarder comme des

Q

vérités. Il s'agit donc d'éviter la précipitation dans ces raisonnements, & de rejetter ces principes dont la vérité n'est pas fondée sur un sentiment intérieur vif & distinct; il s'agit de ne point parler des choses que nous ne connoissons point, & de ne pas prendre pour idées claires & nettes ces images confuses qui accompagnent les termes que les Ecoles philosophiques ont rendus familiers parmi nous. Leurs abstractions ne vous sont pas inconnues; je pourrois en employer le langage, sans craindre de vous effrayer: mais ces subtilités ne vous seroient d'aucun usage, les vaines spéculations des Philosophes sont au moins inutiles pour trouver la vérité. Sans avoir étudié leurs sophistiqueries sur la nature du vrai & des idées, un sens droit, une certaine justesse d'esprit naturelle, dont les hommes ne sont dépourvus que lorsqu'ils ont éteint eux-mêmes le flambeau de la raison par l'abus qu'ils en ont fait, leur suffit pour connoître quel parti ils doivent prendre dans les occasions communes de la vie, où ces prétendus maîtres de la sagesse sont si ignorants, quoique ce soient celles où l'on a plus besoin de se servir de sa raison.

Ainsi sans nous engager dans les définitions philosophiques, & dans la discussion trop scrupuleuse de leurs opinions, voyons ce que c'est que la raison, quelle est la nature des connoissances qu'elle doit régler, & quelle est la maniere dont nous devons nous conduire pour en faire un bon usage. Tâchons seulement de n'employer les termes dont nous nous servirons, que dans le sens auquel ils sont pris par ceux qui parlent & qui raisonnent avec cette justesse commune dont nous avons parlé.

Nous n'apportons en naissant qu'une disposition à connoître, c'est-à-dire à sentir & à appercevoir les impressions que nous recevons des autres êtres, lorsqu'ils agissent sur nous; ces impressions sont ce que nous appellons connoiffances, idées, préceptions ou appercevances. Ceux de nos Philofophes qui foutiennent que nous naiffons avec des idées & des connoiffances actuelles, avancent une chofe également contraire à l'expérience & à la raifon; nous fommes convaincus en réfléchiffant fur nous-mêmes, que nous acquérons nos connoiffances fucceffivement & à l'occafion de différentes impreffions que nous recevons des objets & des réflexions que nous faifons fur ce que nous fentons: nous commençons par avoir des idées particulieres des chofes; par la fuite, en comparant ces diverfes perceptions, nous en formons des idées générales & univerfelles. D'ailleurs, il n'y a que deux manieres de concevoir les idées : ou bien elles font une impreffion actuelle de quelque objet, & en ce cas nous ne pouvons les avoir fans être avertis de leur préfence par le fentiment qui les accompagne; ou bien ces idées font le fouvenir, & pour ainfi dire l'écho d'une impreffion reçue autrefois, & alors ce fouvenir d'une impreffion plus ancienne eft accompagné d'un fentiment qui fe fait reconnoître par un fouvenir; en forte qu'on le diftingue parfaitement d'une idée actuelle, & qu'on fe fouvient de l'avoir reçue dans un temps antérieur. Les prétendues idées innées devroient être de ce dernier genre, & ne faire que fe réveiller en nous en la préfence des objets: mais cela eft contraire à l'expérience; nous n'avons aucun fentiment qui nous porte à foupçonner feulement que nous avons eu autrefois ces idées que nous croyons acquérir, & qu'elles ne font que fe réveiller dans notre efprit où elles étoient gravées, fans qu'il s'en apperçût. Mais fans nous engager dans l'examen de ces opinions, continuons à voir ce qu'il y a de conftant fur cette matiere.

 Les impreffions des objets laiffent en nous comme une trace & un veftige d'elles-mêmes, qui fe réveille quelquefois pendant l'abſence des objets qui les avoient excitées ; c'eſt-là ce que l'on nomme mémoire & ſouvenir ; ſentiment par lequel j'ai connoiſſance des impreſſions qui ont été en moi, mais qui eſt accompagné d'une appercevance au moins confuſe de la diſtinction qui eſt entre le temps auquel je les ai reçues, & celui auquel je m'en ſouviens.

Toutes ces impreſſions ſont accompagnées d'un ſentiment agréable ou déſagréable ; s'il eſt vif, on le nomme plaiſir ou douleur ; s'il eſt foible, c'eſt ſatisfaction, complaiſance, ou bien ennui, déplaiſance, méſaiſe. Le premier de ces ſentiments nous pouſſe, pour ainſi dire, vers les objets, nous porte à faire effort pour nous en approcher, pour nous y joindre, pour nous y attacher, pour augmenter la force & la vivacité du ſentiment que nous éprouvons, pour en prolonger, & pour en perpétuer, s'il étoit poſſible, la durée, pour la renouveller quand il ceſſe, pour le rappeller quand il nous a quittés : nous aimons les objets qui nous procurent de tels ſentiments, nous en jouiſſons lorſque nous les éprouvons à leur occaſion ; nous les cherchons & nous en deſirons la poſſeſſion, lorſque nous ne l'avons pas ; nous la regrettons, lorſque nous l'avons perdue.

Le ſecond ſentiment au contraire, c'eſt-à-dire, celui de la douleur, nous porte invinciblement à faire effort pour le repouſſer loin de nous, à fuir les objets qui nous le font éprouver, à craindre leur impreſſion, à la déteſter, à la haïr. Nous naiſſons tellement diſpoſés, que nous recherchons le plaiſir, & que nous fuyons la douleur ; & cette loi que la nature a gravée en nous, eſt d'une telle autorité, que nous ne pouvons nous empêcher d'y obéir dans toutes les actions de notre vie, parce qu'il n'y en a aucune, quelle qu'elle ſoit, qui ne ſoit pas accompagnée d'un de ces deux sentiments, ou plus fort, ou plus foible. Le plaisir est attaché à toutes les actions nécessaires à la conservation de la vie, & la douleur à toutes celles qui lui sont contraires ; sans examen & sans réflexion, l'amour du plaisir & la haine de la douleur nous portent à faire les unes, & à nous abstenir des autres.

L'impression de plaisir ou de douleur une fois reçue, nous ne sommes plus les maîtres de la prolonger, ou de la faire durer ; elle a une certaine mesure que tous nos efforts ne peuvent changer. Il y a des plaisirs & des douleurs, non-seulement plus ou moins durables, mais encore plus ou moins vifs, ou qui nous rendent plus ou moins heureux ou malheureux. Souvent une impression qui avoit commencé par un sentiment agréable, mais léger, se termine par une douleur infiniment vive ; souvent, au contraire, c'est par une légere douleur qu'il faut acheter la jouissance des plus grands plaisirs. Enfin, la douleur & le plaisir sont infiniment mêlés & joints l'un à l'autre ; nous ne sommes pas faits pour goûter des plaisirs purs ; à notre arrivée dans le monde, nous nous laissons conduire à l'impression actuelle de plaisir ou de douleur qui nous affecte : en cela nos enfants ne different pas des petits des bêtes ; les uns & les autres se livrent avec un égal aveuglement à l'impression actuelle, sans prévoir les conséquences & les suites de cette impression. Et comment pouroient-ils les prévoir, ces conséquences ? prévoir n'est autre chose que se souvenir qu'une telle impression, semblable à celle que nous éprouvons dans l'instant, a été suivie d'une autre toute différente & infiniment plus vive, & que nous devons craindre quelque chose de pareil ; & cela ne se peut que par le moyen de l'expérience & des réflexions sur les impressions répétées que nous avons reçues des objets. Il y a même des hommes qui

ne fortent prefque jamais de l'enfance à cet égard,
& qui n'acquierent jamais cette faculté de prévoir ;
& il y en a peu qui, dans le cours de leur vie, n'éprouvent
plus d'une fois que les impreffions violentes,
fur-tout celle de l'amour, la plus forte de toutes,
mettent fouvent les plus prudents dans la fituation
des enfants qui ne prévoyent rien, & qui fe
laiffent emporter par l'impreffion qu'ils éprouvent
dans l'inftant.

A mefure que nous avançons en âge, nous acquérons
plus d'expérience en comparant les objets nouveaux
& inconnus avec l'idée & l'image d'un plus grand
nombre d'objets connus, dont la mémoire conferve
l'empreinte ; nous jugeons des uns par les autres,
qu'ils nous feront plus ou moins utiles, ou plus
ou moins nuifibles, qu'ils nous cauferont ou du
plaifir ou de la douleur, par conféquent qu'il les
faut rechercher, ou qu'il les faut éviter. Cette faculté
de comparer enfemble non-feulement les objets
préfents, pour choifir celui qui nous procure
le plus grand plaifir, mais encore les objets abfents
& qui n'exiftent que dans notre mémoire, c'eft ce
qui conftitue la raifon ; c'eft la balance avec laquelle
nous pefons les objets, & par laquelle rapellant ceux
qui font éloignés de nous, nous connoiffons ce que
nous en devons penfer par le rapport qu'ils ont entr'eux,
mais de telle forte, que c'eft toujours l'apparence
du plus grand plaifir qui l'emporte. Voilà, ma chere
Leucippe, ce que c'eft que cette raifon dont les hommes
tirent tant de vanité, & qu'ils fe font attribuée
à l'exclufion des animaux, je ne fais fur quel fondement.
Si la raifon n'eft pas autre chofe que ce que
je viens de dire, il femble qu'elle devroit être moins
rare qu'elle ne l'eft parmi les hommes, & que nous
devrions la trouver toujours prête à nous conduire.
Cela eft vrai ; auffi prefque dans toutes les occafions,
où nous voulons appliquer notre efprit à des

choses vraiment utiles, comme celles qui regardent la satisfaction des besoins du corps, elle ne nous manque jamais, à moins que nous ne soyons dans le sommeil, ou dans un état de folie & de démence, reconnue pour telle par tous les hommes, c'est-à-dire atteints de cette maladie qui nous met hors d'état de comparer absolument les objets présents avec les absents : nous n'avons lieu de nous plaindre du peu d'étendue & de certitude de nos connoissances, que dans certaines occasions où ces connoissances nous seroient d'une utilité assez médiocre. Pour expliquer ceci, j'entre dans le détail des diverses sortes de connoissances, & par conséquent j'examine leur nature dans toutes les impressions que nous recevons. Il y a en même temps perception ou appercevance des objets, & sentiment ou appercevance de l'effet qu'ils produisent en nous. Ces deux choses ne peuvent être séparées ; nous considérons un objet comme présent à notre esprit, duquel il est apperçu, & nous sentons que cette perception nous met dans une certaine situation.

Ce sont néanmoins deux choses différentes : la perception nous fait penser principalement à l'objet que nous considérons ; & ce n'est que par conséquence que nous pensons à l'impression agréable ou désagréable qu'elle fait sur nous ; quelquefois même la perception de l'objet est si vive, & l'émotion si foible, que nous n'y pensons presque pas. Le sentiment au contraire nous fait penser d'abord, & principalement à nous ; & ce n'est que par réflexion, que nous pensons à l'objet qui nous cause l'impression agréable ou désagréable que nous ressentons.

Chacune de ces deux especes d'impressions se subdivise encore ; c'est-à-dire le sentiment & la perception : car je me servirai de ces deux termes, pour exprimer ces deux sortes d'impressions.

Quoique tous nos sentiments soient excités, ou

Q iv

du moins foient accompagnés en nous par le changement, ou par le mouvement qui arrive dans les organes de notre corps, on les diſtingue néanmoins en deux claſſes. Les premiers ont un rapport ſi marqué & ſi vif avec certaines parties de notre corps, que nous ne pouvons nous empêcher de rapporter à ces endroits l'impreſſion agréable ou déſagréable que nous ſentons. On nomme ces (*).

„ Il y avoit en cet endroit du manuſcrit une la-
„ cune, dont le Traducteur Anglois n'a pas marqué
„ l'étendue. Je crois qu'elle ne nous a rien fait per-
„ dre d'abſolument néceſſaire. L'Auteur Grec y exa-
„ minoit la nature des ſenſations & des percep-
„ tions ; & en raſſemblant ce qu'il dit à ce ſujet
„ dans la ſuite, il m'a ſemblé qu'il y établiſſoit deux
„ eſpeces de ſenſations : les unes qui étoient ac-
„ compagnées de la perception de quelque objet cor-
„ porel, diſtingué de nous & agiſſant ſur notre corps;
„ ce ſont-là celles qu'il nomme ſenſations propre-
„ ment dites. les autres, qui n'étoient accompagnées
„ que de la perception du changement excité en
„ nous, & de notre état, ſoit agréable, ſoit dou-
„ loureux, ſont ce qu'il nomme ſentiment intérieur.

„ A l'égard des perceptions ou du ſentiment par
„ lequel nous ſentons l'exiſtence & la préſence d'un
„ objet, ſans conſidérer s'il agit ſur nous, il m'a
„ ſemblé que l'Auteur Grec en propoſoit diverſes
„ claſſes; mais comme il n'eſt pas facile d'imagi-
„ ner en quel ordre ils les avoit rangées, je crain-
„ drois de donner mes propres idées pour les ſien-
„ nes, ſi j'entreprenois de ſuppléer à ce qui manque
„ au manuſcrit ſur cet article."

Toutes nos perceptions, de même que nos ſentiments, ſont excitées en nous, ou du moins accompagnées d'un mouvement & d'un changement dans les organes de notre corps : mais ces mouvements n'ont pas tous la même cauſe. Les uns ſont conduits par l'action des objets extérieurs qui frappent nos sens, la vue, l'ouïe, le toucher; & ceux-là portent clairement & distinctement avec eux l'idée de quelque chose de distingué de nous. Les autres mouvemens sont excités par des agents intérieurs, comme pourroient être les divers ébranlements causés dans les organes de notre corps par le mouvement plus ou moins rapide, & par la disposition des liqueurs qui remplissent les canaux dont le tissu forme le corps de tous les animaux. Ces mouvements ne nous donnent ordinairement que la perception des changements qui arrivent dans nos sentimens, & dans l'état intérieur de notre ame. Néanmoins pendant le sommeil ou même pendant la veille, lorsque ces liqueurs viennent à s'enflammer & à bouillonner d'une maniere irréguliere, leur mouvement devenu plus rapide nous donne des perceptions assez vives d'objets corporels, que nous croyons exister réellement hors de nous, & agir sur nous. Lorsque pendant la veille cet état est accompagné d'un dérangement sensible qui altere la constitution du corps, & qui met la vie en danger, on le nomme maladie; si ce dérangement n'est pas sensible, & que cet état devienne comme habituel, on nomme foux & insensés ceux qui y tombent.

Dans les perceptions qui nous viennent des objets extérieurs par la voie des sens, nous sommes rarement trompés; car quelque chose qu'il ait plu à de grandes sectes de Philosophes de dire contre les sens, leur témoignage ne nous trompe point lorsque nous ne hâtons point trop nos jugements, & que nous consultons ces sens avec attention. Si c'est un objet qui frappe plusieurs sens à la fois, nous les interrogeons tous, & nous en répétons l'impression pour connoître si elle sera uniforme; nous nous mettons dans différents point de vue, nous rappellons les impressions qui ont précédé celle sur laquelle nous sommes en doute, nous la comparons avec celles qui la suivent, pour voir si la suite & la liaison de nos perceptions s'accordera avec elle ; nous consultons les autres hommes, pour voir s'ils reçoivent les mêmes impressions que nous, & nous avons soin de préférer ceux qui apportent les mêmes précautions pour se préserver d'erreur. Alors comparant tous ces témoignages, nous nous déterminons en faveur de ceux qui se réunissent, & nous cédons à la conviction qu'ils excitent en nous. C'est par-là que nous nous empêchons d'être séduits par les prestiges de l'optique, & que nous redressons un bâton qui nous paroît courbé, lorsqu'une partie trempe dans l'eau. En comparant ainsi plusieurs impressions du même objet, & le tournant de plusieurs côtés, en faisant usage de tous les sens qu'il peut affecter, on parvient au dernier degré de certitude, c'est-à-dire à la certitude géométrique, dont toutes les connoissances sont cependant fondées sur le témoignage des sens ; en consultant la suite & la liaison des idées qui précedent & qui suivent celles dont nous sommes en doute, nous distinguons l'état du sommeil de celui de la veille. Dans ces apparitions subites & momentanées qui nous donnent souvent des perceptions infiniment vives, nous comparons l'état auquel les objets nous paroissent avant & après ; & comme nous n'y appercevons rien de semblable à ce qui nous a paru dans le tems intermédiaire, ni rien qui y ait rapport, nous concluons que nous avons dormi, ou que, sans tomber dans le sommeil, nous avons eu quelques instants d'un délire qui n'est proprement que le songe d'un homme éveillé. L'expérience nous apprend donc qu'il n'est pas d'un homme ordinaire de nous tromper sur les objets dont la perception nous vient par les sens extérieurs, ou que du moins l'erreur n'est pas dangereuse, puisqu'elle est aisément reconnue.

Les perceptions intérieures, c'est-à-dire celles qui

ne font point produites par les fens extérieurs, font de plufieurs efpeces; les unes ne nous préfentent d'autre objet que nous-mêmes & l'état où nous fommes, c'eft-à-dire, nos fentiments intérieurs : celles-là ne nous abufent jamais; car je ne crois pas fentir du plaifir ou de la douleur, que je n'en fente effectivement. Si ce fentiment eft accompagné d'une perception confufe de quelque partie de mon corps, à l'occafion de laquelle je crois recevoir cette fenfation agréable ou douloureufe, il pourra peut-être arriver que je me tromperai quelquefois en la rapportant à cette partie; mais l'erreur n'eft pas de conféquence, & je n'y tombe que pour avoir décidé avec trop de précipitation : ces préceptions intérieures ne font pas celles fur lefquelles les hommes font d'opinion différente, & fur lefquelles ils courent rifque de fe tromper.

Mais il y a des perceptions intérieures d'une autre efpece; ce font celles qui nous repréfentent un objet comme exiftant hors de nous, ou du moins comme diftingué de nous de quelque maniere que ce foit, ainfi qu'il arrive lorfque nous réfléchiffons fur nos penfées, nos fentiments, nos perceptions, en un mot fur les propriétés & les opérations fpirituelles de notre ame; il eft vifible qu'alors toutes ces chofes devenant l'objet de notre efprit, font apperçues par lui : or ce qui apparoît, n'eft pas la même chofe que ce qui eft apperçu; il y a entre eux une diftinction.

Les perceptions repréfentatives d'un objet diftingué, font encore de différente efpece. Si elles nous repréfentent les objets comme abfents, & comme ayant été autrefois préfents à notre efprit, c'eft ce que l'on nomme mémoire, fouvenir; fi elles nous offrent les objets fans nous avertir de leur abfence, alors c'eft ce qu'on nomme imagination, & cette imagination eft la fource de toutes nos erreurs. Lorfque l'objet nous affecte vivement, nous fommes portés à croire qu'il est présent, non-seulement de cette présence objective, c'est-à-dire de celle sans laquelle les objets ne pourroient être aperçus, mais présents de la même maniere que le sont les corps qui agissant sur nos organes, & excitent en eux des sensations extérieures qui nous avertissent de la présence & de l'action de ces corps.

La mémoire nous rappelle l'impression des objets ; mais comme ces objets ont chacun un grand nombre de faces, de rapports & de propriétés, il est presque impossible que nous les ayions toutes examinées, & encore plus rare que nous ayions conservé toutes les impressions, & qu'elles se présentent nettement à notre esprit, lorsque nous nous en souvenons : l'oubli efface plusieurs choses de notre mémoire, & il ne nous reste que le souvenir confus d'avoir reçu autrefois une impression à l'occasion d'un certain objet ; mais nous n'avons aucune idée de cette impression, & souvent le souvenir confus s'efface totalement. Il arrive de-là que comme il y a plusieurs faces semblables, ou presque semblables, dans des objets différents, nous ne pouvons les distinguer lorsqu'ils sont présents, & que nous les confondons lorsque nous nous en souvenons. Par exemple vous savez ce que c'est que la ciguë, cette herbe dont on employe le jus pour finir les jours des criminels à Athenes. (On s'en servit pour ôter la vie à *Socrate*) Cette herbe est un poison. Il y en a une autre qui lui est presque semblable, mais qui est très-saine, & qui sert d'aliment à des nations entieres. Il faut que ces herbes soient l'une auprès de l'autre, pour les distinguer aisément. La différence qui est entre leurs tiges, la grandeur, la figure, & la découpure de leurs feuilles, & celle qui se trouve entre les nuances du verd dont elles sont colorées, sont presque imperceptibles. Lorsque l'une des deux est seule présente à nos yeux, ceux qui n'en ont pas une connoissance parfaite, les confondent ensemble. La raison de cela, c'est qu'ayant des propriétés communes, ou à peu près communes, elles ne nous peuvent faire discerner la distinction qu'il y a entre les différents objets auxquels elles appartiennent; nous nous souvenons tout au plus qu'il y a de la différence entr'elles, mais nous n'avons plus l'idée nette de leur différence.

Si l'oubli efface les impressions des corps, si l'esprit n'en reçoit pas même toujours des images également ressemblantes aux objets qui agissent sur nos organes extérieurs, que sera-ce lorsqu'il s'agit de comparer des objets qui n'agissent que sur les sens intérieurs, de comparer entr'elles diverses perceptions & diverses idées, & des souvenirs de perception & de sensation ou de sentiment intérieur, pour connoître les rapports qui sont entr'eux?

Vous voyez à combien de méprises & d'erreurs nous sommes sujets par le défaut de notre mémoire; l'imagination en fournit encore un bien plus grand nombre: la source la plus abondante des erreurs vient de ce que nous supposons que les objets de ces perceptions intérieures ont une existence propre, & qu'ils existent séparément de nous, de même que nous les concevons séparément. Ainsi il faut commencer par examiner si toutes les choses qui sont distinguées entr'elles, le sont de la même façon: il y en a qui le sont tellement, qu'elles ne peuvent pas subsister ensemble; par exemple, la superficie d'un même corps ne peut-être tout à la fois noire & blanche dans toutes ses parties, mais elle peut passer successivement d'une de ces couleurs à l'autre. Un sentiment ne peut être à la fois agréable & désagréable; un même corps ne peut-être en même-temps plus & moins étendu qu'un autre; c'est-là la plus grande distinction qui puisse se trouver: deux idées qui sont distinguées de cette maniere, le sont tellement qu'elles s'excluent l'une l'autre, que l'exiſtence de l'une emporte la non-exiſtence de l'autre, & que par conſéquent elles ont chacune une exiſtence ſéparée. Mais il y a une autre ſorte de diſtinction : lorſqu'un corps paſſe d'une couleur ou d'une forme à une autre, lorſque nous éprouvons ſucceſſivement des ſentiments différents, il eſt clair que nous demeurons les mêmes ; c'eſt le même corps qui change de couleur : cependant le corps n'eſt pas ſa couleur, puiſqu'il peut ceſſer de l'avoir ſans ceſſer d'être le même. La figure d'un corps n'eſt pas ſa couleur, ſon mouvement, ſon étendue, ſa dureté, &c. ces choſes ſont différentes entr'elles, puiſque l'une peut exiſter ſans l'autre, & être détruite ſans que l'autre ceſſe d'exiſter. Mais ſont-elles diſtnguées de la même maniere que les choſes qui ne peuvent exiſter en mêmetemps ? non, ſans doute, puiſqu'elles exiſtent enſemble. Il n'y a donc nulle raiſon d'aſſurer que ces choſes ayent une exiſtence ſéparée & diſtincte de celle des corps qu'elles affectent, & dont elles ſont les propriétés. La même force par laquelle un corps blanc exiſte, eſt celle par laquelle ſa blancheur exiſte ; la blancheur ne ſauroit exiſter à part & ſans aucun corps, quoiqu'il pût ſe faire qu'il n'y eût aucun corps blanc. Cette diſtinction eſt celle qui ſe trouve entre les choſes qui peuvent être ſéparées, quoiqu'elles puiſſent ſe trouver enſemble, & qui nous cauſant des impreſſions différentes, peuvent être conſidérées ſéparément, & devenir autant d'objets diſtincts de nos perceptions. Cette diſtinction eſt celle que je nomme objective, ou imaginée, à la différence de celle qui ſe trouve entre les choſes qui ne peuvent ſubſiſter enſemble, que je nomme réelle ou excluſive. Les choſes entre leſquelles cette derniere diſtinction ſe trouve, ont une exiſtence propre que je nomme réelle ou excluſive, au-lieu que les autres n'ont qu'une exiſtence objective ou imaginée, par laquelle les choses existent seulement dans notre esprit.

Il est d'une importance infinie de ne pas confondre ces deux genres de distinction, & conséquemment les deux genres d'existence qui les accompagnent; vous ne pouvez croire de combien d'erreurs cette confusion est la source dans les mathématiques. Par exemple, les Géometres qui ont la grandeur ou quantité des corps pour objet, se sont accoutumés à considérer des points, c'est-à-dire des étendues sans longueur, largeur, ni profondeur des lignes, c'est-à-dire des étendues qui n'ont que de la longueur, des surfaces qui ont de la longueur & de la largeur, mais sans aucune profondeur; & enfin des solides ou des corps, qui ont ces trois dimensions. Ils conviennent eux-mêmes qu'il n'y a, ni ne peut y avoir aucuns corps qui existent comme ils imaginent leurs points, leurs lignes & leurs surfaces; que ces corps mathématiques n'ont qu'une existence objective, ne sont que dans notre esprit, au-lieu que tous les corps naturels sont réellement étendus en tout sens. C'est là-dessus qu'est fondée la certitude de leurs démonstrations de la divisibilité de la matiere à l'infini: c'est parce que quelques petites que soient les parties d'un corps, elles sont toujours étendues, & étendues en tout sens. C'est pourtant en conséquence de cette supposition, qu'on peut avoir confondu l'existence réelle avec l'existence objective, que les Atomistes ont composé l'univers d'atômes ou de petits corps qui n'ont ni solidité, ni étendue, qui sont cependant d'une dureté infinie, & qui sont figurés avec une variété inconcevables. Ces Atomistes ont cru que parce que les Géometres ont pu considérer l'une de ces propriétés de l'étendue sans faire attentention aux autres, elles existoient séparément & l'une sans l'autre. Il est vrai que les plus habiles Atomistes ne donnent point dans cette erreur; mais plusieurs de leurs disciples l'ont fait; & cela me suffit pour la justesse de l'exemple. Si nous pouvons nous tromper si lourdement faute de distinguer entre l'existence réelle des corps qui sont hors de nous, & l'existence objective des perceptions qui sont dans notre esprit, que sera-ce lorsqu'il s'agit de comparer nos perceptions, & même les rapports qui sont entr'elles, c'est-à-dire des rapports de rapport ?

Nous n'allons pas jusqu'à croire que nos sensations existent séparément de nous. Le sentiment de la piquûre, celui de la douleur, celui du plaisir, n'est point distingué de moi qui le sens, mais il est distingué de mon esprit qui l'apperçoit & qui en a la perception, qui réfléchit dessus, qui le compare avec un autre sentiment. Comme le sentiment de l'existence & de la distinction réelle est accompagné de plus de clarté que l'autre, parce que c'est celui que nous éprouvons à l'égard des corps qui sont ce que nous appercevons d'une maniere plus lumineuse, nous jugeons qu'il y a une pareille distinction entre toutes les choses que nous concevons vivement. C'est par-là que les différentes opérations de notre esprit & ses propriétés sont devenues, ainsi que celles des autres êtres, autant de petites entités, qui ont une existence propre & réelle, & qu'elles ont acquis une réalité physique qu'elles n'ont point par elles-mêmes. Par-là notre esprit, c'est-à-dire nous-mêmes, en tant que pensants, que sentants, que raisonnants, est distingué de nous, comme la partie l'est du tout, dans la composition duquel elle entre. Cet esprit lui-même est devenu différent de notre ame, c'est-à-dire de ce qui nous anime, de ce qui nous rend vivants. Dans notre esprit, on a distingué entre l'entendement & la volonté, c'est-à-dire entre ce qui apperçoit, & ce qui sent, & qui veut, ou qui ne veut pas. Nos perceptions elles-mêmes sont distinguées de nous & entr'elles ; en tant qu'elles apperçoivent les objets présents

sents & leurs rapports, & les rapports de ces rapports, ce sont des pensées; en tant qu'elles nous rappellent les images des choses absentes, ce sont des idées. Cependant toutes ces choses ne sont que des modalités ou manieres d'exister de notre être, & ne sont pas plus distinguées entr'elles, ni de nous-mêmes, que l'étendue, la solidité, la figure, la couleur, le mouvement, ou le repos d'un corps, le sont de ce même corps: & malgré cela on a mis entr'elles une distinction absolue; on en a fait autant de petites entités, dont nous sommes l'assemblage; en sorte que nous serions composés d'un million de petits êtres aussi distingués entre eux que le sont les arbres qui sont dans une forêt, & qui existent chacun par des forces particulieres & distinctes. A l'égard des choses distinguées réellement de nous, on a distingué d'elles-mêmes non-seulement leurs propriétés, mais encore leurs rapports, c'est-à-dire ces mêmes propriétés, considérées comme semblables, ou comme plus ou moins différentes, & on a donné de la réalité à ces diverses choses. On a observé que ces corps agissoient les uns sur les autres, s'approchoient, ou s'éloignoient, se frappoient, se poussoient, & qu'ensuite de ces actions & de ces réactions, il arrivoit du changement en eux. En approchant ma main du feu, j'y sens ce que l'on nomme chaleur; le feu est la cause, & la chaleur est l'effet. Comme pour abréger le discours on a imaginé des termes universels qui convinssent généralement à toutes les idées particulieres qui étoient semblables, on a nommé cause en général, tout être qui produit quelque changement dans un autre être distingué de lui, & effet, tout changement produit dans un être par un autre. Comme ces termes excitent en nous au moins une image confuse d'être, d'action, de réaction, & de changement, l'habitude de s'en servir a fait croire que l'on en avoit une perception nette & distincte;

R

on l'a eu perpétuellement à la bouche; & l'on eſt venu enfin à imaginer qu'il pouvoit exiſter une cauſe qui ne fût pas un être ou un corps, une cauſe qui fût diſtinguée réellement de tous les corps, & qui, ſans mouvement & ſans action, pourroit produire tous les effets imaginables.

On n'a pas voulu faire réflexion que tous les êtres particuliers agiſſant & réagiſſant ſans ceſſe les uns ſur les autres, produiſoient & ſouffroient en même-temps des changements; que le même être qui eſt cauſe dans l'inſtant préſent, étoit effet dans le précédent; c'eſt-à-dire que celui qui produit un changement par ſon mouvement, a ſouffert un changement par l'action d'un autre, & que ce changement qu'il a reçu l'a mis en état d'en produire un autre; qu'il peut même être en même-temps effet à l'égard d'un autre; que lorſque je pouſſe un corps avec le bâton que je tiens à la main, le mouvement de ce bâton, qui eſt effet de mon impulſion, eſt cauſe de la progreſſion du corps. On a ſuppoſé contre ce qui eſt démontré par l'expérience, qu'il y avoit des cauſes abſolues, des cauſes qui n'étoient ni ne pouvoient être effet; cependant le mot de cauſe ne ſignifie autre choſe que la perception d'un changement que produit un corps ſur un autre conſidéré par rapport au corps qui le produit, & le mot effet le changement conſidéré dans celui qui le reçoit.

La progreſſion infinie des êtres qui ont été ſucceſſivement cauſe & effet, a bientôt fatigué l'eſprit de ceux qui ont la curioſité de rechercher la cauſe de tous les effet; ſentant leur attention épuiſée par la conſidération de cette longue ſuite d'idées, ils ont pris le parti de remonter tout d'un coup à une premiere cauſe qu'ils ont imaginée comme la cauſe univerſelle, à l'égard de laquelle les cauſes particulieres ſont des effets, & qui n'eſt l'effet d'aucune cauſe; ils n'en ont d'autre idée que celle de quelque chose qui produit tout, & qui est non-seulement la maniere d'être des choses, mais encore leur existence. Voilà tout ce qu'ils en savent : ce n'est ni un corps, ni un esprit, ce n'est pas même un être à la maniere des êtres particuliers ; en un mot, ils n'en peuvent dire autre chose, si ce n'est que c'est la cause universelle.

Vous sentez par tout ce que je vous ai dit, que ce n'est-là qu'une chimere & qu'un fantôme, qui n'a tout au plus qu'une existence objective, & qui n'est point hors de l'esprit de ceux qui la considerent ; c'est pourtant-là le Destin des Grecs, le Dieu de nos Philosophes, & celui des Chaldéens, des Juifs & des Chrétiens, c'est-à-dire de ceux qui parlent le plus sensément de la Religion.

Ceux qui n'ont pas reconnu cette cause universelle, & qui se sont contentés d'admettre des causes particulieres, les ont le plus souvent distinguées des corps : comme ils voyoient que souvent le même changement ou effet étoit produit par des actions ou causes différentes, ils ont imaginé des causes particulieres, mais distinguées des êtres corporels sensibles ; les uns ont fait ces causes douées d'intelligence & de volonté, comme ceux qui ont admis des Dieux, des Génies, des Démons, des Intelligences bonnes & mauvaises : d'autres qui ne pouvoient pas concevoir que ces causes agissent volontairement & avec connoissance à notre maniere, ont supposé des influences ou écoulements des astres, je ne sais quelles facultés ou vertus, le hasard, & mille autres termes ténébreux qui ne signifient autre chose que des causes aveugles & nécessaires. Je me suis beaucoup étendu sur cet article de la différence entre la distinction réelle & la distinction objective, parce que, comme vous le voyez, c'est de-là que viennent les variétés qui se trouvent dans les opinions pratiques &

spéculatives des hommes ; ils donnent une existence réelle à beaucoup de choses qui n'ont que l'existence spéculative.

Comme ce n'est que la liaison & la suite qui est entre les diverses actions & réactions des corps, qui en fait regarder quelques-uns comme la cause des changements qui arrivent ; de-là on a dû souvent prendre une chose pour la cause d'un effet avec lequel elle n'avoit aucune liaison ; & comme de ces changements ou effets résultent notre bonheur & notre malheur, notre plaisir & notre douleur, l'opinion que l'on s'est formée de ces causes est devenue la regle & le principe de notre conduite. Tout cela est venu de notre imagination, qui concevant comme présents réellement des objets qui ne l'étoient pas, nous a induits en erreur.

De même que notre esprit sépare les propriétés des êtres pour les considérer comme distinguées réellement, il lui arrive aussi-bien souvent de réunir des propriétés différentes pour en faire de nouveaux composés ; c'est ce qui lui arrive dans le sommeil, pendant lequel nos rêves sont un assemblage bizarre des images imparfaites & sans suite que nous avons reçues pendant la veille par les sens extérieurs. Il y a des temps où nous rêvons tout éveillés, & en général ceux qui ont l'imagination un peu vive sont presque toujours dans cet état ; de-là ces fictions folles & monstrueuses des Poëtes & des Peintres, ces chimeres, ces Centaures, ces Sylphes, ces Sphynx, ces figures des Divinités d'Egypte, telles que les songes d'un malade sont encore plus sensés. Mais après tout, l'erreur la plus dangereuse n'est pas de croire qu'il existe de tels corps ou de tels êtres, elle ne peut séduire que ceux qui comme des enfants & de foibles femmes tremblent au nom des Vampires & des Lamies ; c'est à l'égard des perceptions intérieures que ces réunions vicieuses de propriétés séparées produisent les plus grandes erreurs : on se persuade que ces assemblages de propriétés sont des êtres réels, & qu'ils existent hors de nous ; on joint ensemble les idées de cause, d'intelligence, de volonté, de puissance, de bonté ou de malice, & l'on donne le nom de Dieu à cet assemblage ; on s'accoutume à le considérer comme quelque chose de réel, on oublie que c'est son propre ouvrage ; & à force d'échauffer son imagination, on en vient jusqu'à se persuader non-seulement que sa volonté est cause de tout ce qui nous arrive, mais que le moyen de lui plaire est d'observer telles ou telles choses. Cette opinion qui ne sert de rien pour rendre les hommes meilleurs & plus vertueux, leur fait négliger les précautions de la prudence, & perdre l'usage de leur raison.

Dans les matieres qui ne dépendent pas du sentiment extérieur ou intérieur, le peuple est très-disposé à s'en rapporter au témoignage des autres hommes ; si ces derniers ont une imagination vive & forte, qui leur fasse parler des choses comme si elles étoient devant leurs yeux, si l'air du visage, le ton de la voix, le geste ne démentent point cette persuasion, on les regarde comme des gens plus éclairés que les autres : il suffit que dans le reste de leurs actions ils ne donnent aucune marque de folie ; on n'imagine point si ce qu'ils disent ne répugne pas à ce que nous voyons & à ce que nous sentons de plus certain.

En réunissant & rassemblant ce que je viens de dire sur les causes de la variété des opinions humaines, il en résulte 1°. que les hommes s'accordent tous à chercher le plaisir & à fuir la douleur ; 2°. qu'ils conviennent encore à se déterminer dans cette recherche & cette fuite par l'idée du plus grand plaisir & de la plus grande douleur ; 3°. qu'ils ne conviennent pas à reconnoître les mêmes plaisirs & les mêmes douleurs pour les plus grandes ; que la variété de la constitution de leurs organes rend les uns senfibles à certaines chofes qui effleurent à peine les autres ; 4°. que cette différence paroît bien davantage dans les plaifirs & dans les fentiments qui font produits en nous par les organes intérieurs, & par la perception de ces objets qui n'exiftent point hors de notre efprit, & qui peuvent être d'autant d'efpeces différentes qu'il y a de diverfes combinaifons dans la difpofition des organes intérieurs, & de diverfes conftitutions dans la nature des liqueurs, dont le mouvement caufe l'impreffion que reçoivent ces organes. 5°. que les hommes confondant aifément la réalité des objets qui exiftent hors de nous avec l'exiftence objective des fantômes d'idées & de perceptions qui font préfents à leur efprit & à leur imagination, ils fe font conduits à l'égard de ceux-ci, comme ils font à l'égard des autres ; s'étant une fois accoutumés à dire que les objets extérieurs à l'occafion defquels ils éprouvoient leurs fenfations, étoient caufe de ces fentiments, & en conféquence fe déterminant à chercher ou à fuir ces objets, ils en ont fait de même à l'égard des fentiments intérieurs & des objets de leurs perceptions intérieures. Ces objets font devenus la caufe de leurs fentiments, & il eft arrivé que les objets étant infiniment variés, on a imaginé un nombre infini de caufes différentes ; & comme les fentiments intérieurs ont fouvent plus de force que ceux qui viennent de dehors, ces caufes intérieures & imaginées font devenues les motifs les plus efficaces de nos actions.

Les erreurs dans lefquelles nous tombons à l'occafion de ces êtres objectifs, font les plus nombreufes & les plus dangereufes ; elles viennent ordinairement de ce que nous n'apportons pas affez d'attention à les confidérer, de ce que nous les confondons avec les êtres réels, en décompofant & recompofant les idées avec trop de précipitation, & fans examiner si les diverses qualités que nous joignons ensemble, ont jamais été unies ensemble réellement, si même elles ne s'excluent pas l'une l'autre directement, ou du moins si elles ne sont pas inséparables de certaines propriétés qui s'excluent mutuellement : par exemple, à la premiere vue nous croyons qu'il peut exister une puissance, une cause, une sagesse infinie, parce que nous ne considérons que les propriétés de sagesse, de causalité, de puissance, & celle de l'existence que nous voyons exister ; mais nous ne faisons pas réflexion que le terme d'infini est incompatible avec l'existence de quelque chose de fini, de positif, ou de réel, c'est-à-dire, qu'il emporte avec lui l'impossibilité d'exister réellement. Qui dit une force infinie, une quantité infinie, un nombre infini, dit quelque chose que l'on ne peut déterminer ; donc on ne peut en avoir une idée juste & ressemblante, parce que quelque étendue qu'elle soit, elle sera au-dessous de la chose que l'on veut représenter. Un nombre infini est celui qui ne peut être ni conçu, ni exprimé ; car supposé qu'il y en eût un tel, on demande si on ne peut pas en ôter une certaine partie, la moitié, par exemple : cette moitié est finie, on peut la compter & l'exprimer ; mais en la doublant on aura la somme égale au nombre infini, laquelle sera déterminée, & à laquelle on pourra ajouter au moins une unité ; alors cette somme sera plus grande qu'elle n'étoit : cependant elle étoit infinie, c'est-à-dire telle qu'on n'y pouvoit rien ajouter, & malgré cela on y peut ajouter ; elle est donc en même-temps finie, & non finie ou infinie, elle a donc des propriétés exclusives ; & c'est la même chose qu'un corps blanc qui n'est pas blanc, c'est-à-dire une chimere de laquelle nous ne pouvons rien dire, si ce n'est qu'il n'y a aucun temps dans lequel elle puisse exister.

Ce que j'ai dit d'un nombre ou d'une quantité infinie, je le dirai d'une cause, d'une puissance, d'un mouvement, &c. parce que comme il y a divers degrés de force & d'action, c'est-à-dire des causes plus ou moins produisantes, des puissances plus ou moins étendues, je regarde ces degrés comme des unités dont la somme exprime la quantité de force & d'action qu'ont ces causes, & j'en dis tout ce que je dirois des nombres; c'est-à-dire qu'une force ou une cause infinie, au-dessus de laquelle on n'en puisse concevoir, ou que l'on ne puisse augmenter en la doublant, est impossible, n'existe point, n'a point existé, & n'existera jamais.

Nous nous préservons de l'erreur dans nos idées objectives, si nous ne donnons aux objets de nos perceptions intérieures que les propriétés de l'existence que nous y appercevons, & si nous n'attribuons point aux unes les propriétés que nous découvrons dans les autres; lorsque je vois un bâton courbe dans l'eau où il est plongé en partie, je dis qu'il existe droit, quoiqu'il me paroisse courbé; c'est-à-dire qu'il existe réellement hors de moi d'une autre façon qu'il n'existe objectivement dans mon esprit, parce que consultant plusieurs sens différents, & le regardant en diverses situations, j'apperçois la cause de mon erreur. Lorsque je dors, quelques vives que soient les impressions que j'ai reçues de mes songes, je connois à mon réveil que les objets de ces perceptions & de ces sentiments n'existoient point hors de moi, à la maniere des objets de mes sensations & perceptions extérieures. Suivons le même procédé dans la considération de ces objets intérieurs qui ne sont présents qu'à notre esprit, comparons les entr'eux, & que ceux qui nous donnent les images vives, nettes & distinctes, des images toujours semblables, soient la regle à laquelle nous comparerons ces images confuses, obscures & voltigeantes, qui nous séduisent pour l'ordinaire; non-seulement nous verrons qu'elles ne font que dans notre esprit, mais qu'elles y font accompagnées d'un sentiment très-fort & très-constant de leur existence; & que ceux qui leur donnent cette existence, forment des fantômes spirituels qui n'ont pas plus de réalité que les chimeres ou les Sphynx, ou plutôt qu'ils se servent de termes auxquels ils ne peuvent pas attacher plus de sens qu'à ceux de noire blancheur, de froide chaleur, de dure mollesse, qui joignent ensemble des idées incompatibles.

Je n'ai pu m'empêcher de prévenir dans ce que j'ai dit ci-dessus, une partie de ce que j'avois à dire sur ce que la raison nous apprend au sujet de cette premiere cause, de ce Souverain Etre qui est l'objet du culte religieux de tous les hommes. J'ai fait voir qu'une telle cause infinie n'étoit présente à notre esprit que d'une présence objective, & même qu'elle y étoit comme non existante & comme impossible.

Quelque chose que nous disent les Philosophes partisans du système religieux, pour nous prouver l'existence d'un tel être que leur Dieu, ils ne prouvent autre chose, sinon qu'il n'arrive rien qui ne soit l'effet d'une cause; que le plus souvent même nous ne pouvons connoître les causes immédiates des effets que nous voyons; que lors même que nous les pouvons voir, ces causes sont elles-mêmes des effets à l'égard des autres causes antérieures qui les ont produits, & ainsi à l'infini. Mais ils ne montrent point qu'il faille en venir à une premiere cause éternelle, qui soit la cause universelle de toutes les causes particulieres, qui produise toutes les popriétés des êtres, & même leur existence, & qui ne dépende elle-même d'aucune autre cause. Il est vrai que nous ne connoissons pas la liaison, la suite, & la progression de toutes les causes; mais que conclure de-là? l'ignorance d'une chose n'a jamais pu être un motif raisonnable de croire ni de déterminer.

Je ne fais quelle est la cause d'un certain effet, je ne puis en assigner une qui me satisfasse; faut-il pour cela que je me contente de celle que me donnera un autre homme qui me dira qu'il en est satisfait, lorsque je verrai qu'une telle cause est impossible, lorsqu'avec une ignorance égale à la mienne, il n'aura sur moi d'autre avantage que celui de la présomption par laquelle il croira savoir ce qu'il ignore? Il en est arrivé autant à un marchand d'Alexandrie. Il avoit porté aux Indes entre autres curiosités, quelques-unes de ces machines hydrauliques qui servent à marquer le temps; elles firent l'admiration de ces barbares peu intelligents dans les mathématiques; ils cherchèrent long-temps à deviner quelle pouvoit être la cause de ces mouvements, & n'en pouvant venir à bout, enfin l'un d'entre eux, plus hardi que les autres, décida que ces machines étoient des animaux d'une certaine espece; & parce que les autres ne pouvoient lui montrer que les mouvements de cette machine vinssent d'un autre principe que de quelque chose qui fût semblable à ce qui nous fait mouvoir, il se croyoit en droit de les obliger d'admettre son explication.

Les Philosophes & les partisans du système religieux prétendent que parce que nous ne pouvons expliquer les causes de tous les effets, ni parcourir la suite infinie des causes, il faut que nous admettions leur opinion de l'existence d'une cause universelle; mais tant qu'ils ne pourront me la rendre probable, tant qu'elle impliquera contradiction dans mon esprit, & n'y entrera qu'accompagnée du sentiment de la fausseté, je serai en droit de la rejetter, quoique je ne puisse rendre raison de tout, & qu'il y ait bien des choses dans l'univers au sujet desquelles je demeure dans l'ignorance. Un Philosophe ne doit point avoir honte de convenir de cette ignorance, quand il a lieu de croire qu'elle est invincible, &

qu'il voit qu'elle lui est commune avec la plus raisonnable partie de son espece : non, ma chere *Leucippe*, ce n'est pas de leur ignorance que les hommes doivent rougir, ce n'est point elle qui leur est dangereuse ; une ignorance modeste nous oblige de nous tenir en suspens, elle ne nous fait rien entreprendre témérairement ; c'est la présomption ou la fausse persuasion de connoître, qui nous empêche de remplir ces devoirs naturels, qui nous expose à des maux réels, qui nous prive des avantage sur lesquels est fondé notre bonheur ; & ce qui est de plus grande conséquence pour le genre humain, c'est elle qui a enfanté le fanatisme religieux & philosophique, qui n'a jamais servi qu'à troubler l'ordre public, & à détruire le bonheur des particuliers. Ainsi je supporte sans douleur le vuide que les *Théistes* croyent remplir par la supposition d'un cause intelligente, infinie en durée, en force, en propriétés, & en actions ; cette supposition ne serviroit qu'à m'embarrasser de nouvelles difficultés. Quand je leur demande de m'expliquer la nature & les propriétés de cette cause, je trouve qu'ils ne s'accordent qu'en un seul point, qui est que c'est la cause par excellence ; mais sur le reste ils sont dans une variation continuelle, non-seulement les uns avec les autres, mais encore chacun d'eux avec lui-même ; à mesure qu'ils avancent dans le détail de leur opinion, son absurdité augmente par les suppositions particulieres qu'ils sont dans la nécessité de faire à chaque pas. Que leur hypothese soit contradictoire, il est facile de le montrer dans tous les systêmes : la derniere cause à laquelle il faut remonter, soit qu'on la nomme Destin, Nécessité, Nature, Cause universelle, Dieu Suprême, est confondue avec les êtres particuliers. Car enfin la volonté permanente & perpétuellement agissante de cette cause, produit l'existence des êtres & de leurs propriétés ; si cette existence n'est autre chose que la volonté de cette cause, ce n'est qu'un attribut, qu'une propriété qui n'est pas distinguée d'elle autrement que nos pensées le sont de nous, que la couleur l'est du corps coloré, l'action du corps agissant. Si Dieu est cette cause universelle, les êtres particuliers qu'il produit, n'ont qu'une existence objective ; c'est-à-dire, qu'ils participent de celle de Dieu, dont ils sont autant d'attributs, de propriétés & de parties ; en sorte que Dieu n'est autre chose que l'assemblage de tous les êtres particuliers que l'univers enferme : opinion soutenue par un grand nombre de nos Philosophes, sur-tout par les Stoïciens, qui ont entrepris d'y ajouter le culte de toutes les Nations ; en changeant par des allégories très-peu suivies toutes les divinités en autant de parties de l'univers, ou d'attributs des êtres particuliers.

Les Platoniciens ont prétendu que cette cause devoit absolument être distinguée de l'univers, puisqu'elle l'avoit produit, & que la production & l'existence de tous les êtres est l'effet de son action & de sa volonté : voyons ce qu'ils entendent par le terme de production ; le mouvement est produit par un autre mouvement, la figure des corps est produite par la différence de couleurs & de dureté de ces corps & de ceux qui les entourent immédiatement ; la solidité ou dureté des corps est produite par la différence de la direction & de la quantité ou vîtesse du mouvement des petites parties de ces corps & de celles de l'air qui les entoure. Nous avons l'idée de toutes ces choses, nous les concevons aisément, parce que nous avons vu des corps avec ces diverses propriétés de mouvement, de figure, de couleur, de dureté ; nous avons été témoins des changements qu'ils ont soufferts, & des causes qui les ont produits en eux. Nous avons une idée des formes ou modalités que les êtres acquièrent & perdent successivement, parce que ces modalités ne sont au fond que nos propres sensations rapportées aux objets extérieurs : nous éprouvons en nous-mêmes la succession de ces différentes sensations & des différentes propriétés que nous découvrons dans les êtres à l'occasion des impressions qu'ils font sur nous ; mais pour la cause de l'existence des corps & de la matiere, comme nous n'en avons jamais vu passer du néant à l'être, nous ne pouvons comprendre comment cela se fait, ni même que cela se fasse. Ces termes de production des êtres, & de commencement de leur existence, ne sont accompagnés d'aucune idée ; il vaudroit donc mieux dire, si nous ne voulons pas nous contenter de l'aveu de notre ignorance, que les corps & la matiere existent par eux-mêmes & par leurs propres forces, que leur existence est nécessaire ; ce qui nous ramene au système des Stoïques. Si la cause de cette existence est la volonté de Dieu, comme nous n'avons point l'idée d'une volonté sans un motif, & une raison qui détermine à vouloir, parce que vouloir, c'est préférer une chose à une autre, on demande quel sera le motif de cette volonté ? Si ce sont les êtres mêmes, comment ce qui n'est pas & ce qui n'a jamais été en soi ni en ses parties, peut-il être conçu, être imaginé, servir de motif, & déterminer la volonté de Dieu ? Si ce sont les idées de ces êtres que l'on suppose exister en Dieu, d'où lui sont-elles venues ? ce ne peut être que des effets qui n'ont jamais existé ; elles sont donc aussi anciennes que lui ; elles sont donc une partie de lui-même & de sa substance : mais Dieu dans cette hypothese, conçoit-il des êtres comme devant exister ? Si cela est, quelle est la loi qui leur a imposé cette nécessité ? ce n'est pas sa volonté, puisque sa volonté n'est point la cause de l'existence de ces idées ou perceptions, & qu'il n'est point le maître de se les donner, de les produire, ni d'y rien changer; elles sont immuables & éternelles comme lui: mais cependant cette existence est nécessaire, & Dieu n'en est point la cause; il y a donc une autre cause que lui, une autre cause nécessaire, & dont il suit les loix; par conséquent il n'est pas la premiere cause, ce qui est contre la supposition. S'il ne conçoit pas les êtres comme devant exister, ses perceptions sont fausses, & ne représentent pas les choses & les êtres tels qu'ils sont, & par conséquent elles ne peuvent être un motif raisonnable d'agir. Puisque ce ne sont ni les êtres, ni les idées des êtres qui déterminent la volonté de Dieu à agir, il reste qu'il soit déterminé par une cause antérieure; à moins que l'on ne dise que sa volonté se détermine par elle-même, par sa propre nature, qu'elle est cause d'elle-même, c'est-à-dire cause aveugle. J'avoue que ces termes ne sont pour moi qu'un vain son, destitué de toute signification & de tout sens; & si je voulois faire un système, j'aimerois encore mieux dire que tout ce qui existe, existe nécessairement, a toujours existé, & existera toujours, & qu'il ne peut pas ne point exister; que ses divers changements apparents ne sont tels que par rapport à nous & aux impressions que font sur nous les êtres qui nous touchent; que, selon les divers aspects dont nous l'envisageons, nous disons qu'il passe d'une modification à l'autre, qu'il acquiert & qu'il perd des propriétés; que cependant non-seulement sa force d'exister ou son existence, incapable d'accroissement & de distinction, est toujours la même; mais que les changements que nous croyons voir dans ses propriétés, n'ont pas plus de réalité que ceux de ces objets dont la forme & la couleur changent suivant le point de vue dont nous les envisageons. Voilà le parti que je prendrois, si j'étois obligé d'embrasser une opinion sur cette matiere, dans laquelle cependant je préférerai toujours un aveu sincere de notre ignorance invincible, parce que je ne vois aucune raison suffisante pour décider sûrement.

Je pourrois m'en tenir-là, ma chere *Leucippe*, & me contenter d'avoir prouvé contre les partisans du système religieux, que l'existence d'une cause universelle est impossible, & que leur divinité n'est autre chose qu'un spectre ou un fantôme de notre imagination, qui n'a aucune réalité distinguée de nous-mêmes, & qui existe dans notre esprit tout au plus comme les objets de nos songes; mais je veux aller plus loin contr'eux, & voir si, en leur accordant que ce fantôme peut exister réellement hors de nous, ils pourront établir les conséquences particulieres qu'ils tirent de cette hypothese. Je suppose donc avec nos partisans du culte religieux, qu'il existe un être, cause universelle non-seulement des modifications des êtres particuliers, mais encore de leur existence, qui les a faits, qui les conserve, qui les change, & les détruit; dont la volonté est la source & le principe de toute existence, n'y en ayant aucune qui n'en émane & n'en découle, qui peut subsister sans ces êtres, & sans lequel ils ne peuvent subsister; que cependant il est absolument & réellement distingué de ces êtres qui ne sont ni ses attributs ni ses parties, quoiqu'ils n'ayent pas une existence réellement indépendante de la sienne: je suppose encore qu'un tel Etre doué d'intelligence & de volonté à la maniere des hommes, quoiqu'exempt de nos défauts, nous ayant donné avec l'existence une force que nous appellons volonté, & par laquelle nous agissons, l'usage que nous faisons de cette force n'est raisonnable, n'est capable de lui plaire, de lui devenir agréable, & par conséquent de nous rendre heureux, que lorsqu'il est conforme à ses vues, à ses loix & à ses volontés.

Je demande d'abord à nos défenseurs de la Divinité, si la loi, la regle, la volonté, par laquelle il conduit les êtres, est de même nature que notre volonté & que la force que nous croyons appercevoir en nous; si dans les mêmes circonstances il peut vouloir & ne pas vouloir; si la même chose peut lui plaire & lui déplaire, s'il ne change pas de sentiment; si la loi par laquelle il se conduit, est immuable. Si c'est elle qui le conduit, il ne fait que l'exécuter, & il n'a aucune puissance. Cette loi nécessaire, qu'est-elle elle-même? Est-elle distinguée de lui & des êtres, ou des perceptions qu'il en a? N'est-ce que la perception des rapports de convenance ou de disconvenance qui sont entre les choses, ou leurs idées? Ce sont-là autant de questions que l'on ne peut résoudre; & les réponses que l'on y feroit seroient ou absurdes, ou inintelligibles : car enfin cette détermination dans cette espèce, ne peut venir que de l'action des êtres extérieurs qui font sur un objet une impression qu'il ne peut que recevoir; & c'est ce que l'on ne peut dire ici : les effets de la cause universelle & nécessaire ne peuvent agir sur cette cause.

Si au contraire cet Etre peut changer de sentiment & de volonté sans que les circonstances changent, je demande 1°. pourquoi il en change, quel est son motif? il lui en faut un, & un raisonnable; car cet Etre doit nous surpasser en sagesse, comme il nous surpasse en puissance : l'on ne peut imaginer ce motif qui n'est ni dans les objets, ni dans leur idée ou perception, puisque, par la supposition, il n'y a rien de changé : mais je vais plus loin, & demande 2°. s'il sait d'avance qu'il changera de volonté. S'il l'ignore, qu'est-ce qu'un pareil Etre qui ne prévoit pas ce qu'il fera? S'il le prévoit, & qu'il ne puisse se tromper, comme il le faut supposer pour en former une idée convenable, il est donc arrêté, indépendamment de sa volonté, qu'elle agira de telle & telle façon. Qu'est-ce que cette loi, que sa

volonté

volonté fuit ? Où est-elle, d'où tire-t-elle sa force ? Je n'ai encore trouvé personne parmi eux qui puisse répondre raisonnablement à ces questions.

Si ce Dieu n'est point libre, s'il est déterminé à agir en conséquence de certaines loix qu'il ne peut changer ; c'est une force semblable au destin, au sort, à la fortune, & je ne vois pas qu'on puisse le toucher ni le fléchir par des vœux, par des prieres, ni par aucun culte ; & par conséquent, comme il ne fera jamais que ce qu'il doit faire, la Religion est absolument inutile.

Mais, dira-t-on, peut-être la même loi qui a déterminé les volontés & les décrets de la Divinité, a déterminé aussi que la pratique du culte religieux, l'observance des cérémonies, & la croyance des dogmes seroient nécessairement suivies du bonheur. Ceci est un fait que l'on avance, & dont il faut donner la preuve. Mais avant que d'entrer dans ce détail, permettez moi de faire quelques réflexions sur la nature de la volonté, & de rechercher si nous en avons une connoissance exacte.

Nous avons sentiment & perception de notre volonté, c'est-à-dire d'une force par laquelle nous nous portons vers les objets agréables, & nous nous éloignons de ceux qui sont désagréables. Nous concevons cette force en nous comme quelque chose de semblable au mouvement que nous appercevons dans les corps, parce que tout ce que nous voulons concevoir avec clarté & vivacité, nous le rapportons aux propriétés des corps ; ainsi nous allons examiner le mouvement des différentes especes dans les corps.

Parmi les corps, les uns se meuvent, parce qu'ils sont frappés ou poussés par d'autres corps déja en mouvement ; les autres se meuvent d'eux-mêmes, c'est-à-dire sans que nous voyions aucune cause extérieure de leur mouvement ; par exemple, lorsque

S

je coupe la corde qui tient un corps pesant suspendu en l'air, ou la corde d'un arc tendu, il arrive que sur le champ le corps pesant descend vers la terre, & l'arc se détend & se redresse : mais cette expérience ne m'apprend autre chose, sinon qu'il y a des corps qui se remuent sans que je voye la cause de leur mouvement ; elle ne m'apprend pas qu'ils ayent en eux-mêmes cette cause de leur mouvement. Les hommes & les êtres vivans se meuvent de même, sans que l'on voye rien d'extérieur qui les pousse. Nous sentons à la vérité que ce mouvement est souvent accompagné d'un sentiment ou d'une volonté que nous sommes tentés de croire être la cause de ce mouvement ; mais comme il arrive souvent que nous sommes mis en mouvement sans le concours de notre volonté & quelquefois malgré elle, comme il arrive dans tous les mouvements involontaires, que souvent notre volonté ne peut ni produire du mouvement, ni arrêter celui qui est excité dans certaines parties de notre corps, même dans celles qui lui semblent les plus soumises, comme les bras, les jambes, la langue, il est évident que notre volonté toute seule n'est pas suffisante pour produire du mouvement en nous, & qu'il faut le concours d'une autre cause, quelle qu'elle soit. Il y a donc en nous deux sortes de mouvements ; l'un involontaire qui se fait sans le concours de la volonté, & quelquefois même malgré elle, & que l'on peut nommer mouvement forcé, mouvement contraint ; l'autre mouvement est le volontaire, qui est accompagné du concours de la volonté, & que j'explique par cette supposition. Vous avez vu ces machines que l'on met au haut des tours pour marquer de quel côté souffle le vent ; si la lame de métal qui est posée sur le pivot & qui tourne facilement, étoit animée, & qu'elle eût un sentiment qui lui fît trouver du plaisir à se tourner vers le septentrion, elle auroit toujours une pente, une inclination, une tendance à se tourner vers ce côté-là, & dès que le vent du midi souffleroit, elle croiroit se tourner d'elle-même vers le nord, quoi qu'elle ne coutribuât pas plus à son mouvement dans cette occasion, que lorsqu'elle se tourneroit vers tous les autres côtés, pour lesquels elle auroit plus de répugnance. Nous n'avons point de preuves que nous soyons d'une autre nature que cette machine; mais comme nous n'avons pas non plus de preuves que nous lui soyons semblables, il ne faut pas décider si dans certaines occasions, où notre volonté concourt en apparence avec la cause de nos mouvements, elle ne fait que les accompagner sans avoir aucune force de les produire, ou si elle a effectivement une force qui se joignant à la cause de nos mouvements, la met en état de les produire : il faut plutôt examiner si cette force, ce mouvement intérieur de la volonté, cet effort, cette tendance est produite au-dedans de la volonté par elle-même, ou si elle la reçoit d'ailleurs. La volonté n'a que deux efforts ou tendances, l'un pour s'approcher des objets agréables, l'autre pour s'éloigner des objets désagréables. Elle a une tendance vers les uns, & une répugnance pour les autres; & l'une & l'autre sont invincibles. La difficulté est de savoir si cette force est dans la volonté, ou si elle est dans les objets : si elle s'approche & se retire d'eux, ou si ce sont eux qui l'attirent & qui la repoussent. Cette question me paroit insoluble; & cependant, sans la résoudre, on ne peut entendre les fameuses questions de la liberté qui partagent nos Philosophes; car tout se réduit dans ces questions, à savoir 1°. si la volonté est nécessairement déterminée par l'apparence du plus grand plaisir ou de la plus grande douleur en général; & 2°. si à l'égard des objets particuliers elle peut se les représenter comme étant ou n'étant pas la cause nécessaire des impressions du plus grand plaisir, ou de la plus grande douleur; si par la considération elle peut ajouter à la force par laquelle les objets agissent sur elle, si elle peut augmenter leur action, &, de non-déterminante qu'elle étoit, la rendre déterminante. Lorsque la différence qui est entre les divers degrés de plaisir ou de douleur est considérable, ou lorsqu'un seul objet est présent à l'esprit & agit sur elle, il est clair que la volonté est déterminée conformément à l'apparence de cet objet, & qu'elle n'a que la force de vouloir, c'est-à-dire d'être mue; mais lorsque deux ou plusieurs objets nous frappent, & nous poussent de divers côtés avec des forces à peu près égales, comme nous ne sommes entraînés dans le premier instant vers aucun, mais que nous nous sentons poussés vers tous presque dans le même temps, nous sommes fort portés à croire que c'est nous-mêmes qui nous sommes déterminés, & qui avons rendu l'une de ces impressions efficace. Nous croyons que la supériorité qu'elle a acquise, est un effet du concours de la volonté qui s'est jointe à elle. Si nous nous contentons de consulter un certain sentiment confus de ce qui se passe en nous, nous jugerons que cela est ainsi, & nous appellerons liberté, cette force que nous croyons avoir de nous déterminer, indépendamment de l'action des objets. Mais si nous considérons que nous recevons les impressions des objets d'une maniere absolument passive & à laquelle nous ne pouvons apporter aucun changement, que nous ne produisons pas nos perceptions, mais qu'elles sont excitées par l'action de quelque chose qui est hors de nous, nous penserons que la volonté en nous n'a pas une autre force que celle de la faculté d'appercevoir; & que de même que nous ne contribuons en rien à l'évidence des objets que nous appercevons, de même aussi nous ne contribuons en rien à l'apparence des motifs qui nous déterminent à vouloir : par conséquent nous dirons que l'on ne doit point distinguer entre les actions libres & volontaires ; que ma volonté n'est pas moins forte, lorsque je retire ma main du feu qui me brûle, que lorsque je la trempe pour la laver ; quoique je sois déterminé bien plus fortement à l'une de ces actions qu'à l'autre.

Toutes les actions auxquelles ma volonté concourra seront également libres, parce qu'elles seront toutes également volontaires. Le degré de force du motif déterminant, est infiniment plus grand dans un cas que dans l'autre ; mais la nature de ce motif est la même par-tout ; il n'y aura que les actions involontaires & contraires à la volonté, qui ne seront pas libres : par exemple, le battement de mes arteres, les convulsions d'une grande maladie, la contrainte d'un homme infiniment fort qui me prendroit le bras pour me faire enfoncer un poignard dans le sein de mon meilleur ami, tandis que je fais inutilement tous les efforts possibles pour m'en défendre. Ceux qui font consister la liberté dans quelque chose de plus que le concours ou le sentiment de la volonté, n'ont point d'idée de ce qu'ils disent, & ne peuvent en communiquer à d'autres, & à ceux qui les écoutent. Le commun des hommes, qui dans les choses de sentiment marche d'une maniere plus sûre que les raisonneurs abstraits, parce qu'il se laisse conduire à son sentiment, appelle actions libres, toutes celles qui sont volontaires, & il croit que sa volonté a d'autant plus de force pour le déterminer, que celle des objets extérieurs est moins marquée & moins sensible ; il appelle mouvements libres, tous ceux auxquels la volonté consent.

Cela posé, examinons si dans la supposition d'une cause intelligente, d'une divinité qui produit toutes les actions des êtres particuliers, il doit & peut y avoir des actions qui lui soient plus agréables les unes que les autres, ou, ce qui est la même chose, des actions justes & injustes par elles-mêmes au sens où nous prenons ces termes.

C'est de cette cause infinie que nous tenons non-seulement notre existence, mais encore les affections ou modifications de cette existence; c'est par son action que nous recevons toutes nos impressions & nos perceptions, puisque les objets n'ont pas la force d'exister par eux-mêmes, loin d'avoir celle d'agir sur nous; quand même ils l'auroient, ce seroit de ce Dieu qu'ils la tiendroient, & au moins par sa direction qu'ils l'exerceroient. Quant à nous, c'est de lui que partent toutes nos perfections & imperfections; nous n'avons que ce qu'il donne, & par nos propres forces nous ne pouvons rien produire en nous, ni y rien changer; nous sommes précisément tels qu'il nous fait, & seulement parce qu'il nous fait tels; donc, quels que nous soyons, nous sommes toujours conformes à sa volonté, puisque rien n'existe qu'il ne le veuille, puisqu'il n'y a point d'autres causes de l'existence que sa volonté : de cela seul qu'une chose existe, on peut & on doit conclure qu'il n'y a aucun être particulier, aucune modification, aucune qualité de ces êtres, qui soit plus conforme à la volonté de Dieu qu'une autre, que par rapport à lui tout est égal, & que ce que nous appellons perfection & imperfection, justice, injustice, bonté, méchanceté, utilité, fausseté, sagesse, folie, &c. ne different que par rapport aux impressions de plaisir & de déplaisir, d'agrément ou de désagrément que nous en recevons. Toutes ces choses ont une réalité en elles-mêmes, & sont également les effets nécessaires d'une vérité toujours efficiente, & la seule cause efficiente de tout de qui existe.

Vous sentez assez, ma chere *Leucippe*, l'impossibilité de concilier ces conséquences avec le dogme religieux; c'est elle qui a porté ceux qui le défendent, à dire que Dieu ne produit que le mouvement des corps, & que ceux de la volonté sont produits par une autre force, qui est dans notre volonté : mais je leur demanderai ce que c'est qu'une telle force qui existe & qui agit indépendamment de la cause universelle ; elle n'est donc plus universelle, contre la supposition. Cette cause prête-t-elle son action, concourt-elle avec notre volonté ? En ce cas, elle y donne son consentement, ou elle le refuse. Si elle consent, elle est complice de toutes les actions de notre volonté particuliere ; si elle ne consent pas, elle est impuissante, puisque contre son gré elle obéit à ses loix.

Quelle idée nous donne-t-on de la Divinité ? quoi ! ce maitre absolu de l'univers ne se fait obéir que par les êtres inanimés, que par la matiere ? mais le monde intelligent, le monde des esprits, celui que nous croyons le plus parfait & le plus noble, ne sera point assujetti à ses loix ! en vain ce Dieu fera tous ses efforts pour le porter à les exécuter ; en vain il y attachera sa gloire & son bonheur : tous ses efforts seront inutiles, & ne serviront qu'à lui rendre plus douloureux le mauvais succès de ses tentatives !

Mais comme je crains que malgré la vérité & l'évidence de ces raisonnements, ils ne paroissent trop subtils aux partisans du système religieux, esprits grossiers & superficiels, il leur faut des raisonnements palpables ; il faut leur accorder que le Souverain Etre a donné des loix aux hommes, & que les hommes sont les maîtres d'exécuter ou de violer ces loix ; cela supposé, voyons quelles doivent être ces loix : & à quelle marque on pourra les connoître. Ces loix se réduisent à trois chefs ; la soumission de notre esprit par la croyance de certaines vérités spéculatives, l'observation de certaines regles dans la morale & dans la jouissance des objets de nos sensations, enfin la pratique de certaines cérémonies établies pour lui témoigner notre attachement & notre respect. Si les partisans du culte religieux avouent que cela est vrai, ces loix étant communes pour tous les hommes, elles doivent leur être connues à tous, ou du moins ils doivent avoir tous des facilités égales pour en acquérir la connoissance, & pour en ressentir la vérité. Une loi n'oblige que quand elle est connue, il faut qu'elle soit accompagnée & revêtue de certains caractères sans lesquels elle n'a aucune autorité.

Voyons donc quelles sont les loix gravées dans l'esprit & dans le cœur de tous les hommes, au moins de ceux qui y font attention & qui cherchent à les connoître. Quant à leur esprit, je les vois convenir de certaines vérités générales qui concernent les propriétés des corps & leurs rapports de grandeur & de quantité; mais ce sont des vérités seches & de pure spéculation, qui leur apprennent qu'ils voyent en tout temps & en tous lieux les mêmes propriétés des corps, & qu'ils en reçoivent les mêmes impressions. Les vérités mathématiques ne roulent que sur les mesures de la grandeur, & sur les proportions des nombres; cependant ce sont les seules sur lesquelles les hommes conviennent. On les acquiert par l'expérience, & on s'en convainc par l'uniformité que l'on apperçoit dans toutes les impressions que les objets extérieurs font sur nos sens, qui sont, comme je l'ai déjà dit, les organes par lesquels nous acquérons des connoissances vraies & certaines. Les plus sublimes vérités de la géométrie ne sont que des conséquences de ces vérités communes, & les démonstrations ne font qu'appliquer à un cas moins ordinaire une vérité dont nous sommes déjà convaincus par une expérience habituelle & journalière qui a été répétée un million de fois. Toutes les autres connoissances qui passent pour certaines, n'ont point ce dégré de certitude ; nous sommes sûrs de voir ce que nous voyons, mais nous ne le sommes presque jamais qu'il y ait quelque chose hors de nous qui soit précisément tel que nous le voyons ; il faut un grand nombre d'expériences faites & répétées avec bien des précautions, pour produire en nous un degré de conviction pareil à celui des vérités géométriques. S'il y a quelques autres vérités, elles sont en petit nombre & communes à tous les hommes qui ne sont pas dépourvus de sens, à l'occasion desquels ils reçoivent les connoissances qu'elles accompagnent : elles se bornent à nous apprendre que nous éprouvons telles ou telles sensations à la présence de tel objet.

Voilà toutes les vérités spéculatives que nous pouvons regarder comme des loix communes, suivant lesquelles les hommes doivent conduire leur esprit, non qu'ils apportent avec eux en naissant la connoissance de ces vérités gravées dans leur esprit, mais parce qu'elles s'y gravent de la même façon & avec la même force, à proportion des expériences qu'ils font, & de l'attention qu'ils y prêtent.

Quant au cœur, c'est-à-dire, au sentiment & à la volonté, il est vrai que j'y vois une loi gravée dès le premier instant de son existence, c'est-à-dire l'amour du plaisir, & l'aversion de la douleur ; cette loi est généralement observée par tous les hommes ; il n'y en a aucun qui s'en écarte un seul instant : cette loi a attaché les plaisirs aux actions propres ou même nécessaires à notre conservation, elle a attaché la douleur à celles qui y sont contraires ; & par instinct naturel, l'amour du plaisir nous porte nécessairement à faire les unes, & l'aversion de la douleur à éviter les autres. L'effet de cet instinct est tel que nous ne sommes pas maîtres d'y résister. Entre plusieurs plaisirs, nous choisissons celui qui est le plus grand à nos yeux, de même qu'entre plusieurs douleurs nous craignons davantage la plus vive. Nous pouvons envisager la privation du plaisir comme plus fâcheuſe qu'une douleur poſitive, ou la ſouffrance d'une douleur comme moins difficile à ſupporter que la privation d'un plaiſir, & agir en conſéquence ; mais quoi que nous faiſſions, c'eſt toujours l'appercevance du plus grand plaiſir & de la plus grande douleur, qui fait la plus grande impreſſion, qui détermine & qui entraîne la volonté.

La raiſon conſiſte dans la comparaiſon de ces différents degrés d'impreſſions, & dans le choix des moyens que nous employons pour parvenir au plaiſir & pour éviter la douleur ; ceux-là paſſent pour raiſonnables, qui s'accordent avec les autres hommes dans ce qu'ils regardent comme le plus grand plaiſir & la plus grande douleur, comme ceux-là paſſent pour ſenſés & pour prudents qui paroiſſent appercevoir les objets de la même manière dont les voyent les autres hommes. Dans la conduite de la vie, ceux-là arrivent plus ordinairement au but où ils tendent, c'eſt-à-dire au bonheur ; & ils ſont déterminés par l'appercevance des objets, à ſuivre le chemin qui y conduit ordinairement.

Telle eſt la loi que les hommes portent gravée dans leur cœur, par laquelle ils ſont perpétuellement conduits, & à laquelle ils ne peuvent pas plus ſe ſouſtraire que les êtres corporels le peuvent aux loix qui reglent leurs mouvements. Si le premier Etre a établi une loi pour ſes ouvrages, elle doit être ſemblable à celle-ci ; car je ne puis comprendre que l'auteur de leur exiſtence & de leurs modalités puiſſe avoir une volonté qu'ils n'exécutent pas, & qu'ils rendent inutile.

Au reſte, cette loi ſuffit pour conſerver, perpétuer & augmenter le genre humain ; c'eſt elle qui a formé les ſociétés & qui les maintient : la Religion y eſt abſolument inutile, ſi même elle n'y eſt pas contraire, parce qu'elle remplit l'eſprit des hommes d'idées imaginaires & fauſſes d'un bonheur diſtingué de celui qui consiste dans la jouissance des plaisirs attachés à la satisfaction des besoins de l'homme, & qu'elle leur fait craindre des maux qui n'existent que dans l'imagination de celui qui les appréhende, & que pour éviter ces maux, qui ne sont maux que pour lui seul, il s'expose à souffrir des douleurs, & à se priver des plaisirs reconnus pour tels par tous les hommes.

Que cette loi de l'amour du plaisir & de la fuite de la douleur, soit suffisante pour conduire les hommes lorsqu'ils vivent en société; c'est de quoi il est aisé de se convaincre: si ces hommes n'étoient sensibles qu'aux impressions des sens extérieurs, comme il paroit que sont les animaux, il pourroit se faire qu'ils ne vivroient point en société, hors le temps où l'amour les porte à se joindre ensemble; l'instinct qui attache les bêtes les plus féroces au soin de nourrir leurs petits, les porteroit à demeurer unis, jusqu'à ce que leurs enfants pussent se passer d'eux. Les hommes seroient comme les oiseaux, parmi lesquels le mâle & la femelle que l'amour a réunis, ne se séparent point que leurs petits ne soient en état de se passer de leur secours. Il est vrai que comme les enfants sont beaucoup plus long-temps incapables de pourvoir à leurs besoins que les petits des bêtes & des oiseaux, les sociétés amoureuses des hommes seroient plus longues que celles des animaux; mais hors de-là ils se craindroient & se fuiroient mutuellement comme la plupart des autres animaux. Je ne vois pourtant pas clairement que cela ne pût être autrement; car parmi les animaux nous voyons que les abeilles & les fourmis forment des sociétés nombreuses, & aussi bien réglées que les nôtres, & que quoique nous n'ayions nul motif de leur attribuer une raison semblable à la nôtre, ces animaux semblent plus sociables que les Scythes septentrionaux, & que les Barbares du milieu de l'Afrique, parmi lesquels il y a des Nations entieres dont les hommes sont séparés les uns des autres, & où les familles ne vivent ensemble que jusqu'à ce que ceux qui les composent puissent se passer de secours pour subsister, & pour se défendre contre les animaux féroces.

Mais comme les hommes, ainsi que nous l'avons remarqué plus haut, ont des sentiments intérieurs d'un plaisir & d'une douleur qui les affectent indépendamment des organes extérieurs du corps, & que ces impressions intérieures les affectent souvent plus vivement & plus efficacement que les autres, ce sont elles qui déterminent presque toute leur conduite ; ainsi il n'a fallu d'autres motifs pour former la société, que le plaisir que nous trouvons dans la compagnie & dans le commerce des autres hommes, avec lesquels la parole nous donne la facilité de converser ; c'est-à-dire de leur communiquer non-seulement nos sensations, comme font les animaux, mais encore nos perceptions les plus délicates. Le desir de ce commerce est si naturel, que nous ne pouvons en être privés, sans ressentir l'ennui inséparable de la solitude totale, lequel forme une situation très-douloureuse : mais quand on supposeroit pour un moment que l'homme est né insociable, & ne goûte point un plaisir naturel dans la conversation de ses semblables, cela ne pourroit empêcher qu'il ne se fût bientôt formé un grand nombre de sociétés.

Dans cette supposition, on peut regarder les hommes comme timides, & comme se fuyant réciproquement, ou comme féroces, & cherchant à se nuire mutuellement, parce que non-seulement ils veulent se rendre heureux aux dépens des autres hommes, mais parce que la douleur des autres est pour eux une source de plaisirs. Je doute cependant qu'il y ait de tels hommes ; s'il y en a, ce sont des monstres, encore plus rares que ceux qui naissent avec trois yeux ou avec quatre bras.

Si les hommes naissent seulement sauvages & timides, comme chacun d'eux craindra tous ceux qui l'environneront, il cherchera à les empêcher de lui nuire, en leur devenant aimable, parce qu'il se sentira trop foible pour leur résister; cette complaisance mutuelle des hommes les uns pour les autres, formera bientôt des liaisons & des sociétés particulieres fondées sur la disposition mutuelle de s'aider, de se soulager, & de se procurer des plaisirs les uns aux autres. Dans ce commerce de service, celui qui le reçoit, conçoit de l'amour pour celui à qui il doit ce plaisir; il le regarde comme la cause de son bonheur. Ce sentiment flatte l'orgueil de celui qui en est l'objet; il regarde avec complaisance la reconnoissance que l'on a pour lui, il s'accoutume à la considérer comme un avantage, & bientôt son imagination lui en grossissant l'objet, cette opinion devient pour lui la source d'un plaisir si vif, qu'il lui sacrifie avec joye tous les autres plaisirs réels, & que les douleurs les plus aiguës lui semblent legeres, si elles sont le prix auquel il le peut acquérir. C'est ainsi, selon moi, que se sont formées les Républiques, forme de Gouvernement la plus convenable à des hommes modérés qui cherchent la tranquillité & le repos. Bientôt il s'élevera dans ces sociétés des fanatiques de gloire, qui sacrifieront à ce fantôme du bien public leurs richesses, leur repos, leurs plaisirs & leur vie même, quoique la mort soit ce que les hommes imaginent comme le plus grand des maux.

L'expérience de ce qui se passe parmi les enfants dans ces petites sociétés que forme l'amour du jeu & du plaisir, montre que je ne suppose ici rien dont nous n'ayions tous les jours des exemples.

J'ai supposé que l'homme étoit seulement timide, voyons ce qu'il arriveroit s'il étoit naturellement féroce & méchant; la nécessité de se défendre les uns des autres, réunira les plus foibles contre les plus méchants : & ceux-ci en feront autant pour s'empêcher d'être accablés fous le nombre. Après une guerre de quelque temps, l'un des deux partis fe trouvant le plus foible, fe foumettra au vainqueur, qui l'affujettira, le réduira en efclavage, lui impofera des loix plus ou moins dures, felon fes befoins, fes caprices, ou le degré de force ou de foibleffe des vaincus. La néceffité de fe tenir unis & toujours armés, parce qu'ils ne compteront que fur la terreur de leurs nouveaux efclaves pour affurer leur Empire, les obligera de fe choifir un chef qui n'aura d'abord qu'une autorité précaire fur fes compagnons, fera avec eux des conventions qu'il fera de leur avantage de garder, tandis que de fon côté il tâchera d'étendre & d'établir fon autorité par toutes fortes de moyens. Tel eft l'état de leur tyrannie ; & c'eft ainfi que peuvent fe former les Monarchies, & que fe font formées celles des *Medes* & des *Parthes*, dans lefquelles une partie des fujets gémit fous les loix d'un cruel efclavage, tandis que l'autre partage avec le Prince tous les avantages réels de l'autorité, les emplois, les dignités, les richeffes, & même l'impunité : toutes les fociétés que nous voyons parmi les hommes, fe réduifent à l'une de ces deux efpeces, ou participent de toutes deux, parce qu'il y en a peu qui n'ayent paffé fucceffivement du Gouvernement Républicain au Gouvernement Monarchique, ou qui n'ayent aboli la tyrannie pour fe gouverner en République. Quelle que foit l'origine de ces fociétés, il n'y en aura aucune où l'on ne fe forme des idées de juftice & d'injuftice, de vertu & de vice, de gloire & d'infamie, quoiqu'elles varient fuivant la diverfité des coutumes, des befoins & des opinions, qui auront prévalu dans chacune de ces fociétés.

On appellera injuftes les actions par lefquelles on

cherchera son propre bonheur aux dépens de celui du reste de la société. La justice consistera à ne se point écarter des loix qui mettent de l'égalité entre les hommes. On punira les actions injustes, & les justes auront pour récompense la jouissance du repos & de la tranquillité dans lesquels la société maintiendra les particuliers. La vertu sublime consistera à procurer le bonheur d'autrui aux dépens du sien propre ; on attachera les idées d'honneur & de gloire à ces actions, comme celles de mépris & d'infamie à celles qui y sont contraires ; & si ces actions sont capables de troubler le repos & le bonheur des particuliers, on les punira par des châtiments, plus ou moins sévères, afin que la crainte de la douleur ou de la mort puisse contenir ceux que l'amour de la gloire ou la honte de l'infamie n'auroit pas la force de déterminer. Cette gloire, au reste, n'est pas une pure chimère, puisqu'elle procure des avantages réels à ceux qui y parviennent, l'estime des autres hommes, le crédit, l'autorité, la facilité d'obtenir les emplois, les dignités, les richesses, l'impunité, & tous les autres biens dont jouissent les Grands de chaque Etat.

Au fantôme du bien public si puissant dans les Républiques pour produire des héros, on substituera dans les Monarchies la gloire de la Nation, l'attachement à la personne du Prince, & le dévouement à ses volontés, & ces motifs engageront les hommes à faire les plus grandes choses.

Si les hommes étoient toujours raisonnables, voilà à quoi se borneroient toutes les loix ; elles n'auroient d'autre but que celui de maintenir la tranquillité dans la société, & de prévenir tout ce qui peut empêcher le bonheur du plus grand nombre de ceux qui la composent ; mais comme les hommes mêlent toujours les objets de leur imagination avec les vues saines & réelles, il n'y a point de société qui n'ait rempli ses loix de beaucoup de choses arbitraires & de pure opinion; & il n'y a point de société qui n'ait fait des crimes dignes de mort, de certaines actions indifférentes pour le repos & le bonheur du plus grand nombre, tandis qu'elle regarde comme vertueuses & dignes d'une gloire immortelle, des actions que les autres sociétés regardent comme insensées, si elles ne leur paroissent pas infâmes: tant il est vrai que les idées de justice & d'injustice, de vertu & de vices, de gloire & d'infamie, sont absolument arbitraires & dépendantes de l'habitude! Il y a je ne sais quelle contagion, qui répand dans les esprits les opinions de ceux qui dominent dans les sociétés, & qui peut aller jusqu'à nous persuader les maximes dont nous avions été les plus choqués.

Si les loix prescrites par la Divinité doivent être connues à tous les hommes, si elles se bornent pour la spéculation à la recherche de la vérité & à la justesse du raisonnement, & pour la pratique à la fuite de la plus grande douleur, & à la recherche du plus grand plaisir, ainsi que je l'ai fait voir, ces loix sont observées religieusement par-tout; car il n'y a personne qui ne cherche la vérité & qui ne croye la suivre, lors même qu'il se trompe: on ne voit aucun homme qui ne cherche le plaisir & qui ne fuye la douleur, lors même qu'il paroît faire le contraire; la différence que l'on remarque dans sa conduite, vient de ce qu'il n'est pas affecté par les objets, de la même manière que le commun du peuple & des hommes: ainsi il n'y a personne qui n'observe les loix de la Divinité, & par conséquent personne qui ne lui soit agréable. L'erreur dans laquelle on tombe sur la nature des objets, ne peut être un crime, puisque c'est la faute de l'impression que les objets font sur nous, que ceux qui embrassent l'erreur, croyent préférer la vérité, & que

ceux

ceux qui se livrent à la douleur ne le font que parce que la pensée d'en éviter une plus grande leur procure un plaisir réel; s'il y a quelqu'un qui aille contre les loix de la Divinité, ce sont ceux qui non contents de se livrer à l'illusion, veulent contraindre les hommes d'embrasser les mêmes erreurs, & d'abandonner les vérités qu'ils sentent & qu'ils touchent, pour courir après les fantômes que d'autres hommes disent voir.

S'il y a des gens dignes de la colere de la Divinité, ce sont les partisans du système religieux qui veulent établir de nouvelles loix différentes de celles que la Divinité a écrites dans l'esprit & dans le cœur de tous les hommes, & qu'elle y a écrites d'une maniere si efficace, qu'ils ne peuvent jamais s'en écarter un seul moment.

Mais comme je veux suivre ces gens jusques dans leurs derniers retranchements, voyons s'il est possible que la Divinité ait établi d'autres loix que celles qu'elle a mises dans l'esprit & dans le cœur de tous les hommes, & à quoi nous pourrons reconnoître ces loix.

Dans cette supposition, pour que les hommes soient agréables au Souverain Etre, non-seulement il ne leur suffit pas de suivre les loix qu'il leur a dictées lui-même, qu'ils connoissent par le moyen de leur raison, & qu'ils se sentent portés à exécuter en toute occasion par la force supérieure d'un instinct qu'ils ne peuvent surmonter; mais il faut qu'ils suivent encore d'autres loix qui le plus souvent semblent être opposées aux premieres, & les détruire entiérement. Ces loix sont connues à un très-petit nombre d'hommes, tandis que tout le reste du genre humain naît & meurt sans en avoir la moindre idée. Ceux qui prétendent avoir été choisis par le Souverain Etre pour les annoncer au genre humain, sont encore partagés entr'eux; de sorte que l'examen de ces loix est une étude très-pénible, & que peu d'hommes sont en état de choisir entr'elles de maniere qu'ils s'assurent de ne s'être point trompés.

Si la Divinité a caché à la plus grande partie des hommes ce qui étoit nécessaire pour leur bonheur, son dessein n'étoit pas de les rendre tous heureux; donc il ne les aime pas tous; donc il n'est ni juste, ni bienfaisant. Suivant l'idée que nous avons de la justice, & nous ne pouvons raisonner suivant d'autres idées que celles que nous avons, un Etre bon, juste, équitable ne doit rien vouloir que de possible, & il ne l'est pas que j'observe des loix qui me sont inconnues; celui qui exigeroit d'une pierre qu'elle ne pesât point, quoiqu'elle fût pesante, ne seroit-il pas un insensé? La Divinité fait plus, elle me hait pour avoir ignoré ce qu'on ne m'a point appris, elle me punit pour avoir transgressé une loi secrete & non publiée, pour avoir suivi un penchant invincible qu'elle m'avoit donné elle-même; puis-je la concevoir autrement que comme un Etre barbare, injuste, fantasque, & digne de mon mépris & de ma haine, que comme un tyran & comme un monstre? car enfin le Dieu que nous prêchent les partisans du système religieux ne peut être imaginé autrement. Dès que je suis obligé de m'en former cette idée, dès qu'il n'est pas essentiellement bon par lui-même, je ne suis pas obligé de le croire tel qu'il ne puisse me tromper. Ainsi quand même on me prouveroit qu'il existe, qu'il a établi des loix différentes de la générale, qu'il a choisi des hommes pour les annoncer aux autres hommes, que pour les rendre croyables, il a fait un grand nombre de prodiges, & quand tous ces hommes qui me parlent en son nom, s'accorderoient entr'eux, je ne suis point encore sûr que je lui plairai en observant ces loix; car s'il n'est pas bon, il me peut tromper, & je ne puis même m'assurer sur le témoignage de ma raison, qu'il peut m'avoir donnée exprès pour m'induire en erreur.

Mais allons plus loin, accordons-leur que le Souverain Etre puisse avoir établi des loix particulieres, & avoir choisi un petit nombre d'hommes auxquels il les a découvertes pour les annoncer au genre humain ; je leur demanderai d'abord comment cet Etre Souverain se conduira à l'égard de ceux auxquels ces loix n'auront pas été annoncées : car enfin, tous les hommes répandus sur la surface de la terre, ne sont pas encore liés ensemble par le commerce, il y a des nations entieres qui habitent des pays séparés de nous par des mers impraticables ; l'astronomie nous fait voir que la terre est un globe, & que la partie que nous habitons ne fait pas la centieme partie de sa surface. Si Dieu punit l'ignorance invincible de ceux auxquels ces loix n'ont pas été annoncées, il est injuste ; car enfin ce n'est que par notre volonté que nous sommes coupables: s'il ne la punit pas, mais qu'il les juge par les seules loix de la raison naturelle & commune, on peut donc lui être agréable sans observer les loix particulieres; & comme elles sont plus difficiles à pratiquer que les loix générales, ceux à qui il a imposé la nécessité d'observer les loix particulieres, sont beaucoup plus maltraités que les autres, & doivent se plaindre du fardeau sous lequel ils gémissent. Mais sans nous arrêter à cette réflexion générale, voyons quelles sont ces loix qu'il a plu au Souverain Etre de prescrire à une partie des hommes. 1°. Je vois qu'elles sont aussi différentes dans les différents pays, que le sont les mœurs, les coutumes & les opinions des différentes nations qui les habitent; 2°. que ces loix ne font presque jamais consister la conformité à la volonté divine, dans la pratique des vertus utiles & nécessaires à la conservation des sociétés, mais qu'elles font dépendre principalement cette conformité de l'exactitude à remplir certains usages cérémoniels, fouvens très-gênants, & prefque toujours contraires à la vertu, aux bonnes mœurs, & aux intérêts de la fociété; 3°. que ces loix m'obligent à croire certaines opinions fpéculatives prefque toujours abfurdes, & fouvent entiérement fcandaleufes, comme les aventures des divinités pendant qu'elles converfoient avec les hommes & qu'elles en avoient pris la forme & la nature. Les moins déraifonnables de ces opinions font toujours inconcevables à l'efprit humain, & telles qu'on ne peut y appercevoir aucune conformité avec les vérités conftantes & reconnues de tout le monde.

Néanmoins cette révélation doit porter avec elle des caracteres qui faffent reconnoître fon origine. 1°. Les vérités qu'elle enfeigne doivent être telles que les forces naturelles de l'efprit humain ne puiffent nous y conduire; car fi elles le pouvoient, il feroit inutile de recourir à cette voie extraordinaire. 2°. Elles doivent fe trouver conformes aux autres vérités les plus communes, & faire fentir leur force à l'efprit, dès qu'elles lui font préfentées au moins de la même maniere que les vérités les plus abftraites le font aux efprits attentifs. 3°. Elles doivent frapper fenfiblement tous les hommes auxquels elles font annoncées, & faire une impreffion unanime fur tous les efprits. 4°. Les vifions, les fables, le menfonge ne doivent point porter les mêmes traits que ces vérités. Il ne doit pas être poffible de les confondre, & de prendre les unes pour les autres. Je ne crois pas que l'on m'accufe d'en demander trop; car enfin pour que je fois obligé de croire ce que l'on me dit, il faut que l'on me donne des motifs de crédibilité. Voyons quels font ceux que me montrent les partifans du fyftême religieux. Je n'en vois aucun autre que l'autorité qu'ils s'attribuent; ils exigent de moi la foumiffion pleine & entiere de mon efprit, & l'acquiefcement parfait de ma volonté aux dogmes & aux pratiques qu'ils m'annoncent ; plus ces choses sont au-dessus de la raison, plus elles y sont contraires, & plus ils demandent que ma persuasion soit vive, que ma confiance en eux soit entière. Ce sont des législateurs qui ne prétendent établir leurs loix, ni sur leur conformité avec la raison, comme font les Philosophes, ni sur la considération de leur utilité pour maintenir la tranquillité publique, ou sur celle des avantages particuliers qui en résulteront pour ceux qui les observeront, comme ont fait les fondateurs des villes & des républiques, *Lycurgue*, *Solon*, *Numa*, & tant d'autres. Ce sont des monarques ou des tyrans, qui nous interdisant tout usage de la raison, ne fondent l'autorité de leurs loix que sur le pouvoir & l'autorité de celui au nom duquel ils les publient.

Du moins faut-il que cette publication soit accompagnée de deux conditions 1°. Que je sois sûr de la bonne foi de ceux qui m'annoncent ces loix ; car s'ils sont des fourbes, s'ils me veulent tromper, je ne les dois point croire ; 2° que j'aye une certitude suffisante qu'ils n'ont pas pu se tromper eux-mêmes.

Quant au premier article, comme les loix qu'ils me viennent annoncer, sont obligatoires, au moins pour tous ceux à qui elles sont connues, je veux, pour être persuadé de leur bonne foi, qu'ils soient les premiers & les plus rigides observateurs de ces loix. Car enfin si eux-mêmes qui prétendent que le Souverain Etre s'est communiqué intimement à eux, & qu'il leur a manifesté sa volonté, ne s'y conforment pas, comment veulent-ils exiger de moi, qui ne puis avoir d'autres preuves de la vérité de ce qu'ils me disent que leur persuasion même, que je croye ne pouvoir désobéir sans crime à des loix qu'ils violent à mes yeux ? Je veux que cette persuasion éclate dans toutes leurs actions, & que ce soit une persuasion vraiment pratique, sans quoi je les regarderai tout au plus comme des Philosophes qui disputent pour soutenir les opinions spéculatives d'une secte dont ils ne sont que superficiellement persuadés. Je veux que leur persuasion soit au moins aussi forte que celle que nous avons de la faculté qu'a le feu de nous brûler, & par conséquent de nous causer de la douleur, & qu'elle influe de même sur leurs actions. Je veux qu'il soit aussi rare de leur voir violer ces loix, même pour éviter une grande douleur, ou pour obtenir un grand plaisir, qu'il l'est de voir des hommes se rejetter de sens froid au milieu des flammes, ou empoigner un fer rouge. En vérité, c'est une chose bien rare, pour ne pas dire inouie, de trouver de telles gens.

Ceux qui témoignent par leurs discours & par leurs actions le plus de persuasion & le plus zele pour les opinions religieuses, démentent la vérité de leur croyance par l'irrégularité de leur conduite. On en voit à la vérité quelques-uns qui surmontent les vices grossiers, qui vont jusqu'à se priver de tout ce que les hommes regardent comme des plaisirs, qui renoncent aux passions douces & à celles qui semblent les plus naturelles à l'homme, aux plaisirs de l'amour & de la table. Je ne veux point chicaner avec eux, ni examiner trop scrupuleusement si leur tempérament n'a pas la plus grande part à ces austérités, si la nature ne les a pas rendus comme insensibles à ces plaisirs auxquels ils renoncent; car après tout, nous voyons des gens à qui la paresse & l'indolence philosophique en ont fait faire autant : je ne leur reprocherai même pas que la gloire qui leur revient de cette privation, est un motif suffisant pour les y résoudre; car nous voyons combien de choses difficiles cet amour fait faire aux hommes.

Mais je demande que l'on me montre des hommes que la Religion ait rendu doux, humains, compatiffants, qui aiment naïvement les hommes, qui ne foient dominés ni par l'orgueil, ni par la jaloufie, ni par l'ambition, ni par l'intérêt; car je n'en ai point vu que quelqu'une de ces dernieres paffions n'ait obligés de fe démentir; je n'en ai guere vu, que des motifs d'intérêt & d'ambition n'ayent portés à abandonner avec baffeffe des chofes qu'ils avoient défendues comme les vérités, les plus certaines & les plus effentielles. Que l'on me montre de telles gens; alors je croirai qu'ils font fincérement perfuadés de la vérité des opinions qu'ils veulent me faire embraffer, je croirai qu'ils font de bonne foi: mais cela ne m'affurera pas qu'ils ne peuvent me tromper, après s'être trompés eux-mêmes les premiers.

D'abord il faut que celui fur la parole duquel je croirai des chofes auffi difficiles à concevoir & auffi contraires à la raifon, foit lui-même homme d'efprit & à l'abri de l'illufion; car enfin quand j'écouterai le récit d'une aventure qui m'eft importante, & fur laquelle je dois régler mes démarches dans une affaire civile, j'examinerai le caractere & l'autorité de celui qui parle, avant que de me déterminer fur fon rapport. Il ne me fuffit pas encore qu'il foit homme d'efprit; car on en voit tous les jours qui fe trompent: il faut que j'examine quelles précautions il a prifes pour s'inftruire de ce qu'il me dit; le degré d'importance de l'affaire dont il s'agira, réglera les précautions que je prendrai pour m'affurer qu'il n'eft point lui-même dans l'erreur. Mais qui font ceux qui me veulent obliger de croire fur leur parole les dogmes incroyables de la Religion qui doivent faire le bonheur ou le malheur de toute ma vie? Des Prêtres crédules & intéreffés, des hommes ignorants & fuperftitieux, des Philofophes préfomptueux & entêtés de leurs opinions, des Gnoftiques, des Illuminés, des fanatiques, qui prêtent leur croyance aux visions les plus absurdes ; songes, prodiges, enchantements, spectres, lamies, &c. tout ce qui se présente à leur imagination échauffée, prend à leurs yeux une entiere réalité ; des hommes tels, que vous auriez peine à faire donner le fouet à un de vos esclaves, sur leur autorité.

S'il se trouve parmi eux quelques personnes de bon esprit, il n'y en a pas une qui puisse montrer qu'elle a sérieusement examiné les motifs & les fondements de sa persuasion, & qu'elle l'a fait dans une disposition sincere & véritable de changer d'opinion si la raison l'ordonnoit ; très-peu ont examiné, dans d'autre intention que de se fortifier dans une opinion déja reçue. Eh ! comment auroient-ils pu agir autrement ? Dans leurs principes, le doute même le plus léger est un crime & un sacrilege. Leur persuasion est le fruit de l'éducation, & de l'accoutumance à regarder comme vraies des idées qu'ils ont reçues dès l'enfance. S'ils ont été persuadés dans un âge plus avancé, & qu'ils ayent passé d'une secte dans une autre, déja remplie de l'opinion de l'existence de la Divinité, & de la nécessité de lui rendre un culte, ils ont abandonné la Religion où ils avoient été élevés, parce que les absurdités dont elle est remplie les choquoient. On leur en a proposé une autre : l'autorité de ceux qui leur parloient, leur éloquence, l'assurance avec laquelle ils s'exprimoient, la vivacité de leur persuasion, l'amour de la nouveauté les ont touchés ; & enfin ils se sont laissés persuader, pour s'épargner la fatigue & la discussion d'un plus long examen. Tous ceux même qui se sont laissés persuader de cette sorte, sont d'ailleurs si ignorants, si simples, si crédules, que rien n'a été plus facile que de les convaincre. J'ai lu avec grande attention les apologies que les Chrétiens ont écrites pour obtenir la tolérance de leur secte ; ils montrent parfaitement le ridicule des autres Religions : mais en vérité, il s'en faut bien que les preuves sur lesquelles ils établissent la vérité de la leur, ayent la même force. Ils se contentent presque de la supposer, & cependant on ne peut présumer qu'ils ayent négligé de les mettre dans le plus beau jour; ils ont choisi les meilleurs esprits, pour travailler à des Ouvrages qu'ils devoient présenter aux Empereurs, & du succès desquels dépendoit leur tranquillité.

Pour que ces gens me fassent voir que les dogmes qu'ils annoncent ne sont point la production de leur imagination échauffée, mais leur ont été découverts par la Divinité elle-même, il faut qu'ils m'en donnent des preuves sensibles, & c'est ce qu'ils prétendent faire par les prodiges & les merveilles dont toutes les traditions religieuses sont pleines; mais vous vous souvenez de ce que j'ai remarqué à ce sujet, que les Religions les plus contradictoires citant également des prodiges pour me prouver leur vérité, que ces Religions opposées m'assurant également que ces prodiges ne sont & ne peuvent être inventés, & fondant également la vivacité de leur persuasion sur l'évidence & la publicité de ces merveilles, il faut nécessairement supposer une de ces deux choses, ou bien que la Divinité a fait des prodiges pour établir la croyance de deux opinions contraires, dont il y en a au moins une fausse, & qu'ainsi elle a induit les hommes en erreur; ou bien que la croyance des prodiges cités par les partisans du culte religieux, peut s'introduire dans une nation, quoiqu'il ne soit jamais rien arrivé de tel, & que cette croyance peut devenir assez vive dans les esprits, pour qu'ils renoncent plus aisément à la vie qu'à cette persuasion. Or si on m'accorde cela, non-seulement les prodiges ne sont plus une preuve suffisante de la vérité d'une Religion, puisqu'elle a pu s'établir sans leur secours, mais encore il n'y aura plus de prodiges qui ne me doivent être suspects, puisque la persuasion des vrais & des faux prodiges peut devenir également vive, & que je pourrai dire contre les uns ce que l'on employe contre les autres pour les détruire.

Cette Lettre est devenue bien longue, ma chere *Leucippe*; mais l'importance de la matiere & le grand nombre de questions qui y entrent nécessairement, & que je n'ai pu m'empêcher de toucher, m'ont entraîné plus loin que je ne voulois. Souvenez-vous toujours que la dévotion est une passion qui promet de grandes douceurs, mais qui ne tient pas parole; que la plus terrible des situations est celle d'une dévotion foible & intermittente, qui livre notre cœur à des scrupules & à des regrets continuels; que par conséquent, à moins de s'y sentir porté par un penchant invincible, il faut résister de toutes ses forces à ces velléités passageres de dévotion qui nous attaquent dans la solitude : songez que si cela est vrai en général, il l'est encore plus pour les personnes d'un tempérament & d'un caractere d'esprit tel que le vôtre.

Faites réflexion à ce que je vous ai dit au commencement de ma Lettre, sur les horreurs qui remplissent un cœur agité de ces mouvements variables d'une dévotion passagere & sur le danger où sont les personnes d'un caractere mélancolique, & livré à l'ennui & à la contrainte, de tomber dans ce cruel état.

Servez-vous de toute votre raison pour vous garantir de ce malheur; quoi qu'en disent les superstitieux, elle ne nous trompe point, sur-tout lorsque ne voulant pas nous engager dans des opinions spéculatives, nous nous contentons d'examiner quelle réalité ont les objets imaginaires que lui offre notre esprit.

Si les objets sont véritables, cet examen nous assurera de leur existence; mais aussi, si ce ne sont que des fantômes vains, ils se diffiperont dès que nous oferons en approcher, ou du moins les confidérer d'un œil fixe. Je ne répéterai ni ce que j'ai dit fur la nature & la certitude de nos connoiffances, ni ce que j'ai dit fur la fource des erreurs où nous nous engageons dans les matieres de fpéculation ; vous ne pouvez avoir oublié qu'elles viennent toutes de ce que nous donnons à peu près le même degré de réalité à tous les objets de nos connoiffances, de ce que nous fommes femblables à celui qui ne voudroit pas diftinguer les objets qu'il voit & qu'il touche étant éveillé, d'avec ceux qu'il apperçoit pendant le fommeil ou pendant l'ivreffe.

Quelques erreurs qu'il puiffe réfulter delà dans la philofophie, il eft affez indifférent que l'on fépare les propriétés, des divers êtres auxquels elles appartiennent, que l'on admette des propriétés, des facultés, des formes, des entéléchies, diftinguées des corps, & que l'on en faffe autant de petites *entités* exiftantes à part ; ces erreurs n'empêchent point les chofes d'aller leur train à l'ordinaire, les hommes n'en vivent pas moins heureux : le foin de défendre ces opinions & le defir de les détruire les occupe, & cette occupation eft fouvent un bonheur.

Mais dans la Religion, il n'en eft pas de même ; lorfque les hommes ont une fois réalifé les objets imaginaires qu'elle leur fournit, ils fe paffionnent pour ces objets, ils fe perfuadent que ces fantômes qui voltigent dans leur efprit, exiftent réellement hors d'eux tels qu'ils les voyent ; & là-deffus leur imagination s'enflammant, rien ne peut plus la retenir ; elle enfante tous les jours de nouvelles chimeres qui excitent en eux les mouvements de la plus vive terreur. Tel eft l'effet que produit en nous le fantôme de la Divinité ; c'eft lui qui caufe les maux les plus réels que reffentent les hommes, c'eft lui qui les force de fupporter la privation infiniment douloureuse des plaisirs les plus naturels & les plus nécessaires, par le motif de la crainte de déplaire à cet être chimérique.

Il nous importe donc de nous délivrer des terreurs que nous inspire ce fantôme : pour cela il ne faut qu'oser avancer vers lui, qu'avoir le courage de pénétrer jusqu'à lui, d'examiner, de sonder ; & alors nous verrons que cette Divinité n'est qu'une pure illusion, que l'idée que l'on nous en donne & que nous pouvons nous en former, n'a aucune réalité, & que l'on n'en peut tirer aucune conséquence sensée, encore moins qu'on la puisse faire servir de fondement à une Religion, quelle qu'elle soit.

L'idée qu'ils veulent nous donner de la Divinité, n'est autre chose que celle d'une cause universelle qui n'est produite par aucune cause particuliere, & de laquelle toutes les autres soient les effets. Quoiqu'ils n'en puissent dire autre chose, sinon que c'est la cause universelle, ils se sont persuadés qu'elle existoit séparément & indistinctement des êtres particuliers qu'elle produisoit, & sur lesquels elle agissoit. Cependant il n'est pas plus raisonnable de penser qu'il existe une telle cause générale séparée de toutes les causes particulieres, qu'il le seroit de dire qu'il existe un mouvement, une blancheur, une rondeur universelle, distingués de chaque mouvement, de chaque blancheur, de chaque rondeur particuliere, desquels on pourroit dire autre chose que du mouvement, de la blancheur, & de la rondeur universelle, dont participent les diverses modalités.

Cette cause universelle ne peut être distinguée réellement des êtres particuliers, que comme la blancheur, la rondeur, le mouvement des corps le peuvent être des corps qu'ils modifient ; les êtres particuliers n'ont point d'existence propre & particuliere dans l'hypothese de la cause universelle, ils n'existent point par une force qui soit en eux, indépendamment de cette cauſe ; ils n'ont qu'une exiſtence étrangere & participée de la cauſe univerſelle, par la continuation d'un effet répété à chaque inſtant, comme la modalité des corps, la blancheur, la rondeur, le mouvement, &c. (pour ne pas ſortir de l'exemple choiſi) qui n'exiſtent point par quelque force qui ſoit en eux, mais parce qu'ils participent de l'exiſtence des corps qu'ils modifient ; & cela eſt ſi vrai, que nous ne pouvons concevoir que l'on détruiſe ces corps ſans détruire leurs modalités. Si cela eſt vrai, comme il faut qu'il le ſoit pour que la cauſe ſoit univerſelle, (car ſi ces êtres particuliers exiſtoient par une force diſtinguée de cette cauſe, elle ne ſeroit pas univerſelle, puiſqu'il y auroit d'autres cauſes indépendantes d'elle,) ſi, dis-je, cela eſt vrai, cette cauſe ne peut être autrement diſtinguée des êtres particuliers que comme la blancheur & la rondeur le ſont des corps blancs & ronds, c'eſt-à-dire qu'elle n'eſt que l'aſſemblage des êtres particuliers agiſſant mutuellement les uns ſur les autres ; par conſéquent, la Divinité n'eſt autre choſe que l'univers dont nous faiſons nous-mêmes une partie, parce que nous ſommes des êtres, que nous agiſſons ſur les autres, & que nous recevons leur action. La Divinité n'eſt donc diſtinguée de l'univers que comme la République d'Athenes l'étoit de l'aſſemblage des citoyens différents qui la compoſoient ; c'eſt-là le ſyſtême de quelques Philoſophes, ſyſtême que je ne vois pas comme l'on peut ajuſter avec la Religion : car enfin dans le ſyſtême religieux, non-ſeulement la cauſe univerſelle a une intelligence & une volonté, ſans quoi elle ne pourroit être l'objet d'un culte religieux, mais elle veut & ne veut pas certaines choſes, elle eſt capable de haine & d'amour, elle récompenſe & punit ceux qui obéiſſent ou déſobéiſſent à ſes ordres.

Vous vous ſouvenez, je crois, de ce que j'ai dit ſur l'impoſſibilité de concevoir l'exiſtence d'une telle cauſe universelle douée d'intelligence ou de volonté, qui puisse être l'objet d'un culte religieux.

Si les êtres ne sont pas nécessaires, & que la cause de leur existence soit la volonté de la cause universelle, c'est-à-dire de Dieu, on demande quel sera le motif qui le déterminera à vouloir ; ce ne peuvent être les êtres mêmes, puisqu'ils n'existent pas encore ; si l'on dit que ce sont les idées de ces êtres, on demande comment Dieu peut avoir une idée de ce qui n'est point & de ce qui n'a jamais été ; s'il a acquis ces idées, comment & d'où lui sont-elles venues ? s'il les a toujours eues, elles sont éternelles comme lui, & une partie de lui-même. Sur quoi l'on demande si ces idées représentent ces êtres comme devant exister. Si elles les représentent autrement, elles sont fausses & trompeuses ; si elles les représentent comme devant exister, leur existence est donc nécessaire, & Dieu en les produisant ne fait qu'exécuter la loi éternelle qui lui est imposée, il est contraint de produire les êtres tels que ses idées les lui représentent ; il y a donc une autre cause que lui & à laquelle il est assujetti, donc il n'est pas la dernière cause universelle, donc ceux mêmes qui ont cru remonter à la dernière cause par leur supposition de la cause universelle, n'ont pu en venir à bout. Supposant une telle cause universelle qui existe de la maniere qu'ils le prétendent, cette cause ne peut être l'objet d'un culte religieux ; elle n'aime, ni ne hait, ne punit, ni ne récompense, mais agit toujours conformément aux loix éternelles & invariables que lui fournissent les idées, tandis que les êtres exécutent constamment ces mêmes loix. On ne peut dire qu'il arrive rien dans la nature contre sa volonté, puisque cette volonté est la seule & unique cause de toute existence ; donc tous les êtres existent toujours par sa volonté & conformément à sa volonté, donc ils sont toujours, non-seulement parce qu'elle veut qu'ils soient, mais ils sont tels qu'elle veut qu'ils existent, parce qu'ils n'ont ni en eux ni dans les autres êtres aucune force capable d'agir par eux-mêmes, loin d'avoir celle de s'opposer à la force de la cause universelle.

Donc tous les êtres accomplissent également la volonté de la Divinité ou de la premiere cause, donc tous sont égaux par rapport à lui, & le corps pesant obéit à ses loix en tombant, comme la flamme en s'élevant en l'air.

Ceux qui ne font produire à la premiere cause que le mouvement local des corps, & qui donnent à nos esprits la force de se déterminer, bornent étrangement cette cause, & lui ôtent son universalité, pour la réduire à ce qu'il y a de plus bas dans la nature, c'est-à-dire à l'emploi de remuer la matiere; mais comme tout est lié dans la nature, que les sentiments spirituels produisent du mouvement dans les corps vivants, que les mouvements des corps excitent des sentiments dans les ames, on ne peut encore avoir recours à cette supposition pour établir ou pour défendre le culte religieux. 1°. Nous ne voulons qu'en conséquence de la perception des objets qui se présentent à nous, ces perceptions ne nous viennent qu'à l'occasion du mouvement excité dans nos organes, donc la cause du mouvement est celle de notre volonté. Si cette cause ignore l'effet que produira ce mouvement en nous, quelle idée indigne de Dieu! S'il le sait, il en est complice, & il y consent; si le sachant il n'y consent pas, il est donc forcé à faire ce qu'il ne veut pas, & il y a quelque chose de plus puissant que lui dont il est contraint de suivre les loix malgré lui 2°. Comme nos volontés sont toujours suivies de quelques mouvements, Dieu est obligé de concourir avec notre volonté; s'il y consent, il en est complice; s'il n'y consent pas, il est moins fort que nous, & obligé de nous obéir : donc quelque chose que l'on dise, il faut avouer qu'il n'y a point de cause universelle, & que s'il y en a, elle veut tout ce qui arrive & ne veut jamais autre chose, que par conséquent elle n'aime ni ne hait aucun des êtres particuliers parce qu'ils lui obéissent tous également, & que les mots de peine, de récompense, de loix, de défenses, d'ordres, &c. sont des termes allégoriques tirés de ce qui se passe parmi les hommes. Mais quand même on accorderoit que cette cause universelle nous a donné avec l'existence, le pouvoir d'exécuter les loix qu'elle nous a imposées, il faut voir quelles sont ces loix, & si elles sont différentes de celles que tous les hommes portent dans leur cœur, des inclinations naturelles qu'il ne quitte jamais, du désir de connoître la vérité, ou de jouir du plaisir de la recherche du bonheur & de la fuite de la douleur. Si les loix que la première cause a établies doivent se borner-là, tous les êtres intelligents les observent sans s'en écarter un seul moment, & par conséquent ils sont tous conformes à sa volonté : car celui qui se trompe, croit suivre la vérité en soutenant l'erreur ; & celui qui sacrifie les plaisirs réels à une pure chimere, imagine & sent effectivement une grande félicité à lui faire ce sacrifice. Si le Souverain Etre a établi d'autres loix que celles qu'il a mises dans le cœur de tous les hommes, ceux à qui il les a cachées étoient-ils l'objet de son amour, puisqu'il ne leur a point découvert ce qui étoit propre à les rendre heureux ? Les punira-t-il pour avoir violé des loix qu'ils ignoroient ? Si cela est, non-seulement cet Etre n'aime pas les hommes, & par conséquent ne mérite pas leur amour ; mais de plus, c'est un Etre injuste & tyrannique, indigne de leur estime, & qui mérite leur haine.

Si l'on n'est pas obligé de regarder Dieu comme
un

un être essentiellement bon, comme un être qui aime les hommes, l'on peut croire qu'il les a voulu tromper ; ainsi quand même tous les prodiges sur lesquels se fondent ceux qui prétendent connoître les loix qu'il a révélées à quelques hommes, seroient véritables, comme c'est un Etre injuste & inhumain, je n'ai point d'assurance qu'il n'ait pas fait ces prodiges exprès pour nous tromper, & je n'ai nulle preuve que je lui deviendrai plus agréable par l'observation de ses loix.

S'il ne punit pas ceux qui ont ignoré ces loix, comme il ne le peut faire sans injustice, il n'est donc pas absolument nécessaire de les observer pour lui plaire, puisqu'on le peut en suivant les seules loix naturelles, communes à tous les hommes ; mais si cela est, comme les loix révélées sont fatigantes, difficiles à exécuter, consistant à se priver de tous les plaisirs, à refuser de satisfaire les besoins naturels, elles ne servent qu'à rendre malheureux ceux à qui il les a révélées : donc il les hait ; mais ils ne l'ont pu mériter, puisqu'ils ont pratiqué les loix générales, comme ceux à qui il n'a point donné de loix particulieres : donc quoi que l'on dise, il faut conclure que c'est un Etre injuste, capricieux, & indigne de notre respect.

D'ailleurs, ces loix particulieres ne sont accompagnées d'aucuns des caracteres qui me les doivent faire regarder comme vraies ; elles sont absurdes & contraires à la raison ; elles sont opposées aux loix naturelles & communes qui ordonnent de satisfaire aux besoins de la nature ; la plupart de ceux qui les annoncent, font voir, en les violant à tout moment, qu'ils ne sont pas persuadés de leur vérité ; ceux qui les observent, sont pour l'ordinaire gens qui croyent sans examen & sur l'autorité seule de ceux qui les ont précédés ; ceux d'entre eux qui croyent par conviction, sont en très-petit nombre ; la plupart sont

V.

gens sans esprit, crédules, timides, & recevant comme vrai tout ce que leur imagination échauffée leur présente : pour les autres, lorsque j'examine leurs preuves, je trouve qu'elles n'ont nulle solidité, qu'elles ne sont appuyées que sur des traditions confuses, incertaines & non prouvées ; que les dogmes les plus contraires citent avec un égal avantage des faits également prouvés, & que dans tous les partis on réussit à merveilles à détruire le fondement des opinions contraires à la sienne, sans qu'aucun puisse mettre celle qu'il défend, à couvert des mêmes objections par lesquelles on accable les autres.

De toutes les Religions établies parmi les hommes, il n'y en a aucune qui puisse l'emporter sur les autres, & qui mérite qu'un homme sensé s'y assujettisse ; celles qui sont un peu plus épurées de fables ridicules & grossieres, comme le Judaïsme, le Christianisme, le Magisme, le Chaldaïsme, sont au fond également destituées de probabilité dans leurs dogmes, & de solidité dans leurs preuves.

Comme la vérité de leurs dogmes n'est pas du ressort de la raison, parce que la nature des choses dont on y traite ne nous est pas connue, ceux qui veulent que nous ajoutions foi à ce qu'ils nous en disent, doivent nous montrer comment ils ont appris ce qu'ils prétendent nous enseigner : ils nous assurent que cette Divinité au nom de laquelle ils nous parlent, dont ils ne peuvent nous donner d'idée, & de laquelle ils disent des choses si opposées les unes aux autres, s'est découverte à eux, & les a instruits des loix qu'elle prétendoit être observées parmi les hommes ; & pour prouver la vérité de ce témoignage, ils nous citent des prodiges & des merveilles arrivées pour obliger les hommes à le croire : mais ces prodiges n'arrivant plus de nos jours, ils ne sont fondés que sur une tradition historique, de laquelle on ne peut plus s'assurer maintenant. Toutes les sectes religieuses citent des miracles pareils pour établir la vérité de leurs opinions; & les plus absurdes sont celles qui en rapportent un plus grand nombre. Les dogmes de ces diverses sectes sont opposés & contraires les uns aux autres; ils se détruisent mutuellement, & ne peuvent être vrais tous à la fois: donc il faut, si tous ces miracles sont véritables, qu'il s'en soit fait pour attester la vérité d'une opinion fausse, & que par conséquent la Divinité ait voulu séduire les hommes par des prodiges, ou bien qu'il y en ait seulement une partie de faux, & que les autres soient vrais; mais à quoi les distinguer? car enfin, en fait de prodiges, comme ils sont tous au-dessus du cours ordinaire & de la force des agents naturels, la raison ne peut distinguer entr'eux s'il n'y en a point qui soient absurdes ou déraisonnables, & nous ne sommes point en droit d'en rejetter sur ce prétexte.

Chaque secte est également persuadée de la vérité des siens: si néanmoins ces prodiges sont faux & supposés, il en faut conclure que des Nations entieres peuvent donner créance à des miracles supposés; donc, sur le chapitre des prodiges, la persuasion vive, constante & pratique d'une Nation entiere, n'en prouve pas la vérité. Mais il n'y a aucun de ces faits dont on puisse autrement prouver la vérité que par la persuasion de ceux qui les croyent maintenant; donc il n'y en a aucun dont la vérité soit suffisamment établie. Et comme ces prodiges sont le seul moyen par lequel on puisse nous obliger de croire la vérité d'une Religion, je dois conclure qu'il n'y en a aucune de prouvée, & je les dois regarder toutes comme l'ouvrage du fanatisme ou de la fourberie, & souvent de tous les deux ensemble.

On peut observer à l'égard de ces prodiges, que de l'aveu même de ceux qui les croyent, ils n'ont fait aucune impreſſion ſur l'eſprit ni ſur le cœur de ceux qui en ont été les témoins. Les prodiges que les Grecs racontent de *Bacchus* pour punir l'incrédulité de *Lycurgue*, Roi des Thraces, n'ont pas rendu les ſujets de ce Prince plus dévots au fils de *Sémele*. Les merveilles rapportées dans l'hiſtoire du légiſlateur des Juifs, ne rendoient point ces peuples plus exacts obſervateurs du culte & des loix du Dieu qui les produiſoit; il ſemble qu'il lui étoit plus facile de déranger toute la nature, de leur ouvrir un chemin ſolide au milieu de la mer, de faire remonter les fleuves vers leur ſource, d'épaiſſir la roſée pour en faire un aliment, &c., que de leur perſuader de lui rendre le culte qu'il exigeoit d'eux. Leur hiſtoire n'eſt qu'un tiſſu de révoltes & de déſobéiſſances au Dieu que *Moïſe* leur avoit voulu faire adorer. La ſecte Juive qui porte le nom de Chrétiens, nous raconte avec emphaſe les merveilles opérées par leur légiſlateur, merveilles auſſi utiles que ſurnaturelles; les maladies les plus incurables guéries, les morts rappellés à la vie, ſont les faits dont ſon hiſtoire eſt remplie; cependant cette même hiſtoire nous apprend que cet homme fut arrêté par ſa Nation même à qui il avoit fait tant de bien, regardé comme un impoſteur, & livré aux Romains pour être puni du ſupplice infâme deſtiné aux eſclaves & aux brigands.

Que penſer de ces prodiges qui n'ont fait aucune impreſſion ſur l'eſprit de ceux au milieu deſquels ils arrivoient? Eſt-ce connoître le cœur humain, que de ſuppoſer que des hommes témoins de ces merveilles, n'en ont point été touchés, lorſque nous voyons tous les jours que le ſimple bruit populaire d'un prodige, ou ſuppoſé, ou qui n'eſt qu'un événement commun, eſt capable de remuer des Provinces entieres?

Mais enfin, diriez-vous, ma chere *Leucippe*, s'il

n'y a aucune Religion véritable, si l'on ne peut même supposer raisonnablement l'existence d'une Divinité ou d'une cause universelle distinguée de l'univers, par qui cet univers est-il gouverné? par qui est-il conduit & conservé? car après tout, il en faut bien venir à une premiere cause.

Je ne vois point pour moi la nécessité d'une telle conséquence. L'univers est un assemblage d'êtres différents, qui agissent & réagissent mutuellement & successivement les uns sur les autres, comme je l'ai déja dit. Je n'y découvre de bornes, ni par son étendue, ni par sa durée; j'y apperçois seulement une vicissitude & un passage continuel d'un état à l'autre, par rapport aux êtres particuliers qui prennent successivement diverses formes nouvelles: mais je n'y vois point une cause universelle distinguée de lui, qui lui donne l'existence, & qui produise les modifications des êtres particuliers qui le composent. Je crois même voir très-distinctement l'impossibilité d'une telle cause, je vous l'ai expliqué plus haut. Du reste, j'avoue que mon esprit est trop foible & trop borné pour remonter long-temps de cause en cause, loin de pouvoir parcourir une énumération qui n'est infinie que parce que l'on n'en peut trouver le terme; ainsi je m'enveloppe tranquillement dans une ignorance que je ne rougis point d'avouer, & qui n'est point honteuse, parce qu'elle est invincible.

Je ne crois point que cette ignorance donne aucun droit à ceux qui s'imaginent en savoir davantage, de m'assujettir à leur opinion, lorsque non-seulement je ne puis appercevoir la vérité, mais lorsque tout ce que j'en vois, c'est qu'elle implique contradiction. Ce seroit donner trop d'avantage à la présomption, qui est le partage ordinaire de ceux qui n'ignorent que pour n'avoir pas examiné. Je m'en tiens au raisonnement sensé de ces Indiens, qui, quoiqu'ils ne pussent concevoir la méchanique de ces machines hydrauliques qu'on leur avoit portées, ne se croyoient point obligés d'avouer à leurs compatriotes que ces machines étoient des animaux. On n'a pu encore expliquer la cause du flux & du reflux de la mer, ni celle qui fait que la pierre d'Héraclée (l'aimant) attire le fer ; néanmoins on a droit de rejetter les suppositions que l'on a imaginées pour rendre raison de ces effets, parce que ces suppositions sont absurdes. Conduisons-nous ainsi à l'égard de la cause qui soutient l'univers, contentons-nous d'en rejetter les chimeres que l'on nous débite sur ce sujet, & ne nous embarrassons point de mettre une autre opinion à la place de celle que nous quittons ; la sagesse doit nous apprendre à supporter tranquillement un pareil vuide : il est tant de connoissances nécessaires, ou du moins agréables, que nous savons acquérir aisément ; pourquoi nous inquiéter de ce qui ne nous regarde pas ? Nous sommes dans un vaisseau battu des vents & des flots, songeons à en diriger le cours de façon qu'il souffre le moins qu'il pourra ; manœuvrons de maniere que nous corrigions le vent, s'il est possible, sinon obéissons lui ; ne nous amusons pas à philosopher sur la cause physique qui le produit : occupons-nous seulement, au milieu des hommes parmi lesquels nous nous trouvons placés dans cet instant, à nous conduire avec eux de façon que nous souffrions le moins de douleur, & que nous goûtions le plus de plaisir qu'il sera possible ; car enfin c'est à ces deux points que tout se réduit, fuir la douleur & chercher le plaisir. Nous serions donc bien foux, si nous ne nous occupions, comme le veulent les dévots, qu'à nous refuser la jouissance raisonnable des plaisirs qui sont sous nos mains, & qu'à nous procurer les maux & les douleurs qui ne nous sont point destinés. Tâchez de profiter de ceci, ma chere *Leucippe* ; si la philosophie est capable de procurer quelqu'avantage réel aux hommes, c'est celui de leur apprendre à ne craindre que le danger, & à ne connoître d'autre danger que celui d'éprouver de la douleur.

Je vous connois trop, ma chere *Leucippe*, pour croire qu'en secouant le joug de la tyrannie religieuse, vous tombiez dans les excès où l'on prétend que l'irreligion plonge ceux que l'on nomme Athées; les hommes sont toujours, pour les mœurs, tels que les rend leur tempérament naturel & la proportion qu'ont avec les passions les objets qui frappent leurs sens. Vous n'aurez jamais que des passions douces & languissantes; votre tempérament mélancolique pourra leur donner une force intérieure qui agira sur votre ame, mais elles ne se développeront jamais au-dehors; & d'ailleurs la délicatesse de votre goût vous rend moins sensible à ces objets d'amour & d'ambition qui sont la source de tous les excès publics où se portent les personnes de votre sexe, & de ces emportements par lesquels seuls elles peuvent donner atteinte à leur gloire.

Je ne vous ai point parlé ici de l'immortalité de l'ame, ni de ce que nous devenons après la mort; c'est une chose absolument inconnue, aussi bien que tout ce que les Philosophes ont imaginé sur sa nature, & sur la distinction de l'homme en deux ou trois substances: toutes leurs différentes opinions n'ont aucun fondement. Tout ce que l'on en peut dire de raisonnable, c'est que de même qu'avant notre naissance nous n'étions certainement pas ce que nous sommes maintenant, & que ces deux manieres d'être ne sont point liées, de sorte qu'il reste un vestige sensible de leur liaison & du passage d'un état à l'autre; de même aussi il est très probable qu'après la mort nous continuerons à la vérité d'exister, mais que nous deviendrons un nouvel être, dont les modifications n'auront pas plus de rapport à celles de notre état actuel, que ces dernieres en ont avec les modifications antérieures à la naissance. Nous avons existé pendant plusieurs mois dans le sein de nos meres, tout le monde en est convaincu; quelle idée en avons-nous? Y a-t-il quelqu'un qui ait gardé le souvenir de son entrée dans le monde, & des impressions qu'ont faite sur lui les objets de sa naissance? A-t-on même quelque idée de ce qui nous est arrivé pendant nos premieres années? Puisque nous sommes forcés d'avouer que ces choses nous sont inconnues, quoiqu'elles fassent partie de notre état actuel, ne rougissons point d'ignorer ce qui nous arrivera lorsque nous serons passés dans un autre état par la mort; regardons tout ce que les Philosophes débitent là-dessus, comme des choses avancées sans preuves & destituées de fondement. Leurs différentes hypotheses n'ont pas plus d'autorité que les fables débitées par les Poëtes au sujet du Tartare & des Champs Elizées. J'accorderai sans peine que ces fictions sont non-seulement très-ingénieuses, mais encore très-avantageuses au genre humain.

Le commun des hommes est trop corrompu & trop insensé, pour n'avoir pas besoin d'être conduit à la pratique des actions vertueuses, c'est-à-dire utiles à la société, par l'espoir de la récompense, & détourné des actions criminelles par la crainte des châtiments; c'est-là ce qui a donné naissance aux loix: mais comme ces loix ne punissent ni ne récompensent les actions secretes, & que, dans les sociétés les mieux réglées, les coupables puissants & accrédités trouvent le secret de les éluder, il a fallu imaginer un tribunal plus redoutable que celui du magistrat. On a supposé qu'à la mort nous entrions dans une nouvelle vie, dont le bonheur ou le malheur dépendoient de notre conduite avant la mort. Elle sera examinée, nous dit-on, par un juge inflexible, auquel toutes nos actions, même les plus secrettes, seront connues. Un bonheur éternel & au dessus de tout ce que nous avons éprouvé de plus voluptueux, sera le partage des gens de bien, tandis que des tourments effroyables seront employés à punir & à expier les crimes des méchants.

Cette opinion est, sans doute, le plus ferme fondement des sociétés ; c'est elle qui porte les hommes à la vertu, & qui les éloigne du crime. Tant qu'on ne l'employera que pour le bonheur public, je la regarderai comme une erreur utile, que les honnêtes gens doivent respecter, qu'ils doivent même inspirer à ceux qui ont besoin de ce motif pour être gens de bien.

Mais si la superstition s'emparant de cette opinion, vouloit l'employer pour troubler le repos des simples, & pour les remplir de vaines terreurs ; si des hommes ambitieux vouloient s'en servir pour étendre leur empire sur les esprits, & pour les assujettir, comme nous le voyons si souvent ; si l'on faisoit dépendre le bonheur & le malheur de cette vie future, non pas de l'altération ou de l'inobservation des loix établies pour le bien des sociétés, mais de la pratique des cérémonies Religieuses, de la croyance de certains dogmes opposés à la raison, & de la soumission à ceux qui se prétendent les Envoyés & les Confidents de l'Etre suprême : alors la sagesse & la raison nous ordonnent de leur résister, & de tout tenter pour désabuser ceux qu'ils veulent séduire. Dès que cette erreur cessera de faire le bonheur de la société, non-seulement elle cessera d'être indifférente, mais elle pourra devenir pernicieuse, par cela même qu'elle est un motif capable de remuer les peuples plus puissamment que ne font les loix & la crainte du Magistrat politique.

Il ne serviroit de rien d'alléguer en faveur de cette opinion, qu'elle est reçue chez toutes les nations policées, & même chez la plus grande partie des barbares; son universalité n'est pas une preuve de sa vérité: il y a des erreurs communes, qui sont une suite comme nécessaire de l'imperfection de notre esprit, & dans lesquelles tombent tous ceux qui voudront tenter de franchir les bornes que la nature a mises à nos connoissances. Cette opinion est de ce genre; & même elle a cet avantage, que l'intérêt de la société demandant qu'elle fût répandue par-tout, les politiques se sont fait un devoir de s'opposer à ce qui pourroit la détruire.

Personne ne pouvant se former d'idée de l'anéantissement, ou de la destruction totale de la matiere des êtres, tous les hommes ont dû concevoir la mort comme le passage à une nouvelle maniere d'exister, & il seroit comme impossible de trouver des peuples chez lesquels l'opinion commune ne donnât pas une espece d'immortalité à nos ames. D'un autre côté, comme il n'y a que les esprits vraiment raisonnables qui puissent supporter le vuide où nous laisse notre ignorance sur la nature de cet état dans lequel nous passons à la mort, & que ces esprits raisonnables sont rares, on a dû chercher à remplir ce vuide fatigant, par quelque hypothese fondée sur ce que l'on pourroit imaginer de cet état futur.

Notre imagination, quelqu'étendue qu'on lui suppose, est toujours réduite à nous représenter les choses que nous avons déja vues, & à nous rappeller les sensations que nous avons déja éprouvées. Elle peut à la vérité unir les choses que nous avons toujours vues séparées, & séparer celles que nous avons unies; elle forme de nouveaux assemblages de qualités, mais elle ne peut nous offrir de nouvelles modifications.

Toutes les hypotheses que l'imagination a pu enfanter sur la nature de cet état futur, l'ont représenté comme une répétition de ce qui nous arrive dans celle-ci. Elles nous promettent les mêmes plaisirs, & nous menacent des mêmes peines.

Puisqu'il n'a pas été possible de varier le fond de cette hypothese, & que les barrieres opposées par la nature elle-même aux efforts de l'esprit humains, ont dû retenir tous les hommes dans les mêmes limites, il ne faut pas regarder comme une preuve de la vérité de l'opinion commune, son universalité & son uniformité.

Vous êtes trop sensée, ma chere *Leucippe*, pour vous laisser effrayer par les vains fantômes de l'imagination des Poëtes, qui n'ont de réalité que dans l'esprit d'une populace timide & superstitieuse. Vous savez faire usage de votre raison pour les dissiper, & pour vous garantir des effets de cette illusion si funeste au repos des personnes timides. Ce seroit en vain que nous nous glorifierions de posséder cette raison, si nous ne la faisions servir à nous rendre heureux, & à nous procurer cette tranquillité d'ame & ce repos intérieur qui constitue la félicité pure & sans trouble que nous promet la véritable philosophie: elle n'est pas capable d'augmenter nos plaisirs, mais seulement de régler nos desirs & nos craintes, & de détruire les vaines terreurs dont notre imagination se remplit; son objet est de nous ramener à vivre selon la nature, & de nous délivrer de l'empire de l'opinion.

LA MOÏSADE.

J'ai parcouru toutes les contrées de l'univers, j'ai examiné les mœurs, les usages, les coutumes de tous les pays qui le composent ; & par-tout j'ai vu la superstition, les prestiges, l'intérêt, le préjugé, l'orgueil même tenir lieu de toute Religion. J'ai rencontré l'homme par-tout, & n'ai trouvé Dieu nulle part.

Plein de mille idées confuses & accablantes, incapable de concevoir un infini, & de me comprendre moi-même ; choqué de toutes parts, ou d'un culte ridicule qu'abjure le bon sens, ou d'une Religion absurde qui anéantit toute Divinité, j'étois prêt à n'admettre que l'existence des choses sensibles & palpables, lorsque tout-à-coup j'entends parler d'une nation qui n'adore qu'un Dieu, & pour Dieu, qu'un pur Esprit, qu'un Etre simple, qu'un Etre souverainement parfait. Je cours, je vole parmi les Juifs, dans l'espérance de trouver enfin la vérité.

Je veux être instruit, je demande des Livres, je lis ; que de grandeur, que de puissance, que de merveilles !

Il ordonne : & aussitôt des esprits dégagés de toute matiere, des hommes composés d'un corps & d'un esprit, vivent, pensent, agissent.

La Terre, cette masse énorme suspendue dans la vaste étendue des airs, les Cieux, les Astres qui l'éclairent, les Mers qui l'environnent, les Fleuves qui l'arrosent, les animaux, les plantes, tout sort du cahos, tout suit par un pouvoir irrésistible ce premier mouvement que la main du Tout-puissant lui a imprimé, tout concourt à former un ordre parfait; tout parle, tout annonce un Ouvrier intelligent, un Créateur tout-puissant.

C'est ici, dis-je en moi-même, où je dois terminer ma course. Je vais trouver ici un vrai Dieu, un culte parfait, un morale saine, des principes certains, des hommes raisonnables; quoi de plus heureux!

Je continue cependant ma lecture; ah! que je suis trompé! Cette admirable perspective qui avoit d'abord ravi mon esprit & enchanté mes sens, ces idées pures & consolantes qui avoient enflammé mon cœur & presque satisfait ma raison, tout ce sublime disparoît pour ne faire place qu'à des objets hideux & révoltants. En parcourant ce Livre reçu, dit-on, des mains de Dieu par l'entremise de son Serviteur Moïse & de ses autres Prophetes, je suis indigné d'y trouver des traits qui blessent la grandeur & la Majesté divine, & qui me le dépeignent aussi mauvais qu'il doit être bon. Tout me révolte; je crois errer dans le champ de l'imposture: tout porte le sceau du fanatisme; tout est marqué au coin de l'impertinence & du ridicule, de la cruauté & de la barbarie.

Dieu trace sur le front d'un des Enfants du premier homme les traits de sa colere, fait couler dans son cœur le poison de l'envie, de la rage contre son frere, & le rend pour toujours l'objet de l'exécration de ceux qui doivent naître de lui ou de son pere.

Dieu se repent d'avoir créé l'homme: *pœnitet*. Quel blasphême! quoi! Dieu seroit-il, comme l'homme qu'il a créé, imparfait, borné, changeant, capricieux? Auroit-il pu, par défaut de connoissance & de capacité, former un ouvrage mauvais, & s'exposer, faute de sagesse & de prudence, à se repentir d'une faute réelle? Seroit-il Dieu en même-temps, & ne le seroit-il pas? quelle horrible impiété, quel monstrueux paradoxe!

L'univers entier est à peine sorti du néant & des mains de son Créateur, & déjà je vois les Cieux s'écrouler, se dissoudre. Il ouvre ses cataractes; une mer affreuse couvre aussi-tôt la surface de la terre, renverse, détruit tout; l'univers est enseveli sous ses ondes, tout ce qui vivoit périt.

Un seul homme trouvé juste parmi tous les hommes, échappe avec sa famille à la destruction générale de tous ses semblables. Dieu qui a connu sa faute & s'en est répenti en se vengeant sur l'ouvrage de ses mains, va sans doute la réparer, en formant le cœur des nouveaux hommes qu'il va faire naître. Leur arrêt est déjà porté. Une ivresse profonde plonge Noé dans un profond sommeil; un de ses enfants (Cham) le surprend dans une posture indécente, & fait de cette posture un badinage auprès de ses freres. Noé qu'inspire son Dieu, apprend à son réveil la conduite de son fils. Il entre en fureur, & maudit Cham avec toute sa postérité. Ah! Cham! qu'as-tu fait & pourquoi es-tu né? Tes descendants, qui formeront la plus grande partie du monde, seront nécessairement réprouvés, & ton imprudence a produit plus de mal que ton Dieu n'a jamais fait de bien.

Mais les années & les Sages avancent. Je vois paroître avec gravité de grands personnages qui n'ont su dans leur temps que garder des troupeaux, de vénérables Patriarches, l'ornement de l'histoire & de leur siecle.

Dans la suite Abraham, Pere des Croyants, modele de la foi des Juifs & des Chrétiens, est le seul sur qui Dieu, parmi tous les peuples qu'il laisse dans l'erreur, & qu'il punit pour n'avoir pas les lumieres qu'il leur refuse, jette par bonté un regard favorable. Il lui parle & se communique à lui. Il lui développe l'avenir. Dieu doit sortir de ses descen-dants; mais il veut s'assurer de la fidélité d'un homme qu'il veut élever si haut; il veut une obéïssance aveugle : il lui ordonne donc, pour l'éprouver, d'immoler son fils unique. Quelle épreuve ! Abraham qui ne connoît point le desseins de son Dieu, fait taire ses entrailles de pere, repousse une mere tendre qui demande grace pour un innocent, étouffe tous les sentimens de la nature & de la pitié, & monte par toutes les horreurs au comble de la perfection ; il se dispose à obéir. Déja l'Autel est dressé, le bûcher préparé, la flamme est toute prête. La victime s'offre, la vue de son sang qu'il va verser le touche ; il sent qu'il est pere, il tremble, il craint, il hésite, il combat, il fait un dernier effort de cruauté, il triomphe enfin, il leve le bras pour égorger Isaac, & va frapper..... Arrête, monstre, arrête : ton Dieu t'aime, & je te déteste.

Isaac échappé à la vertu féroce d'un pere dénaturé, après un grand nombre d'années passées sans éclat, infirme, aveugle & cassé de vieillesse, va rejoindre ses aïeux parmi les morts. Mourra-t-il sans donner un idée de son Dieu ? Deux Enfants, ennemis déclarés dans les entrailles même de leur mere, vont le faire connoître. Dieu, le Dieu d'Isaac choisit Jacob qu'il aime, pour en faire un sujet heureux & l'usurpateur du pays qu'arrose le Jourdain ; & abandonne Esaü qu'il déteste, pour en faire une victime de sa colere.

Dieu bon, Dieu juste, aimez Jacob, vous le pouvez, sans donner atteinte à votre existence. Mais n'est-ce pas déjà trop qu'Esaü naisse criminel à vos yeux, sans ajouter encore à son malheur une haine particuliere qu'il n'a point méritée ? Attendez qu'il vive, qu'il pense, qu'il puisse pécher ; alors qu'il soit en butte à vos coups : on jugera de ses crimes, par les maux dont vous l'accablerez. Mais il n'est pas encore né, il n'a pas encore pu vous offenser. C'est trop parler. Isaac va expirer. Levez-vous, mon pere, dit Jacob à Isaac, je suis votre fils bien-aimé, votre fils Esaü, prenez, mangez le gibier que je vous ai préparé, & donnez moi votre bénédiction. Ce sont bien les mains d'Esaü, dit Isaac, mais c'est la voix de Jacob.

Ne craignez rien, Isaac, bénissez cet imposteur, ce fourbe qui veut s'élever sur la perte de son frere. Votre Dieu qui le conduit auprès de vous, ratifiera votre bénédiction, le comblera de gloire, & le fera pere d'un grand peuple. Que vous êtes heureux, Jacob! si j'étois maître du tonnerre, je vous écraserois d'un coup de foudre. Mais la sentence est prononcée. L'amitié du Très-Haut, la rosée du ciel, la graisse de la terre, seront votre partage. Vos descendants égaleront le nombre des Etoiles du Firmament. Votre nom sera l'effroi de toutes les nations; & l'infortuné Esaü qu'un tendre respect a toujours rendu attentif aux ordres de son pere, qui s'est fait un plaisir de lui obéir, & un bonheur de lui plaire, Esaü sera l'esclave de son frere, & l'ennemi éternel de son Dieu.

Mais quel spectacle affreux s'offre à mes yeux! Est-ce un Dieu qui parle ou qui agit? Sont-ce des hommes que l'on extermine? Le ciel va-t-il se confondre avec la terre? L'univers va-t-il rentrer dans le néant? Dieu veut écraser l'Egypte; il lui faut un prétexte, il en trouve. Allez, dit Dieu à Moïse: dites à Pharaon, je suis celui qui est, *Ego sum qui sum.* Je vous ordonne de laisser à mon peuple la liberté de sortir de vos Etats pour venir sacrifier dans le désert. Hommes, Femmes, Enfants, Vieillards, Troupeaux, je veux tout, & veux être obéi. Pharaon ne vous écoutera point; la sentence est prononcée, il faut qu'il périsse. Je veux déployer mon bras redoutable, & faire fondre sur l'Egypte les trésors de ma fureur. J'ai formé le cœur de l'homme; j'en suis le maître; je le meus, je le fais agir comme il me plaît: j'endurcirai celui de Pharaon, pour qu'il ne m'obéisse point. Pharaon endurci & nécessairement

rebelle

rebelle aux ordres de Dieu, mettra par fa défobéif-
fance ma juftice à couvert de tout reproche. Allez,
ne craignez rien, je ferai par-tout avec vous, &
l'on connoîtra que je fuis le Seigneur votre Dieu.

Moïfe, de fimple Berger devenu Miniftre du
Trés-Haut qu'il dit avoir vu dans un buiffon, la
face cachée, & ne lui montrant que fon derriere,
Moïfe, dis-je, plein de la fureur de fon Dieu, fe
tranfporte à la Cour de Pharaon, pour y annoncer
infolemment les ordres de fon Dieu. Pharaon, que la
volonté toute-puiffante d'un Dieu invincible a mis
dans la néceffité d'être coupable, rejette Moïfe, fes
ordres & fon Dieu. Moïfe éclate, Dieu frappe, &
déja je vois des rivieres de fang arrofer les campa-
gnes, & mettre des peuples entiers dans la néceffité
de mourir de foif ou de s'empoifonner.

Des infectes de toutes efpeces forment dans l'air
un nuage épais que ne peuvent percer les rayons
du foleil, & fondent enfuite fur la terre qu'ils dépouillent de toutes fes richeffes.

Des grêles affreufes écrafent, enlevent ce que les
infectes avoient épargné. Le ciel eft tout en feu ; le
tonnerre gronde, la foudre éclate de toutes parts,
& des flammes dévorantes achevent de détruire ce
qui fubfifte encore.

Troublé, faifi d'horreur, je me fauve, & tout-
à-coup des ténebres palpables me furprennent, m'environnent, me plongent dans la nuit la plus noire.
La lumiere paroît enfin. Quel objet frappe ma vue!
Le Roi, les grands, les peuples, tout eft couvert
d'ulceres. Je ne vois par-tout que des hommes hideux qui fe fuyent les uns les autres, des millions
de malheureux qui ne connoiffent le Roi que par
les impôts qu'on leur fait payer de fa part, & qui
portent néanmoins la peine de fon crime & d'un
crime involontaire.

L'orage fe diffipe, un autre fuccede. Une pefte

générale enleve un chef à chaque famille. Le Trône, la Ville, la Campagne, rien n'est épargné. Les animaux mêmes qui ne pensent point, qui ne sont point coupables, périssent & semblent en expirant accuser le Ciel de cruauté; les plaintes, les cris, la mort, l'horreur regnent de toutes parts.

Sortez, peuple d'Israël; sortez de l'Egypte, prenez, volez, pillez aux Egyptiens à qui vous devez la vie, le peu de richesses que leur a laissé votre Dieu inhumain; & après avoir tout saccagé, sauvez-vous, Brigands, dans les déserts.

Mais l'Egypte possede encore une poignée d'hommes. Le Dieu de Jacob leur laissera-t-il la liberté de vivre? Ils vont bientôt cesser d'être, ils ne sont déja plus. Je les vois sur une mer orageuse, Pharaon à leur tête, flotter au gré des vagues, avec leurs chevaux, leurs chars, & leur équipages. Un vent favorable les pousse sur le rivage, & donne aux Enfants de Jacob les trésors qu'ils n'ont pu enlever.

Chantez, Moïse, chantez les louanges de votre Maître, que le peuple se prosterne, & tous ensemble célébrez la puissance, mais surtout la miséricorde & la tendresse infinie de votre Dieu qui vient d'éclater par la perte de ses enfants.

Une colonne de feu brille sur ma tête, le jour paroît, & tout à-coup ce feu se change en un nuage épais, qui, sans priver de sa lumiere, garantit de la trop grande ardeur du soleil. Suivons ce nuage & ce peuple qu'il va conduire.

J'entre dans le Désert. Quelle vaste solitude! deux millions d'hommes sortent de l'Egypte; quel lieu plus propre à leur servir de tombeau! Sur le haut d'une montagne, au milieu des éclairs, au bruit du tonnerre, paroît avec éclat, porté sur les nues, un Législateur nouveau. Dieu lui-même, environné de toute sa gloire, donne ses ordres à Moïse, & grave sur deux tables de pierre ses loix suprêmes dont il rend dépositaire le chef d'Ifraël. Moïfe, plein de l'efprit de fon Dieu, inftruit de fes devoirs, quitte à peine fon maître, qu'il entend de la montagne fainte des cris de joie & le fon de plufieurs inftruments. Un veau d'or élevé par le peuple, de l'aveu de fon frere Aaron, comme l'objet de fon culte, eft ce qui d'abord frappe fa vue. Que va-t-il faire ? Il entre en fureur, & facrilege par zele il brife le dépôt que lui a confié le Très-Haut. Sa frénéfie ne fe borne pas à cet excès. Que quiconque a du zele pour le Seigneur, fe joigne à moi, s'écrie-t-il. Une troupe de frénétiques fe range à l'inftant de fon parti. Qu'on s'arme, qu'on marche au carnage, qu'on n'écoute ni la pitié ni le fang. Le Seigneur eft irrité, il veut être vengé. Plus les victimes que vous immolerez vous feront cheres, plus Dieu fera fatisfait.

Quelle force n'a point ce difcours facrilege! je vois les fatellites de Moïfe femblables à des tigres furieux, l'œil étincelant, l'air enragé, courir par le Camp d'Ifraël, voler de tente en tente, & porter par-tout avec eux la fureur, la mort, le carnage, l'horreur. Hommes, Femmes & Enfants, tout tombe fous le fer meurtrier des Efclaves de Moïfe. Le zele pour leur Dieu les anime. Dieu lui-même les agite : ils ne font plus des hommes, mais des monftres furieux, infenfibles à la vue des membres palpitants & du fang de leurs plus proches parents ; les cris lamentables de ceux-ci ne fe font plus entendre à ces cœurs féroces que la rage de leur Dieu tranfporte. Ici coule le fang d'un fils maffacré par fon pere, là fument encore les entrailles d'un pere égorgé par fon fils ; plus loin un époux fanguinaire & dénaturé poignarde du même coup & fon innocente femme & le fruit malheureux qu'elle porte. Vingt-trois mille hommes périffent dans cet affreux carnage.

Arrêtez, Enfants de Lévi, le foleil refufe d'éclairer vos forfaits, & votre Dieu veut épargner le refte du peuple pour l'exterminer dans un autre temps. Venez recevoir les bénédictions que méritent vos crimes. Soyez bénis du Très-Haut, vous que sa gloire intéresse ; que la rosée du Ciel tombe sur vos terres humectées du sang de vos proches ; que l'huile & le vin soient chez vous en abondance ; soyez riches en moissons & en troupeaux ; que vos descendants peuplent la terre, & que leur nombre soit comparable aux grains de sable & aux atômes.

Mais fuyons ce triste séjour. Les cris des assassins, les plaintes des mourants, le sang des morts le rendent trop affreux.

Hauts, fiers, généreux, entreprenants, Dathan & Abiron reprochent avec respect & soumission à Moïse sa fourberie, son orgueil extrême, & le pouvoir qu'il veut usurper sur Israël. Dathan & Abiron, vous périrez ; mais périrez-vous seuls ? non : vos femmes, vos enfants, vos troupeaux, tout ce qui vous appartient périra avec vous. La terre s'entr'ouvre, & déja je ne vois plus les ennemis de Moïse. Les Enfants de Jacob murmurent ; ils suivront Abiron. Des serpents monstrueux, sortis des entrailles de la terre par l'ordre du Ciel, jettent par-tout l'effroi & la consternation, & ne laissent la vie qu'à une poignée d'hommes, que la peste va bientôt détruire. Je les apperçois déja foibles, pâles, livides, & expirants sous les coups redoublés d'une Divinité terrible.

L'œuvre est consommée ; l'Egypte est anéantie ; les Enfants de Jacob sont descendus chez les morts ; Ministres & Prêtres du Très-Haut, Moïse & Aaron vont bientôt n'être plus. Deux hommes restés seuls des Esclaves de l'Egypte, vont conduire les Enfants des morts dans une terre si souvent promise & si chérement achetée.

Petits-fils d'Abraham, d'Isaac & de Jacob, écouez pour la derniere fois votre Chef que vous allez perdre : *Hæc dicit Dominus.* Voici les décrets de l'Eternel. Vous avez vu périr vos peres, & vos enfants à leur tour feront étouffés fur vos cendres. Vous avez des Juges ; vous aurez des Rois. Juges, Rois, Peuples, tout fera exterminé. La guerre, l'efclavage, la pefte, la famine & la lepre feront votre partage. On vous aura vu riches, puiffants, redoutables, l'effroi des nations. Sans Rois, fans Prêtres, fans facrifices, fans Loix errants par toute la terre, on vous verra l'opprobre des autres nations, le rebut & l'exécration des hommes.

Quelle tendreffe dans un Dieu fouverainement bon, quelle modération dans un Dieu fouverainement jufte, fage & miféricordieux, pour un peuple qu'il a choifi, qu'il a conduit, qu'il chérit par prédilection fur tous les autres peuples, pour lequel il avoit épuifé les tréfors de fa providence, & fait agir tous les refforts de fon pouvoir fuprême jufqu'à interrompre l'ordre immuable de la nature entiere ! Eft-ce bien-là le Dieu de l'univers, le Dieu que je dois reconnoître & adorer ? Ai-je en effet trouvé la vérité que je cherche ?

Meurs, Moïfe, meurs, Tyran deftructeur. Que le Ciel t'écrafe de fes foudres vengeurs ; que la terre irritée comme le ciel, de ta perfidie & de ta cruauté, s'entr'ouvre fous tes pas criminels, & t'engloutiffe, monftre abominable, dont l'haleine empeftée a fouflé fur toute la furface de la terre les femences empoifonnées du plus horrible & du plus déteftable fanatifme dont elle eft encore malheureufement infectée ; que ta mémoire abominable refte en horreur dans tous les fiecles & chez tous les hommes, & périffent ceux qui la réverent !

Et vous, peuple furieux & infenfé, hommes vils, & groffiers, dignes efclaves du joug que vous portez... allez, reprenez vos Livres, & éloignez-vous de moi.

RÉFLEXIONS.

Ce libelle, plus rempli d'invectives & de fleurs de rhétorique que de bonnes raisons, ne laisseroit pas cependant de faire quelque impression sur un esprit qui ne seroit pas encore bien affermi dans les principes de la Religion Chrétienne. C'est pourquoi il faut faire attention que la plupart des faits qu'il rapporte, ne sont envisagés que du mauvais côté ; & que s'il y en a quelques-uns qui paroissent contraires à la raison & injurieuses à la Divinité, il faut se souvenir que Dieu est impénétrable dans la plupart de ses desseins, & qu'il n'appartient pas à l'homme dont l'intelligence est si bornée, de vouloir pénétrer avec tant de témérité jusqu'au sanctuaire de cette Divinité inaccessible, pour lui faire rendre compte de ce qu'elle a voulu faire dans le temps. Les choses les plus simples sont au-dessus de l'homme. Pourquoi voudrions-nous comprendre les décrets mystérieux de la Divinité ? contentons-nous de nous taire & d'adorer.

REPLIQUE.

Je n'ai jamais attaqué la Religion que je respecte ; mais j'ai attaqué la superstition qui en prend le masque & qui la défigure. Avant que de semer de bonnes graines dans un terrein, il faut en arracher les ronces & les épines. Il faut que le Philosophe prépare les esprits, afin que le Théologien ait plus de facilité à les éclairer & à les convaincre.

ŒUVRES
PHILOSOPHIQUES
DE
M. FRERET.

TROISIEME PARTIE.

RECHERCHES
SUR LES
MIRACLES.

ŒUVRES
PHILOSOPHIQUES
DE
M. FRERET.

TROISIEME PARTIE.

RECHERCHES SUR LES MIRACLES.

CHAPITRE I.

Que l'on a soutenu de tout temps dans l'Eglise que les miracles ne prouvoient point par eux-mêmes la vérité du parti dans lequel ils s'étoient faits.

ETAT DE LA QUESTION.

C'ÉTOIT un principe communément reçu dans les premiers siecles de l'Eglise, que Dieu, dans sa colere, accordoit à des intelligences malignes le pouvoir de déranger les loix de la nature, & leur permettoit de travailler à la séduction de ceux qui n'étoient pas dignes de connoître la vérité, & de parvenir au bonheur réservé pour les Elus. Les Peres de l'Eglise trouvoient ce système clairement fondé sur les Saintes Ecritures, sur les prodiges des Magiciens de Pharaon, & sur la défense que *Moïse* fit aux Israëlites d'écouter ceux qui, par des Miracles, voudroient les engager à suivre d'autres Dieux que celui d'Israël (1).

Le nouveau Testament les confirmoit encore dans cette idée. Jesus-Christ y prédit qu'*il s'élevera de faux Christs & de faux prophetes, qui feront de grands signes & de grands Miracles* (2), & St. *Paul* assure que l'Ante-Christ sera revêtu de la Toute-Puissance, & qu'il séduira par ses prodiges & par ses miracles (3).

D'après ces principes, *Origene* soutenoit qu'il ne falloit pas régler sa croyance sur des Miracles, qu'il falloit examiner auparavant si c'étoit Dieu ou les Démons qui les avoient opérés (4).

Tertullien prétendoit que les Miracles de Jesus-Christ ne suffisoient pas pour le faire regarder comme le Messie, puisque les faux Prophetes en pouvoient faire de pareils (5). *Lactance* convenoit qu'on auroit pu prendre Jesus pour un Magicien, s'il n'avoit eu pour lui que des Miracles, & si sa mission n'eût pas été d'ailleurs fondée sur des Prophéties (6). *Fecit mirabilia; magum putassemus, ut & vos nunc putatis & tunc Judæi putaverunt, si non illa ipsa*

---

(1) Voyez *Deutéronome*, Chapitre XIII.
(2) V. S. *Matthieu* Chap. XXIV.
(3) Ep. II. *Thessalon.* Ch. II.
(4) V. *Origene C. Celse.*
(5) V. *Tertull. C. Marcion* III. Ch. 3.
(6) *Lactant.* Lib. V. Ch. 5.

facturum Christum prophetæ omnes uno spiritu prædicassent.

Enfin, S. *Augustin* enseignoit que les Miracles qui se font chez les fideles, ne suffisent pas pour prouver qu'ils soient dans la véritable Eglise. *Non ideò ipsa manifestatur ecclesia, quià hæc in eâ fiunt* (1).

On pourroit continuer cette chaîne de tradition jusqu'à nos jours : mais sans entrer dans un détail peu instructif, on se contentera de remarquer que l'opinion des Peres est devenue le sentiment général; que si l'on excepte Mr. *De Serces* & l'Auteur de l'*Examen des convulsions*, il y a très-peu de Théologiens qui s'en soient éloignés : qu'il a été soutenu depuis peu à Paris par *Dom La Taste*, dans une telle étendue, que le Nouvelliste Ecclésiastique n'a pu s'empêcher de s'écrier : » *On se souviendra toujours qu'un* » *Bénédictin de la Congrégation de St. Maur, Prieur des* » *Blancs-Manteaux à Paris, a avancé impunément sous* » *les yeux de tous ses supérieurs, que les Miracles de Jesus-Christ* (*les résurrections mises à part*) *ne prouvent* » *rien par eux-mêmes, parce que le Démon peut opérer toute* » *sorte de guérisons* (2).

C'est cette même opinion de l'insuffisance des Miracles pour servir de preuve fondamentale à la vraie Religion, que l'on se propose d'établir dans cette dissertation. Ce n'est pas en se servant du principe des Peres ; il faudroit mieux connoître jusqu'où s'étend le pouvoir que Dieu a accordé aux êtres intelligents sur la nature, pour en faire la base d'un systême : une autre raison plus conforme aux idées que nous devons avoir de la justice & de la bonté de Dieu, nous fait croire que la Religion doit avoir quel-

---

(1) V. St. Augustin *de unitate Ecclesiæ*, Ch. XIX. N°. 50. tom. IX. p. 379.

(2) Voyez les *Nouvelles Ecclésiastiques du* 1ᵉʳ. *de Mars* 1734.

ques preuves plus sensibles que celles des Miracles, parce que les faits extraordinaires & merveilleux opérés contre les loix de la nature ne peuvent jamais être portés à un assez grand degré d'évidence pour obliger tous les hommes de les croire, ou pour arracher l'assentiment des personnes raisonnables.

CHAPITRE II.

Que la principale preuve d'une Religion véritable devroit être à la portée de tous les hommes.

SI DIEU a établi une Religion pour conduire les hommes à la perfection & au bonheur, elle doit avoir des caracteres d'évidence capables de faire impression sur tous ceux qui employent de bonne foi leur attention pour la connoître ; autrement elle ne seroit pas pour tous les hommes. Supposer que Dieu exige des êtres intelligents qu'ils se conduisent au hasard, ou qu'ils croyent sans être déterminés par des motifs suffisants, ce seroit déshonorer la Divinité. C'est cependant à quoi seroit réduite la plus grande partie du genre humain, si la vraie Religion ne portoit pas avec elle cette conviction faite pour entraîner le consentement de tous ceux qui sont capables de quelques réflexions. Il n'y a point de diversité de sentiments sur ce sujet entre ceux qui ont traité cette matiere ; ils ont tous supposé comme un axiôme incontestable, que les preuves essentielles de la Religion devoient être à la portée de tous les hommes raisonnables.

„ *Je ne vois pas que l'on fût coupable de rester dans
„ la Religion dans laquelle on est né, quelque mauvaise
„ qu'elle fût*, dit l'Abbé de St. Réal, *si Dieu n'avoit*

» pas attaché des signes évidents de vérité à la Religion
» véritable & dans laquelle il veut être honoré. J'ai dit,
» des signes évidents pour tout le monde, c'est-à-dire pour
» ceux qui sont capables de quelque connoissance & de
» quelque discernement." (1)

Mr. *Nicole* ne s'exprime pas moins clairement.
» Il n'y a personne, dit-il, qui ne puisse & qui ne doive
» être convaincu par les lumieres communes de la Religion &
» par celles du sens commun, de toutes les vérités suivan-
» tés ; qu'il est certain que Dieu veut sauver les hommes,
» & même les simples ; qu'il ne leur offre néanmoins à
» tous aucune autre voie que celle de la véritable Reli-
» gion ; qu'il faut donc qu'il soit non-seulement possible,
» mais facile, de la reconnoître (2).

Le P. *Lami* (3) enseigne » qu'il est à propos que
» l'évidence de la Religion soit à la portée de tout le monde,
» & capable de frapper vivement tous les esprits qui vou-
» droient donner quelque attention aux preuves."

Mr. *De Fénélon* (4) reconnoissoit cette vérité lorsqu'il écrit à un de ses amis: » *Vous avez raison de*
» *demander des motifs de croire la Religion, qui soient*
» *proportionnés aux esprits les plus simples & les plus*
» *grossiers.* »

On parle sur le même ton à Rome : le P. *Maracci* prouve dans sa Réfutation de l'Alcoran, imprimée dans cette Capitale du monde Chrétien, *qu'on
n'est pas obligé d'embrasser une Religion dont les preuves
ne sont pas évidentes* (5). Geneve & Rome sont d'accord sur ce point. » Ce principe est si clair & si cer-

---

(1) St. *Réal*, **Lettre II.**
(2) Préface des *préjugés légitimes C. les Calvinistes*, Ch. XIV.
(3) Voyez Lami, *vérité évidente*, pag. 170.
(4) Voyez *Fénélon*, lettres, pag. 6 & 7.
(5) Voyez *Maracci* Proemium Prodromi. p. 2.

» tain, dit Mr. Nicole, qu'il n'est pas même contesté
» par les Ministres, & Mr. Claude s'en sert lui-même pour
» donner à ceux de son parti une assurance raisonnable de
» la justice de leur cause. Dieu, dit-il, n'a point rendu
» son salut inaccessible aux ames des plus simples, non plus
» qu'à celles des savans. (1)

Mr. Osterwald (2) décide que „ Comme de toutes
» les vérités il n'y en a point qui soient d'une plus grande
» conséquence que celles de la Religion, il faut que les
» preuves de ces vérités soient simples, évidentes, à la
» portée de tous les hommes.

Ce principe doit être bien incontestable, puisqu'il a réuni les suffrages des Théologiens des sectes les plus opposées.

---

(1) *Les prétendus Réformés convaincus de schisme,* Ch. II. p. 19.
(2) Osterwald, *des Sources de la corruption*, p. 15.

CHAPITRE III.

De la difficulté de constater les Miracles.

SI L'ON s'est étendu sur une proposition qui ne peut pas être raisonnablement contestée, c'est parce qu'elle emporte avec elle la décision de la question que nous voulons traiter. Comme la principale preuve de la Religion doit être à la portée de tous les hommes, par une conséquence nécessaire elle ne peut être fondée principalement sur les Miracles, s'il est vrai que la discussion des faits de cette nature se trouve être au-dessus des forces de la plupart des hommes.

Ce qui vient de se passer dans une des plus grandes villes du monde sous les yeux de près d'un million d'hommes, démontre la facilité de séduire les peuples, & la difficulté de s'assurer des faits.

Tout Paris a été à St. Médard, au tombeau de Mr. *Paris*: la moitié de ceux que la curiosité ou l'esprit de parti y amenoient, étoient persuadés qu'il s'y faisoit des miracles éclatants; eh comment ne l'auroient-ils pas cru, puisque tout y retentissoit de guérisons dont les témoins se présentoient en foule! l'autre moitié ne doutoit point que tout ce que l'on débitoit de merveilleux ne fût l'effet ou de l'imposture ou du fanatisme. Parmi tous ces miracles, un de ceux qui a fait le plus de bruit & qui a donné occasion à un plus grand nombre d'écrits, c'est celui que l'on prétendoit avoir été fait le 3 de Novembre 1730, en la personne *d'Anne Lefranc*, de la paroisse de St. Barthelemi. Les partisans de Mr. *Paris* ont triomphé, & l'ont regardé comme une preuve complette que Dieu se déclaroit pour eux. ,, A l'égard du
» miracle qui est arrivé en la Personne *d'Anne Le-*
» *franc*, ont-ils dit, dans un écrit qu'ils ont publié
» à ce sujet (1), le premier témoin qui nous en
» instruira, c'est *Anne Lefranc* elle même. Ceux qui la
» connoissent, savent qu'elle est digne de foi: sa ré-
» putation est sans reproche, & la simplicité est son
» caractere. La relation qu'elle fait de sa maladie &
» de sa guérison, n'est que l'effusion d'un cœur qu'une
» vive reconnoissance presse de rendre à Dieu la
,, gloire d'une merveille qu'elle n'a demandée prin-
,, cipalement & qu'elle n'a obtenue que pour lui-
,, même. Le récit en est naturel; la vérité en est
,, attestée par un serment redoutable. Au reste, si

---

(1) Voyez *Dissertation sur les Miracles* de Mr. Pâris, pag. 5.

,, l'on doute de ce qu'il contient, ne peut-on pas
,, s'assurer par soi-même s'il y a sur la paroisse St.
,, Barthelemi une fille appellée *Anne Lefranc*, con-
,, nue durant un grand nombre d'années pour aussi
,, malade qu'elle déclare l'avoir été, & guérie subi-
,, tement en la maniere qu'elle le rapporte. On ver-
,, ra si les faits qu'elle énonce sont des vérités ou
,, des impostures : d'ailleurs, combien de témoigna-
,, ges concourent avec celui qu'elle rend la premiere
,, à la vérité ! ce n'est point dans le secret ni dans
,, les ténebres que le miracle s'est opéré, c'est en
,, plein jour & en un jour de fête ; c'est sous les
,, yeux du peuple assemblé alors à la porte de St.
,, Médard. La paroisse de St. Barthelemi toute en-
,, tiere a vu, & voit encore avec étonnement, *Anne*
,, *Lefranc* pleine de santé, depuis le moment qu'elle est
,, revenue du tombeau du St. Diacre. Près de six
,, vingt témoins attestent par des certificats déposés
,, chez un Notaire, la vérité des faits contenus en sa
,, relation : un plus grand nombre encore eût ren-
,, du le même témoignage, si on l'eût jugé nécessaire,
,, & voudroit en trouver l'occasion. Si l'on doute
,, de la vérité d'un miracle accompagné de telles cir-
,, constances, de quoi ne doutera-t-on point ?"

Malgré un si grand nombre de témoins produits avec cet air de confiance capable d'en imposer, Mr. l'Archevêque de Paris fit un mandement (1) pour prouver qu'il y avoit plus d'artifice que de réalité dans cette merveille, que les certificats en étoient suspects ; qu'il y en avoit même plusieurs dans lesquels ceux qui les ont signés, assurent des faits qu'ils ne pouvoient savoir que par oui-dire. *Car enfin*, dit le Prélat, *comment plus de soixante personnes qui attestent dans l'un de ces certificats qu'elles ont connoissance*

des

---

(1) Du 15 Juillet 1731.

des faits rapportés dans la relation, pouvoient-elles être inſtruites par elles-mêmes de toutes les circonſtances d'une maladie qui a duré pendant près de vingt-huit ans, & d'une guériſon à laquelle elles n'avoient point été préſentes? C'eſt dans cette vue, continue-t-il, que nous avons ordonné une information juridique, de laquelle il réſulte que la relation bleſſe eſſentiellement la vérité, dans le recit des principaux faits qu'elle rapporte, ſoit pour faire croire que la maladie d'*Anne Lefranc* étoit ſans remede, ſoit pour perſuader que ſa guériſon à été l'effet ſubit de la priere & de la communion qui ont terminé ſa neuvaine.

Les certificats imprimés à la ſuite de la relation, dont pluſieurs pourtant n'atteſtent en aucune ſorte que la guériſon de cette fille ſoit miraculeuſe, ont preſque tous été ou ſurpris ou extorqués par importunité. Les uns, dans ce qu'il y a d'eſſentiel, ſont altérés & falſifiés, & les autres abſolument contraires à la vérité.

Le frere d'*Anne Lefranc* fit un écrit au ſujet de la guériſon de ſa sœur, dans lequel il aſſura que l'auteur de la relation cenſurée par M. l'Archevêque de Paris avoit manqué d'exactitude ; que les certificats étoient ou faux ou haſardés ; que ceux qui les ont donnés, s'ils n'ont pas voulu tromper, ont été trompés eux-mêmes ; que s'ils ne ſont pas fourbes, ils ſont dupes volontaires ; il proteſte que ce n'eſt ni intérêt, ni ſollicitation qui lui a fait faire cette démarche, mais la ſeule vue de rendre témoignage à la vérité, & d'inſtruire le public ſur un fait auquel il s'intéreſſe.

Quoique l'apparence ſoit contre les Miracles, quoique la préſomption ſoit pour les Supérieurs, quoique les plus fameux Chirurgiens de Paris ayent atteſté qu'ils ont vu ſouvent guérir par les voies ordinaires des perſonnes attaquées du même mal qu'*Anne Lefranc*, & qu'ils ne trouvent rien que de nature dans cette guérison (1); cependant les défenseurs du Miracle, loin de se rendre, ont publié par-tout que Mr. l'Archevêque de Paris *péchoit contre le St. Esprit*, & imitoit Anne & Caïphe, que le respect humain empêchait de rendre justice à la vérité. (2).

Quelle autre conséquence pouvons-nous tirer de ce fait, si ce n'est qu'il est presque impossible (surtout pour le peuple) de constater un miracle? En effet, si ceux de Mr. *Pâris* ont tellement embarrassé les habitants d'une des plus grandes villes de l'Europe, que la moitié déposoit pour ces merveilles, & l'autre moitié récusoit ces témoins comme prévenus & gagnés, quel parti pourroient prendre ceux qui vivent hors de Paris, & que pourra penser la Postérité, de Miracles qui ont tellement partagé les contemporains? Cependant si l'on est fondé à douter des merveilles qui sont attestées par cent mille témoins vivants, ne sera-t-on point tenté d'hésiter lorsqu'il sera question d'ajouter foi à celles dont se vantent les siecles passés?

Il est vrai que les gens sensés & non prévenus pourront, peut-être, à force d'examen, savoir ce qu'il faut penser de ces prétendus faits merveilleux; mais sans faire tort au genre humain, l'on peut assurer que le nombre de ces hommes raisonnables est bien petit. Ce n'est pas d'eux qu'il s'agit ici, c'est de la plus grande partie des hommes, qui, comme une expérience continuelle nous l'apprend, manquent de la lumiere & de la capacité nécessaires pour entrer dans les discussions que suppose un examen raisonné.

―――――――――――――――

(1) V. *Le Certificat à la fin du Mandement.*
(2) V. *Le Mandement de l'Evéque de Montpellier* du 2 Février 1733.

CHAPITRE IV.

Les monuments, les fêtes & la tradition ne prouvent pas la vérité des Miracles.

ON dira sans doute que si les particuliers sont suspects d'illusion & de tromperie, lorsqu'ils racontent des événements merveilleux, les monuments, les fêtes, les traditions en seront des garants plus fideles. Mais ce témoignage est lui-même récusable. Il suffit pour s'en convaincre, d'ouvrir l'Histoire Grecque & Romaine. C'est ce qui est solidement prouvé dans la *Dissertation sur l'incertitude des quatre premiers siecles de Rome.* » Si l'on a dit d'Athènes, ce
» sont les termes de l'Auteur (1), que l'on n'y mar-
» choit que sur des monuments célébrés par l'his-
» toire, l'on peut dire de Rome que l'on n'y apper-
» cevoit que des monuments illustrés par des fables.
» Ici étoit un Temple que, suivant la tradition rap-
» portée dans Solin, Hercule, par un sacrifice au
» Dieu Myagre, avoit rendu inaccessible aux insectes
» de l'air. Ailleurs des Murs sacrés conservoient la
» mémoire de Curtius, & défendoient l'approche du
» lieu où s'étoit ouvert autrefois un abyme qui se re-
» ferma dès que ce héros s'y fut précipité. Près de
» la salle où s'assembloit d'ordinaire le Sénat, se voyoit
» la statue d'Attius Nœvius, lequel pour autoriser
» ses prédictions du temps de Tarquin l'Ancien, avoit
» coupé une pierre avec un rasoir en présence de

---

(1) Voyez Mémoires de l'Académie des Belles-Lettres, tom. VI. pag. 17.

„ tout le peuple ; & c'étoit pour éternifer la mé-
„ moire de ce prodige, qu'on avoit élevé à l'Augure
„ une ftatue au pied de laquelle fe confervoient
„ religieufement le rafoir dont il s'étoit fervi & la
„ pierre qu'il avoit coupée. Le Temple de Caftor
„ & de Pollux fut bâti par les Romains après que
„ ces Divinités eurent combattu pour eux à la ba-
„ taille de Régille, & l'on montroit même fur une
„ pierre l'impreffion des pas du cheval fur lequel
„ Caftor avoit combattu. Le même figuier fous
„ lequel une Louve dépofant fa férocité naturelle,
„ avoit allaité Remus & Romulus, fubfiftoit encore
„ du temps de Tacite & de Pline. La Nature pen-
„ dant plus de huit fiecles fufpendit le cours de fes
„ loix, pour conferver le monument de l'intérêt qu'a-
„ voient pris les Dieux à la confervation des fon-
„ dateurs de Rome."

„ Ce fut après la retraite des Gaulois, que Rome
„ érigea le Temple de *la parole* à la Divinité qui
„ lui avoit prédit l'irruption d'un peuple barbare,
„ dont à peine elle favoit le nom, & qui devoit bien-
„ tôt porter le fer & le feu dans l'enceinte de fes
„ murs."

Si nous jettons les yeux fur l'ancienne Grece,
près de Thebes, nous verrons le lieu où les dents d'un
dragon femées en terre furent changées en hommes.
(1) On nous montrera à Delphes la pierre qu'avoit
dévorée Saturne, croyant dévorer fon fils Jupiter. On
voyoit dans l'Elide un Temple que les Eléens avoient
bâti au Dieu qui, dans un combat qu'ils livroient
aux Arcadiens, voulut bien fe mettre à la tête de
leurs troupes fous la figure d'un jeune homme, fe

---

(1) Voyez Mémoires de l'Académie des Belles-Lettres,
tom. VI. Paufanias, Lib. IX. Id. Lib. X.

changer ensuite en dragon, &, par cette étrange métamorphose, jetter la terreur dans l'armée ennemie. Les Arcadiens montroient le lieu où s'étoit livré le combat des Géants contre les Dieux ; c'est-là qu'ils sacrifioient au tonnerre & aux tempêtes. Il y avoit encore à Métaponte, du temps d'Hérodote, une statue qui avoit été dressée à Aristée le Proconésien, en mémoire d'une apparition faite après sa mort (1). On montroit à Ilium une Colonne érigée en l'honneur de Minerve, pour célébrer une apparition de cette Déesse dont il y avoit eu plusieurs témoins. On respectoit dans plusieurs endroits, des pierres que l'on assuroit être tombées du ciel (2).

Les fêtes qui sembleroient devoir être des preuves incontestables de la réalité des faits merveilleux, ne prouvent que la fourberie ou la crédulité de toute une nation. Nous en avons un exemple dans le Calendrier des Juifs (3) : le troisieme jour de Septembre, ils célébrent une fête en faveur d'un miracle que Dieu fit au temps de la persécution d'Antiochus : c'étoit l'usage de plaider par écrit; les débiteurs étoient obligés de mettre le nom de Dieu dans leurs cédules : les Sages ayant ordonné que chacun payât ses dettes, & que les billets fussent déchirés, on fut surpris de voir que le nom de Dieu ne s'y trouvoit plus ; il fut donc jugé que les dettes étoient nulles, & qu'on devoit célébrer une fête pour perpétuer l'histoire de ce miracle.

Le 6 du mois *Teveth*, qui répond au mois de Décembre, on trouve un jeûne établi en mémoire de la traduction des Septante, faite du temps de Pto-

---

(1) Voyez Origene contr. Celse, pag. 126.
(2) Voyez Plutarque, Vie de Lucullus. Hérodien, lib. V. Pausanias, lib. IX.
(3) Basnage, Histoire des Juifs, liv. V. ch. 29.

lomée Philadelphe. Or les Juifs soutiennent que la Loi a été profanée par cette version, & prétendent que Dieu, pour en témoigner sa douleur, répandit pendant trois jours d'affreuses ténebres sur la terre.

Le Calendrier des Juifs, auquel on peut avoir recours, donne plusieurs autres preuves du peu d'autorité des fêtes établies dans la vue de perpétuer le souvenir des Miracles.

L'Histoire Indienne présente aussi des fêtes instituées en mémoire de faits très fabuleux. Le 8 Février (1), les Seivraës & les Smaërtaës célebrent une fête qu'ils nomment *Tsevreratre*; ils passent un jour & une nuit sans manger : c'est en mémoire de ce qui est arrivé au Dieu Ewara. Du temps que le *Kalecotte Wissiam*, ce poisson qui causa tant de mal dans le monde, parut, Eswara voulut l'avaler ; mais il demeura dans son gosier, & le Dieu s'évanouit : les d'Eswarataës effrayés commanderent à tous les hommes du monde de jeûner & de penser à Eswara, ce qui lui fit revenir la connoissance ; il promit aussitôt que ceux qui célébreroient cette fête, recevroient la remission de tous leurs péchés.

Ce n'est pas seulement chez les Payens & chez les Juifs que l'on trouve des preuves subsistantes de prodiges qui n'ont jamais existé ; on en rencontre aussi chez les Chrétiens : il est même très-commun de leur voir prouver la réalité des Miracles, par des monuments qui n'y ont aucun rapport.

Il y avoit à Panéade une Colonne de pierre qui soutenoit deux Statues de bronze ; l'une représentoit une femme à genoux, & l'autre un homme debout à qui elle s'adressoit : Eusebe (2) & Asterius

---

(1) Vie de Mœurs des Bramines, II. partie, Ch. XII.
(2) Eusebe, Hist. Ecclésiastiq. liv. VII, Ch. X.

ont imaginé que c'étoit l'Hémorroïsse de l'Evangile
& Jesus-Christ. Ce monument est antérieur à l'Empereur Constantin; & c'est cette ancienneté qui détruit l'explication qu'en ont donnée les Auteurs chrétiens, n'y ayant pas d'apparence, ainsi que le savant
Daillé (1) l'a remarqué, que les Payens, aussi acharnés qu'ils l'étoient contre la Religion Chétienne, eussent laissé subsister pendant le feu des persécutions
un monument si favorable à un culte qu'ils détestoient. D'ailleurs, comme l'a très-bien observé Mr.
de Beausobre (2), aucun Auteur ecclésiastique avant
Eusebe n'a parlé de ce monument, quoiqu'il fût comme
impossible qu'une statue, dressée en l'honneur du fils
de Dieu depuis trois cents ans, eût été inconnue
de tous les Auteurs Chrétiens qui avoient vécu pendant ce temps, ou qu'ils eussent négligé d'en parler
s'ils l'eussent connue. Quel argument plus fort, &
même plus invincible, en faveur des graces miraculeuses que Jesus avoit faites aux hommes, qu'une
statue élevée dans un lieu public par une femme
payenne, en mémoire de ce qu'elle avoit été guérie
par le simple attouchement du manteau de Jesus-Christ, d'une perte de sang incurable?

St. *Justin Martyr*, qui étoit de la Palestine, n'auroit-il point parlé de ce monument dans ses apologies pour les Chrétiens? *Origene*, qui avoit demeuré
long temps à Tyr, n'en auroit-il rien dit dans ce prodigieux nombre de livres qu'il a composés? *Clément
d'Alexandrie* auroit-il oublié un fait si public & si
digne de la curiosité des Chrétiens? On répondra
peut-être que nous n'avons pas tous les livres de
ces premiers Docteurs; qu'ils ont pu parler de cette
statue dans ceux qui nous manquent. Mais nous avons

―――――――――――――――――――――――

(1) De imaginibus. lib. III.
(2) V. Biblioth. Germanique, tom. XIII, p. 29.

leurs écrits contre les Gentils, où ils avoient l'occasion d'en parler. Nous avons entre autres les Commentaires *d'Origene* sur les Evangiles, & en particulier sur l'histoire de l'Hemorroïsse, & c'étoit-là le lieu de dire ce qu'il devoit savoir de ce monument mémorable. Nous avons les livres contre Celse. Nous avons les Apologies de *St. Justin Martyr*, où il n'a pas oublié la prétendue statue de Simon le Magicien; nous avons son exhortation aux Gentils; nous avons celle que *Clément d'Alexandrie* leur adresse: n'étoit-ce pas dans ces livres qu'il falloit alléguer la statue de Panéade, pour prouver aux Gentils les Miracles de Jesus-Christ dont elle étoit une preuve sans replique?

On gardoit très précieusement dans la Sacristie de l'Eglise de Cyrene, un billet que l'on prétendit avoir été écrit par le Philosophe Evagre après sa mort. Voici ce qu'il contenoit: *Moi Evagre, Philosophe, à vous Monseigneur Synesius, salut. J'ai reçu ce que je devois recevoir, selon qu'il étoit porté par la promesse écrite de votre main; j'en ai été entiérement satisfait, & je n'ai plus d'action contre vous pour l'or que je vous ai donné & que j'ai donné pour vous à Jesus-Christ notre Dieu & notre Sauveur.* Toutes les fois qu'un nouveau sacristain entroit en charge à Cyrene, en lui remettant les vases sacrés & les ornements, on lui recommandoit particuliérement cet écrit. (1)

On peut voir tout le détail de cette histoire dans *Baronius* & dans Mr. *de Tillemont*, qui l'ont jugée digne d'être insérée dans leurs ouvrages, comme étant non-seulement merveilleuse, mais certaine & authentique. Il y a cependant de l'apparence que le plus grand nombre des gens sensés la regardera comme une preuve

---

(1) Tillemont, Tom. XII. pag. 517.

complette de la tourberie des Prêtres, & du peu de fond qu'on doit faire fur plufieurs monuments que nous avons actuellement en Europe.

Une preuve bien complete du peu d'autorité des fêtes & des traditions, nous eft fournie par l'Eglife de Meffine. (1) On y célebre tous les ans, le troifieme jour de Juin, la fête de la réception d'une lettre que la Vierge a écrite à cette ville. Cependant quel eft l'homme fenfé qui ofe douter que cette lettre ne foit fuppofée?

Les traditions les plus générales ne font pas toujours les plus vraies; elles auront infailliblement des adhérents, lorfqu'elles fuppoferont du merveilleux, & fur-tout quand on les croira favorables à la vanité. On ne manque pas alors de trouver des gens qui, par intérêt & par état, s'en rendent les protecteurs. L'hiftoire monaftique ne permet pas d'en douter.

On ne finiroit pas fi l'on vouloit rapporter en détail toutes les preuves de ce que j'avance. Je me contenterai donc pour le préfent de citer ce que le Sr. *Vauxelles* à écrit fur ce fujet dans fa relation d'Egypte, (Page 228.) *On voit*, dit-il, *dans le Monaftere des Syriens, qui eft au défert de St. Macaire, un arbre miraculeufement crû du bâton de St. Ephrem; ce faint l'ayant laiffé à la porte en allant rendre vifite à un religieux, il jetta à l'inftant des racines, & pouffa des feuilles & des fleurs.*

Dans celui de St. Jean le petit, on voit un arbre qui crût auffi miraculeufement du bâton de ce faint, quand, par le commandement de fon fupérieur, il le planta en terre & l'arrofa; c'eft à caufe de cet acte d'obéiffance, que les Religieux l'appellent encore aujourd'hui l'arbre d'obéiffance.

---

(1) Voyez Melchior Inchoffer, Epift. Mariæ ad Meffin. C. I. p. 5.

Dans le chemin qui conduit du Monaſtere des Syriens à la montagne des pierres de l'aigle, on voit le lit d'un fleuve ſans eau ; il fut ſeché, au rapport de ces Religieux, par les prieres des anciens Hermites qui habitoient auprès de ſon bord. Les Pirates qui venoient ſur cette riviere, les incommodoient beaucoup. Ils demanderent à Dieu que la riviere fût ſechée, & ils l'obtinrent. Le bâton ſur lequel s'appuyoit ſaint Polycarpe, planté en terre, redevint un ceriſier qui ſubſiſte juſqu'à ce jour (1).

Le génie des hommes & leur goût pour le merveilleux, ont été les mêmes dans tous les ſiecles. On montrait du temps de Pauſanias un Olivier qui portoit des fruits, & qui avoit autrefois ſervi de maſſue à Hercule. C'eſt ainſi que les mêmes fables ſous d'autres noms ſe reproduiſent en différents lieux, & trouvent par-tout des partiſans zélés.

___

(1) V. Spon, voyage.

___

CHAPITRE V.

On prend ſouvent pour Miracles, des choſes très-naturelles.

CE n'eſt pas aſſez qu'un fait nous paroiſſe merveilleux, pour décider que ce fait ſoit un miracle ; il faut auparavant ſavoir s'il eſt un effet de la volonté particuliere de Dieu, & s'il eſt contraire aux loix générales de la nature. Il eſt conſtant qu'il y a une infinité d'effets ſinguliers que la plupart des hommes ſont tentés de prendre pour des prodiges, quoiqu'ils ſoient dans l'ordre des choſes. Notre ignorance dans la physique, a donné l'existence à une foule de Miracles. Il est impossible qu'il n'arrive très-souvent dans la nature, des effets dont le méchanisme secret nous est entièrement inconnu ; cependant notre vanité ne nous permet pas de faire l'aveu de notre ignorance : nous n'avons garde de penser que la nature puisse faire ce que nous ne pouvons pas concevoir, & nous ne doutons pas que les événements extraordinaires ne soient l'ouvrage ou de Dieu ou de l'esprit malin.

Le plus éclatant de tous les Miracles, seroit celui de la résurrection d'un mort. Les peuples y ont quelquefois été surpris, & ont regardé comme resuscités, des gens que des remedes inconnus, mais très naturels, avoient tirés des portes de la mort. C'est ce qui est arrivé à Cordoue, comme le rapporte Léon d'Afrique dans son livre sur quelques hommes illustres chez les Arabes (1).

Rasis, célebre Médecin, passant un jour par une grande place de Cordoue, y trouva beaucoup de monde assemblé ; il s'informa du sujet qui attiroit tant de peuple, & on lui répondit qu'un homme venoit de mourir subitement : il s'approche du mort, & ordonne qu'on lui apporte sur le champ un grand nombre de baguettes, & que ceux qui étoient autour du cadavre le frappassent par tout le corps, & principalement sous la plante des pieds. Tous les assistants se mirent à rire, & *Rasis* passa dans leur esprit pour un homme en délire. Cependant il n'y avoit pas encore un quart d'heure qu'on avoit ainsi frappé le prétendu mort, qu'il se mit à donner quelques signes de vie. *Rasis*, remonté sur sa mule, s'en retourne chez lui. Le peuple témoin de cette merveille, crie aussi-tôt au Miracle. Almansor, Secre-

---

(1) V. Fabricii, Biblioth. Græca. tom. XIII. p. 266.

taire du Caliphe, ayant oui parler de cette histoire, envoya chercher *Rasis*, & lui dit: Je savois que vous étiez un excellent médecin, mais je ne vous connoissois pas le talent de ressusciter les morts. *Rasis* répondit modestement que Dieu seul avoit ce pouvoir; que pour lui, il avoit imité dans cette occasion ce qu'il avoit vu faire à des Arabes lorsqu'il voyageoit avec eux en Egypte; qu'il avoit été témoin qu'un homme avoit recouvré la santé par le moyen des baguettes, quoiqu'on le crût mort, & que, dans le doute si l'homme de Cordoue n'étoit pas atteint du même mal, il n'avoit fait qu'essayer le même remede sur lui.

Voilà donc un homme que toute une grande ville auroit regardé comme ayant ressuscité un mort, si sa bonne foi ne l'eût emporté sur sa vanité.

Entre les faits les plus merveilleux, on compte des jeûnes de plusieurs semaines. Les nations occidentales, qui ont beaucoup de penchant à la gourmandise, croyent que c'est un Miracle de vivre un grand nombre de jours sans manger; il n'en est pas de même dans les Indes. Suivant le rappoort de Mr. *De la Loubere* (1) ,, les Indiens sont naturellement si so-
,, bres, qu'un jeûne de quarante jours, & même de
,, cent, ne leur paroît pas incroyable." *Twist*, Auteur Hollandois, nous apprend dans sa *Description des Indes*, que l'expérience a certainement fait voir qu'il y a des Indiens qui sont capables de passer trente & quarante jours sans rien prendre, qu'un peu de liqueur mêlée de quelque bois amer mis en poudre.

L'Occident nous fournit des exemples de faits aussi extraordinaires. Ecoutons Mr. *de Thou*. ,, Dans
,, le même temps, dit-il, (2) on entendit parler

---

(1) V. *Voyage de Siam*, III. part. p. 347.
(2) Hist. du Présid. de Thou, ann. 1599.

,, d'une diete bien singuliere ; il y en avoit déjà eu
,, plusieurs dans le même siecle. Il y avoit 59 ans
,, qu'une fille de Spire, nommée Marguerite, âgée
,, de douze ans, avoit été deux ans sans manger."
On consulta sur ce sujet Simon Portius de Naples,
un des plus grands Philosophes de son siecle ; là-dessus celui-ci fit un Ouvrage qu'il adressa au Pape
Paul III. Il y donne des raisons naturelles de ce
phénomene, tirées de l'humidité naturelle aux femmes, & du tempérament particulier de cette fille. Gerard Fulcod, Médecin de l'Empereur Ferdinand, fit
aussi l'histoire de ce jeûne singulier. Catherine Binder, née l'an 1585 dans les terres du Palatin Jean
Casimir, ayant atteint l'âge de vingt ans, fut, à
ce qu'on dit, sept années sans manger ; elle avoit
passé auparavant cinq ans entiers, sans faire usage
d'aliments chauds. Guillaume Fabrice parle d'une fille
du pays de Juliers, qui, à l'âge de 14 ans, fut amenée à Cologne ; elle avoit été trois ans sans boire
ni manger, suivant le rapport de ses Parents. Laurent Joubert, fameux Médecin de France, écrivit à
cette occasion, & il fit voir par plusieurs raisons &
par plusieurs exemples, que l'on pouvoit vivre un
grand nombre de jours & même quelques années
sans manger. Il se sert du témoignage de Galien &
d'Avicenne, pour le prouver ; mais pour en revenir
à cette personne dont la diete fit un grand éclat la
derniere année du 16º. siecle, elle perdit l'usage de
l'œsophage dans une grande maladie : depuis ce temps
on ne put jamais lui persuader de manger ; elle avoit
été trois ans dans cet état, lorsqu'elle fut visitée par
François Citese, Médecin de Poitiers. Il prit delà le
sujet d'un livre, dans lequel il prouva que quoique
le fait soit extraordinaire, il n'est cependant point surnaturel, sur-tout à l'égard des femmes, qui, ayant
plus de pituites, ont moins de chaleur, & par conséquent ont moins besoin d'aliments. Il apportoit pour

exemple, une fille de Tulle dont les annales de France font mention; elle vivoit sous le regne de Lothaire; elle fut sans boire ni manger depuis l'an 822 jusqu'à l'an 825. Ce même Médecin fit un Ouvrage sur le même sujet; il y parle d'une fille née dans le pays de Berne, qui s'abstint pendant un an entier de toutes sortes de nourriture. On peut voir une histoire pareille dans Pontanus. Il y a aussi plusieurs exemples de jeûnes aussi extraordinaires dans le 17e. dialogue de Gyraldus : *Thesaurus criticus* de Gruterus, tom. II. pag. 426.

Mais sans recourir à des temps si éloignés, nous trouvons dans les journaux de *Bayle* l'histoire d'un homme dont, du temps de ce Philosophe, il y avoit encore des gens qui pouvoient se souvenir. Le fait est arrivé à Harlem. On le manda dans le même temps à Mr. Bayle, qui fit part au public de la lettre qu'il avoit reçue à ce sujet (1). On y voit qu'un certain Isaac Hendrick Styphon s'étant battu avec le frere de sa femme, lui cassa une jambe; la crainte de tomber entre les mains de la justice lui fit tourner la tête qu'il avoit naturellement foible : il fallut l'enfermer dans l'hôpital des foux; sa folie augmenta; elle alla jusqu'à lui faire dire qu'il étoit le véritable Messie, & qu'à l'exemple de Jesus il vouloit jeûner quarante jours & quarante nuits. C'est ce qu'il effectua, en commençant son jeûne le 6 Décembre 1684, & finissant le 15 Janvier 1685. Il est vrai que pendant ce temps-là il fumoit du tabac à son ordinaire, & prenoit de l'eau, mais plus pour laver sa bouche que pour boire. Du reste, il s'abstenoit entièrement de toute autre nourriture, n'ayant

---

(1) V. Bayle, Nouvelles de la République des Lettres, Février 1685.

pas même voulu souffrir que l'on mêlât du bouillon ou de l'eau-de-vie dans l'eau qu'il prenoit ; car il s'en appercevoit d'abord, & la jettoit avec horreur. On a fouillé ses habits avec tout le soin possible & tous les recoins de son cachot, pour voir s'il n'y avoit pas quelque chose de caché dont il se nourrit, & l'on n'a jamais rien trouvé. On n'a point apperçu non plus aucun moyen par où quelqu'un pût lui apporter de nuit quelque nourriture, tellement que l'on étoit assez sûr de ce côté-là qu'il n'y avoit point eu de fourberie dans son abstinence, d'autant plus que l'on a remarqué que ses excréments, après avoir diminué peu à peu, ont enfin cessé tout-à-fait, & même de fort bonne heure. Ce long jeûne ne lui fit rien perdre de son embonpoint & de sa vigueur ordinaire.

Pour citer des exemples encore plus récents, il est parlé dans le 31e. volume des *transactions Philosophiques* de la société Royale de Londres, d'un nommé Gilbert Jackson, qui a été des années entieres sans manger (1). Il y a eu de nos jours en France un Bénédictin célebre par sa piété, & sur-tout par l'excès de son austérité ; on l'appelloit *Dom Claude Léauté*. Il s'étoit accoutumé à passer les carêmes sans prendre aucune nourriture : ceux qui l'ont connu, assuroient que, dès l'an 1731, il avoit déjà passé onze carêmes de cette façon (2).

Un cadavre qui s'est conservé sans corruption, est regardé communément comme une preuve incontestable de sainteté : cependant c'est quelquefois l'effet de la terre dans laquelle on l'a placé. Il y a plu-

---

(1) V. Mém. littéraires de la Grande-Bretagne, tom. XI. p. 36.
(2) V. Vie de Mr. Pâris, pag. 49.

fieurs exemples de gens qui n'ont certainement point mérité le nom de *Saints*, & dont néanmoins les corps au bout de plufieurs fiecles n'étoient nullement endommagés. On découvrit l'an 1615 le corps du Pape Boniface VIII. Il étoit au même état que s'il ne venoit que d'être enterré (1); jamais homme cependant ne mérita moins les faveurs du Ciel. Je ne répéterai point ici les blafphêmes qu'il prononça en mourant. Il falloit que le fcandale de fa vie eût été d'une notoriété bien publique, puifque Philippe le Bel ne craignit point de demander à Clément V, qu'il le rayât du nombre des Papes, & qu'il fît brûler fes os.

Le corps de l'anti-Pape Pierre de Lune, connu fous le nom de Benoît XIII, eft encore à Panifcola où il s'eft confervé jufqu'à préfent fans fe corrompre (2).

Charles II, Roi d'Efpagne, eut la curiofité de faire ouvrir le cercueil de fa premiere femme; elle avoit le vifage d'une perfonne vivante, & la mort n'avoit pas même effacé fes couleurs (3).

Il y a un charnier (4) dans l'Eglife des Cordeliers de Touloufe, où les corps demeurent entiers pendant plufieurs fiecles. Celui de la belle *Paule* y conferve, dit-on, encore des reftes de beauté (5).

Le feu a quelquefois épargné des hommes condamnés à être brûlés. On ne peut douter que ce ne fût par des raifons naturelles, mais au-deffus de la portée du vulgaire. L'efprit de parti s'eft flatté d'être favorifé d'un miracle dans ces occafions. Le corps

---

(1) V. Raynaldus ad ann. 1303.
(2) V. Preuves du différend, p. 6.
(3) Biblioth. Germanique, tom. XVII. p. 59.
(4) Larrey, Hift. de Louis XIV, tom. VII. p. 137.
(5) Lettres hiftor. de Mad^e. Defnoyers, tom. I.

corps de *Zwingle* ayant été brûlé, on trouva son cœur tout entier au milieu des cendres; ses partisans debiterent que le Ciel avoit fait ce prodige (1): ce qui a fait dire a Mr. *De Thou*, que l'effet ordinaire des querelles de Religion étoit de trouver des miracles dans tous les événements singuliers.

Quisque omnia superstitiose interpretatur.

Le cœur de l'Archevêque Anglois Cranmer étoit tout entier dans ses cendres, tandis que le reste de son corps étoit consumé. Il ne faut pas douter que ce n'ait été un grand sujet de triomphe pour ses admirateurs (2).

Cependant les Payens peuvent se glorifier de prodiges tout pareils. L'orteil du pied de Pyrrhus ne put être consumé par les flammes. On attribuoit à cet orteil le pouvoir de guérir le mal de rate, & il fut en conséquence placé à part dans un Temple (3).

Ce qui arriva à Matricus a passé de même pour un prodige (4); c'étoit un homme de la lie du peuple, qui osa se produire sous le titre de Dieu des Gaules, & braver les forces de l'Empire Romain. Lorsqu'il fut tombé entre les mains de ses ennemis, on l'exposa aux bêtes sauvages, qui l'épargnerent; ce qui fit croire au peuple qu'il étoit plus qu'un homme: mais Vitellius le détrompa, en le faisant tuer en sa présence.

Il se présente souvent dans la nature, des phénomenes dont nous ne connoissons aucunement la cau-

---

(1) Biblioth. Angloise, tom. VIII. art. 1, p. 13.
(2) Rapin, hist. d'Angleterre, tom. VI. p. 129.
(3) V. Plutarq. Vie de Pyrrhus.
(4) Tacite, hist. lib. II.

se; dès qu'ils nous sont favorables, c'en est assez pour que nous imaginions que Dieu suspend les loix éternelles du monde en notre faveur. C'est ce qui arriva en Hollande l'an 1672. » L'été de cette année, dit
» le Docteur Burnet (1), les Hollandois furent pré-
» servés par une espece de prodige qui m'a été ra-
» conté par plusieurs témoins oculaires, & de la
» réalité duquel personne ne doutoit à la Haye,
» qui n'est qu'à une très-petite distance du lieu où
» il arriva. La flotte Angloise, après s'être radou-
» bée ensuite du combat de Solbay, où elle avoit
» beaucoup souffert, se présenta devant Scheveling,
» & se flattoit à la premiere marée de faire une des-
» cente sur une côte où il n'y avoit personne pour
» l'empêcher. Les Etats allarmés envoyerent en hâte
» au Prince d'Orange pour lui demander quelques
» régiments. Serré de près, comme il l'étoit par les
» François, il ne pouvoit se passer de son petit nom-
» bre; on ne voyoit plus de ressource pour un Pays
» ainsi attaqué à la fois par mer & par terre, à moins
» que l'Amiral *Ruyter* ne vînt à temps à son secours.
» Déja le flux qui devoit apporter la flotte ennemie,
» se répandoit sur le rivage, & l'on n'avoit plus
» qu'une espérance de quelques heures ; elles n'é-
» toient pas à moitié écoulées, que l'eau se mit à
» rebrousser vers l'Océan contre l'ordinaire, & *Ruyter*
» eut le temps de venir en présence. Les Hollan-
» dois prirent ce phénomene pour un miracle que
» le Ciel opéroit en leur faveur. »

Il y a peu de Nations qui ne recourent à la Divinité dans le temps des calamités publiques. C'est l'usage dans l'Orient, aussi bien que dans l'Occident, d'implorer la miséricorde du Ciel, sur-tout lorsqu'une

---

(1) V. Burnet, hist. d'Anglet. L. III. p. 301.

trop grande sécheresse s'oppose à la fertilité de la terre. Cent fois on l'a prié, sans que la Providence favorable ait daigné faire attention aux pleurs des mortels. Cependant il est quelquefois arrivé que la pluie est venue troubler les prieres de ceux qui s'adressoient à Dieu ou aux Saints dans ces circonstances; alors les peuples n'ont pas manqué de s'imaginer que cette pluie tant desirée étoit une faveur particuliere du Très-haut, qui vouloit même donner par-là une approbation solemnelle au culte que l'on employoit pour le fléchir.

Mr. *De la Roque*, qui a voyagé en Syrie & sur le Mont Liban, fut témoin d'une pareille aventure. „ Lorsque j'arrivois à Seyde, dit-il, il y avoit
„ plusieurs mois qu'il n'étoit tombé de pluie, & la
„ terre étoit d'une aridité si grande, que les Cotons
„ & les Mûriers, principale richesse de ce Pays-là,
„ se séchoient sur pied; tout le reste souffroit à
„ proportion; en sorte qu'on craignoit une prochaine
„ famine, suivie ordinairement de la peste. Tous
„ les Chrétiens du pays firent des prieres publiques
„ qui furent ordonnées par l'Evêque Grec de Seyde.
„ Tous les Religieux latins firent la même chose;
„ le St. Sacrement fut même exposé plusieurs jours
„ dans l'Eglise des Cordeliers, paroisse des Fran-
„ çois. Les Juifs dans leur Synagogue prirent aussi
„ part à la calamité publique. La sécheresse de la
„ terre continuant toujours, enfin les Mahométans
„ s'intéresserent aussi pour la cessation de ce fléau; ils
„ choisirent un jour pour se rendre en grande af-
„ fluence à la principale Mosquée, d'où, après de
„ longues prieres, il sortit une espece de procession
„ qui fit en cet ordre le tour de la ville. Il mar-
„ choit d'abord un grand nombre de gens qui portoient,
„ les uns des drapeaux, appellés les drapeaux de
„ Mahomet, & les autres des livres qu'on nous dit
„ être l'Alcoran & les principaux commentaires des

„ Docteurs orthodoxes; ceux-ci étoient suivis par les
„ Imans, les Officiers des Mosquées, les Derviches,
„ & par les Gens de loi & de justice; ils marchoient
„ tous gravement, les yeux baissés, portant de longs
„ chapelets, & faisant ensemble une espece de psal-
„ modie. Le Pacha de Seyde, à pied & fort simple-
„ ment habillé, accompagné des Chérifs, suivi de
„ ses officiers & de toute sa maison, fermoit cette
„ procession, laquelle étoit suivie par une multi-
„ tude de peuple de la ville & des environs, mais
„ une multitude qui ne faisoit pas la moindre con-
„ fusion. On marcha en cet ordre jusqu'à une des
„ portes de la ville, dite *de la Chananée*, ou *Cha-*
„ *nanéenne*; par laquelle toute la procession sortit.
„ Elle alla entourer un grand champ qui est auprès
„ de cette porte; & là, pour derniere cérémonie, dans
„ le temps qu'on redoubloit les prieres & qu'on chan-
„ toit les louanges de Dieu, le Pacha prit le manche
„ d'une charrue attelée & toute prête à labourer,
„ & il traça quelques sillons; ce qui n'eut pas plu-
„ tôt été fait, que l'air s'obscurcit, & qu'on vit toutes
„ les marques d'un orage soudain. Enfin le Ciel,
„ qui fait ses graces quand & comme il lui plaît,
„ & qui fait pleuvoir sur le juste & sur l'infidele,
„ permit qu'il tombât en même-temps une si grande
„ abondance d'eau, que tout ce qui composoit cette
„ procession, eut beaucoup de peine à gagner la ville
„ en désordre. La pluie continua tout le jour &
„ une partie de la nuit, ce qui acheva, pour ainsi
„ dire, de ranimer toutes les plantes, & de sauver
„ les biens de la terre. (1) "

Les Chinois s'adressent pareillement au Ciel, lorsque la sécheresse désole leur pays. Leurs annales

---

(1) Voyages de la Roque, tom. I. p. 8;

font mention d'une pluie célebre obtenue par l'Empereur Chimtam, après que l'Empire eut été sept ans sans recevoir de pluie, ce qui avoit causé une famine effroyable. (1)

Le P. Jaquemin, Jésuite, nous apprend comment cette cérémonie se fait présentement. C'est le premier Mandarin qui donne ses ordres quand il faut demander de la pluie ou du beau temps; il fait afficher par-tout des ordonnances qui prescrivent un jeûne universel; il est défendu alors aux bouchers & aux traiteurs, de rien vendre sous des peines grieves; le Mandarin marche ensuite accompagné de quelques autres, vers le temple de l'idole. Il allume sur son autel deux ou trois petites baguettes de parfums: après quoi tous s'asseient; pour passer le temps, ils prennent du Thé, ils fument, ils causent une ou deux heures: c'est ce qu'ils appellent demander de la pluie ou du beau temps. Il y a quelques années qu'un Vice-Roi s'impatientant de voir que la pluie n'étoit point accordée à ses demandes réitérées, envoya un petit Mandarin dire de sa part à l'idole, que s'il n'y avoit pas de la pluie à tel jour qu'il désignoit, il la chasseroit de la ville, & feroit raser son temple: le jour marqué arriva sans qu'il y eût de pluie; le Vice-Roi offensé de ces refus, songea à tenir sa parole; il défendit au peuple de porter son offrande à l'idole; il ordonna qu'on fermât son temple, & qu'on en scellât les portes; ce qui fut exécuté sur le champ. Mais la pluie étant venue quelques jours après, la colere du Vice-Roi s'appaisa, & il fut permis d'honorer le Dieu comme apparavant.

Les Gentils des Indes orientales ont aussi leurs

---

(1) Voyez Martinius, lib. III. p. 75. de scient. sinic. Magallaens p. 114. Le Comte, Mémoires. Lettres édifiantes, tom. XI. p. 280.

cérémonies particulieres pour demander la pluie aux Divinités qui sont l'objet de leur culte : elle sont ainsi décrites dans le *journal d'un voyage* fait en ce Pays qui a été imprimé l'an 1721. ,, Il y avoit long-
,, temps qu'il n'avoit plu, les Maures & les Gen-
,, tils avoient besoin d'eau pour leur riz & leurs
,, légumes : les Bramines les firent assembler. Mrs.
,, Cha!andra, Garde-Magasin, & Dufaut, Capitaine
,, d'Infanterie, s'y trouverent par hafard; leur préfence
,, n'empêcha point les Bramines de pourfuivre leurs
,, cérémonies. Ils prirent un de ces poulets noirs qui
,, ont les yeux, le fang, la chair & le refte noir
,, comme de l'encre; ils arracherent la tête du corps,
,, jetterent le corps, & mirent la tête fur une pierre
,, au pied d'un arbre; ils fe profternerent tous de-
,, vant cette tête; & après une demi heure de prie-
,, res, de fupplications ou d'imprécations pour lui
,, demander de la pluie, ils la prierent de leur faire
,, figne qu'elle leur en envoyeroit; la tête remua trois
,, fois, fit trois tours & trois bonds ou fauts, & le
,, lendemain il plut avec abondance. "

Il y avoit, fans doute, de la fupercherie de la part des Bramines; le mouvement de cette tête avoit quelque caufe cachée, qu'ignoroient ceux qui affiftoient à ce fpectacle : mais la pluie étoit certainement une fuite des loix naturelles.

Cette aventure eft moins finguliere que celle qui arriva à Madame de Duras (1), lorfquelle étoit à Béfançon chez Mr. le Maréchal fon frere. On trouva dans ce pays-là un bufte de Jupiter en marbre, d'une beauté extraordinaire; ce fut en creufant la terre, qu'on le découvrit; & dès qu'on l'eut tiré de terre, on le porta au Gouveneur de la Province. Mr. de Duras le fit pofer fur une table, & écrivit en Cour

---

(1) V. Lettres de Madam. Defnoyers, tom. II. lett. 44.

pour savoir ce que le Roi vouloit qu'on en fît; il fut destiné pour Versailles, où il est actuellement. Un jour Mlle. de Duras après avoir regardé quelque temps le buste en question, se mit à l'apostropher. *Pauvre Jupiter ! lui dit-elle, se peut-il que tu ayes autrefois amusé tant de gens, exigé leur encens & leur adoration, qu'on ait élevé des autels & des Temples en ton honneur, & que ton nom ait fait trembler toute la terre ? te voilà présentement rentré dans ton néant ; ton regne est passé, tu vas servir de borne & d'ornement aux jardins d'un grand Roi ; trop heureux qu'il te fasse l'honneur de t'y placer. Qu'est donc devenu ton pouvoir? où sont à présent tes foudres ?* A peine Mlle. de Duras eut-elle achevé cette parole, que le temps, qui étoit le plus beau du monde, s'obscurcit; des éclairs brillerent de toutes parts ; le tonnerre gronda d'une maniere terrible, & tomba même en plusieurs endroits. Mlle. de Duras elle-même en trembla; mais elle avoit trop d'esprit pour croire que Jupiter fît tout ce fracas. Cependant s'il se fût trouvé près d'elle quelque Payen, n'auroit-il pas crié merveille ? & peut-être qu'il auroit trouvé des gens assez foux pour croire que ce tonnerre étoit un effet surnaturel.

Cicéron, dans son premier discours contre Verrès, rapporte un fait qui a quelque rapport avec celui qu'on vient de raconter. Il assure que Verrès étant venu à Délos, & en ayant emporté de belles statues, les fit mettre dans un vaisseau ; à peine y furent-elles placées, qu'une tempête affreuse s'éleva, le vaisseau fut brûlé, & les statues furent retrouvées sur le rivage : on ne les eut pas plutôt reportées dans le temple, que la tempête fut appaisée.

Quel sujet de triomphe ne seroit-ce pas pour une secte, s'il étoit arrivé à la mort de son chef ce que Dion, Plutarque & Pline prétendent que l'on vit à la mort de César ? Ils assurent que le Soleil fut obfcurci, & que pendant toute l'année fes rayons ne purent percer les nuages qui le cachoient à la terre.

Voilà des faits qui devroient empêcher les hommes de prendre fi facilement des phénomenes inufités pour des miracles. Mais il n'y a guere de penchant plus marqué dans le cœur humain, que fon goût pour le merveilleux ; des faits rares font toujours fur nous des impreffions agréables & vives ; nous n'eftimons les chofes que par leur fingularité ; nous fommes flattés d'annoncer des merveilles qui étonnent les autres, & notre vanité partage alors l'admiration qu'elles font naître dans l'efprit de ceux qui les écoutent. Si l'efprit de parti fe joint à cette vanité, il érigera en miracles les événemens les plus communs, & nous admirerons le doigt de Dieu que nous fuppoferons occupé à fufpendre en notre faveur le cours des loix générales qu'il a lui-même tracées.

La ville de Conftance fut affiégée l'an 1633 par les Suédois (1) ; les affiégés firent un journal rempli des Miracles que Dieu avoit opérés pour eux pendant le fiege. Quels font ces Miracles ? des chofes que l'on a vues mille fois, & que des gens défintéreffés regarderont toujours comme des effets très naturels. Tels font 1°. les avantages remportés par leur ville qui fut attaquée par l'endroit le plus foible, & qui firent échouer leurs ennemis. 2°. Le courage & la réfolution de leurs bourgeois & de leurs foldats ; la bonne intelligence des uns & des autres. 3°. Les convois fréquents jettés à propos dans la ville ; la rencontre heureufe des vents favorables pour les y rendre, quoique l'air du Climat fût ordinairement fujet à produire des effets contraires, & leur lac agité par des tempêtes fréquentes. 4°. Le peu

---

(1) V. Bayle, Diction. art. *Conftance*, Note *A*.

de dégât fait par les grenades & les boulets rouges, nonobstant leur nombre prodigieux qui pouvoit suffire pour réduire la ville en cendres. 5°. La hauteur du Rhin accoutumé de s'abaisser dès que les chaleurs de l'été sont passées. Ce fleuve continua de s'enfler & de fournir de l'eau à un des moulins de la ville en telle abondance, qu'il avoit de quoi suffire aux nécessités des assiégés pendant tout le siege : fait qui est fortifié par le rapport de leurs meûniers. Cette abondance d'eau s'étoit écoulée dès que les ennemis furent délogés, & les troupes étrangeres congédiées.

Les Suédois n'ont nullement été frappés de ces prétendues merveilles. Il n'y a point de pays où l'on n'ait pu observer que les vents, les pluies, les crues des rivieres ont favorisé ou renversé des entreprises militaires Or, comme le remarque Mr. Bayle, il n'y a point d'apparence que Dieu déroge aux loix générales de la nature, sinon dans les cas où le salut de ses enfants le demande. Il ne faut point prendre pour des Miracles, ce qui arrive également parmi les infideles & parmi les fideles ; cependant dans toutes les Religions, on est très-porté à se croire favorisé de bienfaits miraculeux : il y a des hommes à qui tout paroît miracle dans les événements qui intéressent leur parti.

Nous finirons ce Chapitre en faisant remarquer que les joueurs de gobelet font des tours aussi embarrassants pour la plus grande partie des hommes, que la plupart des Miracles ; ces tours passeront pour tels chez des nations barbares. Quand Christophe Colomb se trouva chez des peuples qui lui refuserent des vivres, il les menaça de leur ôter la Lune s'ils ne lui en apportoient. L'éclipse totale qui arriva bientôt, persuada à ces malheureux que Colomb étoit l'arbitre de la nature : ils ne douterent pas un instant que cet événement ne fût un Miracle. Combien y a-t-il d'effets très-naturels dont le méchanisme nous est aussi inconnu que la cause d'une éclipse l'étoit pour ces sauvages ? Si quelque nouveau Colomb savoit en profiter, il lui seroit très-facile de faire ce qu'il voudroit d'une troupe d'ignorants (1).

---

(1) Voyez Charlevoix, Histoire de S. Domingue, tom. I. liv. 4. p. 251.

CHAPITRE VI.

L'Imagination produit souvent des effets extraordinaires, que l'on prend pour des miracles.

ENCORE une source féconde de Miracles, c'est l'imagination ; elle produit quelquefois des effets si merveilleux, qu'on ne pourroit jamais les croire, s'ils n'étoient constatés par l'expérience de tous les siecles & de tous les pays.

Pour nous renfermer dans notre sujet, nous rapporterons quelques exemples de guérisons surprenantes qui n'ont eu pour cause réelle qu'une imagination échauffée.

Du temps de Montaigne, il y avoit un homme qui fit plusieurs cures très-singulieres sans employer aucun remede ; la seule réputation qu'il avoit d'être un homme merveilleux, opéroit des choses admirables. Ecoutons ce qu'en rapporte *Montaigne* lui-même ; rien de plus judicieux que les réflexions qu'il fait à ce sujet. ,, J'ai vu, dit-il, la naissance de ,, plusieurs Miracles de mon temps ; encore qu'ils ,, s'étouffent dans leur naissance, nous ne laissons

,, pas de prévoir le train qu'ils eussent pris, si ils
,, eussent vécu leur âge; car il n'est que de trou-
,, ver le bout du fil, on en dévide tant qu'on
,, veut; & y a plus loin de rien à la plus petite
,, chose du monde, qu'il n'y a de celle-là à
,, la plus grande. Nous faisons naturellement con-
,, science de rendre ce qu'on nous a prêté, sans
,, quelque usure & accession de notre crû. L'er-
,, reur particuliere fait premiérement l'erreur pu-
,, blique; & à son tour, après, l'erreur publique fait
,, l'erreur particuliere. Ainsi va tout ce bâtiment s'es-
,, toffant & se formant de main en main, de ma-
,, niere que le plus éloigné témoin en est mieux ins-
,, truit que le plus voisin, & le dernier informé,
,, mieux persuadé que le premier : c'est un pro-
,, grès naturel ; car quiconque croit quelque cho-
,, se, croit que c'est ouvrage de charité de la per-
,, suader à un autre. Il y a peu de temps que l'un
,, de nos Princes, en qui la goutte avoit perdu un
,, beau naturel & une allegre composition, se laissa
,, si fort persuader au rapport qu'on lui faisoit des
,, merveilleuses opérations d'un Prêtre, qui, par la
,, voie des paroles & des gestes, guérissoit toutes ma-
,, ladies, qu'il fit un long voyage pour l'aller trou-
,, ver, & par la force de son appréhension, persuada
,, & endormit ses jambes pour quelques heures, si
,, qu'il en tira du service qu'elles avoient désappris
,, lui faire il y avoit long-temps. Si la fortune eût
,, laissé emmonceller cinq ou six telles aventures, el-
,, les étoient capables de mettre ce Miracle en na-
,, ture. On trouva depuis tant de simplesse & si peu
,, d'art en l'architecte de tels ouvrages, qu'on le ju-
,, gea indigne d'aucun châtiment. Le principal droit
,, d'avancer & de produire de tels accidents, est ré-
,, servé à la fortune. (1) "

---

(1) V. Essais de Montaigne, Liv. III. Ch. XI.

Il y a tant de fens dans ce difcours, qu'un des plus grands ennemis de *Montaigne* a été forcé de convenir qu'il étoit ingénieux, & pouvoit être propre à empécher qu'on ne fe laiffât emporter à toutes fortes de bruits. (1)

Revenons à l'imagination. Michel Meuina, cité par *Fienus* dans un livre dont il feroit à fouhaiter que l'exécution répondît à fon titre féduifant, (2), rapporte qu'il a connu un jeune homme à Salamanque, qui avoit guéri plufieurs perfonnes en les touchant, uniquement parce qu'il avoit la réputation de guérir. C'eft par ignorance & fuperftition que *Fienus* met ces guérifons fur le compte du Diable; il a d'autant plus de tort, que Medina lui-même nous apprend que la maladie revenoit lorfque l'imagination des malades venoit à fe refroidir.

Il eft fi important d'intéreffer quelque fois cette partie de notre ame, qu'il y a des maladies dont on ne fauroit guérir, à moins qu'on n'ait commencé par la féduire. *Paracelfe* l'a obfervé dans les perfonnes qui croyent *avoir un fort*. (3) Il faut les laiffer recourir à ceux qu'ils imaginent avoir le fecret de l'ôter; c'eft prefque le feul moyen de les tranquilifer : fans la foi, les remedes chimériques ne peuvent point agir. La vive perfuafion que l'on recouvrera la fanté, produit fouvent plus d'effet que tous les remedes de la Médecine.

Jodocus Darmunbadus nous dit qu'il y avoit de fon temps une perfonne à Bruges en Flandres, qui guériffoit une infinité de maladies. Mais premiérement, felon *Bodin*, (4) elle gagnoit ce point, qu'il falloit

---

(1) L'Auteur de *l'art de penfer*, Ch. XIV. part. IV.
(2) *De Viribus imaginationis*. pag. 193.
(3) V. Voffius, *de origine idololatriæ*, C. VIII.
(4) Démonomanie, liv. III. pag. 143.

fermement croire qu'elle pouvoit guérir ; puis elle commandoit qu'on jeûnât & qu'on dît certaines fois le *Pater Noster*, ou qu'on allât en voyage à St. Jacques ou à St. Arnoul. Ses guérisons la firent prendre pour une sorciere ; en conséquence, elle fut arrêtée & punie comme telle.

Vierus (1) rapporte l'histoire d'une femme, qui ayant mal aux yeux, s'adressa à un charlatan ; il lui promit de la guérir : pour cet effet, il lui attacha au col un billet cacheté, après lui avoir fait jurer qu'elle ne l'ouvriroit pas pour en lire le contenu. La femme guérit au bout de quelque temps ; mais ayant depuis négligé de porter le billet, son mal lui revint ; quelqu'un ayant trouvé par hasard ce papier, l'ouvrit, & l'on y trouva ces paroles : *que le Diable t'arrache les yeux & remplisse leurs trous de son ordure*. Cette même histoire est rapportée par Mr. *Thiers*, mais avec quelques changements dans les circonstances.

Bayle rapporte que Hemmingius, Théologien fort célebre, cita deux vers barbares dans une de ses leçons, & ajouta pour se divertir, qu'ils avoient la vertu de chasser la fievre : l'un de ses auditeurs en fit l'essai sur son valet, & le guérit : peu à près on fit courir le remede, & plusieurs fébricitans s'en trouverent très-bien. Hemmingius apprenant le fait, se crut obligé de dire qu'il n'avoit voulu que plaisanter & s'amuser ; dès-lors le remede fut décrédité, & perdit en un instant son efficacité.

Il y a près d'un siecle que l'on vit en Angleterre un exemple frappant de la force de l'imagination. (2) En 1664, un Irlandois, nommé *Greateric*,

---

(1) V. Vierus, *de Curâ malefic*. C. VIII.
(2) V. la vie de St. Evremond.

prétendoit avoir le don de guérir toutes fortes de maladies par le seul attouchement ; il les chaffoit jusqu'aux dernieres extrémités du corps, après quoi elles difparoiffoient totalement. Les malades venoient en foule lui demander leur guérifon, & la plupart s'en retournoient perfuadés qu'ils l'avoient obtenue. Quelques Médecins écrivirent en faveur de ce nouveau Thaumaturge, & prétendirent que ces cures étoient réelles & miraculeufes. Le fameux *Boyle* lui-même fe laiffa prévenir ; mais le temps, qui tôt ou tard fait que l'on rend juftice à tous les charlatans, découvrit que toutes les guérifons de cet homme n'étoient que des effets de l'imagination.

M. *de St. Evremond* fit un petit Ouvrage à ce fujet (1), fous le titre *du Prophete Irlandois.* " Dëja,
" dit-il, les aveugles penfoient voir la lumiere qu'ils
" ne voyoient pas ; les fourds s'imaginoient enten-
" dre, & n'entendoient point ; les boiteux croyoient
" aller droit ; & les perclus penfoient retrouver le
" premier ufage de leurs membres ; une forte idée
" de la fanté avoit fait oublier aux malades leurs
" maladies ; & l'imagination, qui n'agiffoit pas moins
" dans les curieux que dans les malades, faifoit aux
" uns une fauffe vue de l'envie de voir, comme
" aux autres une fauffe guérifon de l'envie de gué-
" rir. Telle étoit la force de l'Irlandois fur les ef-
" prits & fur les fens. L'on ne parloit que de pro-
" diges, & ces prodiges étoient appuyés d'une fi grande
" autorité, que la multitude étonnée les recevoit avec
" foumiffion, tandis que quelques gens éclairés n'o-
" foient les rejetter. La connoiffance timide & af-
" fujettie refpectoit l'erreur impérieufe & autorifée ;
" l'ame étoit foible où l'entendement étoit fain, &
" ceux qui voyoient le mieux en ces cures imagi-

(2) V. Œuvres de S. Evremond, tom. II. p. 154.

,, naires, n'ofoient déclarer leur fentiment parmi un
,, peuple prévenu & enchanté. "

L'imagination eft donc affez forte pour opérer des cures merveilleufes. Elle va même jufqu'à donner à des fanatiques la perfuafion qu'ils font fupérieurs aux loix de la nature, & qu'ils peuvent les déranger à leur gré. Des exemples nous prouvent qu'une imagination très-forte femble avoir fufpendu quelquefois l'effet ordinaire des caufes naturelles; mais ces exemples ne font pas du fujet que nous traitons.

CHAPITRE VII.

On ne fauroit trop fe défier de l'impofture en matiere de Miracles.

IL n'eft ni douteux ni contefté qu'il n'y a eu que trop de Prêtres dans tous les pays & dans tous les fiecles, qui, guidés par l'intérêt, ou aveuglés par la fuperftition, ont cherché à féduire les peuples par leurs artifices pour les amener à leurs fins. On ne fauroit donc ufer de trop de circonfpection dans l'examen des Miracles, afin de n'être point expofé à prendre le langage de l'impofture pour la voix de la Divinité. Une infinité de faits pafferoient encore pour des prodiges, fi des circonftances heureufes ne nous euffent appris qu'ils ne doivent leur merveilleux qu'à la fourberie. En voici un exemple célebre. Valens, Evêque de Murfe, fe trouvoit avec l'Empereur Conftance, lorfque fe donna la bataille qui décida de l'Empire entre Conftance & Magnence. Le Prélat rufé avoit fi bien pris fes mefures, qu'il fut informé le premier de la victoire que les troupes de l'Empereur avoient remportée fur le Tyran. Dès qu'il l'eut apprife, il en porta la nouvelle à Conftance, & l'affura qu'un Ange la lui avoit révélée. Le Prince crédule ne craignit point de dire qu'il devoit cette victoire bien plus aux mérites de l'Evêque qu'à la valeur de fon armée (1).

Ce n'eft pas feulement chez les Payens que l'on trouve des hommes uniquement occupés à établir le fyftême de leur croyance par des menfonges; il s'eft rencontré des gens au milieu du Chriftianifme, dont le zele a été jufqu'à facrifier la verité même à leur Religion. Les premiers temps nous offrent un très grand nombre d'exemples du peu de fincérité de ceux qui écrivoient en faveur de la Religion Chrétienne. Mais pour nous borner à la matiere des Miracles, nous remarquerons que les exagérations de ceux qui les premiers ont travaillé à compofer les vies des Saints célebres, font fi révoltantes, que tous les critiques, fans en excepter ceux qui ont le plus de penchant à la crédulité, ont été contraints d'en convenir. On chercha dès les prémiers fiecles à embellir l'hiftoire Eccléfiaftique par des narrations, dans lefquelles on confultoit bien plus le merveilleux que la vérité ou la vraifemblance. Dodwell le prouve par la vie de St. Paul, Hermite, compofée par St. Jerome; par celle de St. Antoine, attribuée à St. Athanafe; par l'hiftoire Laufiaque; par les Ouvrages de Sulpice Sévere, & par la vie de Grégoire Thaumaturge (2). Mr. De Tillemont ne penfe pas plus avantageufement de la vie de Ste. Thecle, qu'il outient être de Bafile de Séleucie, contre Voffius & Cave (3). Effectivement que penfer d'un Auteur qui ofe

---

(1) V. Sulpice Sévere, pag. 405.
(2) V. Dodwell. 2. differtat. in Irenæum. pag. 55.
(3) V. Tillemont, mém. tom. XIV. pag. 343 & 345.

ose assurer que comme il se lassoit de la longueur du travail & de la peine qu'il avoit a recueillir des Miracles, Ste. Thecle lui apparut un jour assise auprès de lui dans son cabinet, & que prenant l'Ouvrage qu'il avoit commencé, elle sembloit le lire avec plaisir, & qu'elle lui marqua par un sourire qu'elle étoit contente de sa besogne, & l'exhortoit à l'achever?

Il faut mettre au même rang les aventures que l'on prétend être arrivées au Concile de Nicée, qui opérerent, dit-on, la conversion des Philosophes incrédules. Elles auroient besoin d'autres garants que Sozomene & Gélase de Cysique. (1)

On alla bien plus loin dans le sixieme siecle; ce fut dans ce temps que l'on refit plusieurs actes des martyrs, afin de remplacer la perte des originaux. ,, Ce goût des miracles, dit Mr. Baillet, s'étant ,, mêlé ensuite avec l'amour des fables, a toujours ,, été en augmentant, & a fait donner un air de ,, prodiges & un tour miraculeux aux actions des ,, Saints les plus naturelles." (2)

La fourberie devint plus hardie à proportion de l'ignorance qui régna de plus en plus; la facilité de tromper fut plus grande. La fureur de supposer des miracles étoit montée à un tel excès dans les douzieme & treizieme siecles, qu'on en attribuoit à ceux mêmes qui sembloient en être exclus par une conduite plus ambitieuse que chétienne, tels que Philippe-Auguste, Henri II, Roi d'Angleterre, le Comte de Lycestre, &c (3).

---

(1) V. Tillemont, tom. VI. art. 17. pag. 671.
(2) V. Baillet, préface de la vie des Saints, 1. partie, p. 82–109.
(3) V. Vie de S. Louis, par La Chaise, l. XII. tom. 2 p. 690.

A a

On peut juger jufqu'où alloit l'extravagance, par ce qu'on a dit de Pierre de Luxembourg. Le Cardinal Pierre d'Ailly, un des hommes les plus célebres de fon fiecle, faifant l'éloge ridicule de ce faint perfonnage au nom de l'Univerfité de Paris, y expofe en abrégé fes Miracles. " Il ne faut pas, dit-
„ il, s'attendre que je parle de tous en particulier,
„ puifqu'il y en déjà dans les regiftres *deux mille cent*
„ *vingt-huit*, parmi lefquels on trouve foixante-treize
„ morts reffufcités, cinquante-fept aveugles qui ont
„ recouvré la vue, quinze fourds guéris, & huit
„ muets dont deux étoient nés avec cette infir-
„ mité. " (1)

Charles de Blois, qui toute fa vie ne fut occupé que de la guerre, devint un de plus célebres Thaumaturges de la Religion Chrétienne, fi l'on s'en rapporte aux informations faites après fa mort. " Il y
„ a, dit le P. Lobineau, parmi ces Miracles, un
„ grand nombre d'enfants reffufcités, de malades
„ guéris, de chofes perdues retrouvées, de prifon-
„ niers délivrés des fers, de criminels préfervés de
„ l'infâmie du dernier fupplice, de gens punis di-
„ verfement pour avoir parlé avec mépris de Char-
„ les de Blois. Après fa mort enfin on trouve jufqu'à des chevaux reffufcités. " (2)

L'Hiftoire Monaftique eft remplie de faits auffi extraordinaires; les premiers faints ne font point comparables aux nouveaux, par le crédit que ces derniers ont acquis dans le ciel. On ne finiroit pas fi l'on vouloit rapporter en détail toutes les extravagances qui fe trouvent à chaque page dans les Au-

---

(1) V. *Hiftor. Univerfitat. Parifienfis*, tom. IV. pag. 655.
(2) V. Lobineau, Hift. de Bretagne, liv. XII. pag. 399.

teurs qui nous ont tranſmis les vies des Moines ; il ſuffira d'en donner cet échantillon tiré du livre des *conformités de ſaint François avec Jeſus-Chriſt*. On y lit que ce Moine guériſſoit toutes ſortes de maladies. Une comteſſe prête à mourir, entendit une ſervante qui lui diſoit : *recommandez-vous à frere Léon ;* elle avoit déjà perdu la parole, & étoit tenue pour morte : mais auſſi-tôt qu'elle ſe fut recommandée à frere Léon, elle ſe trouva guérie. Il y eſt parlé d'une infinité de morts reſſuſcités. (1)

Les Cordeliers ne ſont pas les ſeuls à qui Dieu voulut bien accorder ces prérogatives. St. Vincent Ferrier, qui étoit de l'ordre de St. Dominique, a reſſuſcité trente-huit perſonnes. Enfin, l'on vit un Moine commander au ſoleil, qui rétrograda ſur l'ordre qu'il en avoit reçu. (2)

L'effronterie monacale monta au point qu'elle paſſoit en proverbe, & Walſingham aſſure que l'on regardoit comme un argument ſans replique ce raiſonnement : *cet homme eſt moine, donc il eſt un menteur.* (3)

La fraude devint ſi ſcandaleuſe, que les Papes eux-mêmes ſe crurent obligés d'y remédier. Alexandre III fit un reglément dont Mezeray explique ainſi l'occaſion. ,, En ce temps-là, dit-il, les Eccléſiaſtiques ap-
,, pelloient *martyrs* tous ceux de leur Ordre qui étoient
,, tués, quand même ce n'eût pas été pour ſoutenir
,, la Religion & les vérités chrétiennes. On voit
,, dans les Décrétales, des lettres apoſtoliques d'A-
,, lexandre III, qui défend d'honorer pour martyr
,, le Prieur de Griſtau. L'hiſtoire en eſt aſſez étrange.

---

(1) V. *Liber conformitat. S. Franciſci.*
(2) Voyage de Syrie & du Mont Liban, tom. II. p. 28.
(3) V. Hiſt. du Concile de Bâle, & diſſertat. de Beauſobre, pag. 304.

„ Les Moines diftribuoient au peuple je ne fais quelle
„ eau qu'ils béniffoient avec de certaines oraifons;
„ par cette invention, ils attiroient beaucoup d'au-
„ mônes, dont ils faifoient grande chere. Il arriva
„ un jour que leur Prieur étant ivre donna deux
„ coups de couteau à deux de fes Religieux, &
„ qu'eux fe fentant bleffés, l'affommerent fur l'heure
„ d'une perche qu'ils trouverent là par hafard: les
„ autres, au-lieu de couvrir ces candale, eurent l'ef-
„ fronterie d'en vouloir tirer du profit, & feigni-
„ rent divers miracles fur ce corps, en vertu def-
„ quels ils le couronnerent de l'Auréole du martyre;
„ & le peuple trop crédule les en croyoit. ". (1)

Ce fut à l'occafion de pareilles fourberies, que plufieurs Conciles ordonnerent qu'on ne publieroit point de nouveaux miracles fans la permiffion de l'Ordinaire du lieu où ils fe feroient opérés. (2) Mais ces fages précautions n'ont point rendu les Prêtres ou les Moines plus véridiques; ils ont mis à profit toutes les occafions qu'ils ont pu trouver d'en impofer au peuple, foit par intérêt, foit par vanité. En voici quelques exemples tirés des derniers fiecles.

Nous ne dirons rien de la fameufe impofture de Berne, dont le récit feroit trop long pour un ouvrage de la nature de celui-ci. Ceux qui en voudront connoître toutes les circonftances, les pourront trouver dans le voyage *de Suiffe & d'Italie* du Docteur Burnet (3), qui les a copiées fur l'original même du procès. Il fuffit de remarquer que fi le Moine que fes

─────────────────────

(1) Voyez Eglife du XIIe. Siecle après Philippe-Augufte.
(2) Voyez le premier Concile de Noyon, dans la Collect. tom. XI. pag. 1096.
(3) Page 58.

confreres vouloient tromper, fût mort avant la découverte de la fourberie, elle auroit passé à la postérité sur le pied d'une histoire véritable, & d'un des plus grands miracles qui eût jamais été fait.

L'introduction de la réforme dans Geneve, mit dans une grande évidence l'imposture du Clergé, qui se servoit de toutes sortes de moyens pour abuser le peuple, & pour lui tirer son argent. Il y avoit une image de Notre-Dame dans l'Eglise des Augustins de cette ville, qui faisoit miraculeusement ressusciter les enfants morts sans baptême, pour autant de temps qu'il en falloit pour qu'ils pussent être baptisés. C'étoit par le moyen d'une machine qui faisoit enfler leurs cadavres; & même quand on leur passoit une plume sur les levres, elles paroissoient se mouvoir par le moyen d'un feu caché & d'une chaleur artificielle par laquelle on échauffoit le corps mort; il paroissoit suer pour quelque temps, ce qui duroit jusqu'à ce que le baptême fût administré. Tout cela fut vérifié en présence de plusieurs milliers de témoins, l'an 1535. On trouva toutes les machines, ainsi que certaines formes de terre creuses, où l'on mettoit des lampes par le moyen desquelles les Prêtres & les Moines feignoient des retours d'ames du purgatoire, en faisant marcher ces fantômes le long des murailles des Eglises. (1)

A Muret, qui n'est pas éloigné de Toulouse, un Prêtre avoit un jardin dont la muraille étoit proche du grand Autel; sur cet autel on voyoit un crucifix adossé contre la muraille: le Prêtre trouva moyen de faire un trou à cette muraille, & de faire passer un sarment de vigne dans les yeux du Christ; en sorte que lorsque la vigne étoit en pleurs, on croyoit que c'étoit le Christ qui versoit des lar-

---

(1) Apologie pour la Réformation, Ch. 11. p. 284.

mes. Il venoit de tous côtés du monde pour contempler ce miracle ; le Prêtre gagna beaucoup d'argent : mais la vigne ayant cessé de pleurer, il y suppléa par de l'huile. La fourberie fut enfin découverte, & son auteur puni sévérement à Toulouse avec quarante de ses associés (1). Il y eut dans le même temps en Picardie & à Orléans, des Prêtres qui userent avec succès du même artifice (2).

Une histoire à peu près semblable arriva à Dublin en 1559. Au-lieu d'eau, c'étoit du sang que le crucifix pleuroit ; on avoit mis une éponge ensanglantée au-dedans de la couronne d'épines (3). L'Orient fournit encore des exemples de pareilles tromperies. Il y avoit une image de la Vierge dont il découloit du lait le jour de sa fête ; on y accouroit de toutes parts en pélerinage : l'Empereur Théophile fit examiner ce prodige ; en conséquence on découvrit qu'un Marguillier avoit percé la muraille, & avoit introduit un petit tuyau de plomb par lequel il faisoit couler du lait dans les mammelles de l'image. Ce Prince fit trancher la tête au Marguillier, & en prit occasion d'abolir le culte des images (4).

On surprit en fraude l'an 1588 une fille que tout le Portugal avoit regardée long-temps avec admiration. Une Religieuse de l'ordre de St. Dominique, nommée *Marie de la visitation*, Prieure du Couvent de l'Annonciade à Lisbonne, avoit acquis une très-grande réputation de sainteté par de faux miracles & par l'impression prétendue de stigmates. Le fameux Pere Louis de Grenade fut le premier & le plus ar-

---

(1) Le Scaligerana, p. 161.
(2) Voyez Bodin, Démonomanie, p. 231. Apologie pour Hérodote, Ch. 39.
(3) Biblioth. Angloise, tom. I. p. 401.
(4) Voyez Eutych. Annales, tom. II. pag. 52.

dent à publier ses louanges. Le Pape Sixte V le seconda; on écrivit en françois, pour confondre les Protestants, un livre des vertus & des Miracles de cette sainte Religieuse; il fut imprimé à Paris en 1586, & dédié à la Reine, par Etienne de Lusignan, Dominicain, connu par d'autres Ouvrages.

Après une réputation établie pendant une longue suite d'années, on découvrit que cette Religieuse cabaloit sous main pour Dom Antoine, Prieur de Crato, que le peuple avoit élu Roi de Portugal, après la mort du Cardinal Dom Henri. Philippe II étoit alors en possession du Royaume. Cette prétendue sainte fut déférée par ordre de la Cour à l'Inquisition, où, après avoir été rigoureusement examinée, elle avoua toutes ses impostures. Entre autres miracles, elle avoit souvent paru avec un visage resplendissant. Les inquisiteurs, qui rendirent ensuite son procès public, voulurent savoir quel artifice elle avoit employé pour cela; elle répondit qu'elle remplissoit de feu un petit brasier ou réchaud, & que l'opposant à un miroir, elle se plaçoit de façon que cette lumiere se réfléchissoit sur son visage (1).

C'est dans les Couvents que l'on a perfectionné l'art de tromper les hommes. Bayle ne craint pas d'assurer comme une chose constante, que le secret de faire paroître les morts, & d'exciter des visions de la sainte Vierge, est connu & pratiqué dans plusieurs Monasteres (2).

Le siecle passé eut aussi ses imposteurs. La fraude qui séduisit le plus de monde, fut exécutée à St. Florent près de Saumur. Une hostie parut sous la forme d'un enfant l'an 1668. Toute la France fut dans l'é-

---

(1) Voyez l'Histoire du Christianisme des Indes, pag. 300.

(2) Voyez Bayle, Diction. art. *Loudun*, note E.

tonnement : Mr. Arnaud, Evêque d'Angers, se transporta sur les lieux, approuva le miracle, qui passa pour constant. Cependant quelques années après, un démêlé entre le Curé & le Vicaire sur le partage du profit, découvrit tout le mystere; & tous ceux qui avoient ajouté foi à ce prétendu miracle, eurent honte de leur crédulité (1).

La ville de Troyes a été célebre long-temps par une fille qui vivoit miraculeusement sans manger; elle ne prenoit point d'autre aliment que les hosties qu'elle recevoit à la Communion tous les jours de fêtes : elle sentoit les douleurs de la crucifixion, le jour de la fête de St. Pierre; celles de la décapitation, à la fête de St. Jean; le jour de la fête de St. Laurent, elle étoit comme sur le gril. Le Ministre Jurieu passant par Troyes en 1672, on lui parla de ce fait comme d'une chose très-véritable, & il assure que ce n'eût pas été sans un grand danger qu'on auroit paru incrédule. Cette comédie dura dix ou douze ans; mais l'Evêque de Troyes ayant voulu savoir ce qui en étoit, fit examiner cette fille par deux Médecins & deux Théologiens. On la séquestra dans une maison religieuse : l'imposture fut avérée; il y eut une sentence contre elle, qui fut rendue publique (2).

Sœur Flavie, qui, d'amie de Port-Royal, en devint par la suite une persécutrice ardente, tient un rang distingué parmi ceux qui ont voulu en imposer au Public. On feroit un gros livre des miracles qu'elle a dit & soutenu s'être faits en sa personne par l'invocation des Saints modernes, non-seulement dans

―――――――――

(1) Voyez Traité sur les Miracles, par de Serces, p. 332.

(2) Voyez Préjugés légitimes contre le Papisme, II. partie, p. 281.

Port-Royal, mais lorsqu'elle étoit à Gif. » Car, dit
» l'Auteur des *Visionnaires*, il y a plus de vingt ans
» qu'étant malade de la pierre en ce Monastere, &
» souffrant des douleurs insupportables, elle en fut
» parfaitement guérie, suivant son dire, pour avoir
» bu de l'eau où l'on avoit fait tremper des reliques
» de l'Abbé de Saint-Cyran. Elle a raconté elle-même
» ce Miracle à un grand nombre de personnes du
» dedans & du dehors; ensuite ayant été reçue dans
» Port-Royal, il ne s'est guere passé d'années où elle
» ne se soit voulu signaler par quelque guérison ex-
» traordinaire: il sembloit que les saints ne fussent
» faits que pour elle, & ne songeassent qu'à elle. On
» la voyoit souvent malade à l'extrêmité, au moins
» en apparence; puis peu de temps après on la
» voyoit remise dans son état ordinaire, & toujours
» par quelque dévotion à ces saints modernes. Un
» jour qu'elle paroissoit hors d'espérance de guérir
» d'une enflure qu'elle avoit depuis long-temps, &
» qui l'avoit réduite à ne se pouvoir soutenir, en
» sorte que l'on n'attendoit plus que sa mort, une
» sœur lui donna le Diurnal de M. le Maître, & elle
» se trouva guérie au même moment. On découvrit
» dans la suite qu'il n'y avoit que de la fourberie
» dans ces prétendus miracles (1).

Le fameux Capucin *Marc d'Aviano* a passé long-
temps pour faire des prodiges comparables à ceux
qu'on lit dans l'histoire de Jesus-Christ (2). On accouroit à lui de toute l'Europe; une multitude de
témoins déposoit qu'il avoit guéri par ses bénédictions plusieurs malades; qu'il avoit fait marcher des
gens à qui jusqu'alors la nature avoit refusé l'usage

---

(1) Voyez *les Visionnaires*, Lett. IVe. p. 339.
(2) Voyez Apologie pour les Catholiques, tom. II.
p. 282. Misson, Voyage d'Italie.

des jambes; qu'il avoit rendu la vue à des aveugles. Le temps lui a fait rendre la justice qu'il méritoit.

J'ai oui assurer que cet imposteur payoit des pensions à des pauvres, afin qu'ils feignissent quelque incommodité; & lorsqu'il les touchoit, ils devoient crier, *Miracle!* On ajoutoit que parmi ses pensionnaires, se trouvoit un Allemand qui lui avoit promis de passer pour muet; il résidoit ordinairement dans une forêt d'Allemagne; un jour un homme ayant été tué près de la cabane du prétendu muet, on l'arrêta sur quelque soupçon, & à force de le tourmenter, on en tira quelques paroles. La surprise fut extrême, & l'on eut la curiosité d'approfondir ce que pouvoit être ce solitaire. On découvrit qu'il ne tenoit qu'à lui de parler, mais qu'il avoit dessein de passer pour muet jusqu'à ce qu'*Aviano* l'eût vu & lui eût imposé les mains. L'aventure du voyageur assassiné dérangea le miracle; car le muet fut convaincu d'avoir été l'homicide, & il fut puni de son crime.

Au commencement de ce siecle XVIIIe, l'Evêque de Murcie fit une espece de Miracle dans une grande assemblée. Il étoit partisan du Roi Philippe. Un jour qu'il prêchoit, il interrogea un crucifix, & lui demanda quel étoit le légitime souverain de Charles ou de Philippe. Le crucifix resta dans l'inaction tant que le Prédicateur parloit pour Charles; mais lorsqu'il plaida la cause de Philippe, le Christ fit un signe d'approbation: tout l'auditoire cria, *Miracle! Vive le Roi Philippe*, & personne ne soupçonna que cette merveille étoit l'effet d'un ressort (1).

Dans ces derniers temps, une fille, qui se disoit paralytique & estropiée, assura qu'elle avoit été guérie par la bénédiction de Mr. Waterloop, Curé de

---

(1) Voyez Bibliot. germanique, tom. XX. p. 52.

Carvin-l'Epinois, fameux Janséniste. Elle soutint le mensonge pendant trois années ; mais après avoir donné plusieurs fois occasion de se défier de sa sincérité, elle avoua que sa maladie n'étoit pas réelle (1). Ce sont les Jansénistes eux-mêmes qui ont eu la bonne foi de nous apprendre cette circonstance. Cependant combien viennent-ils d'attribuer de Miracles à un homme qui à la vérité méritoit bien autant d'en faire, qu'aucun de ceux que l'Eglise Romaine honore, & dont les prodiges ne devroient pas surprendre, si l'austérité, l'humilité, la pauvreté d'esprit pouvoient procurer à quelqu'un le don d'en faire. Mais les merveilles de Mr. Pâris sont autant l'effet du fanatisme & de la sottise, que de l'imposture.

Les Grecs ne le cedent point aux Latins dans l'art de tromper le peuple. Tout le monde sait que les Prêtres de Jérusalem ont le secret de faire paroître tous les ans le jour du samedi saint, une flamme que le peuple trompé croit descendre du Ciel. C'est par ce Miracle (2) que Pierre le Vénérable, Guibert de Nogent & plusieurs Auteurs célebres ont prétendu prouver la vérité de la Religion Chrétienne. Les Chanoines du S. Sépulcre de Jérusalem favoriserent la fraude ; ce qui étant venu à la connoissance du Pape Grégoire IX, il chargea le Patriarche d'employer toute son autorité pour empêcher qu'à l'avenir on ne fît valoir ce mensonge. Les Grecs & les Arméniens le soutiennent encore ; mais les La-

---

(1) Voyez Dissertation sur les Miracles de M. Pâris, pag. 17 & 18.
Voyez Nouvelles Ecclésiastiques du 4 Juin 1731.
(2) Voyez Raynaldus, ann. 1238. n. 33. Martene, Anecdot. tom. V. p. 1432. *Gesta Dei per Francos*, lib. VIII. c. 12. p. 450. *Voyage d'Alep à Jérusalem.* Maracci, *Prodromus in Alcoran.*

tins, qui n'en tirent aucun profit, avouent que ce n'est qu'une imposture.

On peut comparer ce tour d'adresse des Prêtres de Jérusalem, avec ce que faisoient les Prêtres de la Lydie Persique. Dans Hiero-Cesarée & dans Hypepas, il y avoit deux temples, & dans chacun une chapelle avec un autel; sur cet autel il y avoit toujours une cendre, qui, par sa couleur, ne ressembloit à nulle autre; le Prêtre qui avoit soin de la chappelle, mettoit du bois sec sur l'autel; il prenoit la Thiare, il invoquoit je ne sais quel Dieu par des oraisons tirées d'un livre écrit en langue barbare & inconnue des Grecs; alors le bois s'allumoit de lui-même, & la flamme en étoit très-claire. *C'est*, ajoute Pausanias, *ce que j'ai vu de mes propres yeux* (1).

---

(1) Voyez Pausanias, Lib. V.

CHAPITRE VIII.

Qu'il faut se mettre en garde contre la crédulité des Prêtres & des Peuples en matiere de Miracles.

LE peu de critique de la plupart des Historiens, l'extrême avidité des Prêtres, le goût insatiable du peuple pour le merveilleux, joints au penchant que l'ignorance donne pour la crédulité, ont fait éclore & multiplié les Miracles. Cependant les Auteurs Ecclésiastiques n'ont pas toujours eu dessein de nous tromper, même en rapportant des choses indignes de toute croyance : ils étoient souvent eux-mêmes dans l'erreur; leur zele les aveugloit souvent. Uniquement occupés du projet de confirmer la Religion, ils n'étoient nullement scrupuleux dans l'examen des faits qu'ils lui supposoient favorables.

Nous en donnerons quelques exemples. Il sembleroit à entendre quelques-uns des premiers Peres de l'Eglise, que Dieu eût accordé le pouvoir de ressusciter les morts à plusieurs Chrétiens du premier & du second siecles. Papias, homme à la vérité très-crédule & d'un génie médiocre, assuroit que les filles de S. Philippe lui avoient dit qu'il y avoit eu un mort ressuscité du temps de cet Apôtre (1). St. Irénée parle de plusieurs morts qui avoient vécu long-temps après leur résurrection, & il fait une mention particuliere d'un homme à qui les prieres des Chrétiens avoient rendu la vie ; ce qui lui sert d'argument pour élever son Eglise au-dessus de celle des hérétiques. *Tantum autem*, dit-il de ces derniers, *absunt ab eo ut mortuum excitent, quemadmodum Dominus excitavit, & apostoli per orationem, & in fraternitate sæpissimè propter aliquid necessarium, eâ quæ est in quoquo loco Ecclesiâ universâ postulante per jejunium & supplicationem multam reversus est spiritus mortui, & donatus est homo orationibus sanctorum.* Quadratus n'a pas craint d'assurer qu'on voyoit encore de son temps quelques-uns de ceux qui avoient été guéris & ressuscités par Jesus-Christ ; ce qui n'est pas facile à concevoir, puisque cet Apologiste écrivoit en l'an 126.

Il seroit étonnant que des faits aussi capables d'intéresser la curiosité des hommes, fussent restés dans une espece d'obscurité, sur-tout dans des siecles féconds en historiens. Mais ce qui paroît contredire le plus fortement ces résurrections, c'est qu'on trouve

---

(1) Voyez Eusebe, histoire Ecclésiastique, lib. III. c. 39. S. Irenæus, lib. II. c. 56. N°. 5.

des raisons d'en douter même dans les Ouvrages des premieres Chrétiens. S. Justin, qui étoit contemporain de Quadratus, & à qui ces morts ressuscités devoient être connus, n'en parle point dans une occasion où il n'auroit pas pu s'en dispenser. *Peut-être*, dit-il aux Empereurs & au peuple, *refusez-vous de nous croire, parce que vous n'avez pas encore vu de morts ressuscités.*

C'étoit-là le lieu d'insister sur ces Miracles dont Irénée & Quadratus font mention : l'argument auroit été triomphant ; le silence dans une pareille circonstance, démontre, ou que S. Justin ne croyoit pas ces histoires de résurrection, ou qu'il n'en avoit jamais entendu parler.

Théophile, qui écrivoit vers l'an 203, a été aussi discret ; il devoit prouver à Autolicus que la résurrection étoit possible ; ce Payen disoit : *montrez-moi du moins un mort ressuscité, & je vous croirai. Quel mérite*, répond le Chrétien, *y a-t-il à croire lorsqu'on a vu?*

Origene traitant la même question, & ayant à réfuter les arguments de Celse contre la possibilité de la résurrection, ne parle jamais de ces morts ressuscités, qui pouvoient lui fournir un argument sans replique.

Combien n'a-t-on pas inventé de Miracles pour illustrer le martyre des premiers Chrétiens ! il est cependant facile de prouver par les plus anciens Auteurs, que toutes ces merveilles ne méritent aucune croyance. D'où vient, dit Cecilius dans Minutius Felix, que lorsque l'on vous tourmente, Dieu ne vient point à votre secours ? *Ecce vobis minæ, supplicia, tormenta; etiam non adorandæ, sed subeundæ cruces; ignes etiam quos & prædicitis & timetis : ubi Deus ille, qui subvenire reviviscentibus potest, viventibus non potest* (1) ? Que répond à cela l'Apologiste Chrétien?

---

(1) Voyez *Minutius Felix Octav.*

il se contente d'invectiver contre la cruauté des persécuteurs ; mais il ne dit rien d'où l'on puisse conclure qu'il pensoit que Dieu se déclaroit quelquefois par des Miracles contre la persécution.

Clément d'Alexandrie garde le même silence dans une pareille occasion. *Nos persécuteurs nous reprochent, dit-il, que le Dieu que nous servons ne prend point notre défense ; mais quel mal nous fait-on en nous ouvrant par la mort un chemin pour aller plus promptement à Dieu, & en nous délivrant des miseres de cette vie* (1)?

L'Auteur du Livre de la *mort des persécuteurs* n'auroit eu garde d'omettre ces preuves sensibles de la protection divine, s'il en eût eu connoissance; c'étoit le vrai moyen de fermer la bouche aux payens, & de les faire rougir de l'injustice & des violences que l'on exerçoit sur les Chrétiens.

C'est un fait attesté par un grand nombre de Docteurs, qu'il y avoit des Miracles périodiques que Dieu faisoit régulièrement tous les ans pour justifier la foi des fideles. Et quoique chaque année fût capable de détromper ceux qui se livroient à des opinions si folles, il suffisoit qu'elles favorisassent la Religion, pour être adoptées presqu'universellement.

St. Epiphane parle très-hardiment d'une fontaine dont l'eau se changeoit en vin à la même heure que Jesus-Christ fit le Miracle aux Noces de Cana. Il soutient que ce prodige ne manque pas d'arriver à Cybire, ville de Carie, de même que dans une fontaine d'Arabie, & qu'il le sait pour avoir bu de ce vin miraculeux. Il ajoute que la même chose arrive dans plusieurs autres endroits ; que l'on rapporte un effet semblable du Nil, & que les Egyptiens en conséquence conservoient avec respect l'eau qu'ils y puisoient ce jour-là. Ce qu'on peut dire de

---

(1) Voyez *Clement. Alex. Strom.* lib. IV.

plus avantageux pour St. Epiphane, c'eſt qu'il aura été la dupe de quelque mauvais plaiſant, qui en lui faiſant boire du vin, lui aura fait accroire que c'étoit l'eau d'une fontaine miraculeuſe qu'il buvoit (1).

Paſcaſius, Evêque de Lylibée, grand ami de S. Léon, aſſure qu'il y avoit de ſon temps en Sicile dans de hautes montagnes & des forêts épaiſſes, un petit village nommé *Miltines*, où étoit une Egliſe bâtie fort pauvrement, mais dont les fonts baptiſmaux ſe rempliſſoient d'eux-mêmes tous les ans la nuit de Pâques à l'heure du baptême ſolemnel, ſans qu'il y eût ni canal, ni tuyau, ni aucune eau voiſine; après qu'on avoit baptiſé le peu de gens qui s'y trouvoient, l'eau s'écouloit comme elle étoit venue, ſans avoir aucune décharge.

L'année 417, il y eut des difficultés ſur le jour auquel on devoit célébrer la Pâques : quelques Occidentaux en firent la fête le 25 de Mars; le Prêtre de Militines voulut ſuivant l'uſage baptiſer cette nuit; mais il attendit l'eau inutilement juſqu'au ſoir, elle ne vint point; & ceux qui devoient être baptiſés, furent obligés de ſe retirer ſans le ſacrement : cependant on prétendit que la nuit du Samedi au Dimanche 22 d'Avril, les fonts furent remplis d'eau à l'heure du baptême, d'où l'on conclut que ceux qui avoient célébré la Pâque le 25 Mars, s'étoient trompés (2).

L'Auteur du *Pré ſpirituel* rapporte pluſieurs hiſtoires ou Contes de la même nature. " Dans la ville
" de Céanes, dit-il, qui eſt au pied d'une mon-
" tagne de la Province de Cilicie, il y a des fonts
" baptiſmaux qui s'empliſſent d'eux-mêmes en trois
„ heures

---

(1) Voyez S. Epiphanii opera, tom. I. p. 451.
(2) Voyez Lettres de S. Léon, p. 210 & 214.

» heures le jour de l'Epiphanie, & qui se désem-
» plissent visiblement en autant de temps, lorsqu'on
» a cessé de baptiser. "

» Dans le château de Cadebrate, qui est assis au
» pied de la ville d'Alexandrie dans la même Pro-
» vince, il y a d'autres fonts baptismaux qui n'é-
» tant que d'une seule pierre, se remplissent d'eux-
» mêmes le jour de Pâques, & cette eau y demeure
» jusqu'au jour de la Pentecôte, après quoi elle dis-
» paroît. Si quelqu'un doute de ces deux Miracles,
» ajoute l'Auteur, il n'y a pas loin d'ici aux lieux
» où ils s'operent, & il lui sera facile de s'assurer
» de la vérité " (1).

On trouve encore dans les Ecrivains des siecles qui passent pour les plus éclairés, beaucoup d'exemples de ces Miracles continuels qui auroient dû confondre à tout instant les incrédules. S. Chrysostôme nous dit qu'en mémoire de ce que Jesus-Christ avoit sanctifié les eaux par son baptême, tout le monde alloit puiser de l'eau le jour de l'Epiphanie pour la garder toute l'année, & quelque fois même davantage; il soutient que Dieu autorisoit cette dévotion par un Miracle visible, cette eau ne se corrompant jamais, & se trouvant aussi bonne au bout de deux ou trois ans que le premier jour (2).

Si l'on en croit Sozomene, il y avoit auprès d'Emmaüs une fontaine où Jesus-Christ lava ses pieds, & qui depuis ce temps conserva la vertu de guérir toutes sortes de maladies. ,, On dit aussi, ce sont
,, ses propres paroles, qu'à Ermopole en Thébaïde
,, se trouve un arbre dont les rejettons, les feuil-

---

(1) Voyez dans les Vies des Peres des Déserts, le Pré Spirituel de Jean Mopsus. Voyez Pag. 418. N°. 22. Voyez Fleury Histoire Ecclésiastique, liv. XXIII, c. 35.
(2) Voyez S. *Chrysostomi*, opera, tom. I. *Homil.* 24.

„ les & l'écorce guérissent tous les malades. Les
„ Egyptiens assurent que quand S. Joseph s'enfuit
„ avec Jesus-Christ & la Vierge pour eviter la fu-
„ reur d'Hérode, il alla à Ermopole, & que quand
„ il fut proche de la ville, cet arbre se courba pour
„ l'adorer. Je rapporte, continue Sozomene, ce que
„ j'en ai oui dire. Les habitants d'Egypte & de Palef-
„ tine rendent témoignage à la vérité de ces faits dont
„ ils sont témoins " (1).

L'herbe inconnue qui croissoit au pied de la statue de Panéade, dont nous avons parlé, étoit également souveraine contre toutes les maladies, si
l'on en croit Eusebe de Césarée. Les Payens & les
Juifs avoient aussi leurs miracles périodiques. Les
habitants d'Adros prétendoient que durant les fêtes
de Bacchus, il naissoit un vin miraculeux dans le temple que ce Dieu avoit dans cette Isle (2).

Les Juifs assurent qu'en mémoire du Sabbath, les
pierres qui sont dans les eaux du fleuve Sabbation
s'arrêtent tous les samedis (3).

Il ne faudroit point d'autre argument pour renverser tous les prétendus miracles des siecles les
plus florissants du Christianisme, que les aveux des
plus grands Docteurs de l'Eglise. La vérité leur est
échappée magré leur penchant à la crédulité qui
prévaut communément dans leurs écrits. S. Chrysostôme (4) est convenu déjà de son temps *que le pouvoir de faire des miracles ne subsistoit plus dans l'Eglise*.
On voit dans ses livres *du Sacerdoce* ce passage digne
de remarque, qui n'a pas été connu de l'auteur du
Discours sur les miracles de Mr. Paris.

---

(1) Voyez Sozomene, lib. V. c. 21.
(2) Voyez Pausanias, lib. VI.
(3) Voyez Mizzachon Vetus, p. 8.
(4) S. Chrysostom. *de Sacerdotio*, lib. IV. c. 3.

S. Augustin a paru croire pareillement quelquefois qu'il ne se faisoit plus de miracles dans son siecle. Il en donne même pour raison, *que la Religion Chrétienne étant répandue par tout le monde, & ayant été confirmée d'une maniere si solemnelle, il falloit que Dieu mît fin à ces opérations merveilleuses, de peur que les hommes ne s'attachassent trop à des preuves sensibles, où qu'ils ne regardassent avec froideur les prodiges qui dans le commencement avoient allumé leur zele & leur piété.* Il examine dans son livre de *l'Utilité de la foi* la question, pourquoi les miracles ont cessé? & il croit la résoudre par un jeu de mots. *Cur inquis, ista modo non fiunt? quia non moverent nisi mira essent ; at si solita essent, mira non essent.* Réponse qui prouve du moins, que lorsqu'il la faisoit, il étoit persuadé que les miracles étoient très-rares. Il appréhenda depuis que les incrédules ne tirassent avantage de ces aveux ; ainsi toujours prêt à souffler le froid & le chaud, notre saint aima mieux se contredire, (comme on n'a pas manqué de lui reprocher) que de laisser croire qu'l fût capable de donner quelque atteinte à une preuve qui pouvoit être favorable à la Religion Chrétienne (1). C'est pourquoi, retouchant dans ses *rétractations* le passage du livre de *l'Utilité de la foi* que l'on vient de citer, il y joint ce correctif : *je n'ai pas voulut dire qu'il ne se fit aucuns miracles, mais seulement qu'il ne s'en faisoit pas un si grand nombre, ni de si éclatants.* Et après avoir établi dans les livres de la *Cité de Dieu* (lib. 22 c. 28.) *qu'ils n'étoient plus nécessaires*, il soutient qu'il s'en fait encore. Il est

---

(1) Voyez S. Augustin, *de verâ Religione*, c. 25. Id. tom. VIII. c. 16. p. 68. Le Clerc, ad lib. XXII. *de Civitate Dei*. Préjugés légitimes de Jurieu, II. part. c. 22. p. 276. De Serces, p. 328. Biblioth. Germanique tom. XVI. p. 142.

vrai qu'il affoiblit extrêmement leur certitude en infinuant qu'ils ne font connus que de peu de monde, & qu'ils ne font pas même exempts de difficultés. *Nam etiam nunc fiunt miracula in Christi nomine, sive par sacramenta ejus, sive per orationes vel memorias sanctorum ejus, sed non eadem claritate illustrantur ut tantâ quanta illa gloria diffamentur; nam plerumque etiam ea paucissimi sciunt, ignorantibus cæteris, maximè si magna sit civitas; & quando alibi aliis que narrantur, non tanta ea commendat auctoritas, ut sine defficultate vel dubitatione credantur, quamvis Christianis fidelibus à fidelibus indicentur.*

En voilà, sans doute, assez pour nous cofirmer ce que nous savons déjà d'ailleurs, que St. Augustin, quand même on le supposeroit incapable d'avoir voulu tromper, étoit très-capable de se laisser tromper lui-même par des bruits populaires. Quelque respect qu'on ait pour les quatrieme & cinquieme siecles de l'Eglise, on sera forcé de convenir, si l'on a de la bonne foi, que les plus grands Docteurs de ce temps adoptoient sans critique des histoires merveilleuses, & même plusieurs dont la fausseté n'est pas difficile à démontrer. Voilà une de ces vérités dont les preuves se présentent en foule; mais sans chercher à m'étendre sur un sujet qui seroit la matiere d'un Ouvrage considérable, je me contenterai de renvoyer à ce que St. Basile & St Grégoire de Nisse ont dit du fameux Grégoire surnommé *Thaumaturge*, ou le faiseur *de miracles*.

On peut juger de la crédulité des Peres du cinquieme siecle, par ce qu'Evode écrit à St. Augustin (1). ,, On a vu, dit-il, plusieurs personnes après ,, leur mort aller & venir dans leurs maisons comme ,, auparavant, soit la nuit, soit même en plein ,, jour; car je l'ai oui dire plusieurs fois. On dit aussi

---

(1) Voyez Tillemont, tom. XIII. art. 251.

,, que dans les lieux où l'on enterre des corps, &
,, sur-tout dans les Egiises, on entend souvent un
,, bruit à certaines heures de la nuit, comme de
,, personnes qui prieroient à haute voix. Je me sou-
,, viens de l'avoir entendu dire à plusieurs, & sur-
,, tout à un saint Prêtre qui fut témoin de ces ap-
,, paritions, pour avoir vu sortir du baptistere un
,, grand nombre de ces ames avec des corps écla-
,, tants de lumiere, & les avoir ensuite entendues prier
,, au milieu de l'Eglise. " Evode ajoute ensuite de
lui-même que Profuture, Privat & Servile lui avoient
parlé depuis leur mort, & que ce qu'ils lui avoient
dit s'étoit accompli. On voit par là qu'Evode avoit
l'imagination blessée, ou cherchoit à en imposer.

On trouve des faits à peu près semblables dans
Grégoire de Tours, à l'occasion du cimetiere de S.
Cassien à Autun; mais ceux-mêmes qui se croyent
les plus intéressés à faire valoir cet Historien, ont
avoué qu'il étoit crédule à l'excès sur l'article des
miracles (1).

La crédulité & l'imposture ont beaucoup augmenté avec le temps, car, comme le remarque fort
sensément un Auteur du siecle passé, (2) ,, qu'on ra-
,, masse tous les miracles véritables ou supposés
,, qui se trouvent dans tous les Ecrivains de cinq pre-
,, miers siecles, on n'en trouvera pas autant que
,, dans l'histoire d'un des saints médiocres de l'Eglise
,, moderne. " Pourquoi S. Vincent Ferrier a-t-il ressuscité trente-huit morts, tandis que S. Augustin
n'en a pas ressuscité un seul ? Pourquoi St. François,

---

(1) Voyez la Préface de D. Thierry Ruinart, N°. 64.
Fleury, discours sur l'Hist. Eccl. qui est à la tête du XIII
vol. Pagi, ann. 418. n. 22.

(2) Voyez Préjug. légit. contre le Papis. p. 276.

B b iij

St. Dominique, St. Ignace & St. Xavier ont-ils fait tant de miracles, tandis que les premiers Peres de l'Eglise en ont fait si peu ? Mr. Fleury nous rend raison de cette différence. ,, J'ai rapporté, dit-il,
,, très-peu de ce nombre infini de miracles que ra-
,, content les Auteurs de ces siecles moins éclairés ;
,, il m'a paru que chez eux le goût du merveilleux
,, l'emportoit sur celui du vrai, & je ne voudrois
,, pas répondre qu'en quelques-uns il n'y eût les mo-
,, tifs, soit d'attirer des offrandes par l'opinion des
,, guérisons miraculeuses, soit de conserver les biens
,, des Eglises par la crainte des punitions divines
,, (1). C'est à quoi tendent la plupart des histoires
,, rapportés dans le recueil des miracles de S. Mar-
,, tin & des autres saints les plus fameux."

Ces prodiges des siecles d'ignorance ont un formidable adversaire dans le vénérable Bede; en expliquant les paroles de S. Marc où il est dit que *ceux qui croiront, feront des miracles*, il fait cette question. ,, Refuserons-nous de les croire, parce que nous
,, n'en voyons plus ?" Il répond *qu'ils étoient nécessaires au commencement de l'Eglise ; mais qu'elle n'a plus besoin présentement que des dons spirituels, c'est-à-dire, des sacrements & de la charité* (2).

La crédulité des peuples paroît bien clairement dans les traditions extravagantes qu'ils respectent opiniâtrément. Sont-elles en honneur ? c'est une impiété d'en douter : l'on est surpris qu'elles ayent pu entrer dans l'esprit humain. En voici quelques preuves. Les habitants du Pays qui étoit vis-à-vis de l'Isle de Britia, s'imaginoient que les ames des morts étoient transportées dans cette Isle ; le rivage de l'Océan qui est à l'opposite de cette Isle, étoit embelli de plusieurs

---

(1) Voyez Fleury, *ibid*.
(2) Voyez Bed. tom. V. p. 212.

bourgs habités par des pêcheurs, des cultivateurs & des marchands. Ils assuroient qu'ils passoient chacun à leur tour les ames dans l'Isle. En conséquence de cette opinion, toutes les nuits il y avoit des barques toutes vuides qu'on menoit à Britia : on prétendoit qu'elles étoient beaucoup plus légeres au retour (1).

Ce que la Peyrere rapporte des Irlandois, prouve aussi qu'il ne faut pas trop compter sur le recit d'une nation entiere. Ils prétendent que l'enfer est dans leur Isle, que le Mont Hecla est le séjour où les ames des damnés sont tourmentées. Ils s'imaginent voir quelquefois des fourmillieres de Diables qui entrent dans la gueule de ce Mont, chargés d'ames malheureuses, & qui en ressortent pour en aller chercher d'autres (2).

Les Pays qui passent pour les plus éclairés, ne manquent pas de traditions ridicules. Mr. la Motte le Vayer en a recueilli quelques-unes dans son *Hexaméron rustique*. ,, On a fait, dit-il, une sainte Tiphaide
,, de la fête des Rois dite *Epiphanie*. Un mauvais Pein-
,, tre ou Statuaire, pour avoir écrit au pied d'un saint
,, Pancrace, *St. Pancrace*, fut cause que tous ceux
,, qui étoient malades de la goutte & de la crampe
,, alloient lui offrir leurs chandelles. Ainsi d'une ins-
,, cription gravée dans un Marbre en ces termes :
,, METELLO CURATORI VIARUM, les Espagnols en
,, fait un *Sanviaro*. L'on a fait de même à Paris un
,, saint *vult* ou *vau* de Luc, du *Sanvolto di Luca*
,, que l'on apporta d'Italie, & que l'on plaça dans
,, l'Eglise du Sépulcre de la rue S. Denis. Ceux
,, qui ont les écrouelles se vouent à St. *Marcoul*, parce

―――――――――――――――――――――――

(1) Procop. *de Bello Gothico*. lib. I. c. 20.
(2) Voyez Bayle, réponse aux questions d'un Provinial. tom. II. ch. 2.

„ qu'ils ont mal au col ; les goutteux à St. *Genou* ;
„ ceux qui ont des clouds, à St. *Cloud* ; ceux qui
„ ont mal aux mains, à St. *Mains* ; les boiteux à
„ St. *Claude*, *à claudicando* ; les femmes qui ont mal
„ aux mammelles, à St. *Mammard* ; ceux qui ont
„ la teigne, à St. *Agnan* ; les entrepris de leurs
„ membres, à St. *Prix* ; ceux qui font travaillés de
„ la toux, à la fête de la *Touffaint* ; les aveugles à
„ St. *Luce* & à St. *Clair* ; les enfants tombés en chartre,
„ aux *Chartreux*, ou à St. *Mandé*, afin qu'il les amende.
„ De même qu'en Normandie on porte encore à
„ St. *Fenin*, qui eft St. *Felix*, ceux qu'on nomme
„ *fenes*, parce qu'ils ne prennent plus de nourriture.
„ Ceux qui ont mal aux oreilles, vont ordinaire-
„ ment à St. *Ouen*. Ceux qui font en langueur dans
„ les fauxbourgs du Mans, s'adreffent à faint *Lan-*
„ *gueur* auprès de Bar-fur-Aube ; ceux qui ont vo-
„ lé, à St. *Nicolas* de Tolentin (à *tollendo*) ; ceux
„ qui perdent le fang & qui font fouvent en peine
„ de l'étancher, à St. *Eftange* ou Eftanches, auprès
„ de Bougy à cinq lieues de Troyes ; ceux qui ont
„ la maldie vénérienne, à Ste. *Reine*, comme ayant
„ eu les reins trop échauffés. L'on eft perfuadé à Liege
„ que St. *Servais* préferve de la mort, & qu'il tire
„ fon nom à *fervando* : ce qui engagea le Roi Lous
„ XI à lui faire bâtir une belle chapelle que l'on
„ voit encore, "

On ne peut douter que tous ces faints ne foient cenfés avoir fait des miracles qui juftifient le culte qu'on leur rend. Enfin, ces derniers temps nous ont fourni des preuves que le peuple eft tout auffi crédule que par le paffé. Indépendamment des miracles de Mr. Paris, dont nous avons parlé ci-devant, en voici un autre exemple récent.

Le bruit fe répandit que le P. Chamillard, Jéfuite, étoit mort appellant, qu'il avoit été enterré dans le jardin des Jéfuites, & qu'il opéroit des miracles. En conséquence, les Jansénistes lui firent des neuvaines. Cette nouvelle se répandit hors de France, & on la trouve dans des Ouvrages périodiques qui se distribuoient en Hollande: cependant le Pere Chamillard étoit encore vivant; il écrivit même à ce sujet une lettre qui fut rendue publique, dans laquelle il confirme toutes ces particularités.

Les Grecs sont encore plus crédules que les Latins. On croit chez eux sur la foi des Prêtres, qu'il arrive quelquefois que les cadavres des personnes excommuniées sont animés par le démon, qui se sert de leurs organes, de maniere qu'ils paroissent boire, manger, parler: ces fantômes s'appellent *Broncolacas*. Il faut, disent les Grecs, pour rompre le charme, prendre le cœur de *Broncolacas*, le mettre en morceaux, & l'enterrer une seconde fois (1). Seroit ce de ces gens-là qu'auroit voulu parler Paul Lucas dans son *Voyage au Levant* (2), où il assure que des personnes qui paroissent n'avoir pas perdu le sens, parlent d'un fait singulier qui arrive souvent à Corfou dans l'isle Santorine? Des morts reviennent, se font voir en plein jour, & vont même chez eux; ce qui cause de grandes frayeurs à ceux qui les voyent: quand il en paroît quelqu'un, on va promptement au cimetiere déterrer le cadavre; on le coupe par morceaux, ensuite on le brûle par sentence du Gouverneur & des Magistrats; cela fait, ces morts ne reviennent plus. Le même Voyageur prétend que M. Angelo Edmé, provéditeur & gouverneur de l'Isle, lui a assuré avoir rendu une pareille sentence, à la requête de plus de cinquante personnes qui avoient déposé le fait entre ses mains.

En Egypte, proche du vieux Caire, se trouve un

---

(1) Voyez Vie de Mahomet, II. liv. V.
(2) Tom. I. p. 450.

cimetiere où les habitants de cette ville, tant Coptes ou Grecs, que Turcs ou Maures, soutiennent que le mercredi, jeudi & vendredi saints les morts ressuscitent; que leurs os sortent de terre, & n'y rentrent qu'après ces trois jours. Thevenot y alla par curiosité, & y vit un monde infini, persuadé de la vérité du miracle. » Il me semble, ajoute-t-il, (1) que „ cette folie se peut mettre au même rang que le „ puits qui est au monastere des Religieuses Coptes „ dans la contrée des Grecs, où l'on dit que la „ Sainte Vierge paroit un certain jour de l'année; „ comme aussi l'Eglise dite *Germiane*, c'est-à-dire les „ deux Eglises, qui est à trois journées du Caire, „ & où les Coptes s'imaginent voir paroitre des saints „ dans le dôme."

Il ne nous reste donc qu'à conclure avec la Motte le Vayer, que *l'homme est un animal si crédule, qu'il ne faut, pour établir les plus grandes faussetés, qu'avoir la hardiesse de les dire ou de les écrire* (2). Et avec l'Auteur de *l'art de penser*, qui ne doit pas être suspect aux personnes les plus crédules, qu'*il n'y a point d'absurdités si insupportables qui ne trouvent des approbateurs; que quiconque a dessein de piper le monde, est assuré de trouver des personnes qui seront bien aises d'être pipées; les plus ridicules sottises trouvent toujours des esprits auxquels elles sont proportionnés.*

Ce n'est pas seulement le peuple qui embrasse avec avidité tout ce qui semble merveilleux; des Savants employent souvent leurs talents pour entretenir la sottise publique, quelque absurde qu'elle soit. N'a-t-on pas vu le Jésuite Ferrand, pour justifier le culte qu'on rend dans divers endroits aux mêmes Re-

---

(1) Voyez Thevenot, Voyage du Levant, IIe. partie, ch. XII. p. 275.
(2) Tome II. lettre 78. p. 727.

liques d'un même Saint, inventer le miracle de la reproduction? On pourroit donner mille exemples de cette crédulité des Gens de lettres. Je me contenterai de celui d'un homme célebre par sa profonde érudition en Arabe; je veux parler du P. Maracci, qui a entrepris de prouver la Religion Chrétienne par des miracles subsistants: eh, quels sont-ils? Ce sont ceux de Notre-Dame de Lorette & de la croix de Maliapour, près de laquelle l'Apôtre St. Thomas fut blessé à mort par un Brachmane lorsqu'il prioit Dieu le 18 Décembre. En mémoire de cette aventure, Dieu permet que tous les ans lorsqu'on célebre la messe ce jour-là, la croix paroisse noire au commencement de l'Evangile; elle s'éclaircit après l'offertoire; elle devient blanche & éclatante pendant la consécration; ensuite elle reprend sa couleur naturelle, & il en découle une sueur de sang que les fideles recueillent précieusement dans du linge, & qui opere des miracles étonnants. Si la croix n'éprouve aucun de ces changements, c'est un signe que les Chrétiens sont menacés de quelque grand malheur. Le même P. Maracci rapporte l'histoire d'un miracle arrivé à Barri dans la Pouille. La tradition du pays est que le corps de St. Nicolas, Evêque de Mire, s'y conserve. Il sort de son tombeau une huile que l'on met dans des fioles; elle se conserve sans corruption chez tous ceux qui sont fideles à remplir leurs devoirs. On en envoye par-tout le monde chrétien, & par-tout elle fait des miracles.

A Tolentin, il sort des bras de St. Nicolas, une grande quantité de sang, toutes les fois que les Chrétiens sont menacés de quelque calamité publique.

Enfin, chacun connoît le fameux miracle du sang de saint Janvier à Naples. Ce dernier prodige faisoit une telle impression sur le fameux Pic de la Mirandole (1) qu'il le propofoit comme un des motifs le plus capable de déterminer à embraffer la Religion Chrétienne. Il penfoit de même de l'épine de J. C., qui, felon lui, fleurit tous les ans le jour de la Paffion. Doit-on être furpris de voir les peuples fi prodigieufement entêtés d'extravagances & de fuperftitions, puifque ceux qui devroient les inftruire, les confirment par leurs exemples & par leurs écrits dans les folies & les erreurs les plus groffieres ?

---

(1) Voyez fon Livre *De chriftianá fide*. Voyez Raynaldus, ann. 1503. n. 32.

CHAPITRE IX.

Que les Payens, les Juifs, les Mahométans & prefque toutes les Sectes Chrétiennes, ont foutenu qu'il fe faifoit dans leur parti des miracles qui prouvoient pour eux.

Pour achever de démontrer que l'on ne peut trop fe défier de l'impofture des Prêtres & de la crédulité des peuples, nous allons faire voir que toutes les Religions fe font attribué des Miracles éclatans, par lefquels elles prétendoient établir la vérité de leurs dogmes, & montrer l'approbation du Ciel. Quoique ces fauffes merveilles ne méritent que du mépris, les preuves fur lefquelles elles font appuyées, ont affez de vraifemblance pour embarraffer le plus grand nombre des hommes.

Commençons par les Payens. Les Miracles fondamentaux de leur Religion ont trois fortes de preuves.

1°. Les récits d'Auteurs graves.
2°. Les monuments publics.
3°. Les aveux des adverfaires.

I. L'hiſtoire Romaine eſt remplie de faits qui ne permettoient pas de douter que les Dieux n'euſſent pris les Romains ſous leur protection. Le peuple à qui ces faits ſervoient de catéchiſme, auroit cru ſe rendre coupable d'ingratitude & d'impiété, s'il en eût eu le moindre doute. Tite-Live (1) rapporte que lorſque la ville de Veies fut priſe par les Romains, il fut queſtion de tranſporter la ſtatue de la Déeſſe Junon à Rome; quelqu'un s'étant aviſé de lui demander ſi ce changement lui feroit plaiſir, ceux qui étoient préſents crurent lui voir donner un ſigne d'approbation.

L'arrivée des Gaulois avoit été prédite. On ne fit pas grand cas de cette prédiction, parce que celui à qui la choſe avoit été révélée, étoit un homme de la lie du peuple. Mais l'événement l'ayant confirmée, on bâtit un temple au Dieu qui avoit voulu prévenir les malheurs que l'irruption imprévue d'une nation puiſſante pouvoit cauſer aux Romains. Le Dictateur fit à ce ſujet un diſcours qui reſſemble aſſez à un ſermon, dans lequel il ſoutient que ſi les Romains n'avoient aucune Religion, les faveurs qu'ils avoient reçues des Dieux dans cette occaſion, ſuffiroient pour engager la République à leur rendre le culte qui leur eſt dû. *Equidem ſi nobis cum urbe ſimul poſitæ traditæque per manus Religiones nullæ eſſent, tamen tam evidens numen hâc tempeſtate rebus afſuit, ut omnem negligentiam divini cultus exercitiam hominibus putem* (2).

---

(1) Voyez Tite-Live, lib. V. n. 22.
(2) Voyez Liv. II. n. 32. III. n. 50. IV. n. 51.

Ce qui arriva du temps de Coriolan, perfuadoit les Romains que les Dieux étoient jaloux de leur culte, & qu'ils étoient irrités, lorfqu'on le profanoit. Plutarque rapporte cette hiftoire dans un grand détail qui a été ainfi rendue par Amyot (1).

„ De l'autre côté, la ville de Rome étoit en grande
„ combuftion pour l'inimitié d'entre les Nobles &
„ la Commune. Mefmement, depuis la condamnation
„ de Marcius, & venoient tous les jours les Prê-
„ tres & les Devins, & jufqu'aux perfonnes pri-
„ vées, dénoncer au confeil des fignes & prodiges
„ céleftes qui méritoient bien que l'on y penfât &
„ que l'on y pourvût foigneufement, entre lefquels
„ il en advint un tel; il y avoit un citoyen Romain
„ nommé Titus Latinus, perfonnage de petite qua-
„ lité, mais au demeurant homme de bien, vivant
„ doucement fans fupperftition quelconque, & moins
„ encore de vanité & de menfonge. Ceftui eut une
„ vifion en dormant, par laquelle il lui fut avis
„ que Jupiter s'apparut à lui & lui commanda d'al-
„ ler fignifier au Sénat qu'on avoit fait marcher de-
„ vant fa proceffion un très-mauvais & très-déplai-
„ fant danfeur, & difoit que la premiere fois que
„ cette vifion s'étoit préfentée à fa fantaifie, il n'en
„ avoit pas fait compte, & lui étant encore retour-
„ née, il ne s'en étoit gueres plus foucié; mais qu'à
„ la fin il avoit vu mourir devant fes yeux un fien
„ fils bien conditionné, & que foudainement il lui
„ étoit pris un relâchement de tous les membres,
„ de maniere qu'il en étoit demeuré tout impotent
„ & perclus: & de fait il récita toute cette hiftoire
„ en plein Sénat, deffus un petit grabat fur lequel
„ il s'étoit fait porter à bras, & ne leur eut pas
„

---

(3) Voyez Plutarque, Vie de Coriolan.

» plutôt achevé de conter, qu'il sentit incontinent
» son corps avoir recouvré son accoutumée vigueur,
» de maniere qu'il se leva à l'heure même sur ses
» jambes, & s'en retourna de son pied, sans que
» personne lui aidât. Le Sénat, étonné de cette mer-
» veille, fit diligente inquisition du fait, & trou-
» va que c'étoit une telle chose. Il y avoit eu quel-
» qu'un qui avoit livré entre les mains d'autres es-
» claves, un sien serf qui l'avoit offensé, & leur
» avoit commandé de le passer à travers la place
» en le fouettant toujours ; & puis après le faire
» mourir ; & ainsi comme ils étoient après, & qu'ils
» déchiroient ce pauvre homme à coups de fouet,
» il se tournoit, remuoit & démenoit étrangement,
» pour la douleur qu'il sentoit. La procession par
» cas d'aventure survint là-dessus, & y eut plu-
» sieurs des assistants qui en furent scandalisés &
» marris, disant que ce spectacle-là n'étoit point
» plaisant à voir. Mais pour cela on n'en fit autres
» choses que blâmer & maudire celui qui faisoit
» ainsi cruellement punir un sien esclave. Quand
» donc Latinus eut fait au Sénat le récit de la vi-
» sion qui lui étoit avenue, on fut en doute qui
» pouvoir être ce mauvais & mal plaisant danseur
» qui avoit marché devant la procession ; & alors
» il souvint à quelqu'un des assistants de ce mal-
» heureux esclave qu'on avoit ainsi passé en le fouet-
» tant à travers la place, & que puis après on avoit
» fait mourir, & ce qui les en fit souvenir fut l'é-
» trange & non accoutumée maniere de sa punition.
» Si furent là-dessus les Prêtres enquis, qui tous fu-
» rent d'avis que c'étoit celui-là ; & en fut le maî-
» tre de l'esclave puni, & recommença-t-on de nou-
» veau la procession & tous les autres spectacles
» en l'honneur de Jupiter."

Dans le Chapitre VIII du premier livre de Valere Maxime, on trouvera plusieurs merveilles, opé-

rées par les Dieux en faveur de ceux qui les honoroient. L'Auteur s'étend beaucoup sur la peste qui ravagea Rome pendant trois ans, & qui ne cessa miraculeusement, qu'après qu'on eut été chercher Esculape à Epidaure, sur l'avis des Prêtres qui avoient consulté les livres des Sybilles.

C'étoit une opinion reçue chez le peuple, que les Dieux faisoient connoître d'une manière miraculeuse dans plusieurs endroits, l'approbation qu'ils donnoient aux sacrifices qu'on leur offroit.

On se vantoit à Egnatia, ville d'Italie, d'avoir une pierre miraculeuse. Le bois qu'on mettoit dessus, s'allumoit de lui-même aussi-tôt. On sait qu'Horace s'est moqué de la crédulité de ceux qui ajoutoient foi à ce prodige; mais depuis ce Poëte, Pline le Naturaliste en a parlé comme d'un fait appuyé sur le témoignage d'un grand nombre de personnes.

Solin fait mention de quelque chose de plus merveilleux. Il parle d'une colline située dans la Sicile près d'Agrigente : on n'avoit pas besoin d'apporter du feu sur un Autel placé sur cette colline; il suffisoit d'y arranger des sarments qui s'allumoient d'eux-mêmes, pourvu que le sacrifice fût agréable au Dieu à qui on l'offroit; dans ce cas, la flamme s'écartoit de côté & d'autre comme pour se jetter sur ceux qui faisoient les repas du sacrifice, & n'incommodoit nullement ceux qu'elle touchoit : on connoissoit à cette marque qu'il ne manquoit rien aux cérémonies du jour.

Ce n'est pas seulement dans l'ancien Paganisme, qu'on se flattoit que les Dieux favorisoient leurs adorateurs par des prodiges éclatants. Ceux que l'ignorance retient encore aujourd'hui dans l'idolâtrie, n'y restent que parce qu'ils supposent que le Ciel s'est déclaré pour eux. On peut voir dans le P. Tachard un détail fort curieux des merveilles que les Siamois prétendent avoir été faites pour justifier leur Religion. Ils montrent dans Socotaï une idole

d'or

d'or massif, dont ils assurent que si on la porte dans la campagne lorsqu'on a besoin de pluie, l'eau tombe sur le champ en très-grande abondance (1).

Les merveilles qui intéressent le plus le genre humain, sont les guérisons des maladies que les Médecins regardent comme incurables; or on a plusieurs exemples de ces guérisons miraculeuses chez les Payens. Je n'insisterai point sur Abaris, dont la fleche admirable chassa la peste de la ville de Lacédémone & de celle de Gnosse en Crete, suivant la tradition de ces deux villes (2). Je passerai sous silence, si l'on veut, les Miracles de Pythagore & de ses disciples; mais je ne puis omettre ce que l'on a dit de Pyrrhus, qui a passé pour le Thaumaturge de son siecle; ,, Et avoit-on opinion, dit Plutarque, ,, que Pyrrhus guérissoit ceux qui étoient malades ,, de la rate, en sacrifiant un coq blanc & touchant ,, avec son pied droit tout doucement, à l'endroit ,, de la rate, le flanc gauche des malades couchés ,, à la renverse. Et n'y avoit si pauvre, si basse, ,, ni si vile personne qui le requît de ce remede; à ,, qui il ne l'octroyoit; prenant le coq qu'il avoit ,, sacrifié pour son salaire, & lui en étoit le présent ,, très-agréable. L'on dit que le gros orteil de son ,, pied avoit quelque vertu divine; de sorte qu'après ,, sa mort, quand on brûla son corps, tout le reste ,, ayant été consommé & réduit en cendres, on ,, trouva cet orteil tout entier (3). "

Mais de toutes les guérisons surprenantes, il n'y en a point qui le soit autant que celle d'un aveugle d'Alexandrie, que Tacite attribue à l'Empereur Vespasien. Nous renvoyons à cet Auteur qui entre

---

(1) Voyez Voyage de Siam, liv. VI. p. 308.
(2) Jamblic., Vit. Pythagor. c. 19. n. 77.
(3) Voyez Plutarque, Vie de Pyrrhus.

dans un détail très-curieux sur cette matiere qu'il termine par cette réflexion : *Ces faits sont attestés par ceux qui étoient présents, maintenant même qu'il ne leur seroit plus utile de mentir* (1).

II°. Passons présentement aux monuments propres à constater les faits merveilleux qui font honneur au Paganisme. Il arriva à Romulus à peu-près la même chose que les Historiens françois rapportent de Clovis. Romulus, donnant bataille aux Sabins, avoit été blessé ; ses troupes commençoient à se mettre en désordre. ,, Par quoi, ce sont les termes de
,, l'ancien Traducteur de Plutarque, levant à donc
,, ses deux mains vers le Ciel, il fit priere à Jupi-
,, ter qu'il lui plût arrêter la fuite de ses gens, &
,, ne permettre point que les affaires des Romains
,, allassent ainsi en ruine, ains les vouloir remet-
,, tre sus. Il n'eut pas plutôt achevé sa priere, que
,, plusieurs de ses gens qui fuyoient, commencerent
,, à avoir honte de fuir en présence de leur Roi,
,, & leur vint soudain une assurance au lieu de frayeur;
,, de sorte qu'ils s'arrêterent premierement à l'endroit
,, ou est maintenant le temple de Jupiter Stator, qui
,, veut dire autant comme *arêteur*; mais, se ralliant
,, ensemble, repousserent les Latins jusqu'à l'endroit
,, qu'on appelle à présent Rhegia, & jusqu'au tem-
,, ple de la Déesse Vesta (2). "

De tous les monuments miraculeux, le plus célebre, sans doute, est une inscription grecque tirée, à ce qu'on prétend, du temple d'Esculape à Rome, & qui contient diverses guérisons très-surprenantes. Baronius l'a insérée dans ses annales. On la trouve pareillement dans Gruter : en voici la traduction. (3)

---

(1) Voyez Tacit. Hist. lib. IV.
(2) Voyez Plutarq. Vie de Romulus.
(3) Voyez Baronius, Annal. ann. 139.

„ Ces jours-ci l'oracle ordonna à un aveugle ap-
„ pellé Caius de venir à l'autel sacré; de se mettre
„ à genoux; d'aller de la droite à la gauche; de
„ mettre cinq doigts sur l'autel; de lever la main,
„ & de la mettre sur ses yeux; & il recouvra la vue
„ en présence du peuple qui étoit dans une grande
„ joie de voir faire de si grands miracles sous l'Em-
„ pire d'Antonin. Lucius avoit un si grand mal de
„ côté, qu'il étoit désespéré : le Dieu lui ordonna de
„ prendre de la cendre dessus l'autel, de la mêler
„ avec du vin, & d'appliquer ce vin & cette cendre
„ sur le côté malade; il en fut guéri; il remercia
„ publiquement le Dieu, le peuple se joignit avec
„ lui. "

„ Julien vomissoit le sang : on désespéroit de sa
„ vie; le Dieu lui ordonna de prendre des noix de
„ pin, & de les manger avec du miel pendant trois
„ jours; il guérit, & il en vint remercier le Dieu en
„ présence de tout le peuple. "

„ Valerius Aper de Milet ne voyoit point : le
„ Dieu lui ordonna de prendre le sang d'un coq
„ blanc, & de le mêler avec du miel, & de s'en frotter
„ les yeux pendant trois jours; il recouvra l'usage
„ des yeux, & il en rendit graces au Dieu publique-
„ ment. "

III°. Les Peres de l'Eglise ont supposé que le Pa-
ganisme pouvoit citer des prodiges en sa faveur.
Octave ne conteste point les miracles allégués par
Cecilius; il prétend seulement qu'ils sont dûs aux
Démons.

Tertullien, Origene, Eusebe & St. Augustin font
les mêmes aveux, & ont recours à la même cause.
Lactance convient que les prodiges opérés par les malins esprits, sont capables de séduire; il demande
quelle peut être la raison de la conduite de Dieu
qui permet la séduction : à quoi il fait cette réponse
bizarre : C'est, dit-il, pour avoir des gens à punir &

des gens à honorer, *ut habeat alios quos puniat, alios quos honoret.* Sans entrer dans la difcuſſion de ce propos déshonorant pour la Divinité, il nous ſuffit qu'il en réſulte que les Chrétiens, dans le temps même de leurs plus grandes diſputes avec les Payens, reconnoiſſoient que ces derniers avoient des miracles à citer en preuves de leur Religion. (1).

Pluſieurs modernes ont fait un pareil aveu. Le P. Baltus, Jéſuite, prouve au long qu'il y a eu pluſieurs guériſons merveilleuſes opérées par le miniſtere des Démons, protecteurs du Paganiſme. (2)

Le P. Mauduit nous apprend que ,, les apparences ,, des merveilles que Dieu a faites pour le Chriſtia- ,, niſme, & de celles que le Diable a opérées en fa- ,, veur du Paganiſme, étoient égales, & qu'elles ,, n'étoient diſtinguées aux yeux de Dieu, que par ,, des différences ſi fines & ſi déliées, que les hom- ,, mes groſſiers & charnels ne les pouvoient apper- ,, cevoir. (3). "

Les Juifs, cette nation déteſtée en tout temps de tous les autres hommes, ne s'imaginent-ils pas que Dieu ſuſpend quelquefois les loix de la nature pour témoigner qu'il n'approuve point les cruautés que l'on exerce contre eux? Ils content qu'un Médecin nommé Sylva, qu'on avoit tenu priſonnier à Lima pendant treize ans, & qui avoit mené une vie exemplaire, ne fut pas plutôt jetté au feu, qu'un vent impétueux & une tempête affreuſe renverſerent la maiſon où il avoit été condamné. Les Indiens même furent étonnés de ce prodige, & avouerent

---

(1) Tertull. Apolog. c. 21 & 22. Origen. con. Cels. S. Auguſt. *de Civitate Dei.* Lactant. lib. II. c. 16, 17.
(2) Voyez Réponſe à l'Hiſtoire des Oracles. II. Part. p. 301.
(3) Voyez Mauduit, *Traité de Religion*, p. 112.

qu'ils n'avoient jamais rien vu de semblable Un autre Juif qu'on brûloit en Portugal, vit tomber ses chaines au milieu des flammes, on ne le revit plus; ce qui fit dire aux bourreaux que le Diable l'avoit enlevé : mais les Juifs crurent qu'il avoit disparu miraculeusement, parce que Dieu vouloit le garantir de la fureur des Chrétiens (1).

Les Mahométans se flattent aussi qu'il s'est fait autrefois & qu'il se fait encore des miracles qui déposent en faveur de leur Prophete.

Les Historiens Arabes rapportent que ce Prophete étant jeune, & allant à Bosra avec son Oncle Abutaleb qui étoit en même-temps son tuteur, fut rencontré par un Moine qui lui prit la main en disant : *Cet enfant sera quelque jour très-célebre, & son nom sera connu dans l'Orient* (2). Le Moine auguroit cet avenir, parce que l'enfant lui avoit paru couvert d'un nuage. On peut voir le détail des miracles de Mahomet, dans la seconde partie du Prodrome de Maracci.

En voici un, rapporté par Hamed, qui pourroit bien avoir été copié sur celui de la multiplication des pains. Abu-horeira vint trouver Mahomet, & pria le Prophete de bénir quelques dattes qu'il avoit sur lui. Mahomet fit sa priere, après quoi Abu-horeira mit les dattes dans sa poche : non-seulement elles suffirent pour la nourriture de plusieurs personnes; mais après qu'on en eut mangé beaucoup, il en tira de sa poche de quoi remplir cinquante sacs de dattes, dont chacun faisoit la charge d'un cheval. C'est Abuhoreira qui l'avoit raconté à Abutaliah. Celui-ci l'avoit appris à Moraher, qui l'avoit dit à Hamud, dont Jonas le tenoit, & c'est ce Jonas qui avoit assuré

---

(1) Voyez Basnage, Histoire des Juifs, liv. IX. c. 25.
(2) Voyez *Specimen Hist. Arab.* p. 8 & 9. Voyez Maracci, Prodrom. partie II.

ce fait à Hamed de qui on le tient. Voilà une tradition bien suivie. Yezid, fils d'Almanſor, a prétendu avoir appris cette multiplication de dattes d'Abu-horeira lui-même ; il y a joint des circonſtances encore plus merveilleuſes ; ſavoir qu'une armée s'étoit raſſaſſiée de ces dattes, & qu'Abu-horeira en avoit vécu & en avoit nourri pluſieurs perſonnes, tant que Mahomet, Abubeker, Omar & Othman avoient été au monde.

Les Mahométans ont rapporté pluſieurs apparitions de leur légiſlateur aprés ſa mort ; ils ont aſſuré qu'il avoit guéri en ſonge pluſieurs malades, ce qui fait le ſujet du fameux Poëme en langue Arabe intitulé *Albordah* ; qu'il avoit rendu Ennobatac le plus éloquent orateur de ſon ſiecle, en lui mettant de ſa ſalive dans la bouche pendant qu'il dormoit (1). L'on trouve une infinité d'autres hiſtoires de ce genre, au ſujet deſquelles Albaſthami a fait un volume entier ; de même que Mohammed-Ben-Joſeph Alſalchi, qui en a compoſé un ſous le titre, *des miracles les plus grands & les plus avérés de Mahomet*.

Les merveilles que l'on a débitées de cet impoſteur, ſont un preuve ſenſible de la facilité qu'il y a de tromper les hommes ; quoiqu'il diſe lui-même dans ſon Alcoran qu'il n'a point fait de miracles, la moitié de ſes ſectateurs mourroit, peut-être, pour ſoutenir contre lui qu'il en a fait un très-grand nombre.

Pluſieurs Mahométans ſont morts en odeur de ſainteté, & Dieu a récompenſé leur piété par des miracles éclatants qui ſe font à leur tombeau.

Suivant le témoignage de tous ceux qui croyent à l'Alcoran, un des plus fameux ſaints s'appelle *Sedichaſi* ; (2) ſon tombeau eſt dans la plus grande

---

(1). Voyez Herbelot, Bibliotheque Orient. art. Mahomet.

(1). Voyez *Septem Caſtrenſis*, *apud Hottinger.*, hiſt. Or.

vénération; l'expérience ayant appris que ceux qui ne l'avoient pas respecté, n'avoient jamais été longtemps sans en être châtiés. L'opinion commune est qu'on n'invoque jamais inutilement ce grand saint; les présents que l'on apporte à son tombeau, sont une forte preuve de la confiance que les grands & le peuple ont dans ses mérites.

Ce n'est pas le seul saint à miracles qui se trouve en Turquie, il y en a bien d'autres. Si l'on en croit Postel, *il y en un qui console les désolés; un autre qui aide les pélerins qui l'invoqent* (1); un autre auprès de la Surie, nommé Sedicadi, à qui les gens de guerre se recommandent, & se tiennent assurés que quiconque l'a été voir, ne meurt point à la guerre. Il y en a un en Natolie, auquel on s'adresse pour recouvrer les choses perdues; un autre rend les mariages fortunés. Enfin, si l'on croit Ahmed, les Mahométans ont fait beaucoup plus des miracles & de plus grands, que les Apôtres des Chrétiens, ,, car, dit-il, il y
,, a des saints qui ont fait passer des armées entieres
,, sur les eaux; il y en a qui ont avalé du poi-
,, son sans mourir; d'autres ont ressuscité des morts;
,, quelques-uns ont multiplié les vivres, & l'on trouve
,, des livres écrits en l'honneur de ceux qui ont fait
,, ces prodiges." (2)

Il y a peu de sectes chrétiennes qui ne se soit fondée sur des miracles pour tâcher d'obtenir la préférence sur les autres partis; les Docteurs Catholiques anciens & modernes ont cru que ces miracles étoient possibles: *non numquam*, dit le Pape St. Grégoire, *heretici signa quoque ac miracula faciunt* (3).

---

(1) Bayle, Chiderles, Note 6. Remarques sur le Voyage du Mont Liban, pag. 250.
(2) Voyez *Maracci, prodrom. part.* II. c. 12. p. 75 & 76.
(3) Mor. liv. 20. c. 7. p. 643.

M. Baillet ne regarde pas comme incroyable que les hérétiques ayent fait de véritables miracles au nom de Jesus-Christ (1). Il est du moins certain qu'ils s'en sont presque tous attribué; c'est ce que l'on va justifier par le détail suivant.

Nous commencerons par les Novatiens. Eutichien, qui étoit de cette secte, a fait plusieurs miracles, selon Socrate, au grand étonnement de tout le monde. « Je ne dissimulerai point ce que j'ai appris de lui, « c'est Socrate qui parle, quoique je sache que « j'exciterai par-là la haine de plusieurs personnes. « Un vieux Prêtre de l'Eglise des Novatiens, nommé « Auxanon, qui étant fort jeune alla au Concile de « Nicée, avec Acese, m'a raconté ce que j'en ai « rapporté; il a vécu jusqu'au regne de Théodose : « c'est de lui que je sais qu'un des gardes de Constan- « tin ayant été soupçonné d'avoir conspiré contre « l'Empereur, crut ne pouvoir mieux faire que de « s'enfuir. L'Empereur transporté de colere ordonna « qu'on le fit mourir par-tout où on le trouve- « roit; ce malheureux se réfugia près de l'endroit « où Eutichien vivoit dans une solitude, & guérissoit « les maladies du corps & de l'ame de plusieurs « personnes. Il fut arrêté; on supplia Eutichien de « demander grace pour l'accusé; mais on s'apper- « çut que ses chaînes seules étoient capables de « le faire mourir, tant elles étoient pesantes. Euti- « chien fit prier ceux qui avoient arrêté ce garde, « de le traiter moins durement; ils le refuserent, « vu que les subalternes n'osent rien prendre sur « eux, lorsqu'il s'agit de crime d'Etat : ce refus en- « gagea Eutichien d'aller à la prison; il s'y trans- « porta avec Auxanon, & aussi-tôt qu'ils y furent

---

(1) Préface de la Vie des Saints, art. 82.

„ entrés, les chaînes du prisonnier tomberent à
„ terre : ce qui causa une extrême surprise à tous
„ ceux qui étoient présents (1).

Les Novatiens eurent dans le cinquieme siecle un Evêque à Constantinople fameux par sa piété, on l'appelloit *Paul*. Le feu ayant pris un jour à cette ville, & ayant fait de très-grands ravages, il s'approcha enfin de l'Eglise des Novatiens : à l'heure même, Paul se prosterna aux pieds de l'Autel, & demanda à Dieu la conservation de l'Eglise & de la ville. Sa priere fut exaucée ; car quoique le feu entrât dans l'église par la porte & par les fenêtres, il n'y causa aucun dommage, & l'épargna, pendant qu'il réduisoit en cendres tous les bâtiments d'alentour. L'embrasement dura deux jours & deux nuits, & s'éteignit enfin, sans avoir seulement noirci les murailles de l'Eglise ; cet événement arriva le 17e. jour du mois d'Août, sous le quatorzieme Consulat de Théodose & le premier de Maxime, c'est-à-dire l'an 433. Les Novatiens fêterent ce jour dans la suite ; les Payens qui furent témoins de cette merveille, demeurerent dans une grande surprise. Mr. de Tillemont paroît fort embarrassé, lorsqu'il parle de ce fait (2).

Les Donatistes se prévaloient pareillement de Miracles qu'ils prétendoient s'être faits en faveur de leur secte. „ Comme ces schismatiques, suivant Mr. de
„ Tillemont (3), ne pouvoient montrer la vérité de
„ leur Eglise par aucune preuve solide, c'est-à-dire
„ par aucun témoignage clair & certain des écritu-
„ res canoniques, ils tâcherent de s'appuyer sur d'au-
„ tres fondements, & particulièrement sur des Mira-

---

(1) Voyez Socrate, hist. liv. I. c. 13.
(2) Voyez Socrate, lib. VII. c. 39. Tillemont, tom. 3. p. 490.
(3) Voyez Tillemont, tom. VI. art. 31. p. 72.

,, cles & des prodiges trompeurs ; car ils se van-
,, toient que Donat ou Ponce en avoient fait ; que
,, des personnes, priant au tombeau de ceux de leur
,, communion, avoient été exaucées; qu'il arrivoit
,, tel & tel prodige en certains endroits. " S. Augustin ne nie point absolument ces faits; il convient
que la chose est possible, mais il prétend, *que ce ne
sont pas-là des preuves certaines de la vérité ; mais laiſ-
ſons-là toutes ces choses*, dit-il, *qui ſont ou des fauſſe-
tés inventées par des hommes trompeurs, ou des prodiges
produits pas l'illuſion des eſprits qui ſe plaiſent à nous
ſéduire, & par leſquelles Jeſus-Chriſt nous avertit de ne
pas nous laiſſer ſurprendre*. Il ajoute que c'eſt par l'autorité des Ecritures qu'il faut prouver la vérité de
l'Egliſe, & non par ces choſes, parce que les Miracles faits hors de l'Egliſe ne prouvent rien. *Præter
unitatem qui facit miracula, nihil eſt* (1).

Il n'eſt pas juſqu'aux ennemis déclarés de la Divinité de Jeſus-Chriſt, à qui l'on n'ait attribué des
faits prodigieux; le livre de Philoſtorge n'eſt rempli que des Miracles d'Eunome, de Léonce, de Can-
dide, d'Evagre, d'Arrien, de Florentius, de Théophile, & de quelques autres fameux Ariens.

Les Sociniens ſe flattent pareillement d'avoir part
aux graces extraordinaires du Ciel. Lorſque les troupes de l'Empereur & de l'Electeur de Brandebourg
aſſiégeoient Stétin qui étoit mal pourvu de vivres &
de munitions de guerre, Lubietnieczi, Miniſtre So-
cinien, conſulta Dieu par des prieres accompagnées
de jeûnes, pour ſavoir ce que deviendroit cette ville, & il le ſupplia de ne la point livrer à ſes ennemis ; au bout de trois ſemaines, Dieu lui fit enten-

---

(1) Voyez S. Auguſtin, *Tractat.* XIII. *Johan.* n.
17. p. 398.

dre qu'elle ne seroit point prise : ce Ministre fut d'abord regardé comme un rêveur ; mais au bout de six jours, on vit qu'il ne s'étoit pas trompé (1).

Il n'y a point de schismatique qui n'ait cru de bonne foi qu'il s'étoit opéré des Miracles dans sa secte. En voici un très-public, rapporté par Jean Cantacuzene (2). ,, Le jeune Andronique, dit-il, ayant
» pris d'une liqueur qui couloit du tombeau de De-
,, metrius dans la ville de Thessalonique, en frotta
,, une blessure qu'il avoit reçue au pied, & dont il
,, n'avoit pu être guéri depuis quatorze mois, quel-
» ques soins que les Médecins eussent pris pour lui
» donner du soulagement : la gangrene étoit même
» déjà dans sa plaie : il fut guéri par la vertu de
,, l'huile, en sorte qu'il ne resta pas même de ci-
» catrice ; le miracle étant venu à la connoissance
» des habitants, ils chanterent des hymnes en
» action de graces. " Les histoires des Grecs Schismatiques sont remplies de faits de cette nature.

Les Jacobites ont eu un Domitius, qui non-seulement guérissoit les malades, mais encore ressuscitoit les morts. Une fille avoit eu un enfant de son propre frere ; Domitius l'ayant su, lui fit la réprimande qu'elle méritoit ; à peine fut elle finie, que la terre s'entr'ouvrit pour engloutir cette malheureuse. Sévere, qui nous apprend cette histoire, assure la tenir de personnes dignes de foi, & il ajoute qu'il resta en cet endroit pendant six mois une ouverture d'où il sortoit de la fumée & une odeur affreuse (3). Mr. l'Abbé Renaudot rapporte plusieurs autres faits pareils dans son *histoire des Patriarches d'Alexandrie*. MM. Ludolf & Legrand conviennent que

---

(1) Voyez Bayle, Dictionnaire.
(2) Lib I. ch. 59.
(3) *Hist. patriarch. Alexandr.* p. 185, 199 & 269.

les livres des Abyssins sont remplis de faits miraculeux (1).

Enfin dans ces derniers temps, Fox, le fondateur des Quakers ou Trembleurs, a fait des guérisons si surprenantes, que tous ceux qui en étoient témoins demeuroient persuadés qu'elles étoient surnaturelles. Il alla voir un jour un malade abandonné des Médecins dans le Comté de Leycestre ; il fit sur lui quelques prieres, & aussi-tôt le malade fut guéri parfaitement (2).

Les fanatiques des Cévennes ont soutenu publiquement que Dieu les avoit favorisés par des prodiges & par des guérisons surnaturelles dont ils ont cité les témoins. Si ces enthousiastes avoient eu parmi eux des gens d'esprit qui eussent su faire valoir les choses extraordinaires qui s'opéroient au milieu d'eux, ils auroient pu donner bien de l'embarras aux Théologiens des autres partis (3). Mais parmi ces choses surprenantes qu'ils pouvoient alléguer en faveur de leur secte, il n'y en a point qui le soit autant que le fait que nous allons rapporter, & dont plusieurs garants vivent peut-être encore.

Cavalier, chef des fanatiques, avoit assemblé les gens de son parti au mois d'Août 1703 près des Tuileries de Cannes. La troupe étoit composée de cinq à six cents hommes ; après que l'on eut fait plusieurs exhortations, lectures, chants des pseaumes, Clari, un des fanatiques, se crut inspiré ; & pour prouver

---

(1) Voyez Dissertat. sur la Relation d'Abyssinie. p. 347 & 348.
(2) Voyez Histoire des Quakers, par Crosius, p. 38.
(3) Voyez le livre intitulé : Sentiments désintéressés de divers Théologiens Protestants sur les agitations & sur les autres particularités des Prophetes.
Voyez Théâtre sacré des Cévennes. p. 52.

à toute la Compagnie qu'il y avoit quelque chose de plus qu'humain en lui, il demanda qu'on allumât un grand feu. Cavalier n'étoit pas trop d'avis de se prêter à cette extravagance ; mais enfin vaincu par les demandes réitérées de Clari, il consentit à le satisfaire. Le feu fut allumé ; Clari se mit alors au milieu en se tenant debout, & levant ses mains jointes au-dessus de sa tête, il continua de haranguer. Toute l'assemblée entoura le bûcher ; on vit Clari au milieu des flammes qui l'entouroient de tous côtés. Il ne sortit du feu que quand le bois eut été tellement consumé, qu'il ne s'éleva plus de flammes, ce qui dura près d'un quart d'heure ; les assistants rendirent graces à Dieu de cette merveille. Jean Cavalier de Sauve, parent du chef, fut des premiers à courir embrasser Clari, & à considérer ses habits & ses cheveux, & trouva que le feu ne les avoit nullement endommagés. (1) Durand Fage atteste ce même fait ; & comme il fit un très-grand bruit dans ce temps-là, plusieurs personnes firent des informations pour s'assurer de la vérité, & tous les rapports se trouverent uniformes. (2)

Que penserons-nous de cette histoire ? est-elle vraie, est-elle supposée ? y a-t-il eu de la supercherie ? si elle est fausse, on ne peut plus compter sur aucun rapport humain, puisqu'il n'y en a point de plus constaté. Sans nous arrêter davantage sur cette matiere, je remarquerai qu'il pourroit bien y avoir de la supercherie. Nous trouvons chez les Payens, chez les Mahométans & chez les Chrétiens, des exemples d'imposteurs, qui, par des secrets particuliers, se sont mis à l'épreuve du feu pour séduire leurs contemporains.

---

(1) Voyez *Théâtre sacré des Cévennes*. p. 110.
(1) *Ibidem*, p. 139.

Les Hirnes, qui demeuroient au pays des Falisques près de Rome, marchoient impunément sur le feu; on voyoit ce spectacle tous les ans au mont Soracte. Virgile y fait allusion lorsqu'il fait ainsi parler Arons.

Summe Deûm sancti custos Soractis Apollo!
Quem primi colimus, cui pineus ardor acervo
Pascitur, & medium freti pietate per ignem
Cultores multâ premimus vestigia prunâ.

Strabon fait mention de cette cérémonie, & Pline en parle comme d'un fait incontestable. On lit dans S. Epiphane qu'il y avoit des Egyptiens qui, après s'être frottés de certaines drogues, se jettoient dans des chaudieres bouillantes, sans éprouver aucun mal (1).

Busbec rapporte sur la foi d'un Moine Turc, que l'on avoit vu plusieurs fois un Supérieur d'un très-grand nombre d'Hermites, sortir sain & sauf du milieu du feu d'une fournaise ardente où ses ennemis l'avoient jetté.

Enfin, Bayle nous assure que M. Fremont lui avoit dit avoir vu en Espagne un Couvent, où chaque année un Moine s'enfermoit dans un four chaud où il se tenoit quelques heures habillé de simple toile; il en sortoit ensuite à la vue d'une foule de spectateurs qui restoient convaincus qu'ils avoient été témoins d'un grand miracle: celui-ci procuroit un grand profit au Couvent (2).

---

(1) Voyez Virgil. Æneid. lib. XI. vers. 785. Strabo, lib. V. p. 226. Plin. hist. nat. lib. VII. c. 2. S. Epiphan. *Ad finem Panarii.* Faydit, *nouvelles remarques sur Virgile.*

(1) Voyez Bayle, Diction. au mot *Hirnes*, n. 6.

CONCLUSION.

DE tout ce que nous avons dit jusqu'à préfent, il réfulte qu'il y a très-peu de gens au monde qui puiffent s'affurer de la réalité d'un Miracle. Ceux mêmes qui vivent dans le temps où il s'opéreroit, feroient très-embarraffés pour décider fi ce ne font pas le fanatifme, l'impofture, la crédulité, qui érigent en merveilles, des faits, ou qui n'ont jamais exifté, ou qui font très-naturels.

L'examen des anciens miracles eft fans doute beaucoup plus difficile encore que celui des miracles modernes. Nous avons vu que les monuments, les commémorations, les fêtes, les traditions, qui fembleroient devoir fournir des preuves au-deffus de toute exception, dépofent fouvent en faveur de faits imaginaires.

S'il ne faut recevoir les opinions des peuples que d'après une critique exacte, c'eft fur-tout lorfqu'il s'agit de miracles; puifque des faits furnaturels exigent des preuves bien plus fortes que des faits naturels, & que c'eft dans cette matiere que l'on voit le triomphe de la mauvaife foi, de l'intérêt, de la prévention & de la crédulité.

Ce n'eft pas qu'il n'y ait des regles pour diftinguer le vrai du faux; mais l'application, qui embarraffe fouvent les perfonnes mêmes les plus clairvoyantes, eft certainement au-deffus de la portée du vulgaire: en effet, comme l'a très bien remarqué un Auteur célebre, ,, les hommes font communément
,, incapables de trouver par examen & par étude les
,, vérités qui ont befoin d'une longue difcuffion,
,, & qui dépendent d'un grand nombre de principes

„ qu'il faut réunir pour en tirer une conclusion
„ juste & véritable (1)".

Une Religion, pour être vraie, devroit avoir, au défaut de bonnes raisons, des preuves sensibles capables de faire impression sur tous ceux qui la cherchent de bonne foi. Ce ne sont pas les miracles qui fournissent ces preuves, parce que, comme l'a dit M. *Nicole*, (2) „ les nécessités de la vie nous oc-
„ cupent & nous dissipent, la mort nous presse, &
„ elle nous surprendroit tous sans Religion, si nous
„ n'avions point d'autre voie pour la choisir que
„ celle de ces discussions & de ces examens que la
„ foiblesse de l'esprit humain rend impossibles au
„ plus grand nombre des hommes ".

Il faudroit donc pour qu'une Religion fût reconnue pour vraie, qu'elle eût des preuves bien plus claires & plus sensibles que les miracles, qui, comme on vient de voir, ou ne prouvent rien, ou prouvent également pour toutes les Religions de la terre.

---

(1) Voyez Lettres visionnaires & imagin. lettre X. p. 199.
(2) *Idem.* lett. X. p. 199.

RÉFLEXIONS
SUR
L'ARGUMENT
DE
MONSIEUR PASCAL
ET DE
MONSIEUR LOCKE,
Concernant la possibilité d'une autre Vie.

UN de mes amis à qui je ne connois de vice qu'une incrédulité générale à l'égard de tout ce qu'on appelle Religion ou vérités révélées, prétend qu'il n'y a aucune de ces vérités qui ne se trouve entiérement détruite par des raisonnements métaphysiques, qui, selon lui, sont les seuls moyens infaillibles pour s'assurer de la vérité ou de la fausseté de quelque chose.

Nos conversations roulent toujours sur quelqu'un des points les plus essentiels de la Religion ; comme l'existence de Dieu, la spiritualité & l'immortalité de l'ame, la liberté de l'homme : il combat tous ces principes de la Religion par les raisons les plus spécieuses, & me réduit souvent au point d'appeller la foi au secours de ma raison.

Ayant trouvé dans l'excellent Traité sur l'entendement humain de Mr. (1) Loke, le fameux Argument de Pascal, imaginé, au rapport de Bayle, si je ne me trompe, par Arnobe, & que Monsieur Locke a mis dans tout son jour, je crus que pour le coup j'aurois la raison pour moi, contre mon ami. En effet, il n'y a rien de si fort que cet argument que voici.

„ Les récompenses & les peines d'une autre vie,
„ que Dieu a établies pour donner plus de force
„ à ses loix, sont d'une assez grande importance
„ pour déterminer notre choix contre tous les biens
„ ou tous les maux de cette vie, lors même qu'on
„ ne considere le bonheur ou le malheur à venir que
„ comme possible ; de quoi personne ne peut dou-
„ ter. Quiconque, dis-je, conviendra qu'un bonheur
„ excellent & infini est une suite possible de la bonne
„ vie qu'on aura menée sur la terre, '& un état op-
„ posé le châtiment possible d'une conduite déré-
„ glée, un tel homme doit nécessairement avouer
„ qu'il juge très-mal, s'il ne conclut pas de-là, qu'une
„ bonne vie jointe à l'espérance d'une félicité éter-
„ nelle qui peut arriver, est préférable à une mau-
„ vaise vie accompagnée de la crainte d'une affreuse
„ misere, dans laquelle il est fort possible que le
„ méchant se trouve un jour enveloppé, ou, pour
„ le moins, de l'épouvantable & incertaine espérance
„ d'être annihilé. Tout cela est de la derniere évi-
„ dence, supposé même que les gens de bien n'eus-
„ sent que des maux à essuyer dans ce monde,
„ & que les méchants y jouissent d'une perpétuelle
„ félicité : ce qui, pour l'ordinaire, prend un tour
„ si opposé, que les méchants n'ont pas grand sujet

_____

(1) L. II. C. 21. § 70.

" de se glorifier de la différence de leur état par
" rapport même aux biens dont ils jouissent actuel-
" lement ; ou plutôt, qu'à bien considérer toutes
" choses, ils ont, à mon avis, la plus mauvaise
" part, même dans cette vie. Mais lorsqu'on met
" en balance un bonheur infini avec une infinie misere,
" si le pis qui puisse arriver à l'homme de bien, sup-
" posé qu'il se trompe, est le plus grand avantage que
" le méchant puisse obtenir, au cas qu'il vienne à ren-
" contrer juste ; qui est l'homme qui peut en cou-
" rir le hasard, s'il n'a pas tout-à-fait perdu l'es-
" prit ; qui pourroit, dis-je, être assez fou pour ré-
" soudre en soi-même de s'exposer à un danger pos-
" sible d'être infiniment malheureux, de sorte qu'il
" n'y ait rien à gagner pour lui que le pur néant,
" s'il vient à échapper à ce danger ? L'homme de
" bien, au contraire, hasarde le néant contre un
" bonheur infini, dont il doit jouir si le succès suit
" son attente : si son espérance se trouve bien fon-
" dée, il est éternéllement heureux ; & s'il se
" trompe, il n'est pas malheureux, il ne sent rien.
" D'un autre côté, si le méchant a raison, il n'est
" pas heureux ; & s'il se trompe, il est infiniment
" misérable. N'est-ce pas un des plus visibles déré-
" glements de l'esprit où les hommes puissent tom-
" ber, que de ne pas voir du premier coup
" d'œil quel parti doit être préféré dans cette ren-
" contre."

Aucun de nos incrédules n'avoit osé jusqu'ici attaquer cet argument. Je le proposai à mon ami, homme
juste, chaste, charitable envers son prochain, dont
les mœurs sont très-réglées, & qui s'aquitte exactement de tous les devoirs extérieurs qu'exige la probité la plus sévere. Pour son intérieur, je n'en dirai
rien ; c'est à Dieu qui sonde les cœurs & les reins, à
en juger. Cet homme ayant un peu réfléchi, me dit :
Proposez d'acheter pour un denier une éternité

bienheureuse, & d'éviter un malheur sans fin, à un homme qui pense comme Virgile:

Felix qui potuit rerum cognoscere causas,
Atque metus omnes, & inexorabile fatum
Subjecit pedibus, strepitumque acherontis avari. (1)

Et qui croit être certain qu'il n'y a point d'autre vie après celle-ci. A prendre la chose en rigueur Philosophique, il vous dira que, quoique vous ne lui demandiez qu'un denier, c'est acheter trop cher encore le néant ou une chimere; & qu'il y a même moins de comparaison & de proportion entre un dernier & un être non-existant, qu'il n'y a entre un point & l'infini.

D'ailleurs, continua mon Philosophe, par rapport à la possibilité d'un état éternellement heureux ou malheureux, la situation de ce que Monsieur Locke appelle un homme de bien & un méchant, n'est pas la seule qui existe dans la nature. Il peut y avoir des gens qui ont poussé la Philosophie au point de vivre dans une parfaite tranquillité dans ce monde, sans aucune persuasion d'une vie à venir, & même avec une forte persuasion du contraire. Entreprenez de tirer ces gens-là de cette situation, en faisant valoir l'argument de Monsieur Locke; ils vous diront, sans doute, qu'il y auroit de la folie à sortir de cet état d'une parfaite tranquillité, dans laquelle consiste le souverain bonheur en ce monde, pour rentrer dans un autre plein de doutes, de crainte & d'incertitude: & comme c'est celui d'un homme qui professe la Religion Chrétienne aux termes de l'Evangile, ils vous diront que ce seroit pour eux la plus haute extravagance de prendre ce parti

---

(1) Virgil. Georgic. Lib. 2. vers 490.

d'incertitude & de doute sur la seule espérance ou la crainte d'un avenir qu'ils regardent comme une chimere, persuadés qu'aucun des sectateurs du parti que vous leur proposez, n'est arrivé, par sa croyance ou par sa foi, à ce point de tranquillité qui fait le souverain bonheur en ce monde, à laquelle ils sont parvenus eux-mêmes par le seul secours de la Philosophie & de la raison dépouillée des préjugés de l'éducation & de l'autorité. Je vous expliquerai plus amplement cette idée, ajouta mon ami, en faisant raisonner un Philosophe Payen.

Figurez-vous un Philosophe Chinois qui ne croit pas à une vie future, qui jouit dans sa façon de penser d'un bonheur parfait en ce monde, & qui est moralement certain qu'il en jouira toute sa vie.

Représentez-vous ensuite un Missionnaire zélé, qui entreprend de convertir ce Philosophe à la Religion Chrétienne.

Après s'être épuisé en raisonnements pour prouver la vérité de son système sans qu'il ait pu amener le Philosophe Chinois à son but, le Missionnaire conclut en disant : Quand même tout ce que je vous ai fait voir concernant la certitude d'une vie à venir, ne seroit pas aussi exactement vrai & évident que je vous l'ai démontré, vous ne sauriez toujours disconvenir, que ce que je viens de vous exposer, comme vrai & évident, ne soit au moins possible. Je ne saurois douter que cette possibilité ne frappe un homme comme vous, qui sait réfléchir & raisonner, & qui sait juger de ses véritables intérêts. Dans ces vues, permettez-moi de vous rapporter ce qu'un de nos plus grands Philosophes a pensé sur cette possibilité.

Supposez à présent que le Missionnaire, après avoir exposé l'argument en question dans toute sa force au Philosophe Chinois, lui dit en homme qui se croit déjà sûr de sa victoire : Ce raisonnement n'est-il pas convaincant & fans replique ? Votre raifon peut-elle refufer de fe prêter à tant de lumiere & d'évidence ?

Figurez-vous maintenant que le Chinois répond ainfi au Miffionnaire :

Vous ou votre Philofophe, pofez en fait dans votre raifonnement, deux propofitions qui me paroiffent également douteufes.

La premiere eft, que perfonne ne peut douter de la poffibilité de l'événement que vous venez de m'annoncer.

La deuxieme eft, que cette feule poffibilité préfumée doit me déterminer à prendre le chemin que vous m'indiquez.

Mais je vous dirai, continue le Chinois, qu'il me paroît que ne connoiffant point la mefure de la puiffance ni de la volonté de la caufe premiere, de laquelle, dites-vous, dépendent tous les contingents ; & la nature même de cette caufe premiere nous étant abfolument inconnue, il en réfulte que nous ne faurions rien déterminer ni pour ni contre la poffibilité des contingents, & fur-tout dans les chofes qui font au-deffus de la portée de notre raifon ; ainfi notre efprit ne peut refter à cet égard que dans un parfait équilibre, ou tout au plus dans le doute.

Cela pofé, votre argument donne naturellement lieu à cette queftion ; favoir : s'il eft raifonnable que dans le doute où je fuis, je doive me déterminer d'aller plutôt à droite qu'à gauche.

Quant à moi, je penfe que le doute ne peut ni ne doit faire d'autre effet fur un efprit raifonnable, que de le porter à examiner avec attention s'il eft plus probable que le contingent qu'on lui préfente, ou qu'il envifage lui-même comme poffible, foit un être réel ou chimérique, & que fi de la réalité de ce contingent dépend fa félicité ou fon malheur, il ne doit fe déterminer qu'en conféquence de l'examen sérieux & des comparaisons exactes qu'il aura faites, pour juger avec certitude, s'il est plus probable que le contingent arrive ou qu'il n'arrive pas.

On doit prendre ce chemin, selon la droite raison ; d'autant qu'on a un intérêt sensible à ne pas se tromper dans son choix, si on risque un bien réel, supposé qu'on se trompe en changeant d'état.

Mais s'il n'y a rien à risquer & tout à espérer en prenant plutôt à droite qu'à gauche, c'est-à-dire en prenant le parti qu'on lui propose, il est évident qu'il seroit fou au suprême degré, s'il hésitoit un moment à prendre ce parti, quelqu'incertain qu'il fût d'arriver par ce moyen au bien qui se seroit offert à sa vue.

Supposé qu'il n'y eût dans une loterie qu'un seul billet noir, qui vaudroit notre Empire de la Chine, contre cent millions de billets blancs, un homme à qui on offriroit de tirer gratuitement un billet, seroit fou s'il le refusoit, par la seule raison du peu d'apparence qu'il y a qu'il tirera précisément le billet noir.

Ce n'est pas le cas dans lequel je me trouve à l'égard de votre système; mais avant que de vous le faire comprendre, je dois faire une seconde observation sur l'argument de votre Philosophe. Il divise les hommes en gens de bien & en méchants. Cette division ne me paroît pas bonne à l'égard de ce qu'il veut prouver ; j'estime que par cette division il ne peut rien prouver contre moi. Il auroit bien mieux fait de diviser les hommes en ceux qui sont persuadés de la vérité de votre système, en ceux qui en doutent, & en ceux qui le croyent faux.

Je conviens cependant que dans votre façon de parler, ceux de la premiere classe sont tous réputés gens de bien. Mais je soutiens que dans la deuxieme & dans la troisieme, il peut y avoir autant de gens de bien que de méchants.

Si par la définition d'un homme de bien vous entendez celui qui croit la verité de votre fyftême, & un méchant celui qui en doute ou qui le croit faux, je ne conviens pas de votre définition, & fur ce pied-là nous difputerons fort inutilement.

Mais fi jugeant fans préjugés, vous appellez un homme de bien celui qui eft humain, charitable, jufte, & un méchant celui qui en tout ou en partie a les vices contraires à ces vertus, nous fommes d'accord.

Je conviens maintenant qu'un méchant, pour peu qu'il foit capable de raifonner, doit fentir qu'en tant que méchant, il peche effentiellement contre les infpirations de la raifon naturelle.

Si le méchant croit la vérité de votre fyftême; s'il le croit poffible, ou s'il en doute feulement, en pofant pour principe, qu'un bonheur excellent & infini peut être une fuite de la bonne vie qu'on aura menée fur la terre, ou qu'un état oppofé, c'eft-à-dire un malheur infini, peut être le châtiment d'une conduite déréglée, il doit convenir néceffairement, je l'avoue, qu'il jugeroit très-mal, s'il ne concluoit pas de-là qu'une bonne vie, jointe à l'attente certaine d'une éternelle félicité qui peut arriver, eft préférable à une mauvaife vie accompagnée de la crainte de cette affreufe mifere dans laquelle, fuivant la fuppofition, il croit fort poffible que le méchant fe trouve un jour enveloppé pour le châtiment de fes crimes.

Mais vous voyez que cet argument ne porte que contre un méchant perfuadé de la vérité de votre fyftême, ou qui doute au moins de la poffibilité; qui vit par conféquent dans un état d'incertitude & de crainte. Il ne porte aucunement contre un homme de bien abfolument perfuadé de la fauffeté de votre fyftême, qui par conféquent n'a rien à craindre, & qui n'a aucun motif raifonnable pour le déterminer à changer un état de vie dont il a tout lieu d'être content.

Je sens bien que vous m'opposerez ici deux choses conséquemment à votre système.

1°. Qu'il ne suffit pas d'être homme de bien dans le sens que je crois l'être, pour n'avoir rien à craindre dans une autre vie.

2°. Qu'il est question de savoir, si après les preuves que vous m'avez données de la vérité de votre système, je puis persévérer dans la persuasion qu'il est faux, avec assez de confiance pour risquer un événement possible aussi redoutable que l'est celui que vous m'annoncez.

Je conviens que l'objet que vous me présentez est assez important pour mériter l'attention la plus sérieuse : mais voulant agir en homme sage, je ne saurois me déterminer ni prendre un parti que sur la validité ou la foiblesse des preuves que vous me donnerez en faveur de votre système.

Jusqu'ici vous ne m'avez nullement persuadé, & plus j'examine le plus ou le moins de probabilité qu'il y a que l'existence de cette vie à venir que vous me donnez comme une chose certaine, soit seulement possible, plus je me trouve porté à croire que ce n'est qu'une belle & spécieuse chimere; & dans cet état, j'estime que la raison fondée sur la grandeur de l'objet, c'est-à-dire sur ce que j'ai à gagner si je rencontre juste, & sur ce que j'ai à perdre si je me trompe, n'est pas suffisante pour me déterminer à adopter votre système, & à changer un état de vie dont j'ai tout lieu d'être content.

Il est question ici dans le fond d'une espece de jeu de hasard, puisque l'événement dont vous me parlez est fort douteux, au moins à mon égard, & qu'il s'agit d'opter entre deux chemins dont personne ne connoît véritablement les issues, qui peuvent cependant être très-différentes, & qu'on suppose enfin qu'il y a infiniment à gagner ou à perdre en se trompant ou en ne se trompant pas au choix que l'on fera.

Supposons maintenant, par une comparaison sensible, qu'on mettre entre les mains d'un enfant les 24 caracteres d'Imprimerie qui forment les 24 lettres de l'alphabet pour qu'il les arrange à sa fantaisie.

Dans cette supposition, je vous demande lequel des deux seroit censé faire le pari le plus inégal, ou de notre Empereur qui offriroit de parier tout son Empire contre une Piastre, que cet enfant ne rangera pas du premier coup ces 24 lettres de l'alphabet, ou d'un particulier qui en acceptant ce pari, mettoit une Piastre contre tout cet Empire, en pariant pour l'affirmative ?

Oh ! cela n'est pas une question, dira l'homme qui raisonnera sur le principe de votre Philosophe : car si l'Empereur gagne ce pari, il ne gagne qu'une Piastre ; & s'il vient à perdre, il perd un Empire qui lui vaut deux cents millions de Piastres, sans compter tous les agréments & les avantages qui sont annexés à la possession d'un si vaste Empire. Il y auroit donc une grande imprudence à notre Empereur de faire un pari si inégal : au contraire, si ce particulier perd, il ne perd qu'une Piastre, ce qui ne fait qu'un très petit objet dont la perte ne peut l'incommoder ; & s'il gagne, il acquiert tout l'Empire de la Chine ; il seroit donc un fou s'il ne parioit pas.

Mais ce raisonnement n'est dans le fond qu'un pur sophisme que l'on appelle dans vos écoles *dénombrement imparfait*, suivant ce que j'ai lu dans vos livres : car pour se déterminer avec prudence à parier ou à ne pas parier, il ne suffit pas de mesurer la proportion qu'il y a de la perte au gain. Mais il faut mesurer encore les degrés de probabilité qu'il y a dans l'espérance de gagner ce pari, ou dans la crainte de le perdre, & faire ensuite une comparaison exacte de la proportion ou disproportion qu'il y a de la perte au gain, avec le degré de probabilité qu'il y a dans l'espérance ou la crainte de gagner ou de perdre ; ce n'est que par le résultat de cette comparaison que l'on pourra voir au juste, s'il convient de parier, ou de ne pas parier.

Maintenant si je faisois voir à ce raisonneur superficiel que celui qui, dans votre supposition, voudroit parier pour l'affirmative ; savoir, que cet enfant rangeroit du premier coup ces 24 lettres de l'alphabet dans leur ordre naturel, & qui mettroit une Piastre contre l'Empire de la Chine, joueroit un jeu qui auroit même proportion que s'il mettoit 1300000000000000000000000 Piastres contre une pour jouer à croix ou à pile ; croyez-vous qu'il persistât à vouloir parier ?

Il s'agit de prouver ce paradoxe, continue le Chinois, & voici comme je m'y prends. Je suppose pour un moment que notre Empire rapporte un milliard de Piastres tous les ans. Ce milliard évalué au denier cent fait cent milliards de fonds. Il n'y a sans doute pas assez d'or, d'argent, de perles ni de pierres fines dans les quatre parties du monde pour remplir une somme si prodigieuse que celle-là. Mais n'importe, l'Empereur, en faisant ce pari, mettroit donc la valeur de cent milliards de Piastres, contre une Piastre ? Quelle disproportion !

Mais arrêtons-nous là un moment, & voyons quel degré de proportion de probabilité il y a entre le risque de la perte & l'espérance du gain.

Un de vos Philosophes, *le Pere Malebranche*, dont vous m'avez communiqué les Ouvrages, nous l'apprendra. Il soutient que la combinaison de 24 lettres de votre alphabet se peut faire en plus de 1300000000000000000000000000, manieres différentes, dont celle de les ranger dans l'ordre où vous les mettez ordinairement n'est qu'une. Entrez dans cette somme par cent milliards, le produit est 130000000000000000000000 ; d'où il résulte la preuve de mon hypothese ; savoir que pour faire un pari égal, on peut parier 130000000000000000000000 contre un, que cet enfant ne rangera pas du premier coup ces 24 lettres de l'alphabet dans leur ordre naturel.

Je sens bien, dit le Chinois, que si le système que vous me proposez est vrai, il y a une infinie disproportion entre ce qu'il y a à espérer & à craindre dans une autre vie, & ce qu'il y a à espérer & à craindre en celle-ci ; & je conviens par conséquent que s'il n'y avoit que cette disproportion à mettre en ligne de compte, il faudroit être le plus insensé des hommes pour hésiter un moment à renoncer à tout ce que cette vie peut avoir de flatteur, pour arriver à ce que l'autre vie fait espérer, & pour éviter ce qu'elle fait craindre.

Mais ce n'est pas tout : il faut examiner aussi les degrés de probabilité qu'il y a que ce contingent arrive, ou que ce soit quelque chose de réel, & en faire une exacte comparaison avec ceux qui prouvent que ce n'est qu'une chimere, & comparer ensuite le résultat avec la disproportion mentionnée qu'il y a entre ce qu'il y auroit à espérer ou à craindre dans une autre vie, en lui sacrifiant ou en ne lui sacrifiant pas ce qu'il y a à espérer ou à craindre dans ce monde, pour prendre enfin le parti que la saine raison & la prudence doivent dicter à quiconque fait réfléchir sur ses véritables intérêts.

Si par cet examen, il se trouve que l'événement que vous m'annoncez soit certain, ou qu'il y ait un peu de plus de probabilité qu'il puisse arriver, qu'il n'y en a qu'il n'arrivera pas, je vous avoue qu'il est sensiblement de mes intérêts de me ranger du parti que vous me conseillez.

Mais s'il se trouve au contraire, que cet événement ne foit qu'une chimere, & une invention de la politique ou de quelqu'autre vue intéreffée de la part de ceux qui le prêchent, cela changeroit la thefe du tout au tout : car il eft évident qu'en ce cas-là, il y auroit plus de difproportion entre cette chimere & la réalité, quelque peu confidérable qu'elle fût, que je facrificrois inutilement pour courir après ce néant, qu'il n'y en a entre l'objet de crainte & d'efpérance dans cette autre vie à venir, & celui des mêmes efpérances & craintes de la vie préfente qu'il s'agit de facrifier ou de ne facrifier pas à ce premier objet.

Je dis plus; il n'y a même aucune comparaifon à faire, pour en tirer la mefure de quelque proportion entre la réalité la moins fenfible & le néant pur, ou la chimere, au-lieu qu'il y en a toujours entre une réalité & une autre, quelque grande que foit la difproportion entre la mefure ou la valeur de l'une & de l'autre de ces deux réalités.

Les biens de ce monde, quelque dénomination qu'on leur donne, font quelque chofe de réel, au moins dans ma façon de penfer ; or fi la certitude, par rapport aux biens d'une autre vie, que vous m'infinuez pour véritable ou pour probable tout au moins, n'eft qu'une chimere, vous conviendrez vous-même qu'il faudroit que je fuffe infenfé, de facrifier la réalité de cette vie, à ne la regarder que dans fon moindre degré, à une chimere évidemment reconnue pour telle, & cela pour la feule raifon de la difproportion infinie que vous mettez entre les biens & les maux de cette autre vie & ceux de cette vie préfente ; vous conviendrez encore que je ferois fou à proportion de la grandeur ou de la mefure de la réalité que je facrificrois à cette chimere ou à ce néant.

Or je vous foutiens que, felon mon fyftéme & en admettant le vôtre, ce feroit facrifier toute la réalité que je poffede & dont je jouis, pour courir après une chimere : ce feroit mettre tout d'un côté, pour ne rien efpérer de l'autre. Ce feroit faire une efpece de pari encore plus extravagant & plus inégal que ne le feroit celui du particulier qui mettroit une Piaftre contre l'Empire de la Chine à la condition marquée, & par conféquent je ferois donc fou au fuprême degré.

Voici mon état préfent. Je me porte bien de corps & d'efprit. Je vis indépendant & dans l'abondance ; je fuis moralement fûr de mener cette même vie jufqu'à ma mort. Ce que je poffede m'eft affuré, duffé je aller jufqu'à cent ans, je ne defire ni n'efpere rien au-delà ; je fuis donc parfaitement heureux : car quant à moi je fais confifter le bonheur dans cette parfaite tranquillité. Vous ne fauriez difconvenir au moins qu'il eft poffible d'avoir cette affurance : je l'ai en effet.

L'efpérance doit être fondée fur la probabilité de parvenir à ce qu'on defire, par conféquent l'efpérance fuppofe le defir ; or le defir n'eft jamais fans inquiétude : l'inquiétude eft un mal ; donc l'efpérance eft auffi un mal.

J'avoue cependant que l'efpérance à quelque chofe de flatteur ; mais convenez auffi qu'elle ne flatte qu'à proportion des degrés de probabilité qu'il y a de parvenir à ce que l'on defire. La probabilité eft donc la mefure du plaifir que peut donner l'efpérance ; & comme ce qui n'eft que probable n'eft pas certain, il s'enfuit que le plaifir qui naît de l'efpérance probable, n'a qu'un fondement très-incertain.

Enfin, perfonne ne doute qu'il ne vaille beaucoup mieux poffeder ce que l'on defire, que d'être flatté par l'efpérance en le défirant : c'eft le cas où je me trouve. L'efpérance ne flatte que l'imagination, au-lieu que la poffeffion procure une jouiffance réelle ; par conféquent la certitude de poffeder eft toujours préférable à l'efpérance d'acquérir, quelque fondée qu'elle foit, & quelque grand que foit l'objet qu'elle embraffe.

J'ai aujourd'hui, encore un coup, tout ce qu'il me faut pour mener une vie tranquille, que je regarde comme le souverain bonheur; & je suis certain d'en jouir jusqu'à la fin de ma carriere.

Vous m'objecterez, sans doute, que cette certitude ne peut-être physique, qu'elle n'est au plus que morale, & que les hommes sont sujets aux accidents.

J'en conviens : mais il me suffit, pour que je préfere mon système à tous les autres, de savoir qu'il a plus de certitude & plus de réalité qu'aucun.

Quant aux accidents dont vous me parlez, les hommes n'y sont-ils pas également exposés, quelque système qu'ils adoptent ? C'est ce qui est prouvé par l'expérience de tous les jours. Mais cette vérité n'est pas capable de déranger le bonheur d'un Philosophe. La crainte des accidents ne l'inquiete pas, surtout lorsqu'il se trouve persuadé, comme je le suis moi-même, qu'il il y a infiniment plus de probabilité pour lui, que ces accidents n'arriveront pas, que de raisons de *craindre* qu'ils n'arrivent; & en attendant ces accidents, il jouit toujours tranquillement du présent, & continue d'en jouir jusqu'à la fin, & c'est en quoi consiste le parfait bonheur.

Vous me direz ici que je confonds mal-à-propos le bonheur actuel dont je jouis, avec le parfait bonheur; qu'il y a cependant une grande différence de l'un à l'autre : que la durée permanente est la marque caractéristique du vrai bonheur, & que le bonheur présent est non-seulement de très-courte durée, mais qu'il peut encore (dans la supposition que votre système soit seulement possible, comme j'en suis convenu) opérer pour celui qui s'y borne, une suite infinie de malheurs redoutables.

Je conviens que le bonheur dont je jouis présentement aura une fin, comme il a eu un commencement; je conviens encore que je ne vois point d'impossibilité ni de répugnance physique dans la supposition de votre système; mais tout cela ne suffit pas pour me déterminer à renoncer à ce bonheur présent, qui, tel qu'il est, me procure des biens-très-réels, dans l'espérance d'un avenir très-incertain en lui-même, & que je regarde en mon particulier, comme purement imaginaire, quoiqu'il ne soit pas absolument impossible.

Ainsi que la vie à venir soit aussi possible que vous le voudrez; que les biens que vous voulez que j'y envisage soient les plus considérables que l'on puisse imaginer, tout cela ne décide rien entre nous, tant que vous ne prouverez pas qu'il y a plus de probabilité que cette autre vie soit quelque chose de réel, qu'il n'y en a qu'elle n'est qu'une invention des hommes; & c'est ce que vous n'avez pas prouvé jusqu'ici, & que je ne crois pas que vous, ni aucun des partisans de votre système, puissiez jamais prouver, au moins par des raisons claires & solides.

Vous me prêchez de plus, comme des moyens nécessaires pour mériter ce bonheur à venir, les jeûnes, les macérations, les scrupules, les craintes, l'incertitude & l'inquiétude : en un mot, vous m'insinuez de renoncer pour l'amour de cette espérance, à tout ce en quoi j'ai fait consister jusqu'ici tout mon bonheur. Tout cela est d'autant plus embarrassant pour moi, que je suis un homme qui ne voudrois pas faire à demi une chose aussi essentielle que celle-là. Je suis tendre, délicat & scrupuleux au dernier point. Si je donne dans votre système, je ne croirai jamais en avoir assez fait : ma vie ne sera donc à l'avenir qu'un tissu de craintes, d'allarmes, de troubles, de doutes & d'inquiétudes continuelles qui peut-être me porteroient au désespoir. En un mot, au-lieu que jusques ici je me suis cru parfaitement heureux, je risque de devenir, par la suite, le plus malheureux de tous les êtres; & s'il se trouvoit

voit qu'enfin mon espérance fût vaine, n'est-il pas vrai que j'aurois sacrifié tout ce qu'on peut sacrifier de réel, non-seulement contre le néant, mais même contre la plus grande de toutes les miseres? Le beau trait de sagesse!

Vous me direz, sans doute, d'après votre Philosophe, que le contentement qu'inspire à l'ame la certitude de cette espérance, contrebalance & surpasse même de beaucoup tout ce qu'elle fait abandonner & tout ce qu'elle souffre pour l'amour de ce bien immense & infini dont elle espere jouir pendant une éternité; de sorte, direz-vous, que quand même cette espérance seroit vaine, il se trouvera, tout bien compté, que l'état de cette ame qui aura joui du plaisir que donne une espérance si flateuse, quoique supposée vaine, aura été plus heureux, en ce monde même, que celui d'une autre, qui, au milieu de toutes les prospérités & de tous les contentements qu'on peut avoir ici-bas, aura vécu dans la crainte ou dans le doute de cette vie à venir.

Je réponds en premier lieu qu'il se peut que cette ame dont vous me parlez, & dans la situation dans laquelle vous la supposez, par la comparaison qu'elle aura faite d'un bien immense & infini qu'elle espere avec certitude, selon son idée, avec ce qu'elle abandonne ou souffre dans ce monde pour l'amour des grands biens qu'elle espere dans l'autre, parvienne à un état de bonheur parfait; car j'ai avancé moi-même que le bonheur n'est que là où on le met. Mais il faut que vous conveniez que, si elle est trompée dans son espérance, elle aura préféré un bonheur chimérique, puisqu'il ne consistoit que dans son imagination, aux commodités & aux agréments réels dont on peut jouir en ce monde; & qu'elle aura sacrifié & abandonné un bonheur réel pour un bonheur chimérique, & qu'elle se sera assujettie à des souffrances réelles & sans nombre pour l'amour de sa vaine espérance, c'est-à-dire pour courir après une chimere.

Je réponds en second lieu, qu'il est vrai que le parfait bonheur dans ce monde dépend du parfait contentement & de la parfaite tranquillité de l'esprit. Mais en adoptant votre système, on ne peut parvenir à ce parfait contentement & à cette parfaite tranquillité d'esprit nécessaire pour être heureux, que par la persuasion la plus forte ou la certitude de parvenir un jour à ce que ce système promet & fait espérer de doux & de flatteur. Mais permettez moi, raisonnant conséquemment à ce système, tel que vous me l'avez développé, de douter que l'ame puisse jamais parvenir à ce degré de certitude. (1).

Je réponds en troisieme lieu que quoi qu'il en soit d'une ame qui se trouve dans l'état de votre supposition, & quelque bonheur qu'elle goûte en conséquence de sa prétendue certitude, tout cela ne prouve encore rien contre moi; parce que le cas posé dans la comparaison que vous faites de cette ame persuadée, avec une autre qui est dans le doute & dans la crainte de cet évenement d'une vie à venir que vous tenez pour certain, n'est pas le mien, au contraire, à l'heure que je vous parle, je suis aussi cer-

_____

(1) Car plusieurs sont appellés, & fort peu sont élus. Matth. C. 22. V. 14.

St. Paul, malgré la vie réguliere qu'il a menée & les austérités dans lesquelles il a vécu, est si incertain de son salut, qu'il dit dans sa premiere Epître aux Corint. C. 4. V. 3.

Car quoique je ne me sente coupable de rien, je ne suis pas justifié pour cela, c'est le Seigneur qui me juge.

Et au C. 9. V. 27. Je meurtris mon corps de coups, & je le rends souple au service, de peur qu'après avoir prêché aux autres, je ne sois moi-même rejetté.

Réflexions sur l'Argument, &c.

tain que je le suis des vérités géométriques les mieux démontrées, que cette vie à venir n'est qu'une pure chimere.

Mais comment, direz-vous, pouvez-vous avoir cette certitude ? Sur quoi est-elle fondée ?

Je reponds : que tout le monde convient qu'il est de la droite raison, & que c'est même sa propriété la plus essentielle, de chercher la vérité, & de s'y attacher quand elle l'a trouvée ; or puisque c'est uniquement de la connoissance de la verité, & de ce que nous faisons en conséquence, que dépend notre véritable félicité, il est impossible que l'erreur puisse nous rendre heureux.

Il s'agit maintenant de savoir si cette vie à venir dont vous m'entretenez & dont vous me faites un portrait si avantageux, est un être réel ou si elle n'est qu'une chimere. Il s'agit encore de juger des degrés d'évidence ou de probabilité de la possibilité ou de l'impossibilité de cet événement.

Je vous ai déjà dit qu'il me paroît impossible de juger avec fondement & certitude, si certains contingents sont possibles : je vous en ai donné, si je ne me trompe, une raison très-plausible.

Mais je crois qu'il y a une regle certaine de vérité, un Critere infaillible pour juger de ce qui est absolument impossible ou purement chimérique.

Le contingent que vous me donnez comme possible, est un de ces derniers : je le prouve.

La vérité est simple & une.

Ce qui contredit cette vérité, est absolument impossible & chimérique.

Si la vie future que vous m'annoncez est certaine, comme vous le prétendez, elle ne peut l'être qu'en conséquence, & relativement à votre systême.

Or je vous dirai que j'ai observé que ce systême contient, non-seulement des principes contraditoires à la raison immuable, c'est-à-dire à des axiômes reconnus pour vrais & admis de tous ceux qui ont la faculté de raisonner; mais qu'il est encore fondé fur des principes qui se contredisent manifestement les uns les autres; d'où je crois pouvoir conclure que votre système est erroné.

Il est maintenant question de savoir si des contradictions manifestes trouvées dans ce système, peuvent donner la certitude que ce système est erronné.

Il est question de savoir, si ce système étant faux, & me trouvant en particulier dans la situations où je suis & telle que je vous l'ai dépeinte, je risque de le croire véritable, & d'agir en conséquence.

Permettez-moi que dans la persuasion où je suis jusqu'ici, je vous dise que je ne dois douter ni de l'un ni de l'autre.

Je dois m'attendre que vous m'objecterez ici, comme vous avez déja fait dans nos conversations précédentes, que la raison n'est pas compétente pour juger de la vérité de ce système, & qu'il faut l'embrasser par ce que vous appelez la *Foi*.

Je vous répondrai que la raison est une lumiere qui nous a été communiquée par la cause de notre existence, quelle qu'elle soit, pour nous en servir à cette fin de nous rendre heureux, en cherchant ce qui peut faire notre bien, & en évitant ce qui peut faire notre mal. Pourquoi voulez-vous que je ne fasse pas usage de cette lumiere dans une occurence où il ne s'agit pas moins que de tout mon bonheur? Si vous m'alléguez l'autorité contre cette lumiere; si par cette autorité peu prouvée, au moins à mon égard, vous prétendez forcer mon acquiescement, mon assentiment à des propositions qui me paroissent contradictoires à cette lumiere de la raison, je vous citerai à mon tour le Philosophe de qui vous m'avez tiré votre grand argument, & dont vous m'avez communiqué les écrits, que j'ai lus avec grand plaisir. Voici donc ce qu'il pense sur cette matiere.

„ Ainsi à l'égard des propositions (1) dont la
» certitude est fondée sur une perception claire de
» la convenance ou de la disconvenance de nos
» idées, qui nous est connue, ou par une intui-
» tion immédiate, comme dans les propositions évi-
» dentes par elles-mêmes, ou par des déductions
» évidentes de la raison, comme dans les démons-
» trations, nous n'avons pas besoin du secours de
» la révélation, comme necéssaire pour gagner no-
» tre assentiment, & pour introduire ces proposi-
» tions dans notre esprit ; parce que les voies na-
» turelles, par où nous vient la connoissance, peu-
» vent les y établir, ou l'ont déjà fait : ce qui est
» la plus grande assurance que nous puissions peut-
» être avoir de quoi que ce soit, hormis lorsque
» Dieu nous le révele immédiatement ; & dans cette
» occasion même, notre assurance ne sauroit être
» plus grande, que la connoissance que nous avons,
» que c'est une révélation qui vient de Dieu. Mais
» je ne crois pourtant pas que, sous ce titre, rien
» puisse ébranler ou renverser une connoissance évi-
» dente, & engager raisonnablement aucun homme
» à recevoir pour vrai ce qui est directement con-
» traire à une chose qui se montre à son entende-
» ment avec une parfaite évidence ; car nulle évidence
» dont puissent être capables les facultés, par lesquelles
» nous recevons de telles révélations, ne pouvant sur-
» passer la certitude de notre connoissance intuitive, si
» tant est qu'elle puisse l'égaler, il s'ensuit delà que

---

(1). Voyez Locke Essai Philosophique concernant l'entendement humain. Liv. 4. Chap. 18. §. 5.

» nous ne pouvons jamais prendre pour vérité, au-
» cune chose qui soit directement contraire à notre
» connoissance claire & distincte ; parce que l'évi-
» dence que nous avons *premièrement*, que nous ne
» nous trompons point en attribuant une telle chose
» à Dieu, & en second lieu que nous en compre-
» nons le vrai sens, ne peut jamais être si grande
» que l'évidence de notre propre connoissance in-
» tuitive, par où nous apprenons qu'il est impossible
» que deux idées, dont nous voyons intuitivement
» la disconvenance, doivent être regardées ou ad-
» mises comme ayant une parfaite convenance
» entr'elles : & par conséquent nulle proposition
» ne peut être reçue pour révélation divine, ou
» obtenir l'assentiment qui est dû à toute révé-
» lation émanée de Dieu, si elle est contradictoi-
» rement opposée à notre connoissance claire &
» de simple vue ; parce que ce seroit renverser les
» principes & les fondements de toute connoissance
» & de tout assentiment ; de sorte qu'il ne reste-
» roit plus de différence dans ce monde entre la vé-
» rité & la fausseté, nulle mesure du croyable & de
» l'incroyable, si des propositions douteuses devoient
» prendre place devant des propositions évidentes
» par elles-mêmes, & que ce que nous connois-
» sons certainement dût céder le pas à ce sur quoi
» peut-être nous sommes dans l'erreur. Il est donc
» inutile de prêcher, comme articles de foi, des
» propositions contraires à la perception claire que
» nous avons de la convenance ou de la discon-
» venance d'aucune de nos idées. Elles ne sauroient
» gagner notre assentiment sous ce titre, ou sous
» quelqu'autre que ce soit ; car la foi ne peut nous
» convaincre d'aucune chose qui soit contraire à
» notre connoissance, parce que, encore que la foi
» soit fondée sur le témoignage de Dieu, qui ne
» peut mentir, & par qui telle ou telle proposition

» nous est révélée, cependant nous ne saurions être
» assurés qu'elle est véritablement une révélation
» divine, avec plus de certitude que nous le som-
» mes de la vérité de notre propre connoissance,
» puisque toute la force de la certitude dépend de
» la connoissance que nous avons que c'est Dieu
» qui a révélé cette proposition; de sorte que dans
» ce cas où l'on suppose que la proposition révé-
» lée est contraire à notre connoissance ou à notre
» raison, elle sera toujours en bute à cette objec-
» tion, que nous ne saurions dire comment il est
» possible de concevoir qu'une chose vienne de Dieu,
» ce bienfaisant Auteur de notre être, laquelle étant
» reçue pour véritable, doit renverser tous les prin-
» cipes de connoissance qu'il nous a donnés, ren-
» dre toutes nos facultés inutiles, détruire absolu-
» ment la plus excellente partie de son Ouvrage,
» & réduire l'homme dans un état où il aura moins
» de lumiere & de moyen de se conduire que les
» bêtes qui périssent. Car si l'esprit de l'homme ne
» peut jamais avoir une évidence plus claire, ni peut-
» être si claire, qu'une chose est de révélation di-
» vine, que celle qu'il a des principes de sa pro-
» pre raison, il ne peut jamais avoir aucun fonde-
» ment de renoncer à la pleine évidence de sa pro-
» pre raison, pour recevoir à la place une propo-
» sition, dont la révélation n'est pas accompagnée
» d'une plus grande évidence que ces principes. »

Je me tiens à ce jugement, d'autant qu'il est décisif, au moins selon moi, contre les deux points
principaux de votre objection, qui sont les motifs
de crédibilité qui, selon vous, résultent des révélations & de la foi même, à l'égard des propositions
qui nous paroissent évidemment fausses par les seules lumieres naturelles de notre raison.

J'ajouterai cependant encore une réflexion sur ce
même sujet.

Ce que vous appellez *foi*, ne peut être autre chose qu'un consentement ou acquiescement, un assentiment à des vérités que je ne saurois appercevoir par le rapport d'aucun de mes sens.

Mais n'est-il pas vrai que pour opérer cet assentiment, il faut convaincre mon esprit? Il faut par conséquent que ce soit en vertu d'un fondement solide, ou par quelque motif suffisant, que mon esprit donne cet assentiment. Il faut donc que, pour juger de la solidité ou non solidité de ce fondement ou de ce motif, je me serve des lumieres de ma propre raison & non pas de celle d'un autre ; car la raison d'autrui ne peut opérer de conviction que sur l'esprit d'autrui. Il est évident que cela ne sauroit être autrement : vous avez donc tort de rejetter cette raison comme incompétente.

La foi, sans le consentement de la raison, est un édifice construit au hasard, & sans savoir s'il est bâti sur le roc ou sur le sable. Or encore un coup, comment cette raison peut-elle donner son assentiment à un système qui, à son jugement, contient des propositions contradictoires ? Ou comment peut-elle le donner, tant que ces propositions lui paroîtront contradictoires? Cela est impossible.

J'observe encore, sur ce que votre Philosophe paroit regarder l'annihilation de notre être comme une chose dont l'idée est épouvantable, que pour moi, à la faveur du secours de ma raison, je suis très-éloigné de l'envisager de même. Je sais que j'ai commencé d'exister : je sais que tout ce qui a un commencement d'existence, a aussi une fin : cela est vrai, sur-tout à l'égard des êtres sensibles ; ils finissent, les uns plutôt, les autres plus tard. Je vois mourir tous les jours ceux qui sont venus au monde avant, & ceux qui y sont entrés après moi. Je sens qu'il est aussi nécessaire & aussi inévitable que je cesse d'être, que, par la liaison des causes & des effets, il l'a été que je commençasse d'exister.

Puis donc que telle est ma nature & mon destin, pourquoi m'en épouvanter ? Je ne m'épouvante pas plus des derniers degrés de la cessation de mon être que j'ai été affligé des premiers. Je sens tous les jours la diminution de mon être, & je ne suis pas moins tranquille pour cela.

Il est vrai cependant qu'étant content de l'état dans lequel je me trouve en ce monde, si je pouvois prolonger la durée de mon existence & l'éterniser, je le ferois sans doute ; & même quelque agréable que soit mon état, je le changerois contre un meilleur ; contre celui, par exemple, dont vous me parlez dans votre système, supposé que ce fût une réalité : car il faudroit être fou pour ne pas savoir sacrifier un bien certain présent à un autre bien certain à venir, qui seroit infiniment plus grand que le premier ; & sur-tout si en ne le sacrifiant pas, il y avoit la misere la plus affreuse à craindre, comme vous le supposez dans votre système.

Mais, comme je l'ai déja observé, cela ne dépendroit pas de la considération seule de la grande disproportion de valeur de ces deux biens ; il faudroit mesurer encore les degrés de probabilité, de certitude ou d'incertitude de la réalité de ce dernier bien, & enfin sur le résultat de cet examen prendre un parti décisif conforme à la droite raison.

Tout ce que je veux enfin conclure, c'est que je crois que, jusqu'à ce que vous ayez levé tous mes scrupules, & que vous m'ayez démontré avec une entiere évidence qu'il n'y a rien de contradictoire dans votre système, l'argument de votre Philosophe que vous me faites valoir, ne peut ni ne doit faire aucune impression sur moi, ni me porter à changer l'état de vie que j'ai embrassé, & dont je suis parfaitement content.

Tant que je suis persuadé que ce que vous m'offrez est une chimere, il y auroit encore plus de disproportion à mon égard de risquer ou de sacrifier mon bonheur actuel, pour celui que vous voulez me faire espérer, qu'il n'y en auroit à parier une Piastre contre un Empire aux conditions rapportées ; il y a au moins pour le dernier qui parioit, un degré d'espérance de gagner. Je sens bien que la disproportion à la perte est immense ; mais au moins il n'est pas absolument sans espérance de gagner : le hasard pourroit le favoriser à ce point-là. Mais à risquer un bonheur réel, quelque foible qu'il fût, contre la chimere la plus magnifique & la plus flatteuse que l'esprit humain puisse imaginer, il n'y a nulle proportion, nulle espérance de gagner, ni par conséquent aucune raison qui puisse porter un homme de bon sens à prendre ce parti.

Ce raisonnement de mon ami, ou plutôt de son Philosophe Chinois, paroît décisif contre l'argument de Monsieur Locke à l'égard d'un homme persuadé d'une certitude géométrique, que le système de notre Religion est erronné. Il s'agit de savoir si cette persuasion est possible, & si l'on peut concevoir que ceux qui se vantent de l'avoir, parlent de bonne foi.

Ceux qui connoissent le monde, ne doutent pas qu'il n'y ait des hommes qui, malheureusement pour eux, sont dans cette fatale erreur ; & l'argument de Monsieur Locke ne paroît pas efficace pour les en tirer.

Pour guérir l'esprit de quelqu'un de ces incrédules, il faut faire ses plus grands efforts pour lui prouver que le système de la Religion Chrétienne ne renferme point de contradictions ; & que s'il contient des choses qui sont au-dessus de notre raison, elles ne sont pourtant pas contre la raison, ni par conséquent contradictoires : ces preuves paroissent difficiles à donner ; mais elles ne doivent pas être impossibles pour un homme qui possede bien ce système & les regles du raisonnement.

Il faut convenir au surplus qu'il y a des occasions où notre raison nous est fort incommode, soit que nous la suivions, soit que nous l'abandonnions.

Je suis de ce sentiment, & je ne rapporte pas le raisonnement de mon ami, ni celui de son Philosophe Chinois, à mes Lecteurs, pour jetter des scrupules dans leur esprit, fussent-ils même de toutes autres Religions que la nôtre ; mais dans l'espérance que quelqu'un, plus habile que moi, voudra se donner la peine de le réfuter solidement. Pour moi, je ne l'entreprends pas, de crainte qu'après tous les efforts que j'aurois faits, il ne m'arrivât ce qui est arrivé à quelques-uns de ceux qui ont écrit sur l'immortalité de l'ame, & qui ne l'ayant pas prouvée au gré des Critiques séveres, ont été soupçonnés de ne la pas croire eux-mêmes.

FIN.

TABLE DES MATIERES

Contenues dans ce Volume.

PREMIERE PARTIE.

Examen critique des Apologistes de la Religion Chrétienne. Pag. I.

INTRODUCTION.

CHAPITRE. I. *Les Apologistes Chrétiens ne se sont pas assez attachés à prouver l'authenticité des Evangiles, quoiqu'on puisse y objecter des difficultés considérables qui méritent d'être éclaircies.* 3

CHAP. II. *Histoire des suppositions d'ouvrages faits dans les premiers siecles de l'Eglise.* 16

CHAP. III. *Y a-t-il eu des informations chez les Juifs & chez les Payens, pour s'assurer de la vérité des miracles de Jesus-Christ? Ce que l'on en doit conclure? si le plus grand nombre des Apôtres est mort martyr?* 38

CHAP. IV. *Si les aveux des Juifs, des Payens & des Mahométans prouvent que Jesus-Christ ait fait des miracles?* 45

CHAP. V. *De l'empire que les Chrétiens se sont attribué sur les démons. Toutes les Sectes se sont imaginé avoir la*

TABLE

même prérogative. Ce prétendu pouvoir ne seroit-il pas un des effets de l'imagination, de la fourberie, ou de la superstition de ceux qui ont cru qu'il y avoit des mots efficaces ? 48

CHAP. VI. *Le Christianisme ne fut d'abord embrassé que par le peuple. De l'autorité de cette acceptation.* 67

CHAP. VII. *Le Christianisme doit son principal accroissement à la violence des Empereurs Chrétiens.* 73

CHAP. VIII. *Examen de l'argument tiré de la conduite régulière des premiers Chrétiens, de leur attachement à leur Religion, & des malheurs arrivés à leurs persécuteurs.* 82

CHAP. IX. *Les hommes sont-ils plus éclairés qu'il ne l'étoient avant l'Evangile ?* 101

CHAP. X. *Les hommes sont-ils plus parfaits depuis l'avénement de Jesus-Christ ?* 114

CHAP. XI. *Diverses réflexions sur l'ancien & le nouveau Testament.* 137

CHAP. XII. *Comment on peut concilier la nécessité d'une Religion révélée, avec l'ignorance de la plupart des hommes, & leur peu de capacité.* 159

CHAP. XIII. *Réflexions sur l'argument, qu'il faut toujours prendre le parti le plus sûr.* 178

SECONDE PARTIE.

Lettre de Thrasibule à Leucippe. 191
La Moïsade. 316

DES MATIERES, &c.

TROISIEME PARTIE.

Recherches sur les Miracles.

CHAPITRE. I. *Que l'on a soutenu de tout temps dans l'Eglise, que les Miracles ne prouvoient point par eux-mêmes la vérité du parti dans lequel ils s'étoient faits.* 329
Etat de la Question. ibid.
CHAP. II. *Que la principale preuve d'une Religion véritable, devroit être à la portée de tous les hommes.* 332
CHAP. III. *De la difficulté de constater les Miracles.* 334
CHAP. IV. *Les monuments, les fêtes & la tradition ne prouvent pas la vérité des Miracles.* 339
CHAP. V. *On prend souvent pour Miracles, des choses très-naturelles.* 346
CHAP. VI. *L'Imagination produit souvent des effets extraordinaires, que l'on prend pour des Miracles.* 362
CHAP. VII. *On ne sauroit trop se défier de l'imposture en matiere de Miracles.* 367
CHAP. VIII. *Qu'il faut se mettre en garde contre la crédulité des Prêtres & des Peuples en matiere de Miracles.* 380
CHAP. IX. *Que les Payens, les Juifs, les Mahométans & presque toutes les Sectes Chrétiennes, ont soutenu qu'il se faisoit dans leur parti des Miracles qui prouvoient pour eux.* 396
Conclusion. 415

Réflexions sur l'Argument de Monsieur Pascal & de Monsieur Locke, concernant la possibilité d'une autre Vie. 419

Fin de la Table.

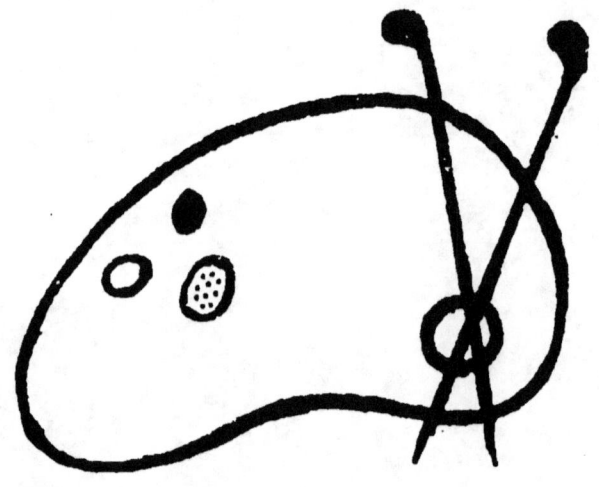

Original en couleur
NF Z 43-120-8

BIBLIOTHÈQUE NATIONALE

CHÂTEAU
de
SABLÉ
1989

www.ingramcontent.com/pod-product-compliance
Lightning Source LLC
Chambersburg PA
CBHW070544230426
43665CB00014B/1810